정하룡 회고록

Mon Cher 20ieme Siecle

나의
20세기

정하룡 회고록
Mon Cher 20ieme Siecle

나의
20세기

프랑스 국가박사에서
동백림사건의 사형수가 되기까지
한 지식인의 인생 역정

학민사
Hakmin Publishers

책 머리에

역사를 면밀하게 따져볼 때 우리 민족은 20세기를 통째로 잃은 거나 마찬가지입니다. 그것은 전쟁과 이데올로기에 희생된 수백만 인간의 피와 한숨으로 얼룩진 쓰디쓴 경험의 세기였기 때문입니다. 세계의 정치가들이, 저널리스트들이, 혹은 역사가들이 그래서 한국의 과거와 미래를 진지하게 검토하고 논쟁하였습니다.

가까이하는 여러 사람이, 우리나라 국민이 짊어진 시련에 대해서, 앞으로 걸어갈 시대에 대해서, 내 생각을 책으로 묶어 보라고 권했습니다. 내가 1970년대 전후 많은 문제를 제기했던 '동백림사건'의 마지막 증인이라는 점 때문이었습니다.

많이 주저했습니다. 이 나이에 뭐 새삼스레? 하는 뒷걸음질도 있었지만, 무엇보다도 건드리고 싶지 않은 아픔이었기 때문입니다. 후비면 다시 피고름이 흐르는 상처였기 때문입니다.

모든 걸 잊으려고 전라북도 고창에 와서 살고 있는데, 현대사기록연구원의 송철원 원장과 그의 부인 이정열 여사가 이곳까지 왕림하여 자료 제공과 원고 정리 등으로 지도편달해 주셨습니다.

이 책을 써나가면서 나는 하나의 깨달음을 얻었습니다. '시대'가 아직도 끝나지 않고 있다는 겁니다. 그래서 앞으로 무엇이 어떻게 일어날지 알 수 없습니다. 그래서 과거지사에만 매달릴 수가 없었습니다. 이미 일어났던 일들에만 국한해서 서술할 수가 없었습니다.

이 책은 나의 사적인 회고록이 아닙니다. 역사의 고비마다 과거, 현재, 미래의 연관 속에서 내가 느꼈던 것, 사색한 내용을 정리한 것입니다.

기억력 감퇴는 어쩔 수 없어 일시, 장소, 성명, 기타 고유명사의 오류가 있을 수 있습니다. 팩트의 잘못도 우려되고, 그래서 개개의 내용이 상호 모순된 것도 있겠습니다. 가장 걱정되는 것은 독자들이 가질 의문에 대한 대답이 안 될 수도 있다는 점이었습니다. 솔직히 말해서 나 자신이 답을 못 얻을 때가 많았습니다.

그러함에도 불구하고 감히 펜을 든 것은 내가 숨 쉬고 있는 '이 시점'에서, 과거의 내가 살았던 역사를 다시 관조해 보고 싶었기 때문이었습니다. 역사에는 반드시 '지각'이 있고, 이 전제는 역사 결정론으로 통한다고 합니다. 역사의 의미는 상실되지 않습니다. 만약 그렇게 된다면 우리의 과거는 픽션이고, 미래는 비현실이겠지요.

역사가들은 미래사의 기본이 과거사에 기록되어 있다고 강조합니다. 그래서 역사 속에는 의미와 상징이 존재합니다. 나와는 사고방식이 다른 우리의 자식 세대, 손자세대, 지금의 한국을 짊어지고 있는 청장년들의 반응이 궁금했습니다.

그들이 지금 살아가는 오늘의 한국은, 옛날 우리 세대가 겪었던 온갖 모순들이 발전하고 변형해서 이루어진 것입니다. 곧 그 말은 오늘의 주인공들이 미래를 올바르게 내다보려면 과거와의 연관 속에서 관측해야 한다는 것입니다. 그들이 한반도의 미래, 특히 통일 한반도의 앞날을 개척하려면 우리 세대가 겪었던 그 많은 모순까지도 시야에 두어야 합니다.

언젠가는 통일이 되어야 하겠지요. 간절히 기원합니다. 방치해 버리면 안 됩니다. 통일은 남북이 손을 맞잡고 같이 '만들어내는 것'입니다. 어느 한쪽이 일방적으로 밀고 나간다고 되는 것이 아닙니다.

이제 나의 시대에서 통일의 결실을 보지는 못하겠지요. 하지만 '돌진하는 20세기'라는 기차에 몸을 던졌던 과거의 사람들이 있었다는 것을 미래 사람들이 몰라준다면 너무도 아쉬울 것 같습니다.

이 책이 나오기까지는 많은 분의 도움이 있었습니다. 송철원 원장은 주위의 누구도 관심을 보이지 않을 때 내 생각과 삶의 이야기를 쓰도록 나를 끈질기게 추동하였고, 부인 이정열 여사는 출간작업이 용이하도록 난삽한 나의 초고를 가지런히 정리, 컴퓨터에 입력해 주었습니다.

성균관대 대학원 이정민 박사가 제공해준, 동백림사건을 주제로 한 본인의 연구 논문은 나의 초고를 보완하는 데 크게 도움이 되었습니다. 사건 당시 서독, 프랑스의 언론과 시민사회의 대응, 두 나라 정부와 한국 정부 사이의 갈등상황에 관한 기술은 전적으로 그 논문에 도움을 받았습니다.

경기아트센터 김학민 이사장에게 특별한 감사의 인사를 드립니다. 그는 내가 얼기설기 초고를 완성하고는 더 진전시키지 못하고 있을 때, 여러 번 고창에 내려와 이를 보완하여 책으로 출간하도록 내 등을 떠밀었습니다. 보완할 부분을 일일이 찾아내고, 나의 구식 표현을 일일이 교열해준 그의 적극적인 관여가 없었더라면 이 책은 빛을 보지 못했을 것입니다.

고창의 이상훈 선생은, 지어미와 외아들을 먼저 떠나보내고, 남은 두 딸까지도 저 큰 바다를 사이에 두어 자주 접하지 못하는 나를, 물설고 낯 설은 타향에서의 나의 삶을 육친을 섬기듯이 보살펴 주어 소소한 걱정 없이 생활하도록, 이 책의 집필에 주력하도록 도와주었습니다.

하나뿐인 생명을 포함하여 모든 것을 내려놓아야 할 망백(望百)의 나이에, 이렇게 많은 분께 무거운 짐을 지워드리게 되어 송구한 마음 그지없습니다. 지면을 빌어 머리 숙여 감사의 인사를 드립니다.

2024년 2월

정 하 룡

차 례

프롤로그

인간이 겪는 재앙 중에서도 전쟁은 가장 참혹합니다. 거기서는 살육이라는 압도적인 폭력이 모든 것을 지배하기 때문입니다.

20세기는 '전쟁의 세기'였습니다. 두 차례의 세계대전을 비롯해 크고 작은 전쟁들이 끊이지 않았습니다. 그 와중에 가속화 한 기술발전이 전쟁을 공업화했고, 인간의 상상을 초월한 가공의 대량살상 무기가 개발되었습니다.

20세기를 특징짓는 또 하나의 요인이 있습니다. 혁명입니다. 마르크스·엥겔스가 창안한 계급투쟁이론이 20세기 벽두부터 연이어 레닌과 마우쩌둥毛澤東에 의해 현실화합니다. 이데올로기는 빠르게 전 세계로 전파됐고, 이에 따라 전쟁도 이념화했습니다.

제2차 대전의 끝은 또 하나의 전쟁의 시작이었습니다. 동·서 냉전 구도는 한반도에 이념충돌의 미니 세계대전을 몰고 왔습니다. 카를 폰 클라우제비츠Carl von Clausewitz는 '전쟁은 정치(외교)의 연장'

이라고 했지만, 한국전쟁은 '이데올로기의 연장'이기도 합니다.

70년이 지나도 나의 뇌리에 점착되어 사라지지 않는 두 장의 사진이 있습니다. 하나는 융단폭격으로 면도질 당한 평양의 끝없는 폐허 속에 전봇대 하나 외로이 서 있는 장면이고, 다른 하나는 한 마을 사람들끼리 서로 학살한 처참한 시신들이 수도 없이 얽혀 있는 광경입니다. 첫 번째는 철저한 대량파괴, 두 번째는 끔찍한 동족상잔을 상징합니다. 바로 한국전쟁입니다.

사실, 우리 세대는 엄청난 역사적 사건에 의해 구조화된 어린 시절을 살았습니다. 전쟁과 피난살이는 우리들의 무대배경이고 생활의 틀이었습니다. 세계가 직접 관련된 이 참사들이 우리 세대가 갖는 기억의 실질입니다.

그렇습니다. 나는 '우리들의 기억'이라고 하였습니다. 그 당시, 우리 젊은이들은 (남북 할 것 없이) 거의 같은 경험을 갖고 살았습니다. 참혹한 파괴와 살상, 끝없는 괴로움과 슬픔, 절망과 방황… 그러면서도 실낱같은 통일에의 염원…

우리는 전쟁과 이데올로기의 상처를 평생 가슴과 머리에 얹고 살았습니다. 나는 이 트라우마를 안고 프랑스로 떠났고, 이 트라우마 때문에 금단의 묘약을 찾아보려고 평양에까지 갔었습니다.

제2차 대전 후의 프랑스에서는 마르크시즘과 실존주의가 유행하고 있었습니다. '마르크스의 예언이 시대성을 잃었다 / 아니다'가 논란의 중심이었습니다. 계급투쟁에서 부르주아지는 멸망하고 혁명의 주류인 프롤레타리아가 지상낙원을 건설한다는 역사 결정론은 이제 빗나갔다는 논리와, 아니다! 계급투쟁은 여전히 진행 중이다, 끝나지 않고 있다, 종국에는 자본주의가 망한다는 주장이 서로 맞서고 있었습니다.

내가 본 서구자본주의 사회는 망하기는커녕 오히려 번창하고 있었습니다. 프랑스의 노동자들은 자동차, 냉장고를 소유하고 있었지만, 오히려 소련을 위시한 공산권에서는 심각한 물자난에서 헤어나지 못하고 있었습니다. 많은 역사가와 정치학자들이 '이데올로기의 종언'을 설파하기 시작하던 때입니다.

1956년에는 흐루쇼프의 〈스탈린 비판보고서〉가 터져 나왔습니다. 최고 권력자의 무제한의 개인 권력이 프롤레타리아 독재의 전형으로 공식화됐던 시절, 아무리 스탈린 사후 10년이 지났다고는 하지만, 이건 대단히 용감한 폭탄선언이었습니다.

서유럽의 수많은 공산당원이 탈당했고, 헝가리와 폴란드에서는 모스크바에 반기를 들었습니다. 공산주의에 심정적으로 동조하던 프랑스 인텔리들의 동요도 심각했습니다. 그리고 이 파장은 오랫동안 계속되었습니다.

세계 최빈국 출신이었던 나는, 우리나라의 비참한 곤궁을 극복하기 위해서는 사회주의 모델이 가장 효과적이고 적합하다고 믿고 있었습니다. 무엇보다 '현대화'가 시급한데, 이를 위해서는 자유보다 평등을, 자유 방임의 시장 논리보다 계획경제가, 복수정당제도보다는 국가의 강력한 통제 권력이 더 절실하다고 믿었습니다.

다만 이런 선택은 임시적이고 과도기적이어야 하며, 어느 정도 경제성장을 이룩한 다음에는 자유와 평등의 가치가 균형을 이루어야 한다고 믿고 있었습니다. 곧 사회민주주의입니다.

1960년대 초, 서유럽의 많은 한국 유학생들이 동베를린의 북한사람들과 접촉한다는 소문을 들었습니다. 통일문제를 토론한다고 했습니다. 친구의 권유에 따라 나도 그 문을 두드렸습니다. 의학발전을 위해 무덤을 파서 사체를 해부했던 옛 선각자들에 비유한다면, 너무 지나친 변명일까요? 처벌에 대한 공포심도 있었지만, 진실 탐구의 욕구가 더 간절했습니다.

이 책은 엄밀히 말해서 나 개인의 비망록이나 회고록이 아닙니다. 내가 살았던 시대에 일어났던 일들을 곱씹어보려는 시도에 불과합니다. 그렇다고 체계적으로 서술하지도 못했습니다. 때로는 개개의 내용이 서로 모순 될 수도 있습니다.

젊은 시절, 어쩌다 보니 한반도의 역사 흐름 속에 몸을 내던져 살았습니다. 남과 북의 중간지대를 지켜보려는 꿈같은 시도도 해봤습니다. 그러다가 사형까지 받았습니다.

이 책은, 그러나 내가 살았던 한반도의 역사적 팩트나 나 개인이 살았던 경험들과 그러한 사실들 때문에 겪어야 했던 회의, 고민, 사색, 그리고 이를 통해 이루어지는 나의 정신적 변화에 초점을 맞춘 내면의 성장 기록이라고 봐 주시면 고맙겠습니다.

오늘날 전 세계에서 이데올로기는 사라졌습니다. '악'이나 '죄'에 대한 보편적, 그리고 정치적 가치판단도 달라졌습니다. 그러나 아직도 한반도의 현실은 70년 전의 모습 그대로 제자리에 머물러 있습니다. 미래의 문을 열기가 그렇게도 어렵습니다.

그래도 나는 낙관합니다. 역사를 여러 도막으로 나눠보면 그 하나하나는 어둡고 괴로운 암흑시대일지라도, 역사를 거시적으로, 하나의 큰 묶음으로 보면, 그 흐름은 항상 더 나은 세상으로 향하는 몸부림입니다. 끝내는 진보라는 여신이 웃고 기다립니다.

통일 내셔널리즘이 언제쯤 스포트라이트를 받을 수 있을까요? 그리 먼 훗날은 아닐 겁니다. 다만, 영광의 월계관을 쓰는 사람들은 나의 세대가 아니겠지요. 그때는 이미 우리 세대에게 과해졌던 고단하고 험했던 '막일'이 끝나 있을 테니깐요.

1장

식민지에서 온 소년

종주국과 식민지

근현대 세계사를 돌이켜 보면, 전쟁은 주로 식민지주의Colonialism 와 밀접하게 관련됐습니다. 산업화에 성공한 '앞선' 나라들이 '낙오한' 나라들을 차지하려는 제국주의 전쟁이 그랬었고, 식민지가 종주국에 도전하는 독립전쟁들 또한 그랬습니다.

19세기, 세계에서 '국민국가'가 여기저기 탄생합니다. 그 배경에는 서구열강의 비서구권에 대한 식민지 침략이 있었습니다. 일본은 이 조류 속에서, 소위 메이지유신을 이룩한 후 제국주의 침략 무대에 데뷔합니다. 1872년의 학제 발포와 그 이듬해의 '징병령'은 국민국가 체제에서 가장 중요한 교육과 군대의 '국민화

강원도 양양군의 '능인유치원' 시절 필자
(1937년 경)

도쿄 쯔루마키소학교 입학 기념사진
(1939년)

작업'이었습니다.

그로부터 불과 20여 년 후, 일본은 식민지주의의 기치를 높이 들고, 백인들의 흉내를 내기 시작합니다. 1895년 청·일 전쟁의 전리품으로 대만과 요동을, 1910년 러·일 전쟁의 승리로 한반도를 식민지화합니다. 나아가, 1932년에는 중국침략의 원대한 구상의 거점으로 만주국 괴뢰정부를 수립하면서 중국본토로 짓쳐 들어갔습니다.

거침없는 일본 군국주의의 행보에 미국, 영국 등의 제국주의 열강들이 눈 감고 수수방관만 할 수는 없었겠지요. 중국은 그들에게도 큰 먹잇감이었으니까요. 미·영의 철저한 대일본 경제제재(특히 석유봉쇄)가 시행되고, 이를 견디지 못한 일본의 반격이 태평양 전쟁으로 이어졌습니다.

전쟁의 분위기를 막연하게 감지하기 시작한 것은 아마 내가 대여섯 살쯤 되었을 무렵인 것 같습니다. 유치원에서 겨우 동요를 배우기 시작했는데, 일본 군가는 비슷한 시기에 이미 귀에 익혔던 것 같습니다. 또 나무막대기를 들고 전쟁놀이를 한 것도 그 무렵부터였습니다.

나는 1933년 11월 5일, 강원도 강릉에서 아버지 정두석과 어머니 김춘섭 사이에서 태어났습니다. 아버지는 그 시절 조선 청년들 사이에 불길처럼 번지던 농촌 계몽운동에 이바지하고 계셨고, 어머니는 여자전문학교 보육학과 출신으로 아버지와 함께 유치원을 개설, 역시 농촌 여성의 계몽사업과 아동교육에 전심하고 계셨습니다.

나의 유년 시절의 기억 무대는 강원도의 강릉과 양양입니다. 내가 여섯 살 되던 해, 아버지는 학업을 더 계속하시겠다고, 어머니와 나, 동생을 데리고 일본 도쿄로 떠났습니다. 1930년대 말, 일본의 대 중국침략이 한참 진행 중일 때였습니다.

1939년 12월 8일, 태평양전쟁이 발발한 날, 나는 와세다 대학 근처의 쯔루마끼 소학교(초등학교) 1학년생이었습니다. 미국과 영국이 '적'이라는 설명은 들었지만, 그런 나라들의 이름도 처음 들었고, 또 어디에 있는지조차 몰랐습니다.

전쟁이라고는 하는데, 한동안 지금까지와 다름없는 일상이 흐르고 있었습니다. 전쟁터는 아득히 먼 곳이었고, 전쟁 보도는 한결같이 승전뉴스로 덮였고, 이런 정부와 군부의 정보통제 때문에 전쟁을 실감할 수가 없었습니다. 나의 아주 어린 시절, 전쟁에 대한 감각입니다.

도쿄의 조선 소년

여섯 살부터 아홉 살까지 3년간, 도쿄의 일본 아이들이 다니는 소학교에 다녔습니다. 아동심리학에서는 아홉 살 전후의 시기를 어린이의 '문화 획득기'라고 한답니다. 마르셀 프루스트의 대표작 『잃어버린 시간을 찾아서』에서 주인공의 소년 시절 때부터 간직한 마드레느 과자의 추억이 평생을 두고 반복되는 의미를 나의 소년 시절에 대입해 봅니다.

지금도 가끔 내가 살던 동네의 일본인 동무들과 뛰어놀던 광경을 떠올리고는 합니다. 에도가와 강변의 숲과 들에서 매미도 잡고 잠자리도 쫓아다니던 추억이 아직도 뇌리에 생생합니다. 나는 일본식으로 '류짱'이라고 불리었고, 그 호명은 우리 집에서도 그대로 사용하였습니다.

일본 동무들 집에 놀러 가면 그 엄마들이 깍듯이 일본식으로 대해 주던 예의범절이 지금까지 나의 생활양식에 잠재하고 있습니다. 오랜 프랑스 생활에도 불구하고 늘그막에 와서는 프랑스 서적보다 일본 책을 더 읽게 됩니다. 당뇨병에 시달리면서도 일본식 찹쌀떡 '모찌'는 '잃어버린 시간' 속 마드레느와 같은 의미를 지닙니다.

이렇게 다분히 일본화됐던 나의 유소년시절이건만 끝까지 일본 안으로 들어가지 못하게 막은 두꺼운 벽이 있었습니다. '조센징'이라는 민족멸시의 호칭이 그 벽이었습니다.

소학교에 입학하니까 나의 이름은 '데이 가류우'(정하룡의 일본식 발음)였습니다. 하루에도 몇 번 있는 출석 점호 때마다 '데이 가류우!'하고 호명하면 교실 여기저기서 이상하게 공기가 흔들리는 것을 느낄 수가 있었습니다. 반에서 오직 나만 '이상한' 이름을 갖고 있었습니다. 쥐구멍이라도 있었으면, 하는 모멸감 때문에 몸이 오그라들곤 했지요.

이물異物에 대한 배척의식은 지극히 보편적인 심리 현상입니다. 나치의 홀로코스트, 스탈린 대숙청, 세계 곳곳에서 벌어지고 있는 크고 작은 전쟁들도 따지고 보면 다 그렇게 출발했습니다.

개별적으로 접하면 일본인들은 순하고 예의 바르지요. 그러나 군국주의와 아시아 정복론으로 똘똘 집단화된 일본인들은, 중국과 조선에서 끔찍한 만행들을 저질렀습니다. 당시의 소년들은, 심지어 나까지도 '중국놈 짱꼴로 모두 모두 죽여라'라는 가사의 동요를 부르고 다녔지요.

오늘날도 일본인들의 '타他'에 대한 거부감은 여전합니다. 외형적 폭력성이 없다뿐이지요. 예를 들면 현재 일본경제는 현저한 하강

에도가와 공원에서 소학교 2학년 때 같은 반
아이들과 함께 (중앙이 필자)

도쿄 쯔루마키소학교 시절 동생
(정경룡 왼쪽)과 함께

선을 긋고 있습니다. '잃어버린 30년'이라며 스스로 개탄하고 있습니다. 이유야 여러 가지겠으나, 그중에 노동력 부족이라는 아킬레스건도 있습니다. 출생률 저하와 노령화 때문에 인구 피라미드가 거꾸로 서기 때문입니다.

많은 경제 예측가가 앞으로 노동력 부족 때문에 일본이 망한다고 진단합니다. 그러함에도 불구하고 일본 정부는 공식적으로 외국 노동력의 유입을 거부하고 있습니다. '외국인 범죄' 또는 '외국인 리스크'를 이유로 내세우지만, 자기들의 통계를 보더라도 터무니없는 거짓말입니다. 실제 외국인들의 범죄 건수는 아주 미미합니다.

소학교 교실에는 으레 드세고 짓궂은 아이들이 몇 명 있기 마련입니다. 그들이 나에게 '이지메ぃじめ'를 시작한 거지요. 처음에는 '조센징', '여보세요' 등의 차별적, 멸시적 조롱에 그치던 것이 점점 물리적 충돌로까지 확대되었습니다.

더러는 다수를 상대해야 했기 때문에 불리할 때가 많았지만, 나는 항상 용감했습니다. 마음속에는 '그래, 나는 조센징이다. 어쩔래?' 하는 기개 같은 것이 살아 있었으니까요. 당시 도쿄 우리 집에서 메이지대학을 다니던 외삼촌이 늘 그렇게 나를 가르쳤습니다. 외삼촌 자신도 거대한 덩치를 무기로 일본인 상대의 싸움꾼이 되어 있었습니다.

어느 날 전교생이 집합하는 조례 때였습니다. 교장 선생이 훈시 중인데, 뒤에 있던 녀석이 나의 다리를 걸어찼습니다. 앞만 보고 직립 부동의 자세를 흐트리면 안 되는 엄한 규율 때문에 속절없이 당하고 말았습니다. 그런데 그는 계속했습니다. 급기야 "조센징 새끼가!" 하면서 더 세게 걸어찹니다.

나는 무아몽중無我夢中상태로 격투를 벌였습니다. 조례 중 싸움은 학교 역사상 전대미문의 사건이라고 했습니다. 둘은 교장실에까지 끌려가는 '명예'를 얻었고, 이튿날 어머니들까지 학교에 불려와 장시간 훈시를 들어야 했습니다. 우리 당사자들은 한 달 동안 함께 방과 후 교실 청소라는 쌍벌죄로 다스려졌습니다.

그 후로 나에 대한 '이지메'가 뜸하다가 사라졌습니다. 나의 돌격 정신에 놀라기도 했겠지만, 담임 선생님의 특별 훈시 때문이기도 했습니다. 조선인도 엄연히 똑같은 일본인이라는 훈시였습니다.

학교생활도 순조로워졌습니다. 수영부에 입회하면서 전혀 낯설던 '훈도시(褌)'를 수영복 대신 감았습니다. 상급생으로부터 친절하게 개인지도도 받아 기량이 일취월장했습니다. 기계체조부의 일원이 되면서 나도 몰랐던 재질이 발견되어 급우들을 놀라게 했습니다. 동네 아이들과는 한 덩어리가 되어 뛰어놀았습니다. 날이 갈수록 일본 아이들과 동질화하고 있었습니다.

그러나 끝내 넘지 못하는 선이 있었습니다. 집에서 부모님은 한국말을 하고, 식탁에는 김치가 오르고, 설이나 추석에 차례를 올리는 등등… 일본가정과는 너무도 다른 '나의 집'은 싫어도 나의 정체성identity이었습니다.

몇 년 뒤 귀국하여 내가 서울의 재동국민학교로 전학했을 때는 '쪽발이'라고 '왕따'를 당하게 됩니다. 그럴 때마다 일본 동무들이 눈물 나도록 그리웠습니다.

유소년기를 식민종주국에서 보낸 식민지 출신 소년의 내면에는 의식적 또는 무의식적으로 구성된 중층인격이 구조화하고 있었습니다. 조선인이라는 자각과 함께 일본화된, 모순된 나의 모습이었습니다.

나는 조센징인가, 쪽바리인가

1941년 즈음부터 미 공군의 도쿄 공습이 잦아졌습니다. 목재와 종이로 된 일본 가옥을 소각시키기에는 소이탄이 안성맞춤이었습니다. 하루는 공습경보 때문에 어느 집 처마 밑에 서 있었는데, 얼마 있다 보니 그 집이 소리 없이 불타고 있었습니다.

이듬해인 1942년 초 서울로 이사했습니다. 한반도는 미군 폭격의 목표물이 아니라는 이유 때문이었습니다. 새로 정착한 서울의 우리 집은 마당에 나무 몇 그루가 가꾸어진 한옥이었습니다. 집의 외양부터 내부 구조에 이르기까지 그동안 내가 살았던 도쿄의 집과 너무 달라 어색하였습니다. 특히 온돌방이 그랬습니다.

외국 정취라고 하나요? 제 고향이라는 데도 타향만 같았습니다. 거리 풍경도 낯설었습니다. 도쿄 시가지와는 너무나 달랐습니다. 갓 쓴 어른들이 곰방대를 물고 앉아있고, 우마차가 왕래하는 노면에는 소똥, 말똥이 널려져 있었습니다. 보도에는 인분과 가래가 늘어 붙어 있었고, 사대문 안에도 여기저기 나직한 초가집들이 남아 있었습니다.

기를 쓰고 서구화, 현대화의 길로 매진하던 일본본토와는 달리 서울에는 여전히 수백 년 묵은 가난이 봉건 잔재와 함께 한가로이 숨죽이고 있었습니다. 한참 소리 높이 선전하던 '내선일체內鮮一體' 구호가 열 살 어린 내 머리로도 속 빈 강정 같다고 느껴졌습니다.

'앞선' 내지內地(일본본토)가 '낙오한' 반도인을 압제하는 모습이었습니다. 그리고 나는 이 뒤처진 민족과 같은 언어, 같은 음식, 같은 문화관습을 공유한다는 사실을 싫어도 인식, 재인식해야만 했었습니다.

포괄적이고 상대적인 식민지의 정경은 예민한 소년의 감수성에 적지 않은 영향을 주었습니다. '일본국민'이라고 믿어 의심치 않았던 내가, 조선인들만 사는 민족사회에 뚝 떨어지다 보니, 나는 조선인이었구나 하는 자각이 강력하게 부상한 것입니다. 바로 아이덴티티identity의 갈등이요, 충격이었습니다.

서울의 명문교라는 재동국민학교(초등학교) 3학년 3학기에 편입학되었습니다. 이때, 나의 호적상의 이름이 바뀝니다. 아버지가 공립중학교 교사로 취직하셨는데, 이때 조선총독부가 강요하던 창씨개명創氏改名을 아니 할 수 없었다고 합니다.

나의 성은 일본식으로 '다께바시(竹橋)'로 둔갑했습니다. 포은 정몽주가 목숨을 잃은 선죽교善竹橋에서 '죽교'를 따와 일본식 발음으로 부르게 됐다는 게 아버지의 설명이었습니다. 내 이름인 '하룡河龍'은 족보에 있는 그대로 바꾸지 않았습니다. 나는 그때 처음으로 우리나라에는 족보族譜라는 게 있다는 것을 알았습니다.

일본 작가 가지야마 도시유끼의 「족보」라는 중편소설이 있습니다. 한 조선인 대지주가 평소의 친일 행적에도 불구하고 창씨개명을 집요하게 강요하는 일본 관헌과 모진 갈등을 겪으면서 끝내 족보를 지키기 위해 자살한다는 줄거리입니다.

한국 사람들에게 족보의 무게가 얼마나 중대하고, '성을 간다'는 것이 얼마나 큰 죄악인가 하는 것을, 서울태생의 이 일본인 작가가 조심스럽고 따뜻한 필치로 펴낸 식민치하의 민족갈등 에피소드입니다.

총독부의 한반도 식민정책은 가혹하리만치 철저했고, 가증스럽게 위선적이었습니다. 일본인과 조선인은 '동근동조同根同祖'이기 때문에 내선일체가 되어야 하며, 따라서 언어도 한 언어, 곧 일본어가 국어가 되며, 이름도 일본식으로 통일해야 한다는 것이었습니다. '내內'는 일본본토를 뜻하고, '선鮮'은 조선 곧 한반도를 지칭하는 것이었습니다.

1930년대 들어, 중화 대륙을 향하는 일본의 침략이 노골화하면서, 조선도 이제까지의 일본에 대한 식량 공급기지 역할뿐 아니라 전쟁 수행을 위한 병참기지로의 위상이 더 중요해졌습니다.

태평양전쟁의 검은 구름이 감돌기 시작하면서, 조선인도 '일본인'으로서 징병에 응해야 하며, 또 일부는 공장노동자로 징용되어야 했습니다. 조선의 꽃다운 젊은 여성들이 중국이나 동남아 전선 일본 군인들의 성 노리개 사냥감으로 잡혀갔습니다. 내선일체는 위선적인 틀이었던 것입니다.

황국신민皇國臣民

내선일체라고 하지만, 내가 살았던 내지內地와 앞으로 살아야하는 반도(조선을 그렇게 불렀습니다) 사이에서 너무도 크고 많은 차이를 느꼈습니다.

우선 교과서부터 달랐습니다. 일본본토의 교과서는 문부성 발간인데, 반도에서는 조선총독부 발행의 교과서가 사용되고 있었습니다. 식민지 소년 소녀들을 철저하게 일본화하기 위한 교육 내용이었습니다. 내가 도쿄를 떠나면서 소중히 배낭 속에 모셔 왔던 모든 교과서가 무용지물이 됐습니다.

모든 학교 교정에는 '봉안전奉安殿'이라고 불리는 작은 구조물이 있는데, 그 안에는 일본 천황의 사진이 안치되어 있습니다. 등하교 때, 우리는 봉안전을 향해 90도 경례를 하면서 "우리는 황국신민, 충성으로써 군국君國에 보답하겠습니다"를 외쳐야 했습니다. '황국신민의 서사誓詞'라고 했습니다. 이 선서행위는 어른들에게도 강요되었습니다.

매일 아침 수업 전에 한 시간가량, 전교생 조례라는 게 있었습니다. 일본인 교장의 훈시가 가장 중요한 순서였는데, 전시 하에서 황국 소년이 해야 할 일들을 가르쳤습니다. 훈시 시작 전에 궁성요배宮城遙拜를, 곧 천황이 있는 동쪽을 향해 90도 큰절을 교장의 구호에 따라 했습니다.

일본의 국가종교랄 수 있는 신도神道를 상징하는 신궁神宮 또는 신사神社를 식민지 요소요소에 세워 참배를 강요하였습니다. 이 신사참배는 특히 우리나라 기독교인에게는 큰 수난이었습니다. 우상숭배를 절대 금기시하는 그들은 이에 불복종하였고, 그래서 많은 기독교 신자들이 투옥되었습니다. 이들 중 적지 않은 사람이 항일 투사로 변신하였습니다.

일본화 정책의 핵심은 천황제였습니다. 아마데라스 오오미가미天照大神의 후예들로 이어져 왔다는 만세일계萬世一系가 황실의 신화입니다. 황국사관을 주장하는 일본의 역사학자들은 황실체계를 몽타주montage 하면서, 만세일계 곧 오로지 한 왕가만이 2천 600여 년간 일본을 다스렸다는 허구를 만들고는, 이것을 황실 존재의 '정통성'으로 삼았습니다. 그리고 이 신화가 군국주의와 융합되면서 무서운 폭발력을 지녔던 것입니다.

그들은 천황을 '현인신現人神' 곧 살아 있는 신이라고 주장했습니다. 신을 섬겨 목숨을 바치는 행위는 어느 종교에서도 순교라고 일컬으면서 지고의 영광으로 찬양합니다. 마찬가지로 전쟁터에서 전사하는 것을 천황폐하를 위한 순교, 가장 영광스러운 죽음이라고 끊임없이 선전하였지요.

일본사람들은 옛날부터 할복자살하는 풍습이 있었습니다. 무사의 가장 아름답고 영예로운 최후라고 전래 되어 왔던 것이지요. 메이지유신 후로는 천황폐하를 위한 죽음을 가장 큰 영복永福이라 칭송해 왔었습니다. 실제로 패전을 맞았을 때, 천황폐하께 죄송스럽다는 유언을 남기고 할복자살한 일본인들이 많았고, 사이판이나 오키나와 전투에서 '천황폐하 만세!'를 부르면서 옥쇄한 병사들이 수만 명에 이르렀습니다.

나는 여기서 일본인 특유의 죽음의 탐미주의를 얘기하려는 것이 아닙니다. 천황제와 군국주의가 결합할 때 폭력적이면서 아주 효과적인 국민통합이 가능했다는 말을 하려는 것입니다.

분명히 말해서 천황제는 허구였습니다. 과연 일본국민들이 이 허구를 마음으로부터 믿었을까요? 살아 있는 신이라고 생각했던 걸까요? 아마 대다수 국민은 그렇지 않았을 것입니다. 많은 일본인이 '만세일계'의 황실을 존경하기는 했어도 '살아 있는 신'으로까지 믿지는 않았을 겁니다. 허구라는 것을 알면서도 몰자각하게 그 허구 위에 얹혀 있었던 것이 아닐까요? 믿는 척하다 믿게 된 그런 구도가 아니었을까요?

식민지 사람들은 '살아 있는 신'을 믿지 않았습니다. 우리 소년들도 안 믿었습니다. 그래서 조선총독부의 세뇌 교육이 시작합니다. 2천 600년 동안 이어 왔다는 124명 일왕의 이름을 전부 외우고 쓸 줄 알아야 했습니다. 많은 경우 고대 천황 이름은 현재는 쓰지도 않는 한자로 돼 있어 11~12살짜리들에게는 엄청난 고역이었습니다.

명치 천황의 「교육칙어」와 소화 천황의 「선전포고문」도 일본 고유의 궁정 용어와 고대어가 뒤섞여 있어 우리 또래 소년들이 외우고 쓰기에는 무리였습니다. 주기적으로 테스트하는데 낙오자가 과반이었습니다. 그러면 그들에게는 '비국민'이라는 딱지가 붙습니다. 파쇼 전시체제 아래서 국민이 아니라는 차별은, 물심양면의 혹독한 불이익으로 귀착됩니다. 어른의 경우, 생활필수품 배급이 끊겼습니다.

천황제는 오늘날의 한반도 북쪽의 모습과 너무도 흡사합니다. 만세일계와 백두혈통, 우상숭배와 현인신顯人神, 모든 것이 수령에게서 나오고 그리로 돌아간다는 논리 등등 …

천황제에서는 모든 것을 천황의 은덕이라고 말합니다. 특히 천황의 군대 '황군'에서는 무기는 물론 작은 일상용품에 이르기까지 모두 천황의 하사품입니다. 고미가와 준뻬이의 대하소설 『인간의 조건』 속에 실린 한 에피소드. 소심한 한 병사가 일상용품 곧 천황의 은사품 하나를 분실합니다. 황공하게도 천황폐하께서 내려 주신 물건을 잃어버리다니… 상관으로부터 크게 벌을 받은 그 병사는 화장실에서 자살합니다.

실제로 이런 일도 있었습니다. 어느 학교에 불이 났는데, 불길

속에서 천황의 어진영御眞影도 같이 소실됐습니다. 그 학교 교장은 스스로 목숨을 끊었습니다.

우리 민족의 실체를 말살하고 황국신민皇國臣民으로 만들겠다는 조선총독부의 노선은 분명하고 엄격하였습니다. 차츰 조선인들은 길들여졌고, 독립의 길은 절망과 망각 속으로 자취를 감춘 듯했습니다. 총독부와 손을 맞잡고 신사참배와 황군 입대를 독려하는 조선의 고명한 지성인들이 속출하였습니다. 조선 민족은 일본화돼 가는 듯 보였습니다. 여기서 벗어난 것은 다행히도 일본이 패전했기 때문이지요.

식민지 백성의 트라우마

1950~60년대 종주국 프랑스의 젊은 지식인들까지 매료시킨 알제리의 독립투사 프란츠 파농Frantz Fanon이라는 사상가가 있었습니다. 그에 의하면 식민지 사람들은 숙명적으로 세 가지 트라우마를 갖게 된답니다.

첫째는 정치적 트라우마입니다. 정치적 종속성에 얽매어 '식민지 근성'에서 못 벗어난다는 것입니다. 우리는 영원히 식민지 지배를 받을 수밖에 없다는 깊은 열등감 때문에 종래는 종주국 사람들의 흉내를 낸다는 것입니다. 우리의 '일본화' 현상이었지요.

그뿐만 아니라 종주국 편에 서서 같은 동포들을 핍박하는 자들이 나옵니다. 해방 후에는 특히 전쟁의 여파로 가난의 구렁텅이에 빠졌던 한국의 많은 사람이 옛 일제 강점기를 그리워하면서 "이래서 우리는 안돼!"라고 자포자기하던 때가 있었습니다.

둘째는 경제적, 기술적 트라우마입니다. 종주국은 식민지의 산업구조를 자기네에게 유리하게 개편합니다. 예컨대 메이지유신 후 현대화 성공으로 일본의 인구가 급증했고, 그 결과 식량 수요·공급의 균형이 무너졌던 일본은 이 문제 해결을 위해 한반도를 자기네 식량 공급기지로 만들었습니다. 이를 위해 동양척식회사를 통해 토지를 수탈했고, 곡물 생산성을 높이기 위해 흥남비료공장을 설립하였으며, 수확한 쌀을 일본으로 수송하기 위해 철도와 항만을 확충하였습니다. 그러나 필요 이상의 공업화로는 결코 발전시키지 않았습니다.

1930년대, 일본은 중국을 침략합니다. 한반도는 전쟁 수행을 위한 병참기지로 변모합니다. 그 결과 일정 수준의 전쟁용 공업화가 이루어지고 교통 인프라도 확충합니다. 또 일본에 있는 군수공장으로 조선 농민의 일부를 징용 파견합니다. 이를 두고 일본인들은 조선을 자기네가 현대화했다고 주장합니다. 여기에 한국의 뉴라이트계 어용학자들도 동조합니다.

세 번째 트라우마는 의식의 식민지화입니다. 식민지 상태가 변하지 않고 그냥 지속할 때, 민족의 중층성重層性은 큰 벽으로 다가옵니다. 일본인들과 같은 내용의 교육을 받는다고 하지만, 실제로는 조선인들이 접근할 수 있는 학교의 수는 너무도 제한적이었고, 학업의 질과 내용 또한 동등하지 못했지요.

그 결과 조선 사람들에게는 취업의 문이 너무도 좁았고, 특히 관공리官公吏가 된다는 것은 하늘의 별 따기였습니다. 또 관리가 됐다 해도 승진의 속도가 느렸습니다.

일본교육을 받았기 때문에 일본문화에 매료된 사람들이 많았습니다. 일본화 교육에 물들어 순화된 거지요. 그러나 말로는 '너도 일본인'이라면서도 현실에서는 차별하는 이 이중성은, 식민지 출신 사람들 의식 속에 분열 현상을 심어주었습니다.

극소수는 반일 독립운동에 뛰어들었지만, 대다수는 의식 차원에서 노예가 되었습니다. 차별을 당하면서 일본인이고자 하는 의식의 '식민지성'입니다. 실제로 가정생활에서까지 의식주 문화를 일본식으로 따라 하던 조선인들이 꽤 있었습니다.

이 트라우마는 불치의 병처럼 끈질겼습니다. 해방 후 나는, 일본을 미워하면서 그리워하는 한국인들을 너무도 많이 봤습니다. '엽전은 안 돼!'라는 자조가 우리들의 입에 붙어 있었습니다. '일본은 절대로 못 따라가!'라는 자기 비하를 무슨 큰 신조처럼 믿었던 한국인들이 많았지요. 불과 얼마 전까지만 해도 연말 연초가 되면 '새 사업을 구상하러' 수많은 한국 재벌 총수들이 일본으로 갔습니다.

다행히 오늘날의 한국 젊은 세대들은 이런 콤플렉스를 모릅니다. 실제로 우리의 경제도 일본 수준에 도달했고요. 그러나 내 세대의 많은 사람은 아직도 이 열등감에서 못 벗어나고 있습니다. 이들을 '토착 왜구'라고 한다지요.

우리 세대는 해방이 될 때까지 일본인인지 한국인인지 분간하기 어려운 아이덴티티를 갖고 살았습니다. 유소년시절을 일본에서 보낸 나는 일본어를 잘한다는 이유로 매년 소학교 학예회 연극에서 주역을 맡았습니다. 일본 황실의 충신 구스노끼 마사시게 역을 연기한 적도 있었습니다. '미·영 격멸'을 외치는 소년이 된 때도 있었습니다.

나는 어쩌면 총독부가 바라던 조선의 '황국 소년'이었습니다. 소학교 시절 우리는 일본의 역사는 배웠지만, 한국의 역사는 전혀 알지 못했지요. 이순신 장군의 이름을 한 번도 들어보지 못하였습니다.

일본의 패전

5학년으로 올라갔을 무렵, 서울 상공에 B-29 폭격기가 가끔 흰 꼬리를 달고 나타났습니다. 도쿄를 위시한 일본의 대도시들이 이 폭격기 때문에 거반 초토화됐다는 뉴스도 슬금슬금 흘러나오던 때였습니다. 소문대로 미국 폭격기는 한반도에 일격도 가하지 않았습니다.

전황은 일본에 가일층 어둡게 흐르고 있었습니다. 그때 들었던 '미드웨이'라는 낱말을 지금도 기억하고 있습니다. 이 해전에서 일본이 참패한 후 태평양의 해상권은 완전히 미국 쪽으로 넘어갔습니다. 인도네시아와 일본을 연결했던 원유수송의 루트가 차단됐고, 일본군의 병참 보급로도 동시에 끊겼습니다.

이에 따라, 식량이 끊긴 동남아 각지의 일본군은 굶주림의 지옥 속에서 괴멸壞滅하였습니다. 이 시기 일본군의 참혹한 패주 장면들이 문학이나 영상 예술을 통해 많이 알려졌지요. 전쟁은 참으로 비극의 극치였습니다.

일본군 총참모부(대본영)는 이런 패전의 위기를 국민에게 은폐하거나 언론을 통제하여 허위로 보도하게 했습니다. 그러나 일본국민은 점차 실상을 짐작하기 시작했습니다. 점점 깊어가는 빈궁의

늪으로 온 나라가 빠져들고 있었으니까요.

당연하지요. 바다를 잃으니까 무역이 사라지고, 그러자 물자난이 극심해지고, 시장경제가 붕괴했습니다. 식료품과 의류들은 배급을 통해서만 구할 수 있었습니다. 어른 한 사람당 쌀과 잡곡을 합해서 하루 2홉 3작이 법정 배급량이었습니다. 몹시 부족한 양이었지요.

시장이 사라지자 암시장이 판을 칩니다. 사재기가 성행했습니다. 그걸 잘못이라고 알면서도 살기 위해서는 어쩔 수 없었으니깐요. 우리 집 다락에도 많지는 않아도 암시장을 통해 사재기한 식료품들이 감춰져 있었습니다. 그것도 할 수 없는 하층 인민의 생활고는 날로 심각해졌습니다.

전쟁이 완전히 기울었다는 것을 감지한 것은 '총독부령'으로 조선인 가정에서 놋그릇을 비롯해 냄비류까지 금속물을 죄다 공출시킬 때였습니다. 솥단지, 냄비, 숟갈 등으로 무기를 만들겠다는 것입니다. 무기가 없다는 것은 더 이상 전쟁을 계속할 수 없다는 얘기입니다. 그래도 손들지 않는다면 그건 정상이 아닙니다.

일본 군국주의는 끝내 무리수를 두었습니다. 일본의 정치 권력은 '1억 옥쇄'의 슬로건을 내걸었습니다. 반도인(조선인)을 포함한 일본국민 전체가 본토 방어에 나서고, 그래도 안 되면 집단 자살을 하자는 완전히 이성을 잃은 구호였습니다.

일본 정부는 공식적으로 '비상시대'를 선포했습니다. 전국을 구·통·반으로 분할·연계하는 피라미드 조직을 짜고 최하위의 '반'을 '애국반'이라고 호칭하였습니다. '애국반'은 정기 또는 수시로 만나, 상부에서 내려오는 지시를 반원들에게 하달하고, 그 지시를 실행하기 위한 세부 방안을 논의합니다.

그러나 '애국반'은 실제로는 극도로 악화하는 정국에서, 전 국민을 통제·감시하는 기구였습니다. 주로 부인들이 그 구성원이었지만(남편들은 출근하니까), 그녀들은 대낮에 실재하지도 않는 공습에 대비하여 방공훈련만 거듭 연습하였습니다.

비상시대라고 해서 온 국민의 복장이 달라졌습니다. 남자는 공산국가에서 착용하는 인민복과 거의 같은 국방색의 '국민복'을 입어야 했습니다. 여자들에게는 치마 대신 넓적한 바지 모양의 '몸빼もんぺ'를 입으라고 강요했습니다. 복장은 독재체제의 중요한 통제 수법입니다. 소학교 남학생들에게도 일본군이 착용하는 각반을 두르게 했습니다.

비극의 극치는 '가미가제神風 특공대'라고 불리던 죽음의 군신軍神 이야기입니다. 수명이 다한 낡은 비행기에 귀환용 연료 없이 꽃다운 청소년을 실어 보내어 미국 군함에 비행기째 돌격하게 하는 단말마적 자살 전술입니다.

우리 소년들 사이에서도 루머가 돌기 시작했습니다. 김일성 장군의 신화입니다. 겨드랑이 밑에 작은 날개가 달린 장군이 한반도 여러 곳에 동시에 나타나 일본군을 무찌른다는 것입니다. 날아다니다가 바위 위에 내려서면, 바위에 발자국이 새겨지고, 그것이 바로 김일성 장군이라고 수군거렸습니다. 그리고 서로 절대로 말하지 않기로 약속하였었지요.

이 시점에서 전쟁을 끝냈어야 합니다. 그러나 천황제의 결함은 결정적이고 중차대한 계기 없이 아무도 패전을 건의할 수 없다는 겁니다. 선전포고를 천황이 했기 때문에 전쟁을 끝내는 것도 천황만이 결정할 수 있다는 논리 뒤에 숨어 전쟁책임자들은 눈치만 보고 있었습니다.

결국, 종전의 계기를 추동한 것은 연합국이었습니다. 히로시마와 나가사키에 투하된 미국의 가공할 신무기 원자폭탄의 투하와, 소련이 일본과 체결한 상호불가침조약 종료일에 맞추어 일본에 선포한 '참전 결정' 때문입니다. 결국, 현인신 천황의 사람 목소리(玉音放送 : 쇼와 천황이 '대동아전쟁' 종결의 조서를 읽은 라디오 방송)를 통해 일본은 치욕의 무조건 항복을 받아들였습니다.

2장

해방과 분단

미·소 냉전과 민족분단

역사는 변증법적으로 흐르는 것 같습니다. 연합국 진영과 기축국 간의 대결이 종결되자 승리한 측 내부에 잠재하던 상호모순이 노출되면서 각각 미·소를 중심으로 양극체제가 형성됩니다. 동·서진영이라고 불렀습니다.

'동·서진영'이란 어휘는 원래 2차대전 후 생겨난 미·영을 중심으로 한 서유럽의 자유민주주의와 소련을 한 축으로 한 동유럽의 공산주의 간의 이념대결 구도를 지칭하는 것입니다. 곧 유럽 현실에 국한됐던 개념이었습니다.

그러나 유럽에서는 이러한 대결 구도가 열전에까지는 확장되지 않고 고착화한 반면, 동아시아에서의 이데올로기 모순은 전혀 다르게 진행됐습니다. 제2차 대전 말기, 미·영·소에 의해 구상된 전후 동아시아의 질서, 특히 얄타와 카이로의 회담에서 합의되었던 구도가 설계도대로 집행되지 못했습니다.

그 결과 우리 민족은 한국전쟁이라는 혹독한 역사적 시련을 겪어야만 했고, 이데올로기의 시대가 끝나고 냉전이 사라진 오늘날까지도 '냉전의 고아'로 남아 있습니다. 우리의 유니크unique한 현실을 정확히 분석·판단하는 것은 바로 우리 비극의 돌파구를 찾는 길이며, 역사에 대한 책무라고 생각합니다.

1945년 8월 15일 오후, 해방된 서울의 거리는 이상하리만치 조용했습니다. 너무 강한 충격을 받으면 머릿속이 하얘진다지요. 친일이나 부일附日을 한 사람들은 물론, 황국신민으로 세뇌되었던 수많은 조선인이 오히려 나라를 잃었다는 정서를 가졌을지 모릅니다.

그러나 다음 날은 달랐습니다. 지하에 숨어 있었거나, 서대문형무소에서 뛰쳐나온 독립투사들이 앞장서 행진을 시작했고, 국민복이나 '몸뻬'를 벗어던진 사람들이 합류하였습니다. 수많은 아이가 그 옆을 따라다녔습니다. 나도 우리 동네 동무들과 그 속에 있었습니다. 시위행렬은 점점 불어나 홍수처럼 흘렀습니다. 일장기에 덧칠한 급조 태극기, 또는 빨간 깃발을 흔들며 만세를 외치고 있었습니다.

일부 사람들은 서울역으로 향했다고 합니다. 이미 한반도 북쪽에 진주했던 소련군 일부가 서울역에 도착한다는 '가짜뉴스' 때문에 마중 나갔다는 것입니다. 그러니까 이미 그때 그 행렬 속에는 좌·우 대결의 씨앗이 잉태되어 있었던 겁니다.

내가 중학교 입시 준비에 한참 몰두하고 있었던 1946년 3월, 신탁통치를 주제로 개최된 미·소 공동위원회가 두 달 만에 결렬되었습니다. 그리고 그 후, 아무런 합의 없이 공전만 거듭합니다. 신문·라디오는 매일 신탁통치 얘기로 덮였고, 거리에서는 피투성이 충돌이 거듭되고 있었습니다.

신탁통치란 1943년 카이로회담에서 미국 루스벨트 대통령이 제안한 것으로, 첫째 조선을 독립시키되 아직 '노예 상태'에 있으므로 스스로 자립할 역량이 생길 때까지 연합국의 신탁통치 아래서 키운 다음, 때가 되면 주권 정부를 세운다는 방안. 둘째, 이 제안에는 이면이 있습니다. 한반도와 소련이 직접 접경하고 있는 데다가 당시 남한 내에는 극빈 대중이 너무 많아서 공산화할 위험이 크니, 그 억제책으로 연합국(미·소·영·불)이 공동으로 후견 관리하자는 것이었습니다.

그런데, 뜻밖에 이 미국의 제안에 소련이 찬성하고 나섰습니다. 38선 이북에는 인민민주주의 체제가 이미 확실하게 수립됐고, 이남에는 혁명 잠재세력이 넘쳐나니 후일 신탁통치 5년이 끝나는 시점에서 남북한 단일정부를 위한 선거를 치르게 되면 자기네가 필승하리라는 계산이 깔려있었기 때문입니다.

반면, 미국의 제안임에도 불구하고 남쪽의 친미 보수세력과 민족주의자들은 신탁통치안에 반대하고 나섰습니다. 5년이든, 10년이든 못 기다리겠다, 즉각 주권 정부를 세워야겠다는 것이었습니다. 그러나 속내를 들여다보면, 그건 반대를 위한 반대, 곧 소련이 찬성하고 조선공산당이 이에 따르니, 우리는 반대해야 한다는 단순 논리도 깔려 있었던 것 같습니다.

경기중학교 2학년 1반 학급사진 (1947년, 가운데 ○ 안이 필자)

　　미국은 제안자였던 루스벨트 대통령을 위시하여 국무부의 코
리아 담당 직원들에 이르기까지, 또 서울의 미 군정청마저도 코리
아의 현지 사정에 몹시 어두웠던 것 같습니다. 그 예증이 국무부
의 공문서류에 나타나고 있습니다.

　　실예로 주한 군정청 사령관 하지Hodge 중장과 그 휘하 군의 원
래 점령 목표지는 일본이었는데, 부임 중도에 행선지가 한반도 남반
부로 급작스레 바뀌었다고 합니다. 따라서 사령관도, 참모진도 한국
에 대한 사전 지식 없이 부임했다는 거지요. 이 준비 부족이 결국
에는 신탁통치, 미·소 공동위원회 등 한반도의 복잡다단한 정치 현
실에서 소련에 밀리고, 좌·우 충돌을 계속 유발했다는 것입니다.

　　좌익이다, 우익이다 하는 말은 일상용어가 됐습니다. 사람들은 매일 폭력 충돌했습니다. 서울운동장에서 모여 도심지로 향하는 신탁통치 반대세력과, 남산에서 결집한 후 시내 중심지를 향해 행진하는 찬탁행렬은 으레 종로 근처에서 마주칩니다. 교통은 마비되고, 그 일대가 공포의 도가니로 변합니다. 내가 다니던 국민학교가 그 근처라서 나는 거의 매일 이런 광경을 목격했습니다.

영어는 중학교에서나 배우는 과목인데, '테러terror'라는 단어를 이미 국민학교 시절에 익혔습니다. 신문 지상에서 매일 춤추는 낱말이었으니까요. 공산당 본부나 어느 아지트를 반공청년들이 급습했다거나, 어느 우익 거물이 자택 혹은 노상에서 테러를 당했다든가… 테러로 테러를 갚는 폭력사태가 일상다반사가 되고 있었습니다.

한반도에 흐르는 냉전 기류

북쪽에 주둔한 소련군은 그들이 동유럽에서 시행하고 성공한 인민민주주의 모델을 그대로 북한에 옮겨 놓았습니다. 토지개혁과 주요산업의 국유화를 통해 현지의 유산계급을 무력화시켰습니다.

그리고는 1946년에 이미 '조선임시인민위원회'를 조직하고 그 정상에 소련군 대위 계급장을 단 젊은 김일성을 앉혔습니다. 이 모든 것을 모스크바가 아닌 현지 소련군 정치 장교들이 일사불란하게 완수하였습니다. 스탈린이 평생 김일성을 멸시했던 이유입니다. 소련군은 북한을 점령하면서 형식적으로는 직접 군정을 시행하지는 않았지만, 실제로는 완벽하게 통제하고 있었습니다.

이렇게 북에서는 주민들을 소련식으로 일체화시킨 데 반해, 남에서는 국민 분열이 나날이 극심해지고 있었습니다. 평양에 혁명

기지를 구축하고 그 여세를 남쪽으로 확산시키겠다는 전략은, 남한의 강성한 공산당이 마중물 역할을 한다는 전제하에 세워진 것입니다. 따라서 미 군정청으로서는 남한의 공산당을 탄압하지 않을 수 없었습니다.

'선善'의 실현을 위해서는 어떠한 방법도 다 정당화될 수 있다는 것이 마키아벨리의 논리입니다. 그리고 남한에서의 '선'은 남한에다 자유민주주의의 기지를 구축하는 것이었습니다. 공산주의 혁명이란 계급 간의 폭력적 투쟁을 말합니다. 반공 투쟁도 따라서 폭력적일 수밖에 없다는 것이 미 군정청과 남한 지도자들의 신념이었습니다.

그러나 아무리 '선'을 위한다 해도, 너무도 명백한 '악惡'을 그 수단으로 삼으면, 그 후의 역사의 궤적이 악의 영향에서 벗어나기 힘듭니다. 공산당을 때려잡겠다고 강화한 경찰의 요직에 우리 독립투사들을 추적, 체포, 고문하던 일제 강점기 고등계 형사나 헌병들을 앉힌 것은 아무리 생각해도 잘못된 처사였습니다.

그리고 그 배후에는 미 군정청과 이승만, 또 이들이 껴안았던 친일 혹은 부일附日 지주들이 있었습니다. 후일 권력투쟁으로 분열되지만, 이 시기 이승만과 한민당은 동맹 관계였습니다. 이후 남한에서는 반민족 행위를 한 친일분자들이 '자유민주주의 기지' 수립에 공을 세웠고, 그 결과 기득권 세력으로 승승장구하였습니다.

미·소의 군대가 각기 한반도를 분할 점령하였던 바로 그 시점에는 현지에 '정통성'을 지닌 정권 실체가 없었습니다. 대한제국은 이미 역사 속으로 사라졌고, 상해임시정부는 미·소의 시각으로 볼 때 그 실체가 불투명했습니다. 그래서 미·소 군정 당국은 남북의 각기 점령지역에 정통성을 갖춘 현지인들의 정부를 '창조'해야만 했습니다. 그때까지, 곧 과도기의 공백 상태 동안 미·소 군정 당국이 각자의 점령지역을 명목상으로나 실질적으로나 통치한 겁니다.

이런 행보들이 각기의 본국 정부로부터 '공식적인 추인'을 받았고, 이에 따라 냉전 구도와 이데올로기의 각축이 한반도에서 '공식화'한 셈입니다.

대한민국과 조선민주주의인민공화국

이렇게 냉전 구조 속에서 상충하는 이데올로기의 두 국가가 한 민족 한 국경 안에서 분리 탄생하였습니다. 1948년 8월 15일, 철저한 반공주의자 이승만이 주도하는 대한민국과, 비타협적 공산주의자 김일성이 이끄는 조선민주주의인민공화국이 앞서거니 뒤서거니 하면서 출범합니다.

국민국가라는 개념은 주권국가 시스템을 말합니다. 그리고 민족과 국경의 개념도 뚜렷합니다. 그런데 우리나라는 중화中華 질서에 예속됐던 예부터 이씨 왕조 시대, 식민지 시대를 거쳐 오는 동안 주권을 가져본 일이 없었습니다.

그러다가 주권을 주장하는 두 정부가 한 민족, 한 국경 안에 갑자기 생겨 난 것입니다. 베스트팔렌 체제Westfalen System에 전혀 맞지 않았고, 이런 경우 국민국가라고 부를 수가 없는 겁니다.

사실, 남북의 두 정부에게는 실질적 주권이 없었습니다. 오랜 역사가 배양한 민족 특유의 단일성도 무시되었습니다. 사회 안으로부터 국가가 형성되는 '내발적생성內發的生成'이 아니라 국제관계가 만들어 낸 '외발적생성外發的生成'의 국가들이었습니다. 스스로 생겨난 국가가 아니라 외세가 한 민족을 가르면서 만들어 낸 인위적 국가들이었습니다. 헌법은 각기 자기 후견국의 입김에 맞추어 제정됐습니다.

정당이나 의회의 의미가 정반대였습니다. 시장경제 대 계획경제의 두 체제는 완전히 대칭적입니다. 예술문화의 개념도 상반됩니다. 대한민국 헌법에는 미국의 현실 제도가 대폭 반영되었고, 북한 헌법은 소련 헌법의 복사판이었습니다.

특히 북한은 사회주의 국가이기 때문에 혁명에 관한 정밀한 이론 구축이 필요했습니다. 그 근간의 하나가 토지개혁이었습니다. 북한을 대표하는 역사학자 김석형에 의하면 "조선 사회는 갑오개혁 이전까지 '노비제'에 의존하고 있었는데, 갑오개혁 이후에도 그 성격은 변하지 않고 계속 봉건 지주가 소작 농민을 착취하는 봉건적 토지 관계가 일제하에서도, 미군정하의 남조선에서도 변하지 않았다. 공화국 북반부에서 시행한 토지개혁으로 처음으로 조선 민족은 봉건적 소농 경영에서 탈피할 수 있었다"고 규정함으로써 북한체제를 '반反봉건'으로 특징짓고 있습니다.

그러나 사실은 소련혁명 때도, 중국혁명 때도 '반봉건'의 구호는 똑같았습니다. 특기할 것은 이 토지개혁 때문에 수많은 피난민이 38선을 넘어 남쪽으로 쏟아져 내려왔다는 것입니다.

또 그 많은 차이점 중에서도 눈여겨볼 점은 국가의 역사적 기원의 서술입니다. 우리 헌법에는 3·1운동과 상해임시정부의 법통을 계승한다고 명시되어 있습니다. 북한 헌법은 1930년대 만주에서의 김일성 주도의 게릴라 투쟁을 국가의 역사적 근간으로 삼고 있습니다.

이 '만주 빨치산'은 1930년대에 중국공산당 지배하에서 편성됐다가 일본군의 소탕전에 밀려 소련령으로 탈출합니다. 김일성이 1945년 해방과 함께 소련군 대위로 귀국한 것은 그 때문입니다. 그때 김일성이 끌고 온 빨치산은 겨우 200명 미만이었습니다.

그래서 일본 도쿄대학 교수 와다 하루키和田春樹는 북한을 '유격대 국가'라고 규정했습니다. 김일성이 만주 게릴라 때의 조직 형태, 활동 양식을 국가의 기초로 삼았다는 해석입니다. 와다 교수는 그 후 다시 김정일 인민군총사령관이 당 총서기를 겸임한 일을 두고 이제 비로소 '정규군 국가'가 되었다고 했습니다.

근래에 와서 한국에서는 대한민국의 건국 시기를 두고 두 의견이 첨예하게 대립하고 있습니다. 첫 번째 의견은 간단합니다. 이승만이 대한민국 건국을 선언한 1948년 8월 15일이 건국일이라는 것입니다. 또 하나는 1919년 3월 1일에 건국되었으며, 그것은 상해임시정부라는 국가를 직접 계승한 것으로(헌법전문에 있는 대로), 1948년에 수립된 것은 국가가 아니라 정부에 지나지 않는다는 견해입니다.

이런 논쟁이 벌어지는 이유의 하나가 북한과의 정통성 경쟁에 있지 않나 생각됩니다. 북한은 그 정통성을 해방 전 김일성의 만주 항일게릴라에 두기 때문에 남한으로서는 그보다 더 빠른 1919년 3월 1일 건국을 잡는 것이 정통성 논란에서 훨씬 유리해집니다.

남북 간의 정통성 싸움은 치열할 수밖에 없었습니다. 두 정부는 똑같이 자기네만이 한반도 전체에 주권을 행사한다고 주장합니다. 배타적 정통성입니다. 통일되는 국가의 정부는 오로지 우리만이고, 너희는 '괴뢰'에 불과하다는 것입니다. 국가의 정통성을 선점

했다는 논리는 매우 중요합니다. 그건 나만이 진짜고 너는 가짜라는 정통성 싸움이기 때문입니다.

실지失地 회복을 주장하는 두 정부는 똑같이 현재를 통일까지의 '잠정적' 과도기로 보고 있습니다. 예를 들면 1948년에 제정된 북한 헌법 제103조는 '조선민주주의인민공화국의 수도는 서울'이라고 명시하고 있습니다. 평양은 통일될 때까지의 잠정수도라는 것이지요. 남한 헌법도 물론 서울을 한반도 전체의 수도라고 규정하고 있습니다.

이러한 배타적인 통일 내셔널리즘을 남북이 공유하는 한 한국전쟁의 개전은 '시간문제'였습니다. 결국, 전쟁은 민족분단의 상황을 뒤집으려는 현상 전복의 시도였습니다.

중도주의에 관하여

그럼 어째서 이데올로기의 대립을 껴안을 수 있는 중도적 이데올로기가 존재하지 못했을까요?

우선 세계화한 냉전이 주는 제약이 너무 강했습니다. 미·소의 대립이 하루건너 첨예화하는 가운데 소련 점령 하의 북쪽에서는 일찌감치 친소 좌파 세력이 권력을 독점하면서 '유일사상' 체제를 확립하였습니다. 공산주의가 아닌 어떤 사고방식도 허용되지 않음으로써 중립 세력의 가능성은 제로였습니다. 똑같이 미 군정하의 남한에서도 차츰 우파 이외 정치세력의 존재 공간이 봉쇄되었습니다.

좌우 합작의 시도는 여러 번 있었지요. 여운형·안재홍 등의 건국준비위원회, 이승만을 대통령, 김일성을 국방장관으로 하는 '조

경기중학교 3학년 때 친구들과 함께 (맨 오른쪽이 필자)

선인민공화국'안, 그리고 김구의 김일성 방문 등. 그러나 시시각각으로 첨예화하던 미·소 대립 상황에서 중도좌파나 중도우파의 어떠한 시도도 실패할 수밖에 없었습니다.

오히려 북한은 남한의 '적화통일'을 위한 기지구축이 완성됐다고 선언했고, 이에 맞서 남에서도 '자유민주주의 기지' 확보에 전력을 기울였습니다. 그것은 중도좌파까지 포함한 모든 좌파에 대한 탄압이었습니다. 좌파가 대항함으로써 폭력이 폭력을 낳고, 암살이 암살로 이어지면서 송진우, 장덕수 등 보수 진영의 거물들이 희생되고, 1947년 4월에는 여운형이 극우 청년의 총탄에 쓰러졌습니다. 중도좌파의 종언이었습니다.

1949년 여름에는 꽉 막혀가던 남북 간의 대화를 열어보겠다고 평양을 다녀온 김구가 국군 현역소위 안두희의 총탄에 쓰러졌습니다. 삼팔선을 베고 죽을지언정 민족의 분단을 좌시할 수 없다던 민족의 큰 별이 떨어진 것입니다.

당시 고등학교 1학년이었던 나는 비보를 전하던 호외 전단을 움켜쥐고 백범의 시신이 안치된 경교장으로 뛰어갔습니다. 이미 조문객들이 새까맣게 모여 줄을 서고 있었습니다. 새하얀 모시옷을 입고 반듯이 누운 백범의 거구를 보는 순간 울컥 눈물이 쏟아졌습니다. 다른 조객들도 소리 죽여 오열하고 있었습니다. 미국의 주간지 〈타임〉에 두 페이지 스프레드로 실린 그 사진이 지금도 나의 눈동자에 그대로 점착되어 있습니다.

영결식이 열리는 효창공원에도 갔었습니다. 인산인해를 이룬 군중을 쇼팽의 장송곡이 무겁게 휘감고 있었습니다. 우리나라 중도주의의 요절을 고하는 조곡이었습니다. 어린 마음에도 어째서 이처럼 수많은 민중이 따르는 지도자를, 이처럼 수많은 국민이 원하는 민족통일을 말살하려 하는가, 하는 의문을 떨칠 수가 없었습니다. 그때부터 나는 평생 이승만을 미워했습니다.

1952년, 중부 전선에서 한국전쟁이 고착하고 있을 때, 나는 대학생이 되었습니다. 경기고등학교에서 함께 진학한 김일영, 손대연과 함께 술을 많이 마셨습니다. 김일영의 아버지는 상해임시정부에 많은 헌금을 했고, 손대연의 아버지는 북으로 올라간(끌려간?) 저명 역사학자 손진태孫晉泰 서울대 교수였습니다.

술자리에서는 연애 얘기보다는 중도주의를 배척하던 이승만 대통령에 대한 욕이 단골 메뉴였습니다. 우리 셋은 함께 '낙산회'라는 문리대 내 서클에 입회하였습니다. 같은 시대에 비슷한 생각을 가졌던 선후배 간의 모임이었습니다. 어느 날 한 선배의 주제발표가 있었습니다.

혼탁을 거듭하며 아직 남북에 정부가 수립되지 않았던 해방 직후, 그리고 아직도 민족주의가 민중의 많은 호응을 받고 있던 해방공간에서, 중도 민족주의가 좌·우 지도자들을 껴안고 중립국을 수립했어야 했다는 견해였습니다.

반드시 그랬어야 하는 데 그러지 못했다는 전 세대에 대한 책임추궁이었습니다. 역사에 '만약'은 없다는 의견도 있었지만, 나는 그 선배의 견해에 같은 마음으로 다가갔습니다. 때로는 'if'가 역사를 이해하는 데 도움이 될 때도 있는 것입니다.

해방 직후 스탈린과 루스벨트 및 미·소 양국의 관리나 전문가들이 코리아에 대한 지식도 관심도 없던 때가 '잠시' 있었습니다. 그리고 이때는 일반 국민 사이에서 민족주의의 열기가 이데올로기의 압력보다 더 뜨거울 때였습니다. 바로 이때, 좌우 합작 중도주의가 '하나의 민족'이란 대명제를 자연스럽게, 그러나 강력하게 추진했더라면? 만약, 그때 신탁통치를 받아들이고 5년 후 총선거를 치렀다면 한반도가 정말 빨갛게 물들었을까?

오스트리아가 밟은 길이 왜 우리에게는 불가능했을까? 중도좌파의 여운형, 중도우파의 김구가 사라짐으로써 미 군정이 뒤를 밀던 이승만의 독무대가 열렸고, 그때 결과적으로 '영세중립국'의 가능성이 닫혀버린 것이 아닐까? 항상 지정학적 여건으로 열강의 각축장이 되었던 한반도를 영구 중립화했더라면, 미·소 대립의 중간지점에 완충지대를 설정한다는 점에서 매우 현명한 결정일 수 있었을 텐데. 그랬더라면 6·25도 없었을 텐데.

하여간 1948년 남북에 두 국가가 병립하고, 극단적으로 대치하는 두 이데올로기가 양쪽의 국시가 됐을 때 중립주의는 설 땅을 잃었습니다. 그리고 전쟁은 빈사 상태의 중립주의를 확인 사살했습니다.

중도주의 구축의 꿈과 좌절

1960년 4월, 학생들의 반독재 항거가 이승만을 권좌에서 끌어내렸습니다. 민주화의 바람이 부는가 했더니, 다음 해 박정희의 군사독재가 등장했습니다. 남북 간 체제경쟁에서 우위에 있던 북한이 잠자고 있던 남한 중립주의를 향해 통일전선 전략을 펴기 시작했습니다. 통일문제는 항상 북한 쪽에서 먼저 꺼내었고, 수세에 있는 남한은 내부 단속에 여념이 없었습니다.

북한은 해외에 거주하는 한국인들에게도 선전 공격을 시작했습니다. 특히 유학생들이 주요 대상이었습니다. 유럽에서 순 한국적 시각이 아닌 보다 범세계적인 역사의 흐름 속에서 조국의 문제를 파악하려던, 곧 어느 한쪽에 편향되지 않은 중도주의 입장에서 남북문제를 전망하려던 유학생들에게는 북한과 직접 접촉할 좋은 기회였습니다.

이렇게 재유럽 저명 예술인들을 비롯한 수백 명의 유학생이 동베를린의 북조선대사관을 찾았습니다. 바로 1960년대 후반, 한국을 강타한 '동백림사건'의 시초입니다.

아직 경제적 열세에 있었던 한국 정부는 북한과는 어떠한 접촉도 국민에게 허락하지 않았던 때입니다. 이를 어기면 국가보안법과 반공법으로 처벌했습니다. 그러함에도 불구하고 그들은 북한 영역을 넘나들며 그쪽 사람들과의 대화를 추구했습니다.

통일은 민족의 염원이었고, 유학생들의 시각은 남한의 주류와도 북한의 공식 주장과도 달랐기 때문에 '철의 장막' 저쪽에 대한 호기심이 컸습니다. 그리고 나도 이들 중 한 사람이었습니다.

1970년대에 들어서면서 남한 경제의 급성장과 북한경제의 후퇴로 체제경쟁에서의 위치가 역전됩니다. 1972년에 평양을 다녀온 이후락의 '7·4공동선언'을 시작으로 꽉 잠겨졌던 남북 간의 통로가 통치자 레벨에서 조금씩 열렸습니다.

남북적십자회담, 북한 요인들의 남한 방문 등 해빙 무드가 일어나던 시기에 잠들었던 남한 중도주의가 눈을 떴습니다. 그리고 민주화를 외치던 학생들이 적극적으로 남북갈등의 완화해결책을 주장하고 나섰습니다. 백가쟁명을 방불케 했습니다. 연립국가, 연방제 등 통일 과정의 국가체제가 거론되었고, 정치뿐 아니라 언론, 예술, 체육, 문화 전반에 걸친 왕래가 제한적으로 열렸습니다.

남한에서도 진보적 정부가 연이어 들어섰고, 이들은 남북 간의 이질성을 점진적으로 완화하면서 평화통일을 이루겠다고 선언했습니다. 통일에 이르는 길에 태양 빛을 쪼이자는 '햇볕 정책'을 김대중이 제안하기도 했습니다.

한편 '평화 프로세스'를 좌파들이 나라를 김정일에게 갖다 바치는 짓이라고 비난하는 사람들도 적지 않았습니다. 그러나 나라 밖 상황은 그동안 엄청나게 바뀌었습니다. 소련의 붕괴와 더불어 이데올로기의 시대는 종말을 고했고, 좌파 / 우파라는 이분법이 애매한 세상이 되었습니다.

그러함에도 불구하고 우리는 색 바랜 이념의 궤적에서 벗어나지 못한 채 '냉전의 고아'로 남았습니다. 아직도 옛 진영논리에 간힌 채 좌놈다, 우놈다 하며 공론으로 시간 낭비만 하고 있습니다.

세계적인 잣대로 평가하면 문재인 정부는 중도우파에 속합니다. 그들의 사회경제 정책은 엄연히 시장경제가 주축인 우파입니다. 다만 우리나라 보수세력은 통일문제를 들고나오면 좌파로 보는 경향이 있습니다. 적과의 공존이나 타협은 악이라는 겁니다. 통일 논의 자체에 부정적 알레르기 반응을 보입니다. 한국전쟁의 후유증이고, 이데올로기의 상처 때문입니다. 불구대천의 원수와 무슨 대화를 하느냐는 것입니다.

우리나라의 진보적 정권, 곧 김대중, 노무현, 문재인 정부는 하나 같이 하이브리드hybrid였습니다. 민족통일 문제에서는 중도좌파지만, 경제사회 정책에서는 중도 보수 쪽에 속합니다.

그뿐만 아니라 우리나라의 중도주의는 아직 정형화되지 못했습니다. 그러면서도 그 구성만은 복잡합니다. 순수한 민주화 운동에서부터 일부 '종북세력'에 이르기까지, 그리고 합리적 보수서부터 전교조나 민노총처럼 활동 분야가 엄연히 다른 집단들까지 혼재하고 있습니다.

관심 분야와 색깔이 다른 시민단체들 각각의 발언권도 강합니다. 발전하는 산업사회에서 시민의 목소리는 점점 높아졌고, 1994년에 발족한 '참여연대'는 한때 시대를 대표하는 시민운동이었습니다.

이탈리아의 정치철학자 네그리Antonio Negri가 말하는 '멀티튜드Multitude'입니다. '멀티튜드'란 정치적·경제적 계급개념이며 '다수

다양성'을 가진 사람들, 또는 그 집단의 네트워크입니다. 속에서는 차이를 가지면서 서로 협동하는 네트워크입니다. 그러나 결코 단일적으로 독점적으로 공동의사를 가지려 하지 않습니다.

네그리의 철학 체계는 복잡하고 난해하지만, 그가 추구하는 것은 명료합니다. 자유롭고 평등한 사회입니다. 20세기 사회에서는 자유에 좀 더 무게를 둔 자유민주주의와, 평등 쪽에 좀 더 치우친 사회주의 간의 대결이었습니다만, 네그리가 바라보는 관점은 자유와 평등이 똑같이 밸런스를 이룬 절대적 민주주의, 말하자면 모두가 모두에 의해서 통치되는 세계입니다. 자유와 평등의 절대 균형을 향한 중도주의입니다.

짐 로저스는 2025년 안에 남북교류가 성사되고, 그래서 2032년 서울·평양 올림픽의 공동개최가 추진될 것이며, 그 전에 통일이 이루어지리라고 예측했습니다. 8천만 인구의 경제통합으로 한반도에서 일어나는 일이 세계 경제에 큰 임팩트를 줄 것이라 예단했습니다.

그는 남북이 통일되면, 고착화하고 세습화한 남북의 이질성을 아우를 수 있는 중도세력이 가장 시급하게 요구될 것이라고도 했습니다. 한국적 중도주의의 구축이 시급한 이유입니다. 외교적 중립주의Neutralism와 경제사회 면에서의 중심주의Centrism의 조화 말입니다.

중도주의의 실제와 논리

극단주의는 어디서나, 어느 때나 독선적이고 끈질깁니다. 한국의 양당체제에서 두 정치세력은 사생결단으로 싸우지만, 민주주의 본연의 목적은 극단의 배제입니다. 두 진영의 대화가 없으면 '정치'가 실종합니다. 정치는 근본적으로 타협의 예술입니다. 두 극단을 완화할 수 있는 길이 중도주의입니다.

한국에서는 중심주의centrism의 자리가 없습니다. 다분히 정치 유전인자 때문인 것도 같습니다. 우리의 과거사에서는 언제나 '적'이 있어야만 했고, 상황의 극적 과장을 일삼았습니다. 이데올로기가 사라진 요즘도 중간에 머물면 빨갱이로 몰리기 쉽습니다. 김대중은 물론 문재인까지도 그렇게 표적이 되었습니다. 이순신 장군도 역적으로 몰렸던 나라입니다. 지나친 '정치적 민감성' 때문입니다.

민주주의의 기본권, 개인의 자유를 존중한다는 정책 강령은 뒷전에 두고 격렬하게 상대방을 부인합니다. 정치 니힐리즘입니다. 이런 식의 진영 상황은 정책의 불모지를 만듭니다. 정치 혐오가 만연합니다. 그렇게 계속하다 보면 '나쁜 역사'만 되풀이될 뿐입니다. 중간지대라는 '중심'이 없기 때문입니다.

유럽의 역사를 보면, 좌우 진영이 돈과 교회로 인해 갈라졌습니다. 20세기에 와서 '경제 제일주의Economism'가 '돈 버는 것'을 죄악시하지 않게 되면서 좌파적 사고방식의 지평이 오른쪽으로 열리기 시작했습니다. 이렇게 유럽의 역사에서는 이데올로기가 쇠퇴하였습니다.

이 빈자리를 좌도 우도 채우지 못했습니다. 결국, 좌파의 무능과 우파의 극성스러움에 질린 무당파들이 서서히 늘어났습니다. 특히 사회 엘리트층과 젊은 세대에서 그런 경향이 두드러졌습니다.

또 하나 주목할 점은 한국 자본주의의 추이입니다. 아직도 우리 민중은 '돈'과 완전히 화해하지 못하고 있다는 점, 한국 금융자본주의는 특권층에 의해 운영되고 있으며, 부의 양극화가 가일층 심화하고 있다는 점입니다. 구태의연한 구조 안에서 운용되기 때문이지요.

이 두 요소, '돈에 대한 숭상의식'과 시대착오적인 재정 자본주의의 운용이 정치투쟁에서 돈의 테마를 흐리게 합니다. 한국에서는 경제성장에도 불구하고 아직도 극소수 층이 다수를 지배한다는 고전적인 비판이 뒤로 물러나지 않습니다. 양당제도는 오로지 부유층에 의해 작동되고 있습니다.

원수처럼 싸우지만, 한국의 좌우 분열은 사이비입니다. 한국식 금융자본주의의 운용을 두고 '특권층' 간에 벌이는 갈등입니다. 한국에서 소위 좌파라고 불리는 진영에는 노동계급의 자리가 없습니다. 자유민주주의의 해석을 둘러싸고 격하게 다투지만, 그 윤곽이 매우 애매합니다.

한국의 너무 빠른 경제성장은 중산계급을 증대시켰지만, 이 계층이 사회학적으로 자각할 시간을 주지 않았습니다. 이들은 확고하게 굳어진 양당체제 안에서 분열하고 무력해졌습니다. 사회변동의 원리를 도외시하는 정치 시스템 안에서 중간층의 많은 사람이 정치 허무주의에 빠졌습니다.

아마 앞으로도 한국에서 제3세력의 정부가 서려면 많은 시간과 시련이 필요할 것입니다. 그러함에도 불구하고 세 가지 전망을 해 봅니다.

첫째, 진짜 좌파와 '합리적 보수'의 동거. 그러나 한국 정치 현실에서는 그 길이 안 보입니다. 한국인 정서상 정치는 극단화할 것이기 때문입니다.

둘째, 독일식 중간적 중추 세력 확립(사민주의). 나도 희망하는 바지만, 한반도의 분단 상황에서는 넘어야 할 허들이 너무 높습니다.

셋째, 광범위한 중간세력의 두 극단 제압. 이 도식이 성공하려면, 곧 중간세력이 정권을 잡을 수 있으려면 사회의 모든 계층을 통합할 수 있는 문화적 사회적 사고체계가 확립되어야 합니다. '중도 중간주의의 독트린' 말입니다. 그렇지 않는 허약한 중도파가 정권을 잡으면 혼란이 가중될 뿐입니다.

중도가 살아남을 길은 오로지 개념적 개혁이 실제로 동력화할 때뿐입니다. 그래야만 선거체選擧体와의 연관을 지속할 수 있습니다. 실패하면 표심이 보이지 않습니다. 그러면 중도는 쪼그라들고 다시 의미를 잃을 것입니다. 공허한 양극체제가 계속할 것입니다.

여론조사에서도 나타나지만, 한국의 중도층은 두 진영 중 어느 한쪽이 실패할 때 증감하는, 아직은 불안정한 한계세력입니다. 중도 '고유'의 선거기반이 없고, 중도의 교리가 없습니다.

한국에서는 중도를 표방하는 정당이 탄생해도 그 지도층은 '사회유력자'들이고 이들의 지지기반은 보수층입니다. 정강 정책에서 중도를 지향해도 그들 눈에는 좌편향으로 보일 것입니다.

또하나 현실적인 문제가 있습니다. 선거제도입니다. 현행 '소선거구제'는 여론을 양극화합니다. 제삼지대의 출현을 위해서는 '비례대표제'라야 합니다. 우리나라 정치의 사회학적 구조상 대단히 어려운 주문인 것 같습니다.

정치의 양극화 현상을 지양하고 싶은 것은 식자들의 생각일 뿐입니다. 현실성이 약합니다. 한국 고유의 진영 간 싸움의 전통이,

그리고 남북분단의 무게가 너무나 무겁습니다.

결국, 정치의 교훈은 이렇습니다. 정치 세계에 '시민'을 끊임없이 편입시켜 민주주의를 발전케 하는 것, 그것만이 정치 니힐리즘과 이데올로기의 중간지대에서 미래를 찾는 길입니다. 결코, 시지프스의 바위가 되면 안 되겠지요.

우리가 다루던 주제 '해방 후의 한국'에서 너무 옆으로 샜습니다. 중도주의 문제는 그만큼 중요하기 때문입니다. 다시 해방공간으로 돌아간다면, 우리가 절대로 피할 수 없는 문제, '친일파 청산'이 있습니다. 너무도 우울한 항목입니다.

프랑스의 나치 협력자 처단

일제 식민 통치에서 해방됐을 때 우리 민족이 가장 먼저 해야할 일이 일제 잔재 청산이었습니다. 이승만 정책의 기축이 반공과 반일의 투 트랙이었지만, 반일은 대일외교에서만 적용되고, 가장 중요했던 국내 친일파 청산에 있어서는 반공을 이유로 오히려 그들을 중용했습니다.

일본군 장교였던 사람들이 한국군의 간부가 되었고, 일본의 특고(특별고등) 경찰 형사들이 한국 경찰의 요직을 차지했습니다. 친일 법조인, 친일 지식인(교육자들도), 부역 경제인 등 친일파들이 신생 대한민국의 지배층이 되어 승승장구하였습니다.

부패하고 양심 없는 사람들이 다스리는 사회는 바르게 세워질 수 없습니다. 잘 못 시작한 역사가 너무도 오래 계속되었고, 그

잘못의 결산이 오늘날까지도 끝나지 않고 있습니다.

제2차 세계대전이 끝난 후 독일로부터 해방된 유럽 나라들은 정도正道를 걸었습니다. 부역했던 친독파들은 예외 없이 그 죄값을 치렀습니다. 역사와 사회를 공정하게 청산하였습니다. 내가 오래 거주했던 프랑스의 예는 특히 우리에게 교시하는 바가 큽니다.

과거의 잘못을 청산하는 일은 시공을 막론하고 어려운 일입니다. 당하는 쪽의 저항이나 음모가 강하기 때문입니다. 그렇다고 손 놓을 수는 없습니다. 사회 정의와 공정성이 무너지니까요. 또 잘못된 과거를 방기하면 그것이 상처가 되어 곪습니다. 과거를 청산하지 못한 우리나라가 그렇게 대가를 치렀습니다.

드골 장군이 이끌던 '자유 프랑스'(런던 소재 프랑스 임시정부)는 독일의 프랑스 점령 직후부터 그 휘하 조직인 레지스탕스에게 친독 매국노들의 암살을 지시하였고, 이 지시는 매우 충실하게 수행되었습니다. 제2차대전 후 민족 반역자의 숙청은 해방 프랑스 재건작업의 시초의 시초였습니다.

처단 대상 명단에는 정·재계 인물 외에도 당대 최고의 지식인들도 다수 포함되어 있었습니다. 우리나라로 치면 최남선이나 이광수 같은 사람들입니다. 이들은 독일과 프랑스가 함께 문화·문명의 조화를 이룬다면 20세기의 황금시대를 열 수 있다고 선전한 사람입니다. 우리로 치자면 '내선일체'에 동조한 사람들입니다.

그중에는 너무도 재주가 아까운 사람, 이루어 놓은 업적이 너무도 대단한 사람들도 있었습니다. 이들 일부에 대한 구명운동이 벌어졌습니다. 그러나 이런 구명 탄원은 피고발자 쪽에서 나온 게 아니라 오히려 고발한 측에서 나왔습니다.

노벨문학상 수상 작가 프랑소아 모리악François Mauriac은 보수신문 〈피가로Le Figaro〉에서, 카뮈는 중도 성향의 〈꽁바Combat〉에서 열열한 논쟁을 벌였습니다. 모리악은 프랑스의 단합을 위해 자비를, 카뮈는 사회 정의 구현을 위해 엄단을 각기 호소하였습니다.

결국, 프랑스는 역사의 진실 쪽 손을 들어 주었습니다. 모리악은 레지스탕스와도 직접 관계가 있어 고발하는 측에 있었지만, 천재 문인, 30대의 젊은 로베르 브라지야크Brasillac의 재능이 너무 아까워 드골 수상에게 직접 그의 구명을 탄원했습니다.

개인적으로는 아량이 넓은 드골이었지만, 그는 공과 사를 구별했습니다. 그는 민족반역자에게 베풀 관용은 갖지 않았습니다. 결국, 사형이 집행되었습니다. 그리고 브라지야크의 이름은 프랑스 문화사에서 지워져 버렸습니다. 이승만과는 너무도 대조적입니다.

사르트르의 반려자이며, 그녀 자신 출중한 실존주의자였던 시몬느 보부아르Simonne de Bauvoir는 "글을 쓰는 직업은 다른 어느 직업보다도 책임감을 가져야 한다.… 말 속에는 가스 사형실 못지않게 살인적인 뜻이 담겨있기 때문이다"고 하였습니다.

우리나라에서는 완전히 이와 역주행하였지요. 이광수, 최남선, 최린 등 수많은 지식인이 그 명백한 민족반역죄에도 불구하고 모두 불문에 부쳐졌습니다.

1944년 9월부터 1949년 7월까지 5년 동안 프랑스에서는 6,700명이 사형을 선고받았고, 그중 716명이 처형됐습니다. 나머지는 드골의 감형으로 옥살이를 하였습니다. 새로운 국민단합과 사회 정의를 위한 절묘한 조치였습니다. 하여간 716명의 사형 집행은 민족반역죄의 무게를 실감케 합니다.

1차대전 때의 국가적 영웅이었던 페탕Pétain 원수, 비시정부의 수반이었던 라발Laval, 프랑스 제일의 자동차 재벌 르노Renault, 당대 최고의 사상가 모라스Charles Maurace 등 중요 인물들이 예외 없이 친독 행위로 처단됐습니다. 그 외 징역형 및 강제 노동형에 처해진 친독 부역자들은 4만 명에 이르렀습니다.

이렇게 형을 확정했지만, 그다음 '일반사면법'에 의거 1947년, 1951년, 1953년 세 차례에 걸쳐 모두 석방했습니다. 용서할 수 없는 악질분자는 처형하고, 나머지는 몇 년 동안 투옥했다가 '프랑스의 단합'을 위해 석방한 현명함이었습니다.

이처럼 프랑스에서는 사회정의를 구현하고 공정사회의 전통을 지켜냈습니다. 그 후 친독파 문제는 다시 거론되지 않았습니다.

실패한 친일잔재 청산

안타깝게도 우리나라의 사정은 전혀 달랐습니다. 민족 반역자들은 전혀 처단되지 않았을 뿐만 아니라, 오히려 우리 사회의 주류를 이루며 계속 영화를 누렸습니다. 그래서 민족 불행의 상흔이 고스란히 남았던 것이지요. 그래서 해방된 지 80년이 되어가건만 오늘날에도 이 문제는 뜨거운 감자로 남아 있습니다.

친일파 민족 반역자를 처단하라는 첫 외침은 당연히 해방 공간의 각계각층에서 분출하였습니다. 그래서 미 군정청의 반대에도 불구하고 늦었지만 1947년 7월 '남조선과도입법회의'에서 '친일파 숙정법'을 통과시킨 바 있었습니다.

그러나 이 법은 미 군정청이 끝내 인준을 거부하여 무산된 채

1948년 8월 15일 대한민국 정부의 수립을 맞습니다. 해방공간에서 강성했던 공산당을 제어할 수 있는 세력은 오직 친일파뿐이라는 미 군정청의 인식 때문이었습니다. 전후 일본에서도 같은 이유로 맥아더 사령부에 의해 전범들이 재기용되었습니다.

북한에서는 친일파들이 대거 반동분자로 지목돼 숙정을 당했고, 이를 모면한 사람들은 대부분 남한으로 넘어와 화를 면했습니다. 따라서 북한에서는 친일파들이 남아나지를 못했고, 그 숙정 문제는 자연스럽게 해결된 셈입니다.

1948년 9월, 대한민국 수립 직후 국회는 다시 친일파 문제를 제기하면서 '반민족행위처벌법'(이하 반민법)을 제정하였고, 그 집행기관으로 '반민족행위 특별조사위원회'(이하 반민특위)와 그 산하에 특별검찰, 특별경찰, 특별재판소를 설치하였습니다.

친일파와 그 동조세력들은 막강한 재력과 정치적 연계를 동원하여 온갖 방해 공작을 벌였고, 이승만 대통령이 이에 동조하면서 일본인들이 떠난 후의 해방공간을 보충하려면 훈련된 인재들이 필요하다고 맞섰습니다.

그러나 이승만의 실제 생각은 폭력적 북한 공산주의에 맞서려면 이쪽도 폭력 시스템을 갖추어야 한다는 '정당방위론'인데, 글쎄요 진짜로 민족정신을 해치고 사회 정의를 짓밟던 그 방법밖에는 없었을까요? 그렇다고 치면 군경이나 관청 아닌 문화계에서의 친일파 패권은 어떻게 설명되는 걸까요?

이승만은 정면으로 반민법에 반대하고 나섰습니다. 반민법 반대 집회를 직접 후원하였고, 동시에 반민법의 내용을 현저히 약화하는 또 하나의 반민법, 곧 그 개정안을 국회에 역제출하였습니다.

그러나 국회는 이 개정안을 즉각 부결시켰습니다. 이승만정권 내내 계속된 대통령과 국회 간 갈등의 시작입니다.

그러자 반민특위에 대한 친일파들의 저항이 아주 거칠어졌습니다. 경찰 고위직을 차지한 일제 고등계 형사 출신들이 반민법 추진 국회의원들의 암살을 획책하였습니다. 그런데 고용된 테러리스트의 실수로 암살 대상 18명의 명단이 사전에 노출되었습니다. 이에 따라 수도경찰청 수사과장 노덕술을 필두로 서울시경 수사과장, 중부경찰서장 등이 반민특위에 의해 체포·구속됐습니다.

이런 험한 역경 속에서도 반민특위는 나름대로 본격적인 활동을 시작합니다. 7천여 명의 친일 부역자들의 죄상을 파악해 그들의 검거에 나섰습니다. 검거 1호가 당시 조선 제일의 갑부 박흥식이었습니다.

그 뒤로는 관동군 촉탁 이종형, 친일 사업가 방의석, 3·1운동 33인의 한 사람이었던 최린, 창씨개명에 앞장섰던 친일변호사 이승우, 일제 경찰의 고위직 출신으로 식민지 도지사까지 지낸 이성근, 중추원 부의장을 지낸 박중양 등이 잇달아 체포되었습니다. 이 밖에도 삼양사의 김연수, 일제 경찰 출신 노덕술 등이 체포되었고, 문필가와 학자 중에는 이광수, 최남선의 이름이 눈에 띄었습니다.

반민특위가 조사한 사람은 총 682명으로, 독일에 고작 4년간 점령당했던 프랑스가 6천 7백여 명에 달하는 부역자들에게 사형을 선고했고, 그중 716명을 처형한 예에 비하면 별로 의미 있는 숫자가 아닙니다.

그나마 688명의 조사내용이나 재판 결과를 보면 더욱 한탄스럽습니다. 박흥식은 증거불충분으로 무죄, 최린은 병보석으로 풀려났다가 공소 취하 되었습니다. 독립운동을 하다가 일본 경찰의 정보원으로 변절했던 이종형은 해방 후 대한일보 사장으로 있으면서 〈반민법은 망민법〉이라는 사설을 실었고, 재판과정에서도 시종 불성실한 행동으로 일관하였으나, 그 역시 병보석으로 석방된 후 다시 처벌받은 흔적이 없습니다.

친일파의 변명

이광수에 대해 얘기 좀 해 봅시다. 신문학의 개척자로 흠모받았고, 도쿄 유학 시절 〈2·8독립선언서〉를 쓴 그가, 상해임시정부에도 참여했고 도산 안창호와 함께 옥고까지 치른 그가, 종내에는 본격적인 친일 행각을 하고 맙니다. 젊은 동포들을 일제 침략군에 입대하라고 강권하다 못해 자기의 창씨개명을 이렇게 변명하였습니다.

"내가 일본식으로 가야마 미쯔로香山光郎라고 이름을 바꾼 것은 내 자손과 조선 민족의 장래를 고려한 끝에 이리 하는 것이 당연하다는 굳은 신념에 도달한 까닭이다. 나는 천황의 신민이다. 내 자손도 천황의 신민으로 할 것이다."

가톨릭 신자이면서 레지스탕스 작가였던 프랑스인 베르코르 Vercors의 말이 가슴에 닿아옵니다.

"경제 협력자와 문필 협력자를 비교한다는 것은 카인과 악마를 비교하는 것과 같다. 카인의 죄는 아벨에서 끝나지만, 악마의 죄는 끝이 없다.… 활자화한 글은 그 자체가 이미 행동이다. 따라서 글을 쓴 사람은 그 행위의 결과까지 다 책임져야 한다.”

이광수는 조사를 받는 동안 뻔뻔스러운 변명으로 일관했습니다. 그리고 구속 후 한 달도 되지 않아 병보석으로 풀려나왔습니다.

그 외에도 친일파 중에는 저명한 지식인들이 많았습니다. 최남선, 김기진, 박영희, 주요한, 김동인, 서정주, 모윤숙, 백철, 정인섭, 유치진, 노천명, 김억, 이서구 등등… 모두 처벌을 면했을 뿐 아니라, 종국에는 면죄부를 받고 문단에서 승승장구하였습니다.

프랑스에서 가장 엄하게 처벌받은 사람은 부역 지식인들과 게슈타포의 하수인들이었습니다. 그러나 우리나라에서는 부역 문인들이 예외 없이 유명작가 행세를 했고, 일제 경찰의 끄나풀들이 신생 대한민국 경찰의 수뇌부를 이루었습니다.

그 유명한 노덕술의 예를 들어 봅시다. 초등학교 3년을 중퇴한 그는 일본 경찰의 순경이 된 후 독립운동자 색출에 공을 세우면서 승진을 거듭해, 30년 동안이나 일본 고등경찰에서 사상 관계를 다루었습니다. 그는 수많은 독립운동가를 검거·심문한 공으로 일본 정부로부터 훈장도 받았습니다. 해방 후에는 경찰에 남아 잔혹한 고문을 일삼았습니다.

반민특위 요인들의 암살 음모 주동자로 지목, 수배되었지만, 그는 백주에 서울 시내를 활보하였습니다. 그가 반민특위에 의해 검거되자, 이승만은 반민특위 위원들을 경무대(청와대)로 불렀습니다. “좌익반란 분자들이 방화, 살인 등을 일삼고 있으니 치안 유지를 위해 대공 수사의 베테랑인 노덕술을 석방하라”는 것이었습니다.

위원들이 말을 듣지 않자, 이승만은 반민특위 활동을 하던 국회의원 중 김약수 국회부의장을 비롯하여 15명을 국가보안법 위반으로 구속하였습니다. 공산주의자로 본 것입니다. 소위 '국회 프락치 사건'입니다.

소장파 국회의원이라고도 불리던 이들이 구속, 조사받은 기관은 헌병사령부였습니다. 민간인들을 군 수사기관에 넘긴 것입니다. 그뿐만 아니라 당시 헌병사령관 전봉덕과 수사국장 김정채는 둘 다 반민특위가 친일파로 지목한 자들이었습니다.

조작된 '프락치 사건'으로 구속된 국회의원들은 헌병사령부에서 상상도 못 할 고문을 받고 재판에 회부 되어 유죄판결을 받았습니다. 그러나 이들에 대한 조사기록이나 재판기록은 현재 종이 한 장 남아 있지 않습니다. 오늘날까지 그 사건의 전모와 진실이 흐릿한 이유입니다. 많은 정부 기록들이 한국전쟁으로 소실되었다고 하지만, 당시 정부 내 친일세력이 자기들의 친일행위를 감추려고 파쇄했을 가능성이 큽니다.

역사를 잊은 민족에겐 미래가 없다

그러나 진실은 그렇게 허망하게 묻히지 않았습니다. 소장파 국회의원들이 고문 수사와 재판을 받고 있던 1948년, 주한 미국대표부에 초급 외교관 한 사람이 부임해 옵니다. 하버드대학 출신으로 바로 그 전 해에 국무성에 들어온 25세의 3등 서기관 그레고리 헨더슨Gregory Henderson입니다.

헨더슨은 한국에 부임하기 전 국무부의 의뢰로 캘리포니아 대학에서 한국어와 한국사를 공부해 어느 정도 한국의 사정을 파악하고 있었습니다. 한국 근무를 시작하던 즈음에 발생한 '국회 프락치 사건' 재판과정을 세밀하게 관찰한 그는 미국대표부의 한국인 직원 두 명을 법원에 보내 재판 전과정을 기록하게 했습니다.

이 기록이 미 국무부에 보내져 자료로 보존되어 있었지만, 그간 비밀해제 기간이 지나지 않아 일반에 공개되지는 않았습니다. 그런데 1988년 헨더슨의 사망 후, 미망인 마이어 헨더슨이 이 기록 사본을 한국외국어대 김정기 교수에게 전달해 '국회 프락치 사건'이 벌어진 지 60여 년 만에 '진실의 문'이 열리게 된 것입니다.

후일담 하나. 그레고리 헨더슨은 국무성에서 외교관 생활을 잘 마쳤을까요? 그는 '국회 프락치 사건' 이후에도 이승만, 박정희 독재정권의 폭정과 인권유린에 대해 계속 관심을 갖고 있었지요. 그러하니 한국의 독재정권은 물론, 미국의 패권적 이익이라면 세계의 어느 독재자와도 비밀스러운 관계를 맺어온 미 국무부가 그를 예쁘게 볼 리가 있겠습니까?

헨더슨은 1963년 3월, 소위 '리영희 기자 필화사건' 문제로 박정희 정권의 '기피 인물'이 되어 한국에서 추방되고, 마침내 그해 12월 외교관 생활 15년을 끝으로 정의와 자유, 진실에 대한 그의 지향에 불편해하던 국무부를 떠납니다.

케네디 대통령의 보좌관을 지낸 슐레진저Arthur M. Schlesinger는 그의 회고록에서 "미국 국무부의 관료주의가 한국 전문가를 키우지 못했다"고 술회했지요.

한편, 경찰의 압박이 날로 심해지자, 반민특위는 서울시경 사찰과장 최운하를 역으로 구속하였습니다. 그 역시 일제 고등계 형사 출신입니다. 그러자 1949년 6월 6일, 이승만 대통령의 비호를 등에 업은 경찰이 반민특위를 습격, 특위 요원 30여 명을 연행, 무차별적인 고문을 가했습니다.

이와 동시에 이승만은 반민법 개정을 발표하였습니다. 주요 골자는 반민법의 시효를 원래의 1950년 6월 20일에서 1949년 8월 31일로 앞당겨 버린 것입니다. 개정안이 통과된 때가 그해 6월 하순이었으니, 반민법의 시효는 바야흐로 끝나는 중이었습니다. 이승만은 결국 반민법 자체를 무효화시킨 것입니다.

막다른 골목에 몰린 반민특위에서는 간부들의 사퇴가 줄을 이었습니다. 그리고 얼마 후, 국회가 '반민특위법' 폐지를 선언함으로써 역사적 과제였던 친일파 숙정은 완전히 무위로 끝나고 말았습니다. 수많은 국민이 비분강개하던 것을 당시 중학교 4학년이었던 나는 지금도 똑똑히 기억하고 있습니다.

반민특위의 결산은 다음과 같습니다. 총 취급 건수 682건, 체포 305건, 검찰 송치 559건, 석방 84건, 기소 221건, 그중 재판 종결은 겨우 38건에 불과합니다. 총 피의자의 0.6%만을 법정에 세운 것입니다. 재판 결과도 사형과 무기징역이 각각 1명(두 사람 모두 석방), 징역형은 1년에서 2년 6월로 그 이상의 형량은 없었고, 그것도 모두 합쳐 12명뿐이라는 믿기 어려운 결과였습니다.

검거 1호 박흥식도 무죄, 도지사를 지낸 김대우도 무죄, 이광수도 불기소, 고등계 형사 출신 김덕기는 유일한 사형수였으나 재심에서 석방… 노덕술을 비롯한 대부분의 악질 친일파들이 병보석으로 풀려났습니다. 이들은 전부 피동적으로가 아니라 능동적으로,

그것도 아주 적극적으로 일제에 부역했었습니다. 이들은 일본의 전쟁 필승을 믿고 주저 없이 동족을 배반 학대했습니다.

식민지체제는 그 자체가 '악'입니다. 해방 후 그 악이 척결됐어야 할 신생국가에서 오히려 악의 하수인들이 거리낌 없이 주인 행세를 했습니다. 부조리와 불공정입니다. 그 후 온갖 비리와 부정과 부패가 만연하였습니다. 이런 사회에서는 그 연쇄작용 때문에 '악'으로의 퇴행 현상이 일어납니다. '나쁜 놈일수록 잘 사는' 세상 말입니다.

거기서는 '선'이 멸시받고 조롱받았습니다. 인간 불신 또는 인간 혐오라는 병이 생기게 마련입니다. '악'은 빨리 도려내야 하는데 그냥 방치하니 '사회 정의'가 무너졌습니다. 많은 사람이 지금도 '역사바로잡기'를 외치는 이유입니다.

3장

한국전쟁

17세기에 이미 존 밀턴John Milton은 '땅에는 평화를'이라는 하느님의 말씀을 뒷전으로, 서로가 원수 되어 전쟁을 일으키며 골육상잔骨肉相殘한다고, 그건 인간의 파멸을 노리는 악마의 저주에 놀아나는 짓이라고 한탄하였습니다.(『실락원Paradise Lost』)

18~19세기 유럽에 근대 국민국가가 형성되면서 전쟁이 잇따랐고, 나폴레옹 전쟁은 그 기초 쌓기였습니다. 스탕달은 『빠르므의 승원』에서, 톨스토이는 『전쟁과 평화』에서 전쟁의 가혹한 부조리를 기술하고 있습니다. 수많은 예술가, 역사가, 철학자들이 전쟁을 고발하였습니다.

20세기 들어와서는 과학의 발달이 전쟁을 촉발하고, 전쟁은 다시 과학을 발달시키면서 인명 살상 규모가 대규모화하고, 전쟁의 탈인간, 비인간화를 고발하는 작가들이 줄을 이었습니다. 두 차례의 세계대전, 그리고 한국전쟁이나 베트남전쟁 같은 '한정적 세계전쟁', 기타 중동이나 아프리카에서 끊임없이 일어나는 각종 국지전쟁 등, 20세기를 '전쟁의 세기', '죽음이 악으로 넘치는 세기' 등으로 명명하고 있습니다.

한나 아렌트Hanna Arendt는 "국가의 독립이 국민국가의 가장 중요한 존립 조건인 이상 전쟁보다 더 중요한 것은 없다. 전쟁이야말로 사회시스템의 기초이며, 그 안에서 모든 사회조직이 항쟁도 하고 공모도 한다"고 단언하고 있습니다. '전쟁은 정치의 연장'(클라우제비츠)이 아니라 전쟁 자체가 "정치의 기초가 되어 여러 상황을 만들어 낸다"고 주장합니다.

20세기의 전쟁들이 거대한 살육 시스템화한 것은 국가의 끝없는 욕망이 억제되지 못했기 때문입니다. 20세기는 분명히 '전쟁의 세기'였습니다. 핵무기, 화학무기의 잔학함, 홀로코스트나 스페인 또는 한국전쟁에서의 야만성, 인간성의 상실은 21세기의 우크라이나에서도 팔레스타인에서도 계속하고 있습니다.

국가의 존립은 자유와 독립이 보장될 때 가능합니다. 그러나 많은 경우 다른 민족을 폭력적으로 억압하는 논리에 인도됩니다. 그래서 남의 불행이 나의 행복이 됩니다. 곧 전쟁은 이렇게 작동되는 불행의 연쇄인 것입니다. 국민을 위해 일으킨다는 전쟁이, 전쟁하에서 국민의 권리와 자유를 억제하고 박탈합니다.

우리 세대는 전쟁 체험자들입니다. 내 주변에서도 많은 사람이 직접 전쟁터에서 죽이고 죽었습니다. 그리고 그 적들은 같은 동포였습니다.

전쟁이 끝났을 때, 부서진 집이나 시가지, 황폐한 논밭, 가족이나 가까운 사람들과의 영원한 이별에 봉착했을 때, 인간은 싫어도 인간성 자체에 회의감을 품게 됩니다. 이겨도 져도 남은 사람들은 절망과 허무의 늪에 빠지게 마련입니다.

남북한은 서로를 괴뢰라고 욕설을 퍼붓지만, 남북한은 각자 서로의 종주국의 괴뢰였습니다. 문제는 '괴뢰'들이 벌인 전쟁의 참상입니다. 무수한 죽음과 그 가족들의 참혹한 절망과 허무입니다. 밀턴의 말처럼, 우리는 이성을 잃고 악마의 뜻에 놀아났습니다.

한국전쟁의 원인

제2차 세계대전의 악몽이 채 사라지지도 않은 시점에서, 미·소 양국은 3차대전의 불안을 안고 대립하고 있었습니다. 그래서 세계차원에서는 냉전으로 현상을 유지하고, 열전은 한반도에 국한시켰던 것입니다. 지리적 한정 전쟁입니다.

또한, 무기사용도 한정하였습니다. 한국전쟁 때 압록강 이북, 중국 동북부에 원자탄을 투하할 것이냐를 두고 맥아더와 트루먼 간의 이견을 둘러싼 유명한 에피소드도 있습니다만, 1949년 원자탄 개발에 성공한 소련은, 그 현저한 대미 열세에도 불구하고 억제력을 가진 셈이었습니다. 그래서 핵무기가 사용이 안 되었던, 재래식 무기만의 한정 전쟁이었습니다.

그러함에도 불구하고 3년간 계속된 이 전쟁은 참혹했습니다. 물리적 파괴의 규모와 심리적 트라우마의 깊이는 헤아릴 수 없었습니다.

한국전쟁의 발생 경위에 대해서는 여러 견해가 엇갈렸지만, 페레스트로이카 후 1994년 러시아 대통령 옐친이 구소련 측 한국전쟁 관련 사료를 한국과 중국에 건네줌으로써 기왕의 분석이나 이론에 수정을 가하게 되었습니다. 그뿐만 아니라, 당시 소련 관변의 실무책임자들과 역사학자들의 저술이 속속 출간되면서 한국전쟁에서의 스탈린, 모택동, 김일성 간의 상호관계와 역할 등이 더 분명해졌습니다.

첫째, 소련은 애초에 한반도 문제에 별로 관심을 두지 않았던 것 같습니다. 신탁통치 문제에서도 한반도는 우선순위에서 동유럽에 밀렸지만, 1949년 3월 모스크바에서 있었던 스탈린과 김일성 간의 회담에서 스탈린은 김일성의 '남진 적화통일론'에 지극히 냉담하였다고 합니다.

그해 8월에 있은 소련의 핵실험 성공에도 불구하고 9월의 소련 공산당 정치국은 김일성의 남침 탄원을 불허하였습니다. 그 당시의 소련 지도자들은 기본적으로 한반도의 전략적 가치를 높이 평가하지 않았습니다. 조선반도는 그저 미개발의 농업지대일 뿐, 상공분야에 종사하는 근로자나 노동자가 인구의 3%를 넘지 않기 때문에 동유럽과 같은 '인민민주주의'의 실행은 시기상조라는 판단이었습니다.

그래서 남침하면 남한에서 공산당 또는 그 지지세력이 호응하리라는 김일성의 주장에 반신반의하였습니다. 어떻든 김일성이 그렇게 바랐던 '조·소 동맹' 조차도 이루어지지 못했습니다. 진정한 국가 대접을 못 받았던 겁니다.

이러한 분위기를 바꾼 것이 1949년 가을의 중국의 공산화 통일과 이에 따른 중·소동맹의 성립이었습니다. 스탈린은 이 시점부터 세계차원의 정치문제는 소련이 여전히 주도권을 갖되, 아시아 지역의 개별문제는 중국에 주도권을 맡긴다는 '파워 세어링Power Sharing'의 원칙을 중·소동맹 조약에서 확약했습니다. 곧 한반도 문제는 중국에 맡긴다는 것입니다.

1949년 12월 스탈린의 70세 생일날, 크렘린에서 스탈린과 모택동은 자기들이 이끄는 사회주의 진영을 찬양하면서, 모택동은 "세계정치의 초점이 지구 동쪽으로 옮겨 왔다"며, 곧 혁명의 파도는 이제 아시아로 밀려왔다고 역설했습니다. 말하자면 한국전쟁의 예고입니다

한편, 1950년 1월 12일, 미 국무장관 애치슨은 한반도와 대만을 미국 방위권에서 제외한다는 내용의 발표를 합니다. 이런 변화의 기미를 김일성이 놓치지 않았습니다.

1950년 한 해 동안 김일성이 몇 차례 스탈린을 만났는지 명확하지는 않으나 두 번이라는 설이 유력합니다. 그 두 번째인 4월 25일 회담에서 그는 기어이 남침 허가를 받았습니다. 단, 조건부였습니다. 중·소동맹에 명시한 대로 모택동의 동의를 받으라는 것이었습니다.

김일성은 5월에 베이징으로 가 모택동의 동의를 얻은 후 이를 모스크바에 통보하였습니다. 그뿐만 아니라 중국으로부터 무정武亭(본명은 김병희)이 이끄는 조선족 사단 수만 명의 병력을 넘겨받아 조선인민군에 편제시켰습니다. 소련으로부터는 병기와 전투기를 약속받았지만, 그 규모는 지극히 미미했습니다.

흐루쇼프의 회고에 따르면, 당시 소련지도부는 미국 공포중

에서 못 벗어나 3차 세계대전으로의 확산을 가장 꺼렸다고 합니다. 소련은 제2차 대전의 피해가 막대하여 그 복구 작업 중에 있었고, 미국과의 경제력 차가 너무 커 소련으로서는 직접 대결이 어불성설이었다고 합니다. 그래서 병기와 한정된 수의 비행기만을 약속했답니다. 한국전쟁에서 소련이 보이지 않았던 이유이지요.

전쟁의 경위

북한군이 1950년 6월 25일 미명未明에 38선을 넘어 한국전쟁이 시작됐습니다. 전쟁이 일어나기 직전 서울에서는 '설마 전쟁이 터질까?' 그런 분위기였습니다.

1949년에 들어서면서 미·소의 뒷받침으로 남북 양 국가의 군대가 형체를 갖추기 시작했고, 남침야욕과 북진통일의 구호는 38선을 경계로 소규모 물리적 충돌로 이어지고 있었습니다. 5월경부터는 그 규모와 빈도가 조금씩 상승했는데, 대부분이 남쪽의 도발이었다고 합니다. 미국 측이 공식적으로 이승만에게 자제를 요청할 정도였습니다. 그래서 한국군이 다소 조용해지면 이번에는 북한군이 역공세에 나섰습니다.

사회 분위기도 긴장하기 시작하였습니다. 나의 학교생활도 변하였습니다. 군사훈련 과목을 의무화하여 배속 장교들이 부임해 오면서, 그들의 호령 소리와 군가풍 행진곡이 울려 퍼졌습니다. 모든 중·고등학교 학생회는 학도호국단 조직으로 바뀌었습니다. 전선에 실지 견학도 갔습니다.

그러나 이런 움직임은 허장성세였습니다. 인민군은 아주 쉽게 개전 사흘 만에 서울에 무혈입성했습니다. 인민군이 의정부에 도달했을 무렵, 우리 집도 부랴부랴 피난 짐을 싸기 시작하였습니다. 서울시민 대다수가 비슷했습니다. 설마, 하다가 당한 변입니다.

그러나 피난도 할 수 없었습니다. 한국군이 후퇴하면서 한강 다리를 끊어 버렸습니다. 다른 시민들처럼 우리도 다시 집으로 돌아올 수밖에 없었습니다. 아버지와 나는 전황이 궁금해 단파 라디오를 붙잡고 그날 밤을 지새웠습니다. 지금도 생생하게 이승만 대통령의 어눌한 한국말이 기억납니다. "서울시민들은 동요 말고 정부를 믿고 서울을 지키자"는 내용의 육성 담화 발표였습니다.

며칠 후에 소문이 돌았습니다. 한강철교 폭파는 이승만의 지시였고, '서울 사수' 운운의 메시지는 수원에 앉아서 전파에 띄웠던 것이었답니다. 그렇게 대부분의 서울시민은 붉은 깃발들이 나부끼는 인민공화국 치하에 고스란히 남겨졌습니다.

불과 5년 사이에 일본인에서 한국 국민이 되었고, 철저한 반공교육을 받다가 이제는 공산당 치하에 내몰린 것입니다. 우선 학교에 가보았습니다. 배속장교였던 백 선생이 학생들을 강당에 모아놓고 인민군에 지원하라고 독려하고 있었습니다. 그는 배속장교로 위장한 남로당원이었던 것입니다.

라디오는 연일 북한군의 군가와 〈김일성 장군의 노래〉를 되풀이 틀면서 중간중간 인민군의 속전 승리를 소리 높여 보도하고 있었습니다. 우리들 생각에도 인민군의 남하 속도는 대단히 빨라 어느새 낙동강까지 다다랐구나, 하고 감탄하였습니다.

그러나 역사학자들의 의견은 다른 것 같습니다. 소련을 비롯한 공산 진영은 연거푸 여러 번 오산과 판단 착오를 저질렀다는 것입니다.

첫째, 6.25가 발발했던 시점에서 소련은 유엔 안보리를 보이콧 중이었습니다. 중국본토의 공산화에 따라 안보리 상임이사국은 더 이상 대만이 아니라 중화인민공화국이어야 한다는 자기네 주장이 받아들여지지 않자 예의 '니엣Het(러시아어로 '아니오'라는 뜻)' 전법을 구사하며 안보리 출석 자체를 거부했던 것입니다.

6월 25일 안보리가 긴급소집 되었을 때, 스탈린은 계속 보이콧을 지시하였습니다. 그러자 소련을 제외한 출석 상임이사 4개국 만장일치로 북한의 침공을 유엔헌장 위반으로 규정, 유엔군이 창설되어 맥아더 장군이 사령관에 임명되었습니다.

흐루쇼프Khrushchov는 그의 회고록에서 "우리는 장개석 따위 때문에 유엔 안보리를 거부하는 우를 범했다. 그래서 안보리는 한반도에 국제연합군을 파견하는 결의를 채택할 수 있었다. 스탈린은 자신의 잘못이라고 후회하고 있었다"고 술회하였습니다.

둘째는, 보다 군사적 차원의 실책입니다. 앞에서 언급한 구소련의 비밀문서에 의하면, 인민군의 기본 계획은 개전 이틀 후에는 수원까지 점령한다는 것이었답니다. 그런데 인민군은 한강 다리 폭파를 이유로 3일간이나 서울에서 머뭇거렸습니다. 당시 기차가 다니던 철교는 살아 있어 조금만 손보면 탱크도 지나갈 수가 있었답니다. 마포 선착장에도 온갖 종류의 배가 수백 척 정박해 있었답니다.

스탈린까지도 "왜 진격을 멈추었느냐? 진격할 생각이 있는 건가, 없는 건가?"라는 독촉 전문을 보냈다고 합니다. 이 대목은 생각하기에 따라 여러 가지로 해석할 수 있어 종전 후에 '철의 커튼' 너머에서는 심각하게 논의되었다고 합니다.

인민군은 개전 한 달만인 7월 20일에야 중부지방의 거점 도시인 대전을 점령할 수 있었고, 그 사이 유엔군과 한국군은 충분히 반격 태세를 갖춘 다음, 낙동강 이남을 지켜낼 수 있었습니다.

군사 전문가들은 김일성과 그 군 수뇌부의 무능을 지적합니다. 변방 국경 부근에서의 소규모 게릴라전 경험밖에 없는, 곧 제대로 된 근대전의 경험이 없는 김일성은 군인, 특히 전략가로서의 낮은 자질을 노출했다는 겁니다. 낙동강까지 뻗은 긴 보급선은 맥아더의 인천상륙작전 한방으로 끊겨버렸습니다. 이후 인민군의 전면 패주가 시작됐습니다.

서울의 '인민공화국' 3개월

어떻든 1950년 7~8월은, 북한군이 승승장구하다가 낙동강에 막혀 전황이 거기서 교착상태에 빠져 있을 때였습니다. 나는 바깥의 난리와 격리되어 집안 은신 생활에 들어갔습니다. 인민군 강제 모집을 피하기 위해서였습니다.

전력보강이 필요했던 북한군은 점령지 남한에서도 장정들을 현지 입대시키면서 남하 진격하고 있었습니다. 내 나이가 그 대상이었습니다. 어머니는 천정에 출입구를 교묘히 위장 설치하고는, 지붕 아래에 나의 은신처를 마련하였습니다. 누가 오면 얼른 그리로 숨어 들어가는 겁니다. 서울 수복 후에 친구들을 만나 보니 거의 비슷한 경험을 했더군요.

인민군 강제 모집은 거리에서도 하고 있어 나는 어머니의 엄명으로 바깥출입이 일절 금지되었습니다. 세상 돌아가는 소식은 어머니와 동생, 그리고 '제니스'라는 상표의 미국제 고성능 라디오를 통해서나 들을 수 있었습니다. 그 라디오로 일본방송을 들으면서 전황을 파악할 수 있었습니다.

인민공화국 치하 3개월 동안 밀폐된 공간에 숨어 살았기 때문에 나는 서울의 상황을 직접 눈으로 본 것은 없습니다. KBS 채널만 틀면, 간단없이 울려 퍼지는 〈김일성 장군의 노래〉, 〈빨치산의 노래〉 등 행진곡풍 노래들과 체제선전, 그리고 부풀린 전과의 보도뿐이었습니다.

그런 것들이 나의 '인민공화국'에 대한 청각적 기억입니다. 그러면서 늘 '인민군에 끌려가면 안 돼!'라는 강박과 불안이 있었습니다. 그 감정 밑바닥에는 '이건 동족끼리의 싸움이다'라는 의식이 항상 남아 있었습니다. 그래서 나는 인민군도 가지 않았지만, 후에 국군 입대도 하지 않은 '기피자'였습니다.

어느 날, 아버지가 외출하신 채 귀가하지 않았습니다. 어머니가 백방으로 수소문한 결과 체포되신 것을 알았습니다. 아버지는 원래 어느 한쪽 이념에 치우치지 않은 비정치적 교수였습니다. 때마침 아버지의 도쿄 유학 시절 친했던 친구분이 북에서 남하하여 요직에 있었습니다. 그는 어렵사리 찾아간 어머니에게 "그동안 잘 살았으니, 이제 고생 좀 해도 된다"고 했답니다. 계급의식이 우정을 앞지르는 경우였습니다.

도쿄 유학 시절 아버지가 물심양면으로 많은 도움을 주었었고, 그 후에도 우리 집에 자주 왔었던, 나도 잘 아는 아저씨였습니다. 요행히 다른 연줄을 통해 풀려난 아버지는 그 길로 강원도 산골에 은신하다가 서울 수복 후에야 집으로 돌아오셨습니다. 내가 후일 북한사람들과 접촉할 때도 이 응어리, 기피 계급의 자손이라는 '출신 성분' 의식이 항상 마음속 깊이 침전되어 있었습니다.

6·25의 또 다른 기억은 배고픔입니다. 전쟁은 전국의 산천을 황폐시켰고, 따라서 물자의 유통망도 파괴되었습니다. 고금동서를 막론하고 전쟁이 나면 민중은 굶습니다. 아버지가 안 계셨던 집안에서 어머니는 우리 4형제를 먹여 살려야 했습니다. 돈 될만한 건 다 들고 나가 시골에서 곡식과 물물교환 하셨습니다. 여름 햇볕에 그을리며 걸어서 서울 근교 시골을 왕래하던 어머니의 몰골은 말이 아니었습니다. 벽촌의 여인네들과 별로 다를 바가 없어 검문에도 일절 걸리지 않았다고 합니다.

유엔군의 인천상륙작전이 성공하자 인민군은 전면 패주하면서 얼마 남지 않은 농촌의 양곡을 털어갔습니다. 시골에서마저 곡물 품귀 현상이 일어났습니다. 어느 날 어머니는 도토리를 배낭 그득히 짊어지고 돌아오셨습니다. 묵을 만들어 대용식으로 끼니를 때울 생각이셨답니다.

그러나 결과는 참담했습니다. 경험이 전무하셨던 어머니의 이 작품은 묵이 아니라 정체불명의 죽 같은 것이었습니다. 영양 부족에 운동 부족까지 겹쳤던 나 혼자만 설사하기 시작했습니다. 천장 위에 숨어 있으니 어쩔 수 없이 요강을 사용했는데, 한여름 지붕 아래 찌는 듯한 열기 속에서 땀 범벅이 되어 악취와 싸워야 했습니다. 나의 위와 장이 기억하는 6·25입니다.

또 하나, 가려움의 추억입니다. 그해 여름은 기록적으로 더웠습니다. 더구나 지붕 밑 은신처의 낮 기온은 아마 40도를 웃돌았을 겁니다. 그 시대에 냉방시설이라고는 선풍기뿐인데 천장 위에 전기소켓이 있을 리 없고, 더구나 일본방송 들을 때는 소리가 밖으로 새나갈까 봐 이불을 뒤집어쓰다 보니 몸 여기저기에 땀띠가 생겼습니다.

그뿐만이 아니었습니다. 전쟁과 벼룩·빈대들이 무슨 연관이 있는가는 모르겠으나, 그해 여름 우리 집에는 벼룩과 빈대가 들끓었습니다. 나중에 알고 보니 다른 집에서도 마찬가지였다고 합니다.

러시아혁명이 일어난 지 얼마 안 된 1919~20년 겨울, 러시아는 기근, 혹한 그리고 전염병이 겹치는 대재앙을 맞습니다. 전염병의 원흉은 전국적으로 들끓는 '이'였습니다. 레닌이 한탄하였답니다. "이가 혁명을 이기든가, 혁명이 이를 이기든가." 하여간 땀띠와 벼룩·빈대는 나의 6·25 추억의 중대한 한 토막이었습니다.

그러나 수확도 있었습니다. 근 3개월 전혀 외출을 못 한 기간, 아버지의 서가에 소장되어 있던 38권의 일어판 '세계문학전집'을 거의 독파했습니다. 잘 못 알아듣던 영어 방송도 자꾸 듣다 보니 조금은 이해하기 시작했습니다.

나의 가장 가까운 벗은 라디오였습니다. 인민공화국 방송의 전황 보도와 일본방송의 내용은 크게 달랐습니다. 라디오는 유일한 정보 소스였습니다. 나는 그렇게 일본방송을 통해 '인천상륙작전'을 실시간으로 파악하고 있었습니다

9월 하순에 접어들면서는 더욱더 라디오에 매달렸습니다. 시시각각으로 서울의 수복이 다가오고 있었습니다. 라디오 청취는 자유에의 갈망이었습니다. 그 지긋지긋한 지붕 밑 생활에서 벗어나는 순간의 간절한 기다림이었습니다.

9월 28일, 서울을 탈환한 유엔군은 그 길로 북을 향해 진격해

올라갔습니다. 후방에서는 전쟁의 '중간정리'가 진행되었습니다. 전쟁 중에 노출된 부역자들의 색출과 보복이었습니다. 지역에 따라 그 정도가 달랐지만, 살벌한 집단 앙갚음들이 있었습니다. 인민군이 학살하고, 수복 후 다시 보복 살육이 행해지고… 끔찍한 소문과 보도 사진들이 나돌아다녔습니다. 인간이 인간이기를 포기했던 시절입니다.

전쟁에는 법이 없습니다. 우리의 6·25보다 15년 앞섰던 스페인 내전이 그랬습니다. 그때, 세계의 지성인들이 '왜?'를 연달아 외쳤습니다. '악'을 고발했습니다. 말로André Marleaux의 「희망」이나 피카소의 〈게르니카〉로 대표되는 작품들이 세계의 지식인들에게 물음표를 던졌습니다. 그리고 한국전쟁은 또다시 피카소의 화폭 위에 올려졌습니다. 제목은 〈한국전쟁〉이었습니다. 우리의 동족상잔이 그 그림의 테마였습니다.

피난 생활

유엔군(국군 포함)이 압록강에 바싹 다가갔을 즈음, 전쟁은 끝나고 이제 통일이 되는가 싶었습니다. 그러나 그때 중공의 백만 대군이 압록강을 넘어 진격해 왔습니다. 쏘아도 쏘아도 시체를 넘어 진격해 온다는 신문기사들이 쏟아져 나왔습니다. 인해전술人海戰術이라고 했습니다. 이번에는 연합군이 밀리면서 퇴각, 패주해 왔습니다.

북한이라는 나라는 중국 때문에 살아남았습니다. 그때는 스탈린도 북한을 포기한 상태였답니다. 그리고 역사자료에 의하면 중공 통일 직후인 이때가 시기적으로 최고의 대만 해방의 기회였다는데, 중국은 대만까지 포기하면서 한국전쟁에 참전한 것입니다.

물론 그것이 당시 중국 자신의 안전보장을 위해서도 불가피했다고는 하지만, 어떻든 그들은 막대한 희생을 치렀습니다. 결과적으로 한반도를 공산 통일하지는 못했어도, 북한의 멸망은 구했습니다.

때는 엄동설한이었습니다. 피난민들의 줄이 이어졌습니다. 우리 가족도 그 속에 있었습니다. 이른바 1951년 '1·4 후퇴'였습니다. 서울 시민의 태반이 남쪽을 향해 떠났습니다.

우리 가족이 기착한 곳은 대구였습니다. 아버지의 친구 한 분이 그곳의 유력자이셔서 그분에게 의지했던 것입니다. 학교가 없어진 아버지와 우리 형제들에게는 하루하루가 일요일이었습니다.

마침 아버지 친구인 고려대의 저명 경영학자 김효록 교수가 대구에 피난을 와 미8군 인사처에 임시로 근무하고 계셔서, 그분의 추천으로 나는 미8군 사령부 장군 막사의 식당 종업원으로 취직하였습니다. 영어도 숙달되고, 피난살이 가계에도 보탬이 될 뿐 아니라 무엇보다 심심해서 선뜻 응낙하였습니다.

실제로 미국인들과 함께 일하다 보니 영어도 일취월장하였고, 한국인 종업원들은 고2인 나보다 2~3살 위 대학생이 대부분이어서 즐겁고 유익한 시절이었습니다. 뉴스에서나 보던 리지웨이 장군이나 밴플리트J. A. Van Fleet 사령관을 매일 가까이에서 접할 수 있어 신기했습니다.

이 생활은 오래 못 가고 종지부를 찍었습니다. 아무리 큰 불행을 당해도 인간은 어차피 삶을 영위하는 동물입니다. 비상이 계속되다 보면 비상 그 자체가 일상화합니다. 이발소나 공중목욕탕이 다시 열리고, 전차도 버스도 다시 운행되고, 그리고 임시수도 부산에서 1년 넘어 닫혔던 우리 학교도 다시 문을 열었습니다. 아버지가 봉직하시던 대학교도 부산에서 개교했습니다. 우리 가족은 다시 짐을 싸 부산으로 이사했습니다.

부산에서 문을 연 경기중학교는 다른 피난 학교와 마찬가지로 천막 교실이었습니다. 다시 만난 선생님들이 반가웠지만, 그 얼굴들에는 피난 살이의 피로가 역력했습니다. 여러 선생님이 안 보였습니다. 9·28 서울 수복 때 북한으로 갔답니다.

학우 중에도 월북했거나 인민군을 따라간 친구들이 꽤 있었습니다. 국군의 현역장교나 병사가 된 친구들도 많았고… 동족 간의 전쟁은 마을마다, 직장마다, 그리고 학원 내까지도 분열의 상처를 남겼습니다.

뭔가 정돈이 안 된, 어수선한 분위기였습니다. 전쟁 발발 후 1년여 동안 우리 청소년들은 학업을 잃고 방황했습니다. 전쟁에 짓눌려 살았습니다. 대한민국에서 인민공화국으로, 그리고 또 반전과 재반전, 가족이나 친한 벗들과의 이별, 궁핍한 피난 생활의 장기화, 그리고 학교 대신 군대나 직장으로 갔던 청소년들은 인간사회의 너저분한 뒷면까지 너무 일찍 경험해 버렸습니다.

일제 강점기의 관습대로 6·25 전 한국의 고등학교 학생들은 우선 그 외모부터 규격화됐고 또 통제되었습니다. 머리는 '이부가리(二分 깎기)'로 삭발하고, 지정된 교복, 교모, 책가방을 착용했습니다. 학교가 없는 전쟁 동안 두발은 길어졌고, 피난살이에 교복을 갖출 여유도 없었지만, 교복 전문 양복점도 없었습니다. 기른 머리에

경기중학교 교내 미술전을 끝내고 (가운데 ○ 안이 박승구 선생, 그 왼쪽이 이회성 선생)

평상복으로 등교했습니다.

유니폼이 사라지니 통제와 감시가 없어졌습니다. 아버지나 형의 옷을 입은 장발의 청년들을 누가 고등학생으로 보겠습니까? 우리는 공공연하게 거리에서 담배도 피우고 술을 마셨습니다. 술 담배는 고등학생에게 금지사항이었습니다. 떼 지어 저녁 무렵 술을 마셔 취하기도 했습니다. 패싸움도 했습니다.

내 친구 중에는 아버지의 '빽'으로 출근도 안 하면서 경찰관이나 군속의 신분증을 가진 자들도 있었습니다. 고등학교 학생이지만 이들은 권총을 차고 다녔습니다. 전쟁은 부정부패에는 관대했습니다. 나이가 나이다 보니 여자 문제로 탈선하는 예도 적지 않았습니다. 전시에 일어나는 타락 현상이었습니다. 부모와 스승들의 고민이 이만저만이 아니었습니다.

전쟁 중 '비정상적' 사회 감각을 마음과 몸으로 익혀버린 청소년들이 다시 학교로, 곧 '정상'으로 돌아간다고 원래 모습을 되찾기는 어려웠습니다. 그리고 그들 나름대로 어른 세대에 대한 반항심, 사회에 대한 분노, 미래에 대한 불안과 공포 등이 뒤섞여져 어른들이 눈살 찌푸릴 일을 애써 저지르며 살았습니다. 나부터가 그랬습니다.

피난민들은 거의 셋방에서 살았습니다. 나만의 공간, '내 방'이 없어졌습니다. 청소년들은 집 밖에 나가 친구들과 어울릴 때 자유를 느낍니다. 그리고는 무언가 공모를 합니다. 1차대전이 한참일 때 유럽의 젊은이들이 빠졌던 '데카당'과 한 맥락이었습니다.

그렇지 않은 모범생들도 있었지만, 문제아들이 훨씬 더 눈에 띕니다. 그리고 나는 이 악당들과 함께 허무적이면서 폭력적인 일상에 젖어 살았습니다. 그때의 우리 무대는 부산 광복동 큰 거리였습니다. 학교 출석률은 말이 아니었습니다.

대학생이 되다

그런 중에도 대학 입시는 어김없이 다가왔습니다. 사설 학원이란 게 아예 존재하지 않을 때입니다. 다시 학교에 열심히 다니기 시작했습니다. 그러나 너무도 길었던 공백이 큰 부담이었습니다. 집에서 밤을 새가며 입시 준비에 골몰했습니다.

1952년 2월, 서울대 문리과대학 사회학과에 합격했습니다. 내가 잘해서가 아니라 전국적으로 수험생들의 학력이 형편없었기 때문입니다. 전쟁의 불행은 모든 사람에게 공평했습니다.

대학생이 되었다는 것은 새로운 자극이었습니다. 만약에 대학 입시에서 실패했다면 어떤 인생이 기다리고 있었을까? 이 행운을 지렛대 삼아 착실하게 대학생 생활을 하겠다고 마음먹었습니다.

비록 천막 강의실이었지만 고등학교와는 전혀 다른 분위기가 있었습니다. 전공과목이 있고, 선택과목이 있어 필수과목 외에는 내가 선택한다는 '자유'가 더없이 좋았습니다. 나의 의사와는 관계없이, 내가 싫은 것까지 무조건 수업해야 하던 고교시스템에서 벗어나, 내가 나를 설계한다는 능동성이 그렇게도 좋았습니다. 오랫동안 잃었던 면학 정신이 부활했습니다. 항상 함께 붙어 다녔던 친구들은 대부분 낙방하여 미국 유학의 길을 택했습니다. 다 부잣집 아들들이었습니다.

입학 후 얼마 안 됐는데, '부산정치파동'이 터졌습니다. 1952년은 대통령 선거의 해입니다. 1948년 대한민국의 첫 대통령 이승만은 국회가 선출했습니다. 이승만은 전쟁을 거쳐 오면서 독재 권력을 키웠고, 더는 성가신 국회와 상대하지 않고 국민과 직접 통로를 열겠다는 '일민주의—民主義'를 주장하였습니다. 국민의 직접 선거를 골자로 하는 대통령 중심제를 위한 개헌을 국회에 요구하였습니다.

국회가 말을 듣지 않자 그는 헌병대를 동원하여 퇴청하던 국회의원들의 전용 버스를 기중기로 공중에 끌어 올렸습니다. 동시에 임시수도 부산의 거리마다, 골목마다 이상한 벽보로 도배질하였습니다. 이승만을 '국부'로 찬양하고, 국회를 매국노의 소굴이라고 매도하는 '땃벌떼'나 '백골단' 명의의 벽보들이었습니다. 같은 내용의 전단들이 행인이나 주택가에 뿌려졌고, 관제 집회들이 연출되었습니다. 이승만의 친위쿠데타였습니다.

결국, 개헌은 성사되고 이승만은 제2대 대통령으로 선출되었습니다. 그런 다음, 전쟁 전까지 그의 동맹세력이었던 한민당을 무력화시키기 위해 자유당을 급조 창당하여, 그 후 1960년 4월 19일까지 자유당 독재가 계속되었습니다.

그렇게 어수선하고 살벌한 어느 날, 학교 운동장에서 한 열혈한 이 '이승만 타도'를 외치는 연설을 하고 있었습니다. 그의 맹우猛友들이 그를 에워싸고 수십 명의 학생이 박수로 호응하고 있었습니다. 삼엄한 계엄령하에서 무모하고도 대담한 용기였습니다. 그 길로 그는 잠적했고, 체포령에도 불구하고 잡히지 않았습니다. 나의 중·고등학교와 대학교 3년 선배인 이문홍이었습니다.

이 무용담이 그때보다 십 년 후의 일이었다면 아마도 세력화된 학생들의 집단행동으로 이어졌을지 모르지만, 당시는 학생들 간에 대화의 꽃으로 피어나가기는 했어도 일인시위의 해프닝으로 끝나고 말았습니다. 한참 전쟁 중에 반정부집단행위는 생각지도 못할 일이었습니다. 그러나 나에게는 중요한 계기가 되었습니다. 이문홍이 속해 있던 학내 서클인 '낙산회'에 가입하였습니다.

전쟁이 계속되는 동안 각종 법과 제도가 폭력적으로 운영되었습니다. 계엄령, 국가보안법을 위시한 전시 특례법 등은 사소한 정부 비판도 용서하지 않았습니다. 전쟁 중, 또는 직후의 세상에서 빨갱이로 몰리면 본인은 물론 가족까지 온전치 못했습니다.

전쟁은 민생경제를 붕괴시켰습니다. 전쟁 전의 좋았던 일상을 잃은 사람들은 내일에 대한 불안에 간혔습니다. 막살아야 하는 피난 생활에서는 책을 안 읽습니다. 그래서 지식을 다루는 시장이 작아집니다. 지식인들의 생활은 어려워지고 위축됩니다.

전쟁 하의 대학 생활

수많은 지식인이 좌절감을 안고 독재 정부에 부역하였습니다. 해방공간에서와는 달리 전쟁 중에 많은 인텔리들이 우경화하였습니다. 그들은 정부의 협박 앞에 입을 다물었습니다. '부산정치파동'은 민주주의의 근간을 짓밟으면서 독재의 길을 여는 일인데도 침묵하였습니다. 학생들도 마찬가지였습니다.

당시 실존주의가 온 세계에서 유행하고 있었습니다. 문리대 학생들 사이에서도 사르트르의 「더러운 손」이나 「오해」 등의 작품이 일본어 번역판으로 읽히고 있었으며, 문예지들도 앞다투어 카뮈의 「이방인」, 「페스트」 등의 서평을 게재하였습니다.

그러나 정작 사르트르와 카뮈가 절규하는 의미에는 귀를 막았습니다. '부조리'의 시대, 국가를 앞세운 독재 권력에 항거치 못하고, 우리 젊은 '지식인의 알'들은 입 다물고 굴종과 타협의 길을 걸었습니다. '앙가주망'의 의미를 외면했습니다.

그뿐만 아니라 많은 대학생이 전쟁 속으로 흡수돼 들어갔습니다. 전쟁이 멎은 뒤에도 학생들은 병역을 치러야 했습니다. 반정부적인 기록이나 이력은 입대 후 보복의 빌미가 될 수 있었습니다. 당시의 한국 군대 생활에서는 그 악명 높았던 일본군보다도 더 비인간적인 '기합'이 성행하고 있었습니다.

한국 대학생들이 의식화하고 조직화 된 것은 1970년대에 들어서면서부터였습니다. 경제성장은 중산층을 조금 두텁게 했습니다.

또한, 노동자계층의 발언권을 키웠습니다. 중산층은 학생들의 출신 계급이었고, 노동자들은 동맹계층이었습니다.

그리고 학생들의 총 숫자가 경제발전과 생활 수준의 향상에 따라 놀랄 만큼 증가했습니다. 말하자면 사회비판의 목소리가 커졌다는 것입니다. 그러나 1970년대에 비해 나의 1950년대 대학생 시절에는 전시국가의 비상 권력에 눌려 학생들의 힘이 싹 빠져 있었습니다.

어느 시대나, 어느 나라에서나 대학생은 불평불만이 많습니다. 사회에 대한 욕구불만, 부모에 대한 반항, 연애의 고민… 그러나 우리 때에는 거기다 남북분단, 이승만 독재, 그 밑에서 비리와 부패와 폭력을 일삼던 옛 친일파들, 책이나 강의실에서 배우던 정의롭고 공정하고 자유로운 민주주의의 상실, 만족할 수 있는 것이 하나도 없었습니다.

우리는 엄청나게 술을 마셨습니다. 주머니가 늘 비어있던 우리가 갈 곳은, 안주는 별로이지만 외상 잘 주는 싸구려 대폿집들이었습니다. 외상값이 쌓이면 우리 중 '독지가'가 어떤 방법으로든 술값을 마련하여 외상을 갚은 다음, 다시 외상을 쌓아갔습니다.

그중에서도 우리의 발길이 잦았던 곳은 문리대 정문 앞 '쌍과부집'이었습니다. 전쟁에서 남편을 잃은 자매가 운영하던 싸구려 대폿집이었지요. 당시 학교 근처에는 그런 술집들이 여럿 있었습니다. 동숭동 대학가의 한 모습이었습니다.

최인훈, 김승옥, 박태순 소설의 주인공들은 다 대학생입니다. 그들은 거친 역사의 흐름 속에서 방황하는 지식인들입니다. 남과 북의 단절, 이념의 대립에 대해서 깊이 고민하지만, 행동이 따르지 못

하는 한계 인간들이었습니다. 바로 그 시대 우리의 모습이었습니다.

그러나 행동하는 반항아도 있었습니다. 사회학과 같은 학년에 김낙중이라는 친구가 있었습니다. 그는 과묵하고 얌전했습니다. 부산 피난살이를 끝내고 동숭동에서 강의가 다시 열렸지만, 그의 모습이 보이지 않았습니다. 1년여 지났을 무렵 그가 교정에 모습을 드러냈습니다. 흰색 두루마기에 하얀 고무신을 신고 머리는 박박 밀었습니다. 그리고는 얼마 후 홀연히 사라졌습니다.

그 후 다시는 그를 만나지 못했습니다. 파리에 있을 때 우연히 그의 소식을 들었습니다. 그는 몇 차례 임진강을 헤엄쳐 건너가 북쪽 사람들을 만났답니다. 남으로 송환되어 재판에 회부되었지만, 사형은 면했던 모양입니다. 그는 사회당도 창건하고, 노동운동에도 가담하는 등, 이색적이긴 했지만 확실한 발걸음으로 자기 길을 걸었던 '이단아'였습니다.

나의 방황의 끝도 강의실을 외면하는 것이었습니다. 현실문제의 답이 강의실에서 찾아지지 않았습니다. 현실과 이론은 다르다고들 하지만 나는 오히려 동전의 양면이라고 생각합니다. 이론 속에 현실의 실마리가 있어야 한다고 믿었습니다. 그러나 동숭동 강의실에는 그것이 없었습니다.

내가 찾은 대안은 '자습'이었습니다. 혼자가 아니라 여럿이 같이하는 공부였습니다. 강의실을 외면하고 '낙산회'라는 서클에서 선배들과 함께 주제발표와 토론을 했습니다. 리더는 당시 최고령학생이었던 이명영(후에 성균관대 교수)이었습니다.

서구의 정치사상가나 이론가들이 우리의 주 공부 대상들이었습니다. 어쩌다가 한국의 정치 현실문제를 토론할 때도 있었습니다. 그런 때는 이승만이 토론 주제였습니다. 우리 하급생들은 주로 경청하고 상급생들이 발언하였지만, 그래도 간간이 우리 의견을 들어 주었습니다. 얼마 지나지 않아 우리들의 영웅 이문홍 선배도 나타났습니다.

낙산駱山은 문리대 뒷산의 이름입니다. 회원은 전 학년에 걸쳐 20여 명이었습니다. 모임 장소는 학교 근처의 커다란 한옥 사랑채였습니다. 정성배(당시 문리대 학생회장)가 기거하던 그의 친척 집이었습니다. 정성배는 나처럼 프랑스에 유학 갔다가 나중에 '동백림 사건'에 연루됩니다.

1948년 정부 수립을 전후하여 남한에서는 점차 좌익세력들이 설 땅을 잃었습니다. 그리고 한국전쟁이 일어나자 그들 대부분이 북으로 갔기 때문에 좌익세력은 근절되다시피 했습니다. 그들 중 남쪽에 잔류한 사람들도 3개월간의 '인민공화국'을 체험하면서 북한에 대한 인식이 부정적으로 변했습니다. '낙산회'는 좌파적이지는 않았습니다. 우리는 공산주의도 싫었지만, 반공 독재자 이승만은 더 싫어했습니다.

휴전 : 불안한 평화

38선 부근에서 일진일퇴의 소모적 전투가 2년 남짓 계속하고 있었습니다. 기나긴 전쟁에 지친 북한과 중국은 휴전을 원했고, 미국도 이에 응함으로써 1951년 7월부터 휴전회담이 시작되었습니다. 그러나 한편에서는 전투가 그대로 계속하고 있어 마치 전쟁의 목적이 통일이 아니라, 그저 당장 유리한 휴전조건을 확보하기 위한 것처럼 보였습니다.

미국과 소련, 중국은 관련국들이긴 하지만 직접 당사자는 아닙니다. '어떤 희생을 치르더라도' 한반도의 통일을 이루고야 말겠다는 열의까지는 없었습니다. 오히려 전쟁이 장기화하면 할수록 괜히 자기네들의 화상만 더 커질 거라는 걱정이 있었겠지요. 남한과 북한은 전쟁 수행의 주도권이 크게 제한돼 있었기 때문에 '어떤 희생을 치르고라도' 통일을 달성하고 싶어도 그럴 생각도 능력도 없었습니다.

스탈린과 모택동 간의 역할 분담 약속대로 휴전의 교섭은 모택동이 관여하고, 최종결정은 스탈린에게 맡겨졌습니다. 그런데 스탈린은 마지막 타결 서명을 자꾸만 미룹니다. 러시아 자료를 보아도 김일성은 휴전의 조기 타결을 바라는데, 스탈린은 그때마다 거부합니다.

1952년 8월, 스탈린은 주은래에게 3차 세계대전을 회피하려면 반드시 한국전쟁 같은 국지전이 필요하다고 역설했답니다. 당시의 긴박한 국제정세에서 어디에선가 가스를 빼지 않으면 꽉 찬 가스가 폭발하고 만다는 이론입니다.

원래 '가스 빼기Degassing'라는 말은 1962년 미국과 소련의 직접 충돌 일보 직전까지 간 '쿠바 위기' 때 미 국방장관 맥나마라McNamara가 한 말입니다. 대를 위해 소를 희생시킨다는 뜻을 담고 있습니다. 스탈린은 미·소 간의 전면전을 피하기 위해 한국전쟁을 '가스 빼기'로 이용하려고 했던 것입니다. 이런 이유로 휴전협정은 2년이나 질질 끌다가 1953년 봄, 스탈린이 사망한 후에야 겨우 체결할 수 있었습니다.

돈 오버도퍼(*The Two Korea* 의 저자)에 의하면, 한국전쟁에서 중공군 90만 명, 북한군 45만 명의 사상자가 났고, 유엔군 쪽에서도 40만여 명의 사상자가 발생했는데 그중 한국군이 3분의 1 정도였고, 미군 전사자만도 5만 4천 명이었습니다. 또 소련 자료에 의하면, 북한·중국의 사상자가 합해서 200만~400만이며, 한국군은 40만 명, 미군은 14만 명으로 되어 있습니다.

　　여기에 민간인 피해까지 합하면 그 규모는 말할 수 없이 커집니다. 한국전쟁 전문가인 브루스 커밍스 시카고대 교수는 양측 희생자 총수를 약 400만 명으로 추산하고 있으며, 이산가족도 1천만으로 보고 있습니다. 이렇게 참혹한 비극을 겪었음에도 한반도는 오늘에 이르기까지 통일을 못 이루고 갈라선 채로 남아 있습니다.

　　한국전쟁은 민족내란이면서 준準 세계대전이었습니다. 애당초 남북의 당사자들이 어찌할 수 있는 전쟁이 아니었습니다. 일제 식민주의 지배가 소멸하여 공백이 된 해방공간에는 내셔널리즘의 토양도, 민족자결의 의지도 성숙하지 못한 상태였습니다. 근대식 국민국가를 형성하려는 국민적 인식도, 국가적 시스템도 취약했습니다.

　　필연적으로 그 공백의 영역은 미·소 양 진영이 뒷받침하는 두 이데올로기의 압력솥이 되고 말았습니다. 그리고 '한 민족 두 정부'가 벌이는 대립과 혼란은 참혹하기 그지없는 내전으로 이어졌던 것입니다.

　　미국은 늘, 특히 '매카시 광풍' 이후로는 '적색 페스트'에 대한 공포를 안고 있었습니다. 국제 공산주의의 목표는 혁명의 세계 수출이었습니다. 미국은 그 가공할 전염성이 항상 두려웠던 것입니다. 미국의 시야에는 늘 중국과 일본이 있었습니다. 중국이 적화

통일됐으니 한반도가 위험하고, 한반도가 공산화되면 그다음 차례는 일본이라는 강박관념입니다. 이른바 도미노이론입니다.

코리아 문제는 한반도에만 국한되지 않고 동북아시아 전역에 걸쳐 있는 국제문제입니다. 전쟁은 한반도에서 일어났는데, 미국과 소련의 관심은 한국이나 북한보다 훨씬 중국과 일본에 쏠린 것이지요. 그래서 유엔군과 중공군이 대치진영으로 참전했고, 전쟁 전략의 주도권을 미국과 중국이 행사하였습니다. 그러니 한반도라는 국지에서 일어난 세계전쟁입니다.

전쟁을 '악'이라고 하지만 한국전쟁은 냉전 구도에서의 '필요악'이었습니다. 미국이나 소련으로서는 어디에선가 지역 분쟁이 필요했고, 거기에 때마침 한반도가 있어 주었던 것입니다. 남과 북의 로컬정부들은 순진하게 북진통일이니 남반부 적화를 외치면서 머리 터지게 싸웠지만, 실상은 남의 나라의 대리전을 치른 셈입니다. 역사의 큰 소용돌이 속에서 민족분열이라는 십자가만 짊어지고 말았습니다.

휴전협정은 결과적으로 미·소·중 대국들이 남북한의 통일 의지를 봉인하는 것으로 끝나고 말았습니다. 그렇다고 전쟁이 모두 끝난 것도 아닙니다. 군사분계선은 그대로고, 휴전 협정은 단지 임시로 총을 쏘지 않겠다는 약속(Cessez le-feu)일 뿐입니다. 이론적으로는 언제라도 그 약속이 깨지면 교전이 가능한 '전쟁 진행형'입니다.

다시 말하면, 통일을 이룩하려면 이런 상황에 종지부를 찍고 '진정한 평화협정'을 맺어야만 한다는 것입니다. 그것이 그렇게도 어렵습니다. 그 열쇠는 결국 변동하는 국제정세 속에서 찾아야 합니다.

4장

동족상잔

20세기를 '전쟁의 세기'라고 부릅니다. 무기체계가 대량 살상의 방향으로 개발되고, 전쟁의 잔학성은 더욱 심해졌습니다. 그중에서도 국가 또는 민족 안에서의 내전은 그 비극이 최악입니다. 같은 역사와 문화를 공유하고, 한 언어를 사용하는 단일 민족 내에서의 절대 불관용 전쟁은 더욱 참혹하였습니다.

'근친 증오심' 같은 것이 작동하면서 마을 전체가 도륙당하는 일들이 각지에서 일어났습니다. 남녀노소 불문한 마을 전체의 학살, 어떻게 이런 일이 일어날 수 있었을까? 그 의미는 무엇이고, 뒷세대에 남겨진 트라우마에 대해서 우리는 어떻게 감응해야 옳을까?

우선 망각하면 안 됩니다. 그것은 역사에 대한 무책임이니까요. 그리고 기억한다는 것은 양심의 지킴입니다. 재발시키지 않겠다는 미래에 대한 다짐입니다.

우리 사회에서는 아직도 '역사 바로세우기'가 미완성입니다. 망각과 기억의 균형은 무너진 채입니다. 그래서 전쟁 후 30년 만에 '5·18 광주사태' 같은 것이 또 터지고 말았습니다.

내전의 비극을 과거 속에 완전히 묻으려면, 이 땅에 흘렀던 그 억울한 피의 기억을 새기고 또 되새겨야 합니다. 말 한마디 못 하고 죽어 간 사람들의 말을 들으려고 노력해야 합니다.

동족상잔의 전조

일제 패망 이후, 제주도는 당시의 지리적인 여건상 생필품의 확보가 어려웠고, 전염병에 흉년까지 겹치는 상황에서 미 군정청의 행정력이 제대로 미치지 못하고 있었습니다. 1947년, 삼일절 기념 시가행진이 남로당 주도로 벌어졌고, 이에 경찰이 발포하는 사건이 일어났습니다. 경찰과 도민 사이에 분위기가 악화하던 차에, 1948년 봄 남한만의 단독정부 수립에 반대하는 집회와 시위가 제주도 안에서 잇달았습니다. '4·3사태'의 시작입니다.

그해 8월 15일 수립된 대한민국 정부는 제주도의 시위를 반란으로, 반란세력을 '공비'로 규정하면서 대대적인 소탕 작전에 들어갔고, 많은 도민이 한라산으로 쫓겨 올라갔습니다. 그러자 토벌대는 산 중턱의 마을들을 없애기 시작했습니다. 민가가 없어지면 식량 보급이 끊겨 빨치산이 투항하리라는 전술이지요. 전통적인 대게릴라 작전입니다.

문제는 부락민을 강제 이주시키고 이른바 공비들을 토벌하는 과정에서 민간인들이 억울하게 대량 학살되었다는 사실입니다. 누군가 한 사람이 도망쳤다면 그 가족 중 한 사람을 대신 총살했고, 어떤 마을에서 공비에 협조한 사람이 있으면 마을 사람들을 집단 살해했습니다.

지금도 제주도에는 같은 날 제사를 지내는 집이 많다는 이야기가 있습니다. 정확한 숫자는 집계되지 않았지만, 희생자 총수를 2만 5천에서 3만으로 추정합니다. 당시 제주도 인구가 24만이었다는데, 그 10%를 넘는 규모입니다.

뒤이어 '여수·순천 반란사건'이 일어납니다. 한국 정부와 미군정청은 제주 사건을 진압하기 위한 증원군을 보내려는데, 여수·순천 근처에 주둔하고 있었던 부대의 좌익군인들이 이탈하여 그 지역 지주들과 유력인사들을 처형하는 사태가 벌어졌던 것입니다.

한국전쟁이 발발했을 때에는 지리산을 비롯한 남부지방의 여러 산에서 공산 빨치산이 활약하고 있었습니다. 그때도 토벌대는 빨치산의 맥을 끊겠다며 출몰 지역의 마을들을 소탕했고, 이 과정에서 '제주 4·3사태' 때와 유사한 학살극이 여기저기서 발생했습니다.

한 예로 1951년 설날 새벽에 일어났던 '거창사건'을 들 수 있습니다. 거창은 지리산 근처에 위치해 있는데, 이 산속에는 전쟁 전부터 공산 유격대가 활동하고 있었습니다. 그런데 한국군은 거창 마을 사람들이 이들을 도와주었다며 무차별 학살했습니다. 여성과 아이들, 노인들도 다수 포함돼 있었습니다. 그리고 이 사건의 진상을 규명하려고 가던 국회의원들이 습격을 받았는데, 습격자들은 공비로 위장한 경찰이었습니다.

북한군과 '민청' 등 좌익단체들도 동족학살의 하수인이기는 마찬가지였습니다. 빨치산들도 그에 못지 않았습니다. 인민군이 점령한 마을에서는 인민위원회와 민청이 조직되고, 이들의 '착취계급'에 대한 보복 살인이 인민재판이라는 형식으로 공개 집행되었습니다.

1950년 후반 동안에 북한군이 낙동강까지, 한국군이 포함된 유엔군이 압록강까지 일진일퇴를 거듭하면서 서로 한 번씩 군사통일을 이룰 뻔했습니다. 서로의 수도 서울과 평양을 뺏고 빼앗기면서 3개월 정도씩 인민공화국과 대한민국이 한반도를 번갈아 가며 군사적으로 통치했습니다.

이러는 과정에서 친공 분자들과 반공 분자들이 서로 노출되고, 그때마다 점령군 측은 반대쪽 사람들을 처형했습니다. 특히 퇴각할 때는 급한 나머지 아무 절차도 없이, '적'을 식별할 시간도 없어 아무 죄도 없는 사람들까지 무더기로 일시에 학살하는 광경이 도처에서 일어났습니다. 가해자는 인민군이기도 했고, 남한 군경이기도 했습니다.

내가 1960년대 후반 '동백림사건'으로 대전교도소에서 수감생활을 할 때 여러 사상범으로부터 마을 참극의 이야기를 들었습니다. 수십 명 포로를 세 그룹으로 나누어 놓고, 앞줄은 사형, 가운데는 무기, 뒷줄은 15년, 이런 식으로 선고받았다는 한 무기수의 증언을 들은 적이 있습니다. 그것도 다행이었던 것이, 전원 총살인 사례도 많았다고 했습니다.

비슷한 일이 미국의 남북전쟁, 1935~36년 스페인전쟁에서도 일어났었습니다. 그러나 동족 간 내전이지만 한국전쟁에서는 이데올로기가 첨예화했고, 살상 무기도 더 발달 돼 있어 동족 살육의 내막은 한 층 더 비극적이었습니다. 브루스 커밍스에 의하면, 이 비극의 씨앗은 일제 식민시대에 이미 심어졌었다고 합니다. 그때부터 민족 문제와 계급 문제가 혼재하고 있었다는 겁니다.

일제 식민정책의 요체는 '내선일체'였습니다. 조선 고유의 전통, 문화, 언어 등을 다 버리고 일본인이 되라는, 곧 조선 민족 자체를 말살하겠다는 것이었습니다. 말도 안 되는 이 '정책'이 가능했던 것은 이에 편승하여 영화를 누린 친일 지주계급이 있었기 때문이라는 겁니다.

해방 후, 이승만 정권과 이 지주들이 반공 이념 아래 결속함으로써 지주들의 사회적·경제적 지위는 보존되고 그들의 권익은 옹호되었습니다. 이에 반비례하여 빈농이나 소작인들은 절망적인 식량난에 빠졌습니다. '춘궁기' '절량농가' '초근목피' 등의 단어가 신문 지상에서 떠나지 않았습니다.

공산당은 이 틈을 헤집고 들어가 농민들을 포섭했습니다. 공격의 초점을 '민족반역자 친일 지주들'에게 맞추면서 민족의식과 계급의식을 접목했습니다. 그렇게 민족주의와 좌익 이데올로기가 한데 묶여 폭발한 것이 삼일절 행사가 기점이 된 '제주 4·3사건'이고, 그 기류를 물려받은 것이 한국전쟁 중 남한 각지에서 일어난 마을 참극들이었습니다.

마을 참극의 심리학

서로 다른 이념 때문에 같은 동포끼리 싸울 때, 그 중심에는 결코 타협할 수 없는 각 진영의 '절대선絶對善'이 있습니다. 나는

'선'이고 너는 '악'이라는 이분법입니다. 선을 바로 세우려면 악을 없애버려야 한다는 신념 및 사명감을 말합니다.

여기서 선과 악 사이에는 중간지대가 없습니다. 회색인은 기회주의자로 경멸되고, 많은 경우 적과 동일시됩니다. 오직 양자택일만이 '선'입니다. 여기에 스위치를 눌러 증오감, 복수심의 전류를 흘리면 유혈참극이 벌어지는 것입니다. 1950년 전후의 한국 상황입니다.

아직도 유교적 풍습에서 벗어나지 못했던 마을 사람들끼리 벌인 집단살인극이었습니다. 원래 마을 문화라는 것은 서로의 집 부엌에 수저가 몇 벌 있는지도 알고 지내는 가족적 접촉을 뜻합니다. 그 당시까지는 우리나라 시골에 씨족 마을이 많이 남아 서로가 친척이고 친구였습니다. 그러던 것이 기나긴 세월을 통해 전래되던 유교적 예의 도덕, 씨족사회나 관습이 무너지고 맙니다.

이들이 하루아침에 원수가 된 것입니다. 죽음을 부르는 고발이 잇달았고, 복수가 복수를 불렀습니다. 증오, 불안, 시기심, 복수심, 공포감 등이 연쇄된 광기였습니다. '친족증오감'이 이를 더욱 부채질하였을 겁니다.

서로를 잘 아는 사람들끼리의 살인행위에는 너무도 가까운 '심리적 거리'가 있었을 테지요. 군복 입은 적의 정규병을 처형할 때와는 전혀 다른 피부감각이 있었을 겁니다. 전장에서의 총격전과는 근본적으로 다른 부조리성이 숨어 있을 것 같아 더욱 전율하게 됩니다. 평소에 착한 얼굴을 하고 있던 사람이 갑자기 악마로 변하는 그런 부조리 말입니다.

당시 한국 농민들은 대다수가 문맹이었고, 처참한 빈궁 속에서 허덕이고 있었습니다. 옛날부터 지주들에 대한 원한을 품었어도 철저하게 봉건적 속박에 묶여 지주에게 항거한다는 것은 꿈에도 상상 못 할 그런 양민들이었습니다.

그러던 그들이 해방 후 좌우 대립의 소용돌이 속에서 공산당과 토벌대 사이에 끼어들었던 것입니다. 빨치산과 경찰대 양쪽으로부터 살해당하고, 때로는 직접 보복살인에 뛰어들고, 이렇게 피학과 가학의 연쇄가 이어져 더욱더 절대 불관용의 지옥에 떨어졌던 것입니다.

십수 년 전 I.S(이스람 국가)가 생사람을 참수하는 광경을 TV에 생중계한 일이 있었습니다. 그들은 성전聖戰을 외쳤지만, 실은 가장 추악한 응보 감정, 증오의 에너지 이외에 아무것도 아니었습니다. 이런 절대 비타협의 원리주의 속에서 한국에 있었던 마을 참극의 근원도 찾을 수 있을 것 같습니다.

전쟁이나 학살의 심리를 단순화하면 조직공동체의 폭주라고 할 수 있습니다. 가학과 피학의 톱니바퀴가 서로 물리면서 복수의 집단폭주가 일어나는 거지요.

집단은 '개個'의 모임입니다. 그러나 '개個'는 조직 속에서 철저히 수탈되는 경향을 갖습니다. '나'는 퇴색하고 '우리'가 앞세워집니다. '우리'의 언사와 행동은 용감해지고 거칠어지고 과격해집니다. 집단심리입니다. 그리고 집단이 폭주할 때 '나'는 그 속에 있어야 합니다. 동시에 '나'의 의지나 감정은 철저하게 없어져야 합니다.

집단이 '용서 안 해!' 또는 '원수를 갚아라!' 하면 그 지시는 정통성을 갖게 됩니다. '대의명분'입니다. 이런 경우 집단은 가학한 것은 잊어도 피학의 원한은 절대로 안 잊습니다. 이런 이율배반의 열광, 이면성二面性의 틈바구니에서 농민들은 착한 '나'를 잃고 사나운 '우리' 속에 무자각으로 매몰됩니다. 그렇게 이데올로기와는 상관없이도 증오심, 공포감, 복수욕에 사로잡혀 집단 히스테리의 로봇이 되는 겁니다.

'파괴본능'이라는 프로이드의 학설이 있습니다. 죽이면 죽일수록 더 죽이고 싶어지는 감정에 관한 분석입니다.

인간에게는 자살 또는 살육에의 충동이 원초적으로 내재한다고 합니다. 진화하기 위해서 기존의 틀을 부수려는 파괴본능이 항상 잠재하고 있다는 겁니다. 진화는 생의 충동이고, 파괴본능은 죽음의 충동입니다. 이 두 충동은 종이의 양면처럼 인간성의 내면에 잠재하고 있답니다.

그렇다면 인류는 앞으로도 계속 전쟁을 일으키며 끊임없이 인류를 살육할 것이라는 가설이 성립되는 것이 아닐까? 여기에 이물異物에 대한 박해감정이 상승한다면?

유아들에서도 용모가 다르거나 다른 언어를 쓰는 아이가 있으면 집단적 박해본능이 작동한다고 합니다. 크리스차니즘Christianism이 주류였던 유럽에서는 유대인들이 '이물'이었습니다. 예수를 죽인 집단의 후예일 뿐 아니라, 복장, 일상생활, 풍습에 걸쳐 너무도 주류majority와는 다른 부분을 고수합니다. 다 같이 야훼를 신으로 모시면서도 근친 증오의 감정에 지배되어 유럽 역사에서는 끊임없이 유대인 박해가 이어졌습니다.

1923년 일본의 관동대지진 때, 조선인들이 방화하고 우물에 독약을 던졌다는 근거 없는 유언비어가 돌았습니다. 그러자 군대, 경찰, 청년자위대들이 조선인들을 학살하였습니다. 살해된 수가

6천이 넘었습니다. 이 끔찍한 시나리오를 1950년대 초, 남한의 산촌에 전이시켜 보면 비슷한 광경이 떠오릅니다.

윌리엄 골딩의 소설 「파리왕*The Lord of Flies*」(1954)도 집단 내 상호살육이라는 테마를 놓고 볼 때 시사점이 많습니다. 어느 무인도에 표류한 소년들이 명확한 이유도 없이 두 집단으로 갈리어 서로 죽이기를 시작합니다. 서로가 서로에게 이물이 되도록 악마인 '파리왕'이 조작한 것입니다.

70년 전 한국의 마을 참극의 진실이 「파리왕」 속에 담겨있는 것 같습니다. 이야기 끝에서 파리왕이 한 아이에게 말합니다.

"나 같은 짐승을 너희들이 죽이려 하다니 참으로 어리석구나. 넌 그걸 모르니? 나는 너희들의 한 부분이야. 아주 가깝고 가까운 너의 내부에 내가 있는 거야 !"

해충구제론

1917년 소비에트 혁명이 시작 단계일 때 "인민의 적은 돈이 많은 자들, 게으름뱅이, 변덕 지식인들, 타락한 노동자들"이며 이들은 이나 빈대 같은 존재라고 레닌이 규정하였습니다. 그리고 "이 해충들을 제거함에 추호의 관용도 있어서는 안 되며, 반드시 폭력으로 다스려야 한다"고 선포하였습니다.

이른바 '해충구제害蟲驅除'론입니다. 그래야만 새 사회의 컨센서스consensus가 창조될 수 있다는 겁니다. 레닌의 후예들은 이 교시에 충실했으며, 1950년대 한국의 마을 참극에서도 죽임을 당하는 쪽은 '해충'이었습니다.

나치 독일에서도 '해충 이론'이 답습됐습니다. 유대인들을 '이' 또는 '빈대'로 묘사한 포스터와 팸플릿이 독일 국내에 다량으로 유포되었었습니다. '이'는 발진티푸스라는 병을 옮기는데, 이는 치사율이 높은 무서운 병이었습니다. 유대인 학살의 구실로 삼았던 것이지요.

사회적 해충을 제거하면 공로로 인정했습니다. 상도 받고 명예도 얻었습니다. 소련이나 독일 뿐 아니라 여러 나라에서 그랬습니다. 그것은 바꾸어 말하자면, 어떤 특정 인간집단을 살육하는 일을 의무적인 업무로 미화하고 인정하는 시스템이 존재했다는 의미입니다.

나는 지금 전라북도 고창에서 살고 있습니다. 이곳 어느 작은 마을에서 6·25 당시 7백여 명의 마을 주민이 한꺼번에 사살된 일이 있었습니다. 알고 보니 경찰대장의 개인적 원한 관계가 직접 원인이었다고 바로 얼마 전 TV 뉴스에서 보도하였습니다. 그런데 지금도 그 경찰대장의 송덕비가 전주시 어느 경찰서에 세워져 있어 논쟁이 끊이지 않는다고 합니다. 70년이 지났는데도.

대량학살에는 대개 국가 이데올로기가 개입합니다. 6백만이나 학살한 홀로코스트는 나치 독일의 이데올로기가 동력이었습니다. 1950년대에 일어났던 한국의 마을 참극은 공산주의와 반공주의가 기본 원인이었습니다. 한 민족에 두 국가라는 역사적 특수성에 기인합니다.

그러나 이데올로기만으로는 해석이 어려운 참극의 '심리적 극한성'이 있습니다. 피해와 가해의 연쇄 속에서 일어나는 인간성의 상실입니다. 이 현상은 인간 심리의 저변에 내재하는 파괴 충동의 분석 없이는 해석이 어렵습니다.

그리고 국가는 가해 측에 있을 때 그 악마적인 살육극을 정당화합니다. 홀로코스트도, 스탈린 대숙청도, 그리고 한국에서 있었던 마을 참극들도 이데올로기에 의해 찬양 고무되었습니다. 가해자들은 상을 받고 진급도 하였습니다. 그러나 피해자들이 입은 트라우마는 고스란히 남습니다. 공산권에서나 반공권에서나 마찬가지입니다.

집단 히스테리에 의해 한꺼번에 말려 들어갔던 억울한 영혼들도 많았습니다. 그 가족이나 후손들은 계속 해충의 딱지를 달고 살아야 했습니다. 저쪽이든 이쪽이든 한반도의 땅 위에 흘렀던 피의 진실은 밝혀져야 합니다.

인간은 망각하는 기능이 있습니다. 특히 피학被虐은 못 잊어도 가학加虐은 잊으려고 합니다. 다 지나간 일을 되살려 다시 분열의 불씨를 살릴 것이 없다는 주장도 있습니다. '기억하는 죄'라는 것입니다. 역사는 과거의 사실을, 선도 악도 모두 다 포함합니다. 어느 한쪽을 망각해 버리면 그건 역사를 왜곡하는 것입니다. '망각하는 죄'가 됩니다.

그 결과가 30년이 지난 1980년에 일어났던 '5·18 광주사태'입니다. 같은 구조를 가진 '편견' 때문에 다시 똑같은 참화를 빚었던 것입니다. 인간의 몹쓸 상상력에 의해 증폭된 증오와 공포가 이렇듯 무자비한 학살을 불러일으켰던 것입니다. 그리고 오늘날까지 이데올로기의 트라우마로 남아 있습니다.

피학은 물론 가학도 기억해야 합니다. 아우슈비츠를 비롯한 유대인 강제수용소의 옛 현장들이 그대로 보존하여 있는 것도 그 때문입니다. 홀로코스트 기념관이나 관련 행사들은 인간이 인간성을 잃었던 데에 대한 참회이며, 다시는 그런 끔찍한 짓을 안 하겠다는 평화의 약속입니다.

가해자에 대한 송덕비 대신 올바른 역사 바로잡기 운동을 꾸준히 계속해야 합니다. 그것이 기억의 정치입니다. 이라크전쟁을 무리하게 일으켰던 장본인인 부시 대통령도 아우슈비츠에 들렀다가 남긴 말이 있습니다. "이 같은 인류에 대한 잔학한 짓은 결단코 용서해서는 안 된다." 우리에게도 '기억의 장치'들이 필요한 까닭입니다.

상이군인과 전쟁고아들

선선한 초가을 바람이 플라타너스 가로수를 어루만지던 1953년 9월, 대부분의 서울 시민들이 피난처로부터 돌아왔습니다. 우리 가족에게도 2년 8개월 만의 귀향이었습니다. 도심지 곳곳에 남겨진 전쟁의 폐허 외에는 별로 달라진 것이 없어 보이는 서울이었지만, 그러나 어딘지 모르게 거리의 표정은 복잡해진 것 같았습니다.

전쟁은 멎었는데 '전쟁상태'는 그대로 남았습니다. 남북분계선이 새로 그어졌지만 38선과 별로 다를 바 없었고, 북진통일이나 적화통일의 쌍방구호도 여전했습니다. 거리에는 군복이 활보했고, 군용 지프나 트럭이 달리고 있었습니다. 여전히 전쟁이 팽창시키던 긴장된 이공간異空間이 남아 있었습니다.

전쟁이 남긴 비극은 죽음뿐이 아닙니다. 살아남았기 때문에 더 가혹한 삶을 걸어야만 했던 사람들의 이야기는 전쟁에 대한 염증을 한층 더 갖게 만듭니다. 전쟁은 이 나라에 수없이 많은 전쟁고아와 상이군인들을 남기고 지나갔습니다. 겨우 미국원조에 기대어 운영되는 국가는 파산지경이었고, 상이군인과 전쟁고아들은 거리에 버려질 수밖에 없었습니다.

정양원靜養院이라는 상이군인들의 집단 수용처를 만들어 정부가 지원하기로 했지만, 정작 간판을 건 곳은 몇 군데 안 되었고, 그나마도 뒷받침이 부실해 스스로 생계를 세워야 했습니다. 집단화된 상이군인들의 자구책이란 이런저런 협박을 통해서 금품을 뜯어내는 것입니다.

전쟁고아들에 대한 대책은 아예 없었습니다. 종교단체나 독지가가 세운 고아원이 미국 원조 물품들로 운영되고 있었으나, 그 방대한 숫자의 전쟁고아들을 다 수용할 수는 없었습니다. 자연히 거리에는 불구의 상이군인과 구걸하는 전쟁고아들이 많았습니다. 그리고 피해자 의식이 분노로 분출한 폭력사태가 끊이지 않았습니다.

전쟁터에서 병사들이 목격한 것은 지옥과 같은 장면들이었을 겁니다. 비인간적인 전쟁의 민낯, 온갖 비참의 실상이 그곳에 집약돼 있었을 것입니다. 이들이 품었을 좌절감, 전쟁이 멎은 곳에서 사는 인간들에 대한 노여움… "나는 지옥에 갔다 왔는데 너희들은 갖은 재미를 다 보고 있었어?" 하는 집단적 분노가 있었을 테지요.

분명히 그들은 피해자입니다. 일반 국민에게도 그들의 덕으로 후방에서 잘 살고 있다는 부채의식이 있었습니다. 그러면서도 시민들은 팔다리 잃은 상이용사들에게 따뜻하지 못했습니다. 그들의 거친 언동이 무서웠고 싫었기 때문에 많은 경우 그저 피했습니다.

그럴수록 그들에게는 '누구 덕에?' 하는 억울함과 좌절감이 더했겠지요. 그럴 때 피해와 가해의 윤회가 강력하게 반전합니다.

상이군인들의 문제는 사회문제화되었습니다. PTSD^{Post Traumatic Stress Disorder}(외상후 스트레스 장애)라는 정신병 증상을 흔히들 트라우마라고 말합니다. 엄청난 자연재해나 참혹했던 전쟁이 지나간 다음 인간에게 엄습하는 강한 정신적 충격은 오랫동안 일상을 저해하며 괴롭힙니다.

이 PTSD로 크게 몸살을 앓은 곳이 베트남전쟁 후의 미국 사회였습니다. 수많은 귀환병이 껴안은 깊은 암흑 같은 마음의 상처는 사회적 문제가 되어 미국을 크게 뒤흔들었습니다. 한국전쟁이 끝난 서울의 거리에도 수많은 환자가 활보하고 있었습니다. 정신병 환자들을 수용할 전문병원도 없었고, 그나마 있었다 해도 가난한 그들은 거기에 접근할 수도 없었습니다.

스무 살 전후의 젊은 나이에 엄청나게 가혹한 시련을 겪고 나면 내면의 트로마티즘Traumatisme(정신적 충격)이 본래의 인간성을 잠식하게 됩니다.

나의 중학교 동기동창으로 운동도 공부도 빼어나게 잘하던 우등생이 있었습니다. 전쟁 때 어떤 경로인지는 모르나, 그는 어린 나이에 북한 내부에 침투하는 특수요원KLO이 되었습니다. 스무 살도 안 된 나이로 극한의 특수훈련과 실전 침투 작전을 겪으면서 온순했던 그의 인격은 완전히 바뀌었습니다. 전쟁 후 내가 다시 만났던 그는 잔인한 조폭들과도 단독 대결하는 야수 같은 인간으로 변모해 있었습니다. 그리고 정상적인 일상생활을 할 수 없는 사람이 돼 있었습니다.

베트남전쟁에 참전했던 짐 오브라이언이라는 작가는 단편소설 「진짜 얘기합시다」에서 이렇게 절규합니다.

　　"전쟁이 지옥이라고? 그따위 말은 진짜 전쟁을 반도 표현하지 못하지. 전쟁은 한꺼번에 수수께끼이고 공포이고 모험이고 용기이고, 성스럽고 안타까움이고 연민이고 절망이고, 그리고 사랑이기 때문이야. 전쟁은 스릴이고 뼈 빠지게 힘든 것이지. 전쟁은 자네를 어른으로도 만들고, 전쟁은 자네를 죽은 사람으로도 만든단 말이야."

　　나는 거리에서 목발을 들고 행패를 부리는 상이군인을 볼 때마다 나 자신이 가해자의 자리에 있음을 느끼곤 하였습니다. 내가 염전厭戰 사상을 가진 대학생이라는 사실 그 자체가 그들에 대한 가해인 것 같았습니다. 그리고 그들 한 사람 한 사람에게는 타인으로서는 상상도 못 할 아픔이 개인마다 뿌리 깊게 남아 있을 것이라고 생각했습니다. 그들의 PTSD를 고치려면, 개개인에 대한 관심과 배려가 필요했습니다.

　　그들은 자기들의 '비참'을 만들어 낸 국가의 무성의를 고발하고 있었습니다. 그리고 전쟁의 비정한 피해 실태를 은폐하려는 사회를 고발하는 것이었습니다. 또 전장에서 멀리 있었던 사람들의 냉담 그 자체가 팔다리를 잃은 그들에게는 배신이요, 정신적 가해 행위였던 것입니다. 그들의 폭력적 주장에 우리가 피해의식을 갖는 그 자체가 그들에게는 가해였습니다.

　　전쟁 직후 국가는 방관만 하고 있었습니다. 전쟁은 끝났어도 상이군인들에게는 신체적으로, 아니 그보다도 더 그들의 영혼 속 깊이 끝낼 수 없는 아픔이 남았습니다. 전쟁을 한번 일으키면 그리 쉽게 끝낼 수 있는 것이 아니었습니다.

환도 이후의 대학 생활

환도한 문리대 캠퍼스에 등교하였습니다. 일제 강점기 경성제대의 고풍스러운 건물과, 전쟁에도 손상되지 않았던 정돈된 정원이 잘 어울려져 있었습니다. 천막 교실을 벗어 난, 나의 인생 전환의 계기로 생각했습니다. 그 후 한동안 강의에 열심히 출석했습니다. 학우들의 얼굴도 고스란히 부산에서 거기에 옮겨 와 있었습니다. 모두가 활기차 있었습니다.

그러나 얼마 가지 않아 다시 강의실로의 발걸음이 뜸해지기 시작했습니다. 강의 내용이 부산 때와 변함이 없이 비어 있었습니다.

대학은 학생과 교수 두 집단의 결합입니다. 교수직은 지식을 가르치는 전문직입니다. 부단하게 노력하면서 지식을 발전시켜 나가야만 시대에 맞는, 또는 앞서는 지적전수자로서 후진 지식인들을 올바르게 훈육하여 사회의 기초를 든든하게 할 수 있는 것입니다. 학생들은 그렇게 다져진 학문 지식을 흡수하여 육화한 다음 사회에 진출하면, 사회 발전의 일꾼이 되는 것입니다.

불행하게도 당시의 교수 중에는 고도의 전문지식에 이르지 못한 분들이 많았고, 더더군다나 부단히 연구 발전시킬 수 있는 학구 환경도 부재했습니다.

식민지 교육체계가 사라진 해방 공간에서 새 나라 젊은이들은 너 나 할 것 없이 대학생이 되고 싶었습니다. 수요가 공급을 창출한다고, 신생 대학이 많이 생겼습니다. 그러지 않아도 일본인 교수들이 떠나갔고, 전쟁 전후의 이념대결 상황에서 적지 않은 교수들이 월북했습니다. 그래서 빈 교수 자리를 채우기도 어려운데, 설상가상 신생 대학들의 출현으로 교수의 수요가 공급을 훨씬 웃돌았습니다.

자연스럽게 중등교육에 종사하던 교사들이 빈자리를 메꾸었습니다. 그런데 대학교육과 중등교육의 차이는 엄연합니다. 대학에서는 전문지식을 전수하고, 중등교육은 일반 기초지식을 학습합니다. 당연히 교수의 자질과 교육의 방향성이 문제시되었습니다.

유럽에는 대학교수 전형제도가 있습니다. 최고로 어려운 시험입니다. 박사 중에서도 극소수가 합격합니다. 해방 즈음 우리나라에서 박사는 다섯 손가락으로 헤아릴 정도였으며, 석사들도 아주 희소했습니다. 자연히 대학 졸업 학사들이 대학교수가 되었습니다. 우리의 현실은 그럴 수밖에 없었습니다.

해방과 더불어, 민주주의와 함께 각종 영·미 사조가 학계에 밀려왔습니다. 사회과학 부문은 특히 그랬습니다. 그러나 1930~40년대 일본 대학을 다녔던 우리 교수들의 영어 독해 능력은 지극히 낮았습니다. 일제 군국주의하에서 영어는 교육에서 축출되어 있었습니다. 해방 후에 일본어로 번역된 영·미 사회과학 계통 책은 희귀했고, 혹시 원서를 구해도 당시 교수들의 어학 능력으로는 이해할 수가 없었습니다.

자연히 일본 유학 출신이 대부분이었던 교수들의 수업내용은 전쟁 전 독일 학문 쪽으로 편향되어 있었습니다. 우리가 배우는 것은 두 세대쯤 지나간 독일 학문에 국한되어 있었습니다. 그러니까 우리는 승전국 미국의 영향 아래 있으면서 패전국 독일, 일본의 옛 학문에 매달려 있었던 것이지요.

한국의 사회과학이 연구 발전되지 못한 또 하나의 이유는 마르크시즘의 금기였습니다. 그때의 시대 상황으로는 어쩔 수 없었겠지만 아쉬운 대목입니다. 서유럽에서는 마르크시즘에 대한 시비 논란을 거치면서 사회과학이 발전했습니다.

마르크시즘은 자본주의에 대한 비판입니다. 그리고 자본주의는 마르크스나 엥겔스가 지적한 결함이나 약점을 보완하면서 더욱 성장하였습니다. 그러나 북한과 무력대결하고 있었던 남한에서는 원시적인 반공주의가 국시國是였습니다. 소지한, 또는 읽은 책 안에 공산주의를 비판한 내용일지라도 '공산'이라든가 마르크스의 '마'만 나와도 일단 잡혀가는 그런 시대였습니다.

교수들은 마르크시즘이나 그에 연관된 이론들을 연구할 수 없었습니다. 그 시기에는 그런 서적도 희귀했지만, 있었다 하더라도 읽은 것만으로도 죄가 됩니다. 그만큼 우리의 사회과학계는 유럽의 사회과학이나 인문과학에 관한 정보로부터 차단되어 있었습니다.

마르크스는 고사하고, 루카치, 그람시, 아도르노 등 마르크시즘에서 파생되어 나온 수정주의 이론들의 존재조차 모르고 있었습니다. 한참 세계적으로 유행하고 있었던 레비 스트로스Claude Lévi-Strauss나 에마누엘 레비나스Emmanuel Levinas의 구조주의 서책도 찾을 길이 없었습니다. 그런 책 속에는 여기저기에 마르크시즘이 등장하기 때문이었습니다.

나 자신 프랑스로 유학하기 전에는 상기上記한 학자들의 이름을 들어보지도 못했고, 그래서 유학 간 후로도 이데올로기의 미로에서 한참을 헤매야 했습니다. 사견이지만, 아직도 한국의 교수들은 자력으로 한국 사회과학의 방법론을 창조하지 못한 것 같습니다. 한국의 역사나 문화, 한국인의 종교성과 미적 감각을 서구 사회과학에 접목함으로써 독특한 꽃을 피우는 '한국의 사회과학'이 아직 없는 것 같다는 얘기입니다.

이런 시대 배경 속 학문의 불모지에서는 '지식인의 알'들이 알로만 남지 부화하지를 못합니다. 사회에 대한 판단력이 저급하다 보니 비판의식을 못 가졌고, 그래서 세력화하지를 못했습니다. 세력화하지 못한 데에는 여러 이유가 있겠지만, 우선 두 가지만 들어보겠습니다.

첫째, 전쟁의 분위기와 독재정권의 압박입니다. 국민이 국가와 일체화돼야 하는 전시체제에서는 정부 비판이 허용되지 않습니다. 계속된 계엄령하에서 그런 언동은 바로 사상통제의 대상이 됩니다. 학생들은 '학도호국단'이라는 관제 조직에 묶여 있었고, 졸업 후에는 군 입영이라는 절대의무가 기다리고 있었습니다.

둘째, 그렇지 않아도 후진성에 빠져 있던 우리의 산업구조가 3년의 전화를 치르면서 더 치명적 파괴를 입었습니다. 공업 노동자 계층은 아직 존재하지 않았고, 중산계층은 몹시 취약했습니다. 비판세력으로 역할을 하려면 사회적 지지세력이 있어야 하는데, 학생들은 고립무원이었습니다.

학생들이 세력화하기 위해서는 1960년 '4·19'까지 기다려야 했습니다. 본격적으로 학생운동이 현시화現示化한 것은 우리 경제가 북한을 추월하기 시작하는 1970년대부터였고, 민주화의 봄을 구가

하던 1980년대에 가서야 비로소 비판의 꽃들이 만개하였습니다.

그러나 나의 학생 시대는 아직 민주화의 추운 겨울이었습니다. 나는 낙산회에도 싫증을 내기 시작했습니다. 다람쥐 쳇바퀴였습니다. 밀실의 문을 열고 밖으로 나가고 싶었습니다. '국제문제연구소'라는 간판을 내걸고 정계에 막 발을 들이민 선배들을 찾아갔습니다. 신상초, 김재순, 김용성 등이었습니다.

후일 그들은 모두 국회의원 뱃지를 달았습니다. 신상초는 기예의 정치평론가로 이름을 날렸고, 김재순은 국회의장이 되었습니다. 그러나 국민적 지도자로까지 발돋움하지는 못했습니다. '양식良識'의 찌꺼기를 몽땅 버리지 못하면서 여당 쪽으로 갔기 때문입니다.

이 선배들을 길잡이로 하여 당시의 야당 중진들을 개별 방문하였습니다. 그들의 대부분은 남북분단의 고정화가 전제된 시국관과 대미의존을 기본으로 하는 국제 감각을 견지하고 있었습니다. 자유당과의 근본적인 노선 차이가 보이지 않았습니다. 이 일도 몇 달 만에 흐지부지 그만두고 말았습니다.

단 한 번 이색적인 면담이 있었습니다. 낙산회 선배 중 수재로 이름났던 김영국(후에 서울대 부총장)이 주선해서 만났던 조봉암이었습니다. 김영국은 조봉암의 개인 영어교사를 하고 있었습니다. 김영국 교수는 조봉암과 인천 동향이었습니다.

조봉암은 1954년 당시 사직동 어느 한옥 사랑채에서 칩거 생활을 하고 있었습니다. 그는 우리나라 개량 사회주의의 거물이며, 이승만 초대정부에서 농림부 장관을 역임했고, 후일 진보당 당수로서 이승만을 상대로 대통령 선거에까지 나간 사람입니다.

그의 통일안은 당시로는 아주 이색적이었습니다. 국가 공론이었던 '북진통일'이 아니라, 북한의 현 체제와 접촉하고 대화하면서 뭔가 공통점을 찾아내어 거기서부터 확대해 나가자는 점진적 평화 통일안이었습니다. 아직 김대중은 무명인이었고, 따라서 김대중의 통일안은 존재하지도 않을 때의 이야기입니다. 선각자의 지혜였지만 그보다도 놀라운 것은 용기였습니다.

그 후 4년이 지난 1958년, 나는 프랑스 파리에서 〈르몽드〉지 구석에 조그맣게 실린 조봉암의 사형 집행 기사를 발견했습니다. 죄명은 '간첩'이었습니다. 이승만이 저지른 또 하나의 '정치 살인'이었습니다. 조봉암은 이승만 정권이 붕괴하고도 한참 후인 2011년 1월 20일 대법원의 재심 재판에서 무죄를 선고받았습니다.

검고 각진 얼굴, 손가락이 모두 반 토막씩 남은 두 손이 생각납니다. 우리 방문자들의 시선이 자꾸 그 두 손에 몰리자, 겸연쩍은 듯이 '일제 강점기 시절 엄동설한에 형무소에서 심한 동상에 걸려 그리됐노라'고 나지막한 목소리로 말하던 조봉암의 눈망울이 아직도 기억에 남아 있습니다.

나의 명동 시절

끝내 나는 사회학이라는 대학의 전공과목을 떠나 문예 세계로 탈출하였습니다. 클래식 음악을 틀어주는 명동의 돌체다방을 나의 아지트로 삼았습니다. 거기는 클래식 음악을 좋아하는 예술인들의 소굴이었습니다. 학교에는 거의 안 나갔습니다.

나의 머리속에는 늘 제2차 세계대전 후 파리의 생제르맹 데프레Saint-Germain-des-Pres(파리 6구역 생제르맹 데프레역 부근의 카페와

식당가로 실존주의자들의 소굴임)가 그려져 있었습니다. 거기에는 해방의 기쁨보다는 새로운 우울과 불안이 짙게 깔려 있었습니다. 전쟁의 비참함, 독일침략의 굴욕, 꼴라보Collabo(친나치 반역자)와 레지스탕스(항독 투쟁조직) 사이의 깊은 고뇌의 골짜기에 파묻혀 있었습니다.

그중에서 사르트르와 카뮈의 작품세계와 개성이 가장 돋보였습니다. 실존주의 철학과 문학의 대두였습니다. 오늘날은 구조주의, 포스트 구조주의의 그늘에 가려져 보이지 않지만, 그 당시는 온 세계에 휘몰아친 폭풍이었습니다.

그들의 작품은 즉시 일본에서 번역됐고, 그 번역본들이 명동의 골목 안까지 밀려왔습니다. 극단 '신협'이 명동 시공관에서 사르트르의 〈더러운 손〉을 공연하였습니다. 실존주의는 서울 문리대와 명동 양쪽에서 유행하고 있었습니다. 자연히 나도 사르트르와 카뮈의 작품세계로 빠져 들어갔습니다.

나는 이미 1952년 부산 피난 시절, 서울대학 입학 직후 연희대학교의 오화섭 교수가 이끌던 극단 '떼아뜨르 리브르Théâtre Libre'(프랑스어로 '자유극장'이라는 의미)에 참여, 1955년 프랑스로 유학길을 떠날 때까지 연극 수업을 하고 있었습니다. 무대 경험도 제법 쌓았습니다.

그 시절 나를 비롯한 극단 단원들은 틈만 나면 오화섭 선생의 집을 찾아가 통음桶飮하며 문학, 연극 등을 주제로 이야기를 나누곤 했습니다. 얼마 전 그때 초등학생으로 '아저씨, 아저씨' 하며 나를 졸졸 따라다니던 오세철(전 연세대 교수)과 연결이 되어 70여 년 만에 상봉했고, 그로 인해 한때 극작가이며 시인으로 낙양의 지가

紙價를 올렸던 오혜령과도 연락이 닿아 요즈음 자주 통화를 하고 있습니다.

문학에 경도되면서 연극과의 연결고리를 찾아 희곡 읽기에 전념하고 있을 때였습니다. 사르트르의 희곡 〈구토〉, 〈벽〉 등을 읽었습니다. 카뮈의 〈칼리굴라Caligula〉도 읽었습니다. 부조리에 대한 반항과 야유의 문학이었습니다. 작품 속 주인공들은 하나같이 고독한 사람들이었습니다.

그러나 1945년을 계기로, 레지스탕스에 몸담았던 이 작가들은 차츰 희망의 메시지를 보내기 시작합니다. 기성 가치들이 무너지는 것에 절망하면서도 새 가치들의 창출을 위한 희망을 희구했습니다. 그때 나는 실존주의의 윤곽을 어렴풋이 짚기 시작했습니다. 그때까지 나는 실존주의를 니힐리즘과 결부해서 이해하고 있었습니다.

그러다가 〈밀실〉이나 〈오해〉를 읽으면서 그게 아닌 것 같다는 생각이 들기 시작했습니다. 해외 평론가들의 실존주의 평을 일본어 번역판으로 읽으면서 궁극적으로 실존주의가 하고 싶은 말은 절망이나 허무가 아닌 '희망'이라는 것을 알게 되었습니다.

내가 사회에 대해 삐딱하게만 가졌던 시선도 다소 수정할 때라고 생각했습니다. 내가 현실에 대해서 부정적인 판단을 갖고 있던 것 자체가 틀렸던 것은 아니었습니다. 그러나 내일 새로운 가치의 창출도 가능하다는 희망을 가져야겠다고 느꼈습니다.

이 시기, 사르트르가 '실존주의는 휴머니즘'이라는 공개선언을 했습니다. 그는 「구토」에서 보인 신랄한 조롱이 아닌 보다 진지한 '인간주의'를 추구하게 됩니다. 인간은 자기가 놓인 상황 속에서 무엇을 할 것인가를 스스로 결정할 '자유'를 가지며, 이때 '나'는 고립된 존재가 아니라 집합적 상황에의 관여, 곧 '앙가주망'을 하는 것이라고 강조했습니다. 이것이 새로운 휴머니즘이라고 천명했습니다.

그때는 명확하게 뜻을 몰랐으나 '앙가주망Engagement(학자나 예술가 등이 정치나 사회 문제에 관심을 갖고 그 계획에 참여하여 간섭하는 일)'이라는 단어가 그렇게도 매력적이었습니다. 항상 정처를 못 찾아 방황하던 나에게 정처를 밝혀주는 복음과도 같았습니다. 그리고 이 좌우명의 실현, 나의 앙가주망을 위하여 나는 먼 훗날 '동베를린사건'에까지 참여(앙가주망)하게 됩니다.

나를 문학청년으로 변모시킨 무리가 있었습니다. '돌체'의 상련常連 친구들입니다. 그중에는 「녹 슬은 파편」의 작가로 이미 그 시대에 필명을 날리던 오상원吳尙源, 초현실주의 시인으로 문단에 데뷔한 이일李逸, 「성화」라는 신문연재 소설로 작가 반열에 든 안동민安東民, 기행奇行으로 천재 소리를 듣던 조선일보 기자 이기양李基陽 등등 모두 서울 문리대 동문이었습니다. 대단한 조숙아들이었습니다.

안동민을 뺀 모두가 대주호大酒豪들이어서 매일 술자리를 벌이고는 '앙가주망'을 안주 삼았습니다. 그러나 결국 우리는 입으로만 앙가주망을 외쳤지, 절망적인 상황을 눈앞에 두고도 집합적 관여를 못 하는 '회색인'이었습니다.

우리는 역사를 제대로 비판하지 못하면서 사회 참여에서 소외됐던 세대입니다. 그 콤플렉스를 안고 산 사람들입니다. 지식인이라고 자부했던 만큼 좌절감도 컸습니다. 그른 것을 그르다고 말하지 못한 부끄러움에 묶여 살고 있었습니다. 모두는 이승만 정권의 폭력 앞에서 복지부동이었습니다.

사르트르와 카뮈는 종내에는 좌와 우로 갈렸지만, 그들은 똑같이 폭력의 사용, 정치와 부정의 관련, 반란과 혁명에 대한 질문을 끊임없이 던지고 있었습니다. 동서냉전의 확장 과정에서 미·소 중 양자택일해야 하는 세계의 비극을 같이 고발하고 있었습니다. 똑같은 상황인데도 우리에게는 앙가주망이 없었습니다.

'절망하는 사람들의 희망'이 실존주의의 새로운 휴머니즘인데도 우리에게는 그 휴머니즘이 미치지 않고 있었습니다. 지나놓고 보면 전쟁은 국가가 벌인 체계적 살인이었습니다. 전쟁이 끝났는데도 국가는 계속 전체주의적 폭력으로 국민 위에 군림하고 있었습니다. 경제가 붕괴해 국민 다수가 절대 빈곤 속에서 허덕이고 있어도 상층 계급의 위압, 위선, 비리는 그칠 줄 몰랐습니다.

카뮈는 「반항하는 사람」 중에서 국가가 저지르는 악행에 분노하며 고발했지만, 명동과 대학가에서 나와 나의 벗들은 침묵하는 겁쟁이였습니다. 우리는 희망의 실존주의를 따르지 못했습니다. 절망의 허무주의에서 맴돌았습니다. '참여'를 외치며 술 먹은 이튿날 아침, 더욱더 참담한 니힐리Nihili의 나락으로 떨어지곤 했지요.

그렇게도 당당하던 오상원도, 그처럼 프라이드가 높았던 이일도, 또 강한 정신의 소유자로 알았던 안동민도 모두 붓을 꺾었습니다. 오상원은 평범한 르포르타주 기자로, 이일은 미술평론가로, 마침내 안동민에 이르러서는 혼령 체험자로 전향하고 말았습니다.

나는 쌓일 대로 쌓인 술집 외상을 학교 등록금으로 갚아 준 후 반년 남은 학교를 중퇴하고 실존주의의 발상지 프랑스로 도망갈 궁리를 시작하였습니다. 역사에 참여하고 싶어도 할 수 없었던 나약한 지식인들은 역사의 환영幻影 속에서 차츰 그들의 무력함을 절감하고 있었습니다.

사라지는 가치, 새로운 가치

38선이 그어지면서 한반도에서 수백만의 민족 대이동이 이루어졌습니다. 북에서 쫓겨 남으로 온 피난민들은 '38 따라지'의 문화를 키우고 시와 소설에, 유행가에 등장하면서 남대문시장, 국제시장의 터줏대감으로 성장하기도 했습니다.

전쟁은 한편 농촌을 해체하고 변천시켰습니다. 농민들의 도회지 러시는 근대화와 더불어 어느 나라에나 있었던 현상이지만, 한국전쟁은 그 규모와 속도를 더욱 크게 촉진했습니다. 전쟁은 농촌에 극빈자들을 양산했고, 그들은 빚에 몰려 야반도주하여 익명 사회인 대도시에 숨어 들었습니다.

이밖에도 전쟁 중에 공산주의 편에 섰던 사람들이나, 이런저런 이유로 투명한 마을 사회에 발붙일 수 없게 된 사람들이 숨기 좋은 복잡한 대도시를 찾아 들었습니다.

서울을 비롯한 대도시에는 '하꼬방' 촌이 생기고 그 인구가 기하급수적으로 팽창하였습니다. 해방 전 70만이던 서울 인구는 정전 직후 150만으로 불어났고, 몇 년 지나지 않아 수백만으로 늘어났습니다.

재산을 조금이라도 들고 온 이북피난민들과는 달리 농촌 유랑민은 거의 하루 벌어 하루 먹는 룸펜들이었습니다. 그들에게 민족이나 국가라는 대의명분은 먼 나라 얘기고, 우선 코앞에 닥친 자기의 현실이 급했겠지요. 실상 그들의 대부분은 사회의 외곽에 머무른 한계주민으로 절대고독 속에 놓여 있었습니다.

'자유경제 체제'는 능력 있는 자들만 도울 뿐, 능력을 상실한 이들은 더욱더 깊은 나락으로 떨어지고 있었습니다. 1960년대 중반, 월남한 작가 이호철의 신문연재소설 「서울은 만원이다」가 공전의 히트를 친 것도 많은 사람이 이런 사회변동에 민감하게 반응했기 때문입니다.

사람들의 사고방식도 전쟁과 사회문화의 변질을 겪으면서 바뀌었습니다. 점차 전통적 가치들이 하나둘 퇴색하기 시작했습니다. 우리 세대만 해도 충효 사상에 길들여져 있었습니다. 나라와 부모는 절대적 가치를 지니며, 그 앞에서 '나'를 왜소화하는 것이 윤리 도덕의 근본이었습니다.

그러다가 서구 민주주의가 도입되면서 '나'를 발견하게 됐습니다. 민주주의는 '나'의 한 표에서 시작한다는 것을 알았습니다. 시장경제 제도도 개인의 이니셔티브를 출발점으로 합니다.

서구 정치사회 사상의 근본은 휴머니즘이며, 개인은 출생과 더불어 '자유와 평등'을 누린다고 전제합니다. 사람은 태어나면서 신분이 다르다는 봉건적 체제와는 상치됩니다. 자기 인생을 자기가 설계할 수 없도록 만들어진 제도는 자연스럽지 못합니다.

옛 가치들이 빛을 잃고 새로운 가치들이 자리 잡기까지는 한동안의 혼란이 있기 마련입니다. 사람들은 절망하고 허무에 빠지기 쉽습니다. 전쟁과 가난은 이에 박차를 가했습니다.

미국의 정치·사회·문화가 밀물처럼 유입되면서 기독교교회가 방방곡곡에 세워졌습니다. 풍성한 구호물자도 함께 왔습니다. 전통적 종교는 쇠퇴하고, 사람들의 생활양식이나 사고방식도 변화하기 시작했습니다. 오늘날 우리나라에서 기독교는 신·구교를 합쳐 단연 제1의 종교가 되었습니다.

크리스차니즘과 유교 사상은 너무도 많은 차이점을 갖습니다. '남녀유별'이라는 사상은 남녀의 위치와 역할을 분명하게 제도화하고 있습니다. '남녀칠세부동석'이란 철칙은 오랫동안 우리나라에서 지켜져 온 사회관습이지만, 오늘날의 한국 사람들은 호랑이 담배 먹던 때의 이야기로 생각합니다.

그러나 해방과 전쟁을 거치면서 하나의 가치가 부인되고 새로운 가치기 대체될 때 적지 않은 혼란을 겪었습니다. '재하자유구무언在下者有口無言'이란 유교의 금언은 바로 신분제도를 대변하고 있지만, 한편 남녀불평등도 함의합니다. 여성은 절대 하위자였기 때문입니다. 여성의 영역과 역할도 '집안'으로 한정되었습니다.

그러던 여성들이 조선 왕조의 멸망을 계기로, 그리고 해방과 전쟁을 겪으면서 '바깥'으로 뛰쳐나옵니다. 한국판 '인형의 집'입니다. 구미 사회에서도 유교에서처럼은 아니지만, 남녀유별의 전통은 끈질겼습니다. 오랜 여권신장의 노력으로 오늘날의 페미니즘이 확립된 것입니다. 전쟁의 충격은 컸고, 여성들의 자의식도 그만큼 급격히 바뀌었습니다.

페미니즘은 여성들의 성 모럴도 변화시켰습니다. 1954년, 서울신문에 연재된 정비석의 소설 「자유부인」은 어느 대학교수 부인의 실제 행각을 소설화하였다 해서 그 신문의 판매 부수가 몇 배 올랐었습니다. 신문연재소설이라 매일 장안에 화제가 되었습니다. 그보다 수십 년 전에 영국은 물론 세계를 떠들썩하게 만든 「채털리 부인의 사랑」과도 비교되었습니다.

하기는 사회변동과 성 모럴 해방은 항상 같이 가는 것 같습니다. 프랑스대혁명으로 해서 귀족사회와 그 도덕성이 추락하자 여성들의 모럴 해지 현상이 두드러지게 나타났다고 합니다.

비슷한 시기인 1954년, 카사노바 행각을 벌이던 박인수라는 청년이 체포되었습니다. 그때는 아직 '풍기문란죄'가 있었습니다. 그와 관계했던 30여 명의 젊은 미혼여성 중에는 다수의 대학생도 포함되어 있었습니다. 그는 법정에서 그 중 진짜 처녀는 단 네 명이었으며, 이들은 모두 미용사였다고 진술했습니다. 이렇게 그는 당시의 양갓집 처녀들의 정조 관념을 꼬집었습니다. 신문들은 대서특필했습니다. 전쟁 전에는 상상도 못 할 일이었습니다.

프랑스어 '아프레 게르après-guerre'는 흔히 방종과 일탈을 뜻합니다. 전쟁이 지나간 후, 낡은 가치관이 사라지고 새로운 가치관이 미처 정착 못 한 중간시기의 혼란을 가리킵니다. '죽지 않고 살았는데' 하는 덤 인생의 자각이 그 전 윤리관을 짓밟고 옛 터부들을 깨도록 만듭니다. 전쟁이 남기고 간 죽음의 내음이 그냥 남아 있는 겁니다.

그 속에서 일어난 것이 1차대전 후의 초현실주의였고, 2차대전 후의 실존주의였습니다. 지긋지긋한 동족상잔이 멎었을 때, 한국사회 앞에 놓인 것은 여전히 모순의 압력솥이었습니다. 400만이라는 엄청난 인명이 절멸된 후, 수많은 유족은 슬픔을 추스를 사이도 없이 회의의 늪에 빠져야만 했습니다.

포상받은 죽음, 계속 벌 받아야만 하는 죽음, 그보다도 관심 밖에 내몰린 죽음, 유족들은 망자의 죽기 전 흔적을 떠맡아 살아야 했습니다. '연좌제'는 세습되었습니다. 얼굴도 모르는 할아버지,

삼촌들 때문에 사회 진입이 막히고 그냥 '게토ghetto'에 머무른 경우가 허다했습니다.

다행히 연좌제는 오늘날 폐지됐지만, 신구 가치 질서가 제때 교체되지 않으면 사회적 절망과 허무감이 그토록 사회 인심을 지배한다는 하나의 예증이었습니다. 한국전쟁의 비극은 끝나도 끝나지 않았다는 점입니다.

아직도 우리 민족은 냉전이라는 유령에 시달리며 살고 있습니다. '과거'로 물러났어야 할 역사가 아직도 '현재'로 남아 있습니다. 다른 데서는 사라진 이데올로기가 한반도에서는 여전히 판치고 있습니다.

격변하는 시대에서는 '안'보다도 '밖'을 알아야 합니다. 그래야만 진리의 역사관을 세울 수 있습니다. 현대화는 그 자체가 '진보'입니다. 현대화에 배치되는 구습이나 옛 가치들은 제거돼야 합니다. 그리고 현대화는 많은 경우 서구화로 통합니다.

나는 전쟁이 핥고 지나간 깊은 물리적·정신적 트라우마를 직시하면서 새로운 휴머니즘을 찾아 나서기로 했습니다.

프랑스 유학

이기양이 등 떠민 프랑스 유학

이기양은 대학 시절에 늘 함께 지낸 친구입니다. 그는 경복고등학교를 졸업하고 사병으로 군에 입대해 소위까지 올라갔으나, 미친 척하여 군에서 제대, 서울대 문리대에 입학하였기 때문에 실상은 나보다 두 살 위입니다. 내가 명동으로 진출하자 그도 나를 따라 명동에서 지냈습니다.

나는 어려서부터 동년배보다 덩치가 커 고교 시절 자주 '학교 주먹패'들과 어울렸습니다. 그런 전력으로 명동에서도 그곳 '프로 주먹'들과 교유를 트게 되었습니다. 이기양은 체구도 작아 '주먹'과는 거리가 먼 친구였지만, 내 뒤에 있는 명동 주먹들을 믿고 술에 취하면 사람들과 시비를 벌이는 일이 많았습니다.

학년이 거듭할수록 우리는 학교보다 명동거리를 배회했습니다. 1950년대의 명동은 자유와 낭만이 넘치는 예술 지대였습니다. 배울 것 없는 강의실을 버리고 명동의 다방에서, 술집에서 선배들과 어울려 실존주의에 빠지는 것이 더 '아프레게르'답다고 생각했습니다.

2차대전 후 세계의 지식인들이 실존주의에 침식당하고 있을 때였습니다. 그리고 나라 안에서는 나쁜 국가권력에 짓눌려 꼼짝 못 하던 굴욕과 무력감, 도탄에 빠진 민생을 바라보아야 하는 불안과 분노만 늘어났습니다. 그럴수록 사르트르에 매달리던 나는 점점 학교에 돌아가지 않기로 마음먹었습니다. 강의실에는 답이 없었습니다. 등록금을 전부 술값으로 날렸습니다.

나는 고등학교 때 프랑스어를 제2외국어로 택했었습니다. 그래서 이기양을 따라 다시 프랑스어학원에 다니기 시작했습니다. 명동에서 어울리던 오상원, 이일 등이 모두 불문과 출신이었기도 합니다. 그들의 프랑스 시 낭독에 끼어들기 위해서였습니다.

스스로 생각해도 이대로 가면 안 될 것만 같았습니다. 학교에는 끝내 돌아가기 싫었습니다. 이대로 명동에 기식하면 미래가 없을 것 같았습니다. 나는 그때 명동에 중독돼 있었습니다. 후에 아내가 될 이순자와, 그리고 이기양과 의논했습니다.

얻어진 결론은 유학이었습니다. 부모님은 유학에는 동의하셨지만, 대상지는 미국이었습니다. 코넬대학과 보스턴대학의 입학허가서가 갖추어졌습니다. 이를 보고 이기양이 소리쳤습니다.

"야, 너는 미국하고는 안 맞아. 거기 가면 너 바보 돼!"

이기양은 나의 프랑스 유학을 위한 제반 수속을 준비하기 시작했습니다. 그는 어떤 경로에서였는지는 모르지만, 한국전쟁 때 참전한 프랑스 부대에서 통역 일을 한 경험이 있었습니다.

아버지에게 프랑스 유학이 내 소원이라고 여쭈었습니다. 그러나 대답은 'No'였습니다. 한국 사람은 미국에서 공부해야 장래가 열린다는 겁니다. 옳으신 말씀이었습니다만, 나는 프랑스에서 공부하면 희소가치를 누릴 수 있다고 설득했습니다. 당시 프랑스로 유학 가는 사람은 정말 드물었습니다.

"너, 거기 가서 그림 그리려고 하는 거지?"

나는 아니라고 단호히 말씀드렸습니다. 내가 끌렸던 것은 사르트르였습니다. 실존주의와 결부한 사회과학이었습니다. 그러나 한편, 공부가 여의치 않으면 미술학교로 전학할 꿍꿍이가 없었던 것은 아닙니다. 미술을 한다는 것은 아버지에겐 반역이었습니다. 봉건시대 환쟁이는 천직이었고, 나는 정씨 집안의 장남이었습니다.

이순자와는 파리에서 다시 만날 것을 약속하고, 나는 1955년 10월 24일, 여의도비행장에서 프랑스행 비행기에 올랐습니다.

마르크시즘과 실존주의

'프랑스 : 1955'는 이데올로기의 각축장이었습니다. 원래 좌우라는 대립개념의 발상지가 프랑스였습니다. 대혁명 때 공화파와 왕당파가 의회의 좌석을 좌·우로 차지했던 데서 비롯합니다.

19세기 내내 산업혁명의 임팩트impact를 받았던 프랑스에서는 부르주아지와 프롤레타리아 간의 대립이 극심했고, '계급투쟁'이라는 혁명론은 아직도 지식인사회를 강하게 흡인하고 있었습니다. 양차 세계대전과 러시아혁명을 겪으면서 좌파는 더욱 '역사의 위신'을 얻어가고 있었습니다. 내가 유학한 프랑스의 대학에서는 마르크시즘과 실존주의가 유행하고 있었습니다.

당시 유럽의 정치지리는 양분되어 있었습니다. 동유럽에 걸친 인민민주주의와 서유럽의 자유민주주의가 대립하는 형국이었습니다. 전자는 마르크스가 말하는 '실질적 자유'가 자기네에게 있다고 주장했지만, 후자는 이론보다도 자본주의 경제발전이라는 현실적 근거를 앞세우면서 '철의 장막' 너머에는 실질적 자유가 없다고 반박하고 있었습니다. 실질적 자유는 생활 수준의 향상이 전제되어야 하는데, 동유럽 노동자들은 전혀 그렇지 못하다는 것이 이유였습니다.

계획경제와 자유시장, 생산수단의 공유와 사유, 사회복지제도 등 상반된 명제가 논쟁의 주제였습니다. 실제로는 서유럽에서도 혼합경제를 실시함으로써 생산수단의 사유제도가 계획경제와 충분히 양립하고 있었으며, 기간산업의 국유화는 완성단계에 있었습니다.

한편 영국과 프랑스는 구 식민지 문제로 몸살을 앓고 있었습니다. 그 당시 역사 정신은 '해방'이었습니다. 줄 이은 해방 독립전쟁에 시달리면서 마지 못해 옛 식민지들을 하나씩 독립시키고 있었습니다. 프랑스는 이미 인도차이나를 잃었고, 알제리의 해방이냐 수호냐를 둘러싸고 국론이 심각하게 양분되어 있었습니다.

식민주의의 해체는 많은 신생국가를 탄생시켰습니다. 학계나 언론계는 후진국발전론에 사로잡혀 열띤 토론을 벌이고 있었습니다. 세계 최빈국에서 온 나는 당연히 이 문제에 빨려들어 갔습니다.

전통적인 재래식 권력 구조와 서구에서 이식해온 현대적 민주 제도, 극소수의 기득권층과 무식하고 가난한 일반 대중, 그리고 이 이원구조 속에서 너무도 취약한 중간층… 이러한 구조가 악순환 하는 곳이 후진사회였습니다. 이 악순환의 고리를 끊기 위해서는 국민을 한 바윗덩이처럼 묶을 수 있는 전체주의와 독재자가 필요 했습니다. 구 종주국에서 차용한 자유민주주의는 사용 불가능한 사치품이었습니다.

많은 신생국가에서 군부가 집권했습니다. 우리나라에서도 그 랬습니다. 민간정권이 추방되면서 자유민주주의가 정지됩니다. 신 생국가에서 군대는 현대화한 지식층에 속합니다. 그래서 뿌리 깊 은 사회모순을 뽑아내겠다고 거사합니다. 그러나 어디서나 군대는 양떼를 잡아먹는 늑대가 됩니다. 대부분 빈곤과 부정부패가 더 심 해집니다. 우리 한국인 유학생들은 멀리서 고국의 '5·16사태'를 불안하게 바라보기 시작했습니다.

아시아 신흥국들이 당면한 경제의 과제는 심각했습니다. 이 문 제에서 프랑스의 대학들은 대체로 좌경하고 있었습니다. 중공업을 우선시하면서 농업과 경공업을 뒤로 미뤄야 한다는 계획경제의 볼 셰비키화가 대세였습니다. 유럽의 좌파로부터 차용한 사회주의 방 법입니다. 후진사회의 부조리 타파와 고속공업화를 위해서는 일시 적일지라도 볼셰비즘이 필요하다는 논리입니다. 마르크시즘에 후 진사회 발전론을 물타기 한 것이었고, 나도 일정 부분 동조하고 있 었습니다.

그건 중공업 우선에 대한 확신입니다. 절대 빈곤에서 민중을 구할 수 있는 유일한 길이라고 믿기 시작한 것입니다. 그러기 위해

서는 '일시적'으로라도 일반소비를 억제하고 '잠정적'으로 자유를
제한하는 것은 어쩔 수 없다고, 후진국 인텔리와 유럽 좌파가 공명
하고 있었습니다. 악순환 파괴의 지름길은 폭력이라는 논리지요.

　　그러면서도 언제나 내 마음속에 질기게 눌어붙은 인본주의적
인 자유에의 향수를 완전히 털어버리지는 못했습니다. 나에게 평
생 앓이가 된 이데올로기의 트라우마입니다.

이데올로기의 미로

　　"역사는 다시 움직이기 시작했다."

　　20세기를 두고 한 아놀드 토인비의 외침입니다. 그리고 유학
동안 내내 나를 두고 내가 한 편달이었습니다. 서울에서 그렇게도
내가 외면했던 '강의실'이 파리에는 있었습니다. 진지하고 자유스
러운 배움의 터였습니다. 학식이 가득한 교수들과 학구열에 불타
는 학우들이 있었습니다. 토론의 장이 있었습니다. '광장'이 있었
습니다.

　　마르크스·레닌을 이야기하고, 식민지 반란군의 군기軍旗를 교
정에 게양해도 국가보안법이 없었습니다. 현직 수상의 사진을 공개
적으로 찢어도 벌 받지 않는 광장이었습니다. 거기에는 공산당도,
극보수도 함께 있었습니다. 격론은 있어도 폭력은 없었습니다.

　　이 광장에 익숙해지기까지 많은 시간과 노력이 필요했습니다.
언어의 핸디캡도 있었지만 난 너무도 배운 것이 없었습니다. 그래서
남보다 더 책과 씨름하다가 폐결핵에 걸렸습니다. 요양원에서 1년여
를 보냈습니다. 나의 역사가 움직이기까지는 그렇게 많은 시간이

걸렸습니다.

그래도 내 앞에는 늘 신작로가 보였습니다. 학문의 자유, 사상의 자유라는 길이었습니다. 젊은 지식인이 마음껏 정열을 불사를 수 있는 길, 사회비판도 하고 통일을 꿈꾸던 길이었습니다. 그래도 빨갱이로 몰리지 않는 자유의 길이었습니다. 명문 학교에서, 세계적 권위의 교수 밑에서 지도를 받았습니다. 남의 나라에서 우리나라의 갈 길을 공부했습니다.

공산주의와 자유민주주의, 계획경제와 시장경제의 비교, 그건 이데올로기의 미로였습니다. 1960년 전후의 유럽에는 나 같은 이데올로기의 미아들이 한국인 유학생 중에 많았습니다. 통일에 관해서, 현대화의 의미에 대해서 이데올로기의 미래를 두고 많은 고민을 했습니다.

그러면서 올바른 역사 인식을 하기 위해서는 '행동'이 따라야 한다는 자각을 가졌습니다. 나는 계속 사르트르에 심취하였습니다. 그의 저서 『자유의 길』을 읽었습니다. 그는 경직된 유물론에 갇힌 정통파 마르크시즘과는 선을 그으면서 날카롭게 현대사회를 고발하고 있었습니다. 존재의 부조리 속에서 스스로 실존을 '결정'하는 것이 자기를 만들어내는 것이고, 그것이 바로 인간의 '자유'의 창출이라고 했습니다. 행동의 철학입니다. 통일도 행동함으로써 얻어지는 것이라고 깨달았습니다.

'프랑크푸르트학파'도 비 공산당계 마르크시스트 학자들의 모임입니다. 계획경제와 기간산업의 국유화 등으로 순수시장경제가 해체된 후기 자본주의에서는 프롤레타리아가 혁명의 동력을 잃었다는 것입니다. 계급투쟁도 희석됐고, 따라서 앞으로는 이데올로기가

프랑스 유학을 떠나기 전날 미래의 아내
이순자와 함께 (1955년 10월 23일)

프랑스 유학 직전 미래의 아내 이순자와
서울 거리에서 (1955년 9월)

소멸할 것이라고 했습니다. 미국의 사회학자 다니엘 벨Daniel Bell이나 시모어 마틴 립셋S. M. Lipset도 같은 소리를 내고 있었습니다.

이데올로기의 종말이 오면 자연히 미·소 냉전 구도도 사라질 것입니다. 한반도는 더는 이념의 각축장이 아닐 수 있습니다. 그렇다면 사회주의도 아니고 자유주의도 아닌, 둘이 혼재하는 '중간색' 통일 국가도 가능하다고 생각했습니다.

유럽 유학의 특전으로 '선각'의 기회를 가졌던 우리는 미래를 위해 우리부터 '움직여야 한다'는 자각을 했습니다. 수십 명의 남한 유학생들이 동베를린의 북한대사관을 찾았습니다. 외국인들에게 동·서 베를린 간 왕래는 비교적 자유로웠습니다. 남한의 군사정권은 '원 코리아'를 고집하면서 북한과의 어떠한 접촉도 거부하고 있을 때였지만, 우리 생각에 이대로 가면 남·북 간의 단절은 돌이킬 수 없게 될 것만 같았습니다.

역사는 우리 뜻대로 움직여 주지 않았습니다. 유럽과 한반도는 전혀 다른 정치 공간이었습니다. 역사의 격차였습니다. 구미 사회에서 사라진 이데올로기가 나의 조국에서는 계속 극성스럽게 기승을 부렸습니다. 그래서 많은 유럽 유학생들이 결국 그 대가를 비싸게 치렀습니다.

그러나 그건 어쩔 수 없이 우리가 살아야만 했던 시대였고, 나는 아직도 한반도 역사는 언젠가는 탈이데올로기한 통일 국가로 이어지리라는 희망과 믿음을 놓지 않고 있습니다. 아마도 내가 죽은 다음이겠지만.

프랑스로 떠나던 날 여의도비행장에서(1955년 10월 24일,
맨 왼쪽 김석년, 그 뒤가 이석기, 가운데 필자)

이영식 히지오 신부 (1955년 겨울, 루브르박물관)

신세계 : 파리

1955년 10월 28일, 파리에 도착했습니다. 극동과 유럽은 지구의 반대편에 있지만, 그러나 정작 아득하게 느낀 것은 그 물리적거리보다 문화적·정신적 이질감이었습니다. 파리는 넓고 낯설었습니다. 나의 서투른 프랑스어는 실생활에 아무런 도움도 되지 않았습니다. 명색이 국제도시인 파리에서 영어가 통하지 않았습니다.

도착 후 일주일이 지나도록 학생 거리의 싸구려 호텔에 죽치고 있을 때 이영식(본명 히지노Hyginus) 신부를 만났습니다. 그는 파리에서 사목 활동을 하던 프랑스 정통의 성직자였습니다. 그 만남은 나의 유학 생활에 매우 귀중한 궤적을 남겼습니다.

그 무렵 파리에는 30여 명가량의 한국인들이 거주하고 있었습니다. 대부분 화가와 유학생이었습니다. 당시 한국인들이 유학 가던 나라는 압도적으로 미국이었습니다. 예술인들은 물론 공부하겠다고 온 학생들까지도 프랑스어가 미숙했습니다.

대한민국 공관은 대사관 구역도 아닌 일반 주상복합지역의 중간 사이즈 아파트를 임대해 간판을 단 초라한 공간이었습니다. 2등 서기관 한 사람이 가족과 함께 그곳에 살면서 프랑스인 여비서 한 사람에 의지하여 업무를 보고 있었습니다. 그러하니 교민들의 개별적 고충 해결에까지는 손이 미칠 수 없었습니다. 그래서 이영식 신부가 봉사활동에 나섰다고 합니다.

그리 넓지도 않은 그의 사제관에서 한 달 동안 침식을 같이 했습니다. 프랑스 생활에 관해 사전지도를 받았습니다. 오전에는 소르본에서 프랑스어를 배우고, 오후에는 파리 시내를 같이 산책하는 경우가 많았습니다. 성당, 궁전, 미술관 등 아무리 봐도 끝이 없었습니다. 그 귀한 역사의 증명들이 여기저기 인간들의 신변에서 함께 숨 쉬고 있다는 것이 신기로웠습니다.

한 달 후 이 신부의 보호 날개를 떠났습니다. 몽파르나스 끝자락에 셋방을 얻었습니다. 화랑과 사설 미술 교실, 화구 상점 등이 모여 있었고, 화가나 문인들이 모여들어 와인 잔을 기울이는 카페들이 바로 옆에 있었습니다.

나는 어릴 때부터 그림을 잘 그리는 아이로 소문나 있었습니다. 여러 미술 전시회에 입선, 수상했고, 고1 때에는 대한민국 제1회 국전에 최연소로 입선하였습니다. 이 무렵부터 특별지도해 주시던 이회성 화백이 미술대학에 조기 입학시키자고 아버지를 설득하기 시작했습니다. 나는 장남이었습니다. 아버지는 완강히 거절하셨고, 그 후부터는 나의 그림 수업에 부정적으로 되셨습니다.

나는 원래 예술적인 끼가 많았습니다. 시도 썼고, 단편소설도 긁적여 봤습니다. 고전음악에도 심취해서 그 유명했던 명동의 '돌체'에 박혀 살기도 했습니다. 대학 시절에 극단 '떼아뜨르 리브르'(자유극장)에 참여하여 프랑스로 떠날 때까지 여러 차례 무대도 밟았습니다. 나의 평생 반려도 거기서 만났습니다.

그러나 프랑스 유학을 허락받으면서 내가 아버지와 약속한 것은 예술, 특히 미술 세계를 기웃거리지 않겠다는 것이었습니다. 그런데 하필이면 파리의 내가 사는 곳이 세계 미술의 한복판이었습니다. 한국인 화가를 포함하여 선배 몇 분이 미술학교에 가라고 추동했지만, 그럴 때마다 아버지의 얼굴이 떠올랐습니다. 프랑스 유학을 지탱해주시는 부모님의 경제적 부담은 그 시절의 우리나라

형편으로서는 막대한 것이었습니다. 도저히 아버지를 배신할 수 없었습니다.

또 하나 눈앞에 닥친 난제가 있었습니다. 파리에서는 프랑스어를 빨리 익힐 수 없었습니다. 프랑스어가 달리면 전공공부를 못합니다. 프랑스어 교습소에는 열심히 다니는데, 하루 동안 내가 대화하는 사람들은 대부분 나처럼 프랑스어가 약한 외국인 학생들입니다. 파리지앵Parisien들은 외국인에게 무관심합니다. 그래서 많은 외국인이 프랑스에 와서도 그 언저리에서만 서성거리다 떠나갑니다.

나는 미술관에서 고독을 달랬습니다. 그리고 저녁이 되면 한국인 친구들과 술잔을 기울이며 프랑스를 헐뜯었습니다. 한국 유학생들의 태반이 내 고교나 대학의 선배들이었습니다. 나는 점점 더 그림에 끌려 들어가면서도 프랑스와는 가까워지지 않았습니다.

이런 악순환을 계속 방치할 수는 없었습니다. 이영식 신부를 찾아갔습니다. 그림도 한국인도 없는 깊은 프랑스로 보내 달라고 부탁했습니다. 그렇게 해서 파리 동쪽 300킬로 떨어진 낭시Nancy라는 대학도시로 옮겨갔습니다.

마침 나의 평생 절친 김석년이 파리에 도착했습니다. 같은 초등학교, 같은 중·고등학교, 같은 대학에서 공부했던 친구입니다. 도착 후 며칠 되지도 않은 그를 설득하여 동행하였습니다. 그도 나의 전철을 밟을 것이 뻔했기 때문입니다. 파리는 준비된 자만을 키워주는 도시입니다.

낭시 대신학교의 한국인들 (맨 오른쪽 필자, 왼쪽에서 두 번째가 김석년)

낭시 대신학교 시절의 필자 (가운데)

가톨릭을 만나다

1956년 2월, 모젤강을 끼고 하얗게 얼어붙은 낭시에 도착하였습니다. 역 플랫폼에는 이영식 신부의 연락을 받고 손 요한과 안 요셉 두 신학생이 마중 나와 있었습니다. 두 사람은 낭시 인근에 거주하는 유일한 한국인이었습니다. 우리를 맞던 그들의 환한 미소가 하얀 눈 속에서 따뜻했습니다.

우리가 안내된 곳은 낭시의 가톨릭 대신학교였습니다. 동방의 가난한 두 이교도는 하느님의 배움터에서, 그곳의 종교적 계율과는 관계없이 그저 프랑스와 프랑스어를 배우기 위해 숙식하는 특별손님이었습니다. 기숙사에 방 하나씩을 배정받았습니다. 하루 세끼를 포함한 기숙사 비용은 아주 상징적인 액수였습니다.

그 위에 '특별 개인 교습'이 무료였습니다. 전체 신학생 중 우등생을 뽑아 우리 각자에게 두 명씩, 한 사람은 언어, 또 한 사람은 역사를 담당하여 지도케 하였습니다. 김석년과 나는 따로따로 집중교육을 받았습니다.

삼시 세끼도 김석년과 나는 각기 다른 식탁에서 식사하였습니다. 프랑스인들은 식탁에서 말을 많이 합니다. 대화 실력을 늘려주는 세심한 배려였습니다. 이영식 신부와 교장 신부의 합작 설계였습니다.

오전에는 낭시 대학교 프랑스어 교습반(외국 학생 대상)에 가고, 오후에는 신학교에서 역사와 불어의 개인 교습을 받았습니다. 저녁 식사 후에는 그 새 친근해진 신학생들이 우리 각자의 방에 모입니다. 서투른 불어로 코리아에 대하여 설명하느라 쩔쩔맸지만,

이것도 회화 연습이었습니다.

9시 취침시간에 맞춰 그들이 해산하면 숙제와 씨름합니다. 같은 건물에 살면서도 주말이나 돼야 김석년과, 또는 한국인 두 신학생과 만나 한국말로 회포를 풀었습니다.

봄방학을 맞았습니다. 우리 넷 꼬레앙들은 각기 친해진 신학생 집으로 초대되었습니다. 나는 시골 출신 신학생 집에 초청받아 갔습니다. 억센 사투리의 '깊은 프랑스'를 체험했습니다. 그들의 생활양식, 사고방식, 표현습관들을 몸으로 익혔습니다. 내가 파리에서 그렇게도 경험해 보고 싶었던 프랑스가 그곳에 있었습니다.

동네의 여러 집에서 '이상하게 생긴' 이국인을 초대해 줬습니다. 순박한 친절이었습니다. 어느 집에 가도 십자가와 성모상이 집안 가장 중요한 공간에 모셔져 있었습니다. 어느 곳이나 신앙의 생활터였고, 기도의 장소였습니다. 그 시절 온 마을이 그랬습니다.

주일 날, 나의 신학생 친구를 따라 그의 온 가족과 함께 미사에 참석했습니다. 그의 부모 형제가 전부 성장을 하고 나섰습니다. 일주일 내내 작업복만 입다가 성스러운 하느님의 집에 갈 때는 깨끗한 옷을 입어야 한다는 소박한 마음입니다. '일요 복장'이라고 프랑스사람들은 말합니다.

어제 싸웠어도 성당에서는 악수하고 얼싸안습니다. 내가 프랑스의 가톨릭 농촌에서 느꼈던 것은 바로 사랑과 평화였습니다. 언덕 위 밭 한가운데에 길고 긴 가톨릭 신앙의 내음이나 풍습, 또는 감각이 뿌리내려져 있었습니다. 어느 마을에 가도 풍상에 견디고 있는 오래된 석조성당이 있었습니다. 그 주변에서 사람들이 생활하고, 일하고 죽어가고⋯ 그리고 성모상이 자애로운 표정으로

낭시 대신학교 시절 프랑스 신학생의 집 초대 (1956년)

낭시의 가톨릭 기숙사 친구들과 함께 (1956년 말, 필자의 왼쪽이 룸메이트 장 부우렐)

그들을 지켜보고 있었습니다.

아시아의 두 '이교도'가 하느님의 교의를 가르치는 대신학교에서 살고 있다는 소문이 좁은 낭시의 가톨릭 부르주아들에게도 닿았습니다. 우리는 함께, 때로는 따로따로 그들로부터 만찬에 초대받는 일이 잦아졌습니다.

나에게 그들은 구름 위의 사람들이었습니다. 루이 몇 세로 호칭 되는 가구들을 둘러싼 사방 벽면에는 유명화가들의 명화가 걸려 있었고, 식탁에는 보기에도 고급스러운 도자기 그릇, 크리스털 병과 술잔이 반짝이고 있었습니다. 내가 2주 동안 살았던 농가의 풍경과는 너무도 달랐습니다.

프랑스어가 완전치 못하던 내가 들어도 그들의 프랑스어 억양이나 단어선택은 매우 돋보였으며, 화제는 고답적이었습니다. '프랑스식 세련미'라는 것이 저런 거로구나, 하고 느꼈습니다.

그들의 집에도 농민의 집이나 노동자의 가정에서와 똑같이 거실과 식당 가장 중요한 곳에 십자가와 성모상을 모셔놓았습니다. 그리고 식사 전후에는 똑같은 기도문을 외우고 있었습니다.

다른 계급구조 속에 살면서 같은 신앙을 똑같은 방법으로 호흡한다는 것이 신기했습니다. 하기는 당시 프랑스 전 인구의 90%가 가톨릭 신자였다면, 농민·노동자 대부분이 교회에 다니거나 아니더라도 적어도 세례는 받았다는 얘기입니다.

한 노동자가 공산당이나 노조에서 활동하면서 성당에 속해 있는 경우는 흔했습니다. 그에게 현세의 구제는 역사의 주인이신 하느님의 뜻이며, 동시에 그것은 노동조합의 보호라는 겁니다. 진보적 그리스도 신자의 분열된 양심 속에서는 속세의 해방이 성스러운 믿음의 뜻을 이어받는다고 하였습니다. 전통적 마르크시즘과 크리스차니즘의 융합입니다.

"우리는 프롤레타리아의 고뇌를 짊어지고 있다. 우리들의 기도나 성찬에서 이 고뇌와 무관계한 것은 하나도 없다. 노동자계급을 위해 미사를 올린다고 우리의 신앙이 약화하는 것이 아니다. 노동자계급을 받아들이는 것도 하느님의 복음을 전하는 일이다."

프랑스 어느 노동사제의 진술입니다. 유심론과 유물론이라는 정반대의 세계관이 한 인간 속에서 자연스럽게 공존하는 모습이었습니다.

나는 신학교에서 사는 동안 자연스럽게 가톨릭과 접촉하였고, 그 영향도 많이 받았습니다. 가톨리시즘이 프랑스문화의 중핵이었다는 것도 배웠습니다. 성경을 읽기 시작했고, 신학교 내외에서 행해지는 여러 종교행사도 빠지지 않고 참관했습니다.

그러나 그런 노력에도 불구하고 그때는 믿음의 절박성이 다가오지 않았습니다. 동양인의 혼 탓이었는지 모릅니다. 부모님이 불교 신자였기 때문일 수도 있습니다.(10년 후에야 나는 가톨릭의 영세를 받았습니다) 나의 프랑스어는 눈에 띄게 향상되었습니다. 나는 신학교를 떠나 정상적인 학교생활에 도전하고 싶었습니다.

사회주의 접신

9월 신학년을 맞아, 태산 같은 은혜를 입었던 대신학교를 떠났습니다. 모든 사람이 아쉬워해 주던 그곳을 뒤로하고 나는 새로운 도전을 위하여 낭시 시내로 나와 대학에 등록했습니다. 김석년은 그 후에도 더 신학교에 머물렀습니다.

프랑스의 모든 대학은 국립이며 무신앙이 원칙입니다. 오랫동안 대학교육의 주도권을 놓고 국가와 가톨릭교회 간에 치열한 다툼을 벌이다가 19세기 후반, 제3공화국에 이르러 국가가 대학교육을 통제하게 됐습니다. 그래서 프랑스의 대학교는 전부 국립입니다. 나는 '하느님의 집'에서 살다가 덜컥 '신이 없는 영역'에 낙하된 셈이었습니다.

그래도 내가 새로 살게 된 집은 신학교에서 소개해 준 가톨릭 학생기숙사이다 보니 여전히 신의 보호구역에 있었습니다. 기숙생들은 거의 가톨릭 신자였고, 나는 그들과 어울려 살았습니다.

그곳은 2인 1실 제도였습니다. 평생 처음 남과 한 방을 나눠 쓰게 됐는데, 룸메이트는 장 부우렐이라는 의과대학생이었습니다. 그는 독실한 가톨릭 신자였습니다. 그의 아버지는 낭시의 위성도시에서 이름난 의사였으며, 프랑스의 전형적 부르주아 가톨릭 집안이었습니다.

장 부우렐은 주말이면 대개 집으로 갔습니다. 그러면 내가 혼자 남아 있는 것이 마음에 걸린다며 나까지 데리고 갔습니다. 나는 그게 익숙해지면서 그의 집에서 낯가림하지도 않았고, 그들 세 가족에 끼어 일요 미사에도 가게 되어 본당신부와도 구면이 되었습니다.

프랑스의 시골 작은 성당에는 어디를 가나 사랑과 평화가 머물러 있었습니다. 외아들의 친구라서였겠지만, 미모가 출중한 그의 어머니는 나에게도 똑같이 일용품을 사 주었고, 어쩌다 그의 아버지가 낭시에 볼일을 보러 오면 꼭 나도 장 부우렐과 함께 식당에 동행하였습니다.

내가 낭시를 떠나 파리에 온 후에도 우리들의 서신 교환은 오래 계속되다가, 내가 수감생활을 하면서 끊겼습니다. 나의 아버지가 아끼시던 동양화 한 폭이 그 집 응접실에 걸려 있을 겁니다.

나는 법정대학에 등록했습니다. 내가 찾아간 국립대학의 공기는 매우 달랐습니다. 거기는 비 가톨릭의 세계였습니다. 당시의 유럽은 인민민주주의와 자유민주주의로 양분되었고, '철의 장막' 너머의 세계는 스탈린주의 때문에 그 특성이 더 신비스러웠습니다. 프랑스 공산당의 철저한 스탈린 편향으로 프랑스의 인텔리들을 마르크시즘에 대한 찬·반 양론의 소용돌이 속으로 끌어들이고 있을 때였습니다.

프랑스의 좌우 대립의 전통은 뿌리가 깊습니다. 두 가지 이유 때문입니다. 첫째는 종교에서 발단했습니다. 앙시앵 레짐Ancien Régime이 지키고자 했던 것은 가톨릭 교의가 만들어 낸 세계였고, 프랑스대혁명은 '귀족과 교회가 하나 된' 절대 권력을 끌어내린 것입니다.

두 번째는, 그렇게 무너진 앙시앵 레짐에서 근대사회로 변이되는 과정이 너무도 급하고 참혹했다는 점입니다. 그래서 생긴 '좌우의 트라우마'가 오늘에까지 이어오고 있다는 겁니다. 그리고 프랑스에서는 항상 좌익이 대중의 지지를 받는 전통이 뿌리를 내렸습니다. 그 당시, 그 대열에는 적지 않은 가톨릭 신자들도 참가하고 있었습니다. 시대의 변천에 따라 좌·우의 개념이 많이 달라졌습니다.

이런 역사여건 속에서 프랑스 지식인들은 부단히 새로운 사조를 만들어냈고, 민중은 거리낌 없이 행동으로 따랐습니다. 학생들은 사상가와 민중의 연결고리가 되어 앞장섰고, 그 전통을 자랑스럽게 지키고 있었습니다. 학교 교정에 들어서면서 나는 놀랐습니다. 알제리 탄압을 반대하는 반정부대자보들이 벽을 도배했고, 그 옆에서 프랑스인 학생들이 반정부 서명운동을 벌이고 있었습니다.

당시 프랑스 정부는 인도차이나 전쟁을 겨우 끝내고, 새롭게 알제리 독립전쟁에 직면하고 있었습니다. 사하라의 유전이 관련된 이 전쟁의 찬성파는 프랑스의 전통적 보수세력이었고, 그 반대편에는 공산당을 비롯한 프랑스의 진보세력들이 있었습니다.

사르트르와 카뮈가 앞장선 실존주의자들도 이에 적극 가담하고 있었습니다. 이들의 주장은, 이 전쟁이 인류가 지켜야 할 인본주의에 반하는 것이며, 알제리인은 자유와 평등을 누릴 권리를 갖는다는 것이었습니다. 이 논리에는 적지 않은 프랑스 가톨릭 신자들도 찬성하고 있었습니다.

나는 먼저 나의 사고방식을 전환해야 했습니다. 프랑스 정부에 있어 알제리 독립군은 반란군입니다. 프랑스인이 그들을 지지하면 그건 명백한 이적행위입니다. 한국 같았으면 국가보안법 위반은 물론 간첩죄까지도 적용됐을 겁니다. 그런데 프랑스 학생들은 자기네 행동을 정의라고 여기고 있었습니다. 그리고 이들을 처벌할 수 있는 법률도 없었습니다. 그들에게 오직 중요했던 것은 자유와 평등이었습니다.

착취는 자유와 평등의 유린입니다. 알제리인들은 고유의 문화와 역사를 가진 '이민족'입니다. 식민주의는 두 민족 간에 우열이 존재한다는 불평등의 인식을 전제로 합니다. 이는 '만민은 평등하다'는 휴머니즘에 어긋납니다. 알제리 사람들은 눈 뜬 채 나라를 도적맞았고, 그래서 강도가 된 프랑스인 중 양심적 지성인들은 '부끄러워 하자'는 운동을 벌였던 것입니다.

산업혁명의 높은 파고에 올라탄 19세기의 영·불 두 나라는 자원공급지와 판로를 넓혀야 했고, 그래서 세계 도처에 식민지를 만들었습니다. 제국주의 경쟁의 시대입니다. 그 결과 지구상에서 민족과 민족 간에 착취가 행해지고, 지역과 지역 간에 빈부격차가 심해졌습니다.

낭시 대학의 학생들은 자기네 나라가 자행하는 이 '착취'를 고발하고 있었던 겁니다. 착취당하는 알제리 사람들은 열등 민족으로 전락하고 공공연하게 백인우월주의라는 인종차별이 확립된 것입니다. 그래서 자유와 평등을 되찾으려는 알제리 독립군은 정의이고, 이를 탄압하는 자기네 조국 프랑스는 불의라는 것입니다. 남의 재산을 강도질하고는 그 피해자를 '가해'하는 윤리의 모순이라는 겁니다. 일제 강점기에 소년기를 보냈던 나는 이런 프랑스 학생들의 논리에 뜨겁게 공감했습니다.

지구상에 여기저기 식민지를 가졌던 프랑스에는 많은 제3세계의 유학생들이 와 있었습니다. 그들은 종주국 경제의 생산수단을 점유한 '트러스트'를 향해 적대감을 갖고 있었습니다. 그것은 동시에 시장경제에 대한 심각한 의혹이기도 했습니다. 그래서 그들 중 다수는 계획과 통제를 기축으로 하는 사회주의 경제체제를 선택하고 있었습니다.

신흥국가들이 가장 먼저 해결해야 할 일은 수 세기 동안 쌓인 가난의 극복이었습니다. 그래서 선택한 해결책이 중공업 위주의 빠른 산업화였습니다. 봉건 토착세력을 타파하면서 빠르게 현대화를 이루려면 '힘'이 있어야 합니다. 폭력혁명론입니다. 내일의 번영을 위해서 오늘의 자유를 일정 범위에서 잠정적으로 속박하는 것은 '필요악'이라는 것입니다.

몽매한 민중을 앞장서 인도할 '전위'의 역할을 러시아혁명에서는 프롤레타리아가 맡았습니다. 그러나 자본가들도 노동계급도 생성되지 않았던 후진사회에서는 좌경 인텔리들이 그 대역을 맡아야 한다는 의견이 다수였습니다. 안토니오 그람시의 '지성의 헤게모니'론 같은 것, 곧 마르크시즘에 물을 탄 수정주의였습니다.

백지상태인 나의 신념구조 속으로 한꺼번에 여러 물감이 흘러들어왔습니다. 적지 않은 혼란을 겪으면서도 나는 확실하게 계몽되어 갔습니다. 유럽에서는 마르크시즘이 현실문제이기도 했지만, 동시에 사회과학의 필수적 통로이기도 했습니다.

폐결핵 발병

언어의 불편도 없어지고, 지식의 소화 능력도 향상됐다고 판단한 나는 1957년 가을 낭시를 떠나 파리정치대학 2학년에 편입하였습니다. 그런데 학년 초마다 대학병원에서 의무적으로 실시하는 종합검진에서 폐결핵이 발견되었습니다.

나는 병원의 지시에 따라 휴학계를 내고 다시 파리를 떠났습니다. 목적지는 프랑스 서남쪽 피레네산맥 기슭의 랑드Landes라는 곳에 있는 학생요양원이었습니다. 하얀 벽에 오렌지색 지붕의 스페인식 건물이 양지바른 언덕 위에 그림처럼 서 있었습니다.

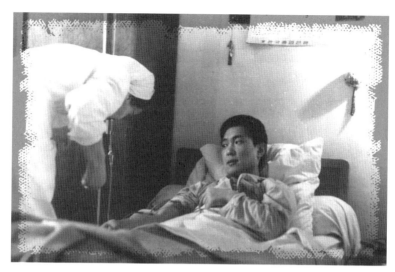
랑드 학생요양원 입원 가료 중(1958년 초)

입원자의 대부분은 초기 환자였고, 전원 남학생이었습니다. 환자는 50~60명가량이었습니다. 2인 1실의 룸메이트는 보쭝이라는 이름의 스트라스부르 대학의 이과 전공 학생이었습니다. 6개월가량, 그에게서 사회과학 공부에도 필요한 자연과학의 기초지식을 많이 배웠습니다.

요양 생활은 단조로웠지만, 치료는 철저했습니다. 오전에는 최신 특효약을 점적주사點滴注射로 맞는데 2~3시간 걸립니다. 오후는 자유시간입니다. 정원 산책 외에는 도서관, 음악실, 오락실 등에서 시간을 보냅니다.

강의와 숙제에 쫓기고 악동들과 어울려 소란스러웠던 낭시의 학교생활과는 달리, 내가 좋아하는 음악을 골라 듣고, 읽고 싶었던 프랑스 문학 작품들을 읽는 정숙한 생활이었습니다.

완벽한 시설과 고가였을 신약품들 때문에 입원비가 비싸야 하는데, 이 모두가 무료였습니다. 대학(국립)에 정식 등록된 학생은 외국인일지라도 의료보험 혜택을 100% 받았습니다. 사회주의가 혼합된 프랑스 자본주의의 현주소였습니다. 사회주의 정책이 시장경제와 상충하지 않는다는 사실을 직접 체험한 것이지요.

원래 건강 체질이었던 나는 빠르게 회복하였습니다. 나에게는 또 그래야만 할 이유가 생겼습니다. 갑자기 결혼문제가 눈앞에 닥쳤기 때문입니다. 프랑스로 떠나기 전, 나에게는 상애相愛하는 여인이 있었습니다. 전쟁 때 내가 피난 수도 부산에서 영문학자 오화섭 교수가 이끌던 아마추어 극단 '떼아뜨르 리브르'(자유극장)에서 활동할 때 만난 이순자입니다.

수복 후 서울에서 같이 무대를 밟으면서 우리는 사랑을 가꾸어 나갔습니다. 내가 서울대 문리대 2학년, 그녀는 막 이화여대 영문학과를 졸업한 때였습니다. 그녀가 3년 연상이라는 것이 주변에서 크게 화제에 올랐습니다. 그 시대의 남녀 관행과 어긋나 있었기 때문입니다.

1955년, 내가 유학을 떠나면서 우리는 프랑스에서 재회하기로 약속했습니다. 그러나 그녀는 부모의 경제적 지원 없이는 프랑스까지 올 수가 없었습니다. 나이의 역차 때문에 그녀의 집에서도, 우리 집에서도 완강히 반대하였습니다. 우리는 2년 반이란 세월을 편지만 주고받는 괴로움 속에서 살았습니다.

그러다가 나의 결핵 투병을 알게 된 그녀가 죽기를 각오하고 그의 부모를 설득했고, 나의 부모까지 만나 자기가 내 옆에 있어야 한다고 호소하였답니다. 양쪽 아버지의 공통 친구들도 거들어 주어 결국 두 아버지가 꺾이었다더군요. 그 시절 결핵은 치사율이 높은 무서운 질병이었습니다.

그렇게 해서 프랑스 유학을 위한 수속을 시작했다고 알려 왔습니다. 그의 아버지(이갑식)는 당시 자유당 국회의원으로 원내 재정분과위원장이었고, 나의 아버지는 동국대학교 총장이었습니다.

이렇게 되자 나는 요양원의 원장선생과 의논하지 않을 수 없었습니다. 앞으로 나의 건강과 결혼, 학업의 세 관계가 어느 정도 가능할지 판단해 달라고 했습니다. 천만다행으로 그의 의견은 긍정적이었습니다. 6개월 후, 다음 학년부터는 결혼도 하고 학업도 재개하라는 것이었습니다.

다만 그동안 결핵 전문요양원과 (국립) 대학이 병존하는 그르노블에 가 있으라는 것이었습니다. 나는 이순자에게 6개월 후 그르노블에 도착하도록 당부하고는, 다시 짐을 꾸려 그 넓은 프랑스를 가로질러 희망의 땅으로 출발했습니다.

라 트롱슈 La Tronche 요양원

하얀 만년설을 뒤집어쓴 알프스 기슭에 제법 넓은 시가지가 평화롭게 누워 있었습니다. 스위스와 인접한 관광도시로도, 동계 스포츠의 명소로도 이름난 그르노블Grenoble입니다. 훨씬 뒷날의 일이었지만, 우리나라의 독재 대통령의 딸이 유학 왔을 정도로 알려진 대학도시이기도 합니다.

이 도시의 변두리 마을 라 트롱슈라는 한적한 곳이 나의 목적지였습니다. 그곳에 수용된 결핵 환자들은 경미하거나 쾌유가

미래의 아내 이순자가 프랑스로 출발하기 직전 (왼쪽 홍승억, 오른쪽 이기양)

가까운 남녀학생들로 100명가량의 규모였습니다. 이들은 전원 그르노블대학에 통학하고 있었으며, 청춘남녀답게 발랄하고 명랑하였습니다. 병에 대한 우울증 같은 것은 보이지 않았습니다.

9월부터는 나도 등교하였습니다. 그르노블대학에는 파리정치대학의 1년 과정 분교가 있었습니다. 이미 본교 2학년생인 나는 진급시험의 필요도 없고, 결혼을 앞두고 치료에 전심해야 했기 때문에 청강생으로 등록하였습니다. 그래도 강의 출석은 물론 논문숙제도 제출하는 등 시험만 빼고는 거의 정상적인 수강 생활을 했습니다. 병이 완치되면 파리정치대학(속칭 시앙스포)에 복교하기 때문에 안 해도 되는 숙제들이었지만 '연습' 삼아 꼬박꼬박 제출했습니다.

프랑스 어느 대학이나 마찬가지였지만, 그르노블대학에도 제3세계에서 온 유학생들이 꽤 있었고, 그들은 대부분 '서구중심주의'

에 반감이 컸습니다. 주 2회 토론시간에서는, 그들의 성토성 '반서구' 의견에 동조하는 프랑스 학생이 꼭 몇 명은 있었습니다. 그들은 나에게 아주 매력적으로 비쳤습니다.

라 트롱슈 요양원에는 아주 이상적인 두 '가정교사'가 내 옆에 있었습니다. 두 베트남인, 판 반 피와 동 옥 괴였습니다. 그들은 파리에서 박사 논문을 준비하던 중 폐결핵에 걸려 여기로 온 학생 아닌 학생들이었습니다. 나이도 나보다 좀 많았습니다. 둘에게는 똑같이 프랑스 여학생 약혼녀가 있었습니다.

판 반 피는 이미 파리정치대학을 졸업하고 주프랑스 베트남 대사관에 근무하면서 박사 논문을 준비 중이지만, 라 트롱슈 요양원에 오게 되면서 그르노블대학에서 학위를 받았습니다. 동 옥 괴는 그르노블대학 조교로 있으면서 박사 코스를 밟고 있었습니다. 둘다 프랑스의 구 식민지 출신 수재들이었습니다.

같은 분단국가에서 온 나를 그들은 언제나 따뜻하게 대해줬습니다. 나보다 학업 면에서 월등히 앞서있던 그들은, 학제와 커리큘럼 내용이 크게 다른 나라에서 온 나에게 리포트 작성의 기본요령부터 사회과학 전반에 걸친 조언을 아끼지 않았습니다. 그들의 '지침'은 후일 내가 파리의 그 어려운 학교에서 공부하는 데 크게 도움이 되었습니다.

기이하게도 그들은 모두 흔히 구 식민지 출신 엘리트들이 걸리는 '좌익병'에 전염되어있지 않았습니다. 이미 사회적 신분의 사다리에 한 발을 올려놓은 상태였기 때문인지도 모릅니다. 하여간 '물타기'한 마르크시즘에 빠지지 않은, 보기 드문 후진국 출신 지식인들이었습니다.

판 반 피가 세기적 비극에 휩싸인 그의 조국에 대한 간여 의식이나 민족주의적 각성이 예리하지 못했던 것은 사실입니다. 그러나 프랑스 풍토적 특성인 자유 의식만은 투철했습니다.

박사학위 취득 직후, 사이공의 대통령궁에 전격적으로 발탁된 판 반 피는 귀국 명령을 받고 급히 떠나갔습니다. 그러나 사이공에서 그가 마주한 현실은 감당키 어려운 부정부패와 독재였습니다. 순진한 그는 실망을 감출 줄 몰랐고, 그러다 보니 어느새 권력기관의 감시 표적이 되었답니다.

그런대로 상류층이었던 그는 가정환경을 이용하여 필사적인 탈출을 감행, 그르노블에 피골이 상접한 모습으로 6개월 만에 돌아왔습니다. 그는 즉시 국적을 바꾸고 프랑스 상공부의 관리가 되어 그 후 고속 승진을 거듭했습니다.

15년 후인 1974년 봄, 내가 대한항공에 재직 시 출장차 갔던 도쿄의 한 호텔에서 펼쳐 든 현지 신문에서 판 반 피의 얼굴을 마주하였습니다. 그는 대일 무역협상차 온 프랑스 사절단의 수석대표였습니다.

베트남이 낳은 유능한 인재가 조국에서 제 자리를 못 찾고, 그렇다고 북에는 갈 수 없고 그래서 제3의 길을, 피부색도, 문화도, 언어도 다른 옛 종주국에서 찾는 이런 부조리가 남의 일 같지 않았습니다. 많은 재유럽 한국 유학생들 앞에도 비슷하게 놓인 선택의 고민이었습니다.

동 옥 괴는 다른 타이프의 엘리트였습니다. 신중하고 중후했던 그는 처음부터 고국으로 돌아갈 생각을 포기했습니다. 그는 논문에서 계획경제와 기간산업의 국유화에 따른 '혼합경제'의 장단

파리 한국공사관에서의 결혼식 (1959년 1월 24일)

점을 다루었습니다. 나에게도 늘 신흥국가의 초기 단계에서는 계획경제만이 정답이라고 가르쳤습니다. 그렇게 계획경제는 내 안에서 하나의 신념처럼 자랐습니다.

그러나 정작 자신은 그 지식을 고국의 발전을 위해 쓸 엄두를 못 냈습니다. 이승만이 그랬듯이, 월남의 고 딘 디엠도 계획경제를 소련식 모델로만 인식하였기 때문입니다.

많은 신흥국 지식인들이 볼셰비키 개발독재에 기울어지고 있을 때, 그는 대학연구실에 남아 프랑스 국적을 취득하여 프랑스인 아내와 함께 조용히 학구생활을 하다가, 이름을 기억해 주는 이도 없이 그르노블의 한 공동묘지에 묻혔습니다.

나의 아내 이순자는 약속대로 1959년 1월 말에 프랑스에 도착, 파리의 우리 공사관에서 김용식 공사 주례, 김석년 우인 대표로 조촐한 혼인식을 치렀습니다. 그리고는 즉시 그르노블에 마련했던 보금자리에서 새살림을 꾸렸습니다.

그해 여름, 완쾌한 몸으로 다시 파리에 올라갈 때까지 우리 부부는 프랑스 친구들과 즐겁게 어울렸습니다. 프랑스인이 된 두 베트남 친구들과 그들의 프랑스인 약혼녀들, 그리고 우리 부부는 특히 가깝게 지냈습니다. 그들과 작별한 후에도 서신 왕래는, 드문드문 이었지만, 오랫동안 계속되었습니다.

시앙스포 Sciences Po

시앙스포의 학생들

1958년 여름, 긴 유랑 끝에 파리에 다시 귀환했습니다. 아내는 만삭이었습니다. 나의 폐 속에 생겼던 동공도 아물었고, 오랫동안의 우여곡절 끝에 이룬 결혼에서 정신적 안정도 얻었습니다.

교외에 위치한 파리대학 기숙사 부부관夫婦館에 안착하였습니다. 교외전차로 대학까지 20분 거리이고, 탁월한 현대식 주거환경에 비교해서 집세가 너무나 저렴해서 입주경쟁이 치열했지만, 그르노블 요양원장의 특별추천으로 우선권을 얻었습니다.

11월 3일, 파리의 보오드로끄 병원Hapital Beaudeloque에서 첫딸 승은이가 탄생하였습니다. 여기서도 병원비는 한 푼도 내지 않았습니다. 퇴원하면서 서류에 '지불할 수 없음'이라고 기재한 후 서명한 것이 전부입니다. 학생보험의 혜택이기도 했지만, 인구 감소에 고민하던 프랑스 정부의 산아 장려책 덕택이기도 했습니다.

육아 문제도 산아 장려책의 하나로 운영되고 있었습니다. 기숙사 부속병원에 소아과가 완비되어 있었고, 탁아소도 편리하였습니다. 당연히 경제적 부담이 적었습니다. 아내는 마음 놓고 소르본에서 미술사 공부를 할 수 있었습니다.

나도 이런 환경 속에서 편안한 마음으로 '시앙스포'(Institut d'études politiques de Paris)에 복학하였습니다. 정치학과의 기본적인 학과 편성은 세계 어디나 비슷하겠지만, 이 학교의 특성 중 가장 중요한 것이 '방법론 강좌'(Conference de Methodes)라고 불리던 세미나였습니다.

강의가 아닌 발표와 토론의 장입니다. 조교수급 진행자가 고정 담당하는 클래스에 15~20명의 학생이 배치됩니다. 중고등학교의 '반' 같은 것입니다. 일주일에 두 번 열리는데, 한번은 정치사회학, 다른 한 번은 경제학을 주제로 현실문제를 발표, 토론합니다.

숙제가 엄청 많았습니다. 두 세미나에서 주는 정치와 경제에 관한 숙제를 제출하려면 많은 참고 서적들을 읽어야만 했습니다. 학생들은 1년에 300권은 훑어보아야 한다고 엄살을 부리고 있었습니다.

문제는 나의 독서속도였습니다. 말하는 데에는 어지간히 따라가는데, 책을 읽고 소화하는 시간이 아무래도 프랑스 학생에 비교해 좀 느렸습니다. 남보다 더 도서관에 앉아 있어야 했고, 남보다 자는 시간을 줄일 수밖에 없었습니다. 그때로부터 60년도 더 지난 지금도 나는 자정이 넘어야 잠을 이룹니다.

방법론 강좌는 90분 동안 계속합니다. 학생들은 진행 교수가 순서대로 지정해 주는 주제를 1주일 후에 구두 발표합니다. 발표시간은 10분으로 제한됩니다. 모자라도 넘어도 감점입니다. 내용도 중요하지만, 그 내용을 10분 안에 배치하는 능력도 테스트하는 겁니다.

진행 교수는, 발표자는 물론 토론자들도 일일이 세밀하게 채점하며 개개인의 연중 평균점수를 냅니다. 거기다가 리포트 작성의 횟수도 만만치 않습니다. 이 '방법론 강좌'는 일반강의의 시험점수보다 몇 배나 계수가 높아 진급이나 졸업 여부가 여기서 결정됩니다. 진급시험에서의 합격률은 50%를 약간 웃돌 정도이고, 두 번 낙제하면 제적입니다. 프랑스 특유의 엘리트 양성제도입니다.

학생들은 서로가 치열한 경쟁자이면서도 '시앙스포'라는 자부심 때문에 유대도 강했습니다. 그리고 프랑스 인텔리겐치아 특유의 좌우 대립이 여기서도 존재하였습니다. 다만 이 학교의 역사적 전통 때문에 좀 더 보수성이 강한 편이었습니다.

프랑스에서는 흔히 이데올로기 면에서 파리고등사범학교와 시앙스포를 비교합니다.

프랑스의 지성을 상징하는 최고 명문 파리고등사범학교의 학생들은 시앙스포 학생들보다 훨씬 좌편향 하고 있었습니다. 사르트르나 메를로 퐁티의 줄을 잇는 그들은 정치를 마르크시즘이나 실존주의 시각에서 파악하고 있었습니다. 자본주의를 적대시하고 프롤레타리아의 신화에 열중하지만, 그 접근을 경제학보다는 철학적 논리에 둡니다. 예를 들면 '소외'라는 개념을 경제적 논리보다는 '인간' 중심의 차원에서 논쟁합니다. 시앙스포 학생들의 경향과 확실하게 분별됩니다.

시앙스포 학생들의 경우는 조금 더 복잡했는데, 2차대전의 전과 후에 따라 색깔이 달라집니다. 1945년 해방 이전에는 정·재계 상류층 자녀들이 많이 다니던 유명 사립대학이었습니다. 졸업하면 정·관계에 진출하든가, 가업을 이어받는 프랑스 부르주아지의 독점 교육기관 같았습니다.

나치로부터 해방된 후 대대적인 친독파 숙청이 이루어지면서 프랑스는 보수세력의 하강 시대를 맞습니다. 드골 정부의 '국대안 國大案'에 따라 국립파리대학교에 편입된 후부터는 이 학교에도 중·하층 자제들이 조금씩, 그러나 눈에 띄게 입학하면서 보수와 진보의 두 색깔이 혼재되기 시작하였습니다.

그러나 시앙스포 학생들의 신좌파와 고등사범학교 학생들의 전통적 좌경화 사이에는 확실한 온도 차가 있었습니다. 후자들이 유물사관에 사로잡혀 프롤레타리아 '혁명'을 논할 때, 시앙스포 학생들은 현실 제도의 '개혁'에 보다 관심이 컸습니다. 고등사범 학생들에 비교해 민중의 이반에는 덜 민감했던 반면, 정부 기관의 기능에 대해서는 정통으로 배웠습니다.

그러함에도 불구하고, 프랑스인의 기질 탓이었던지 우리 시앙스포 학생들은 양날의 칼처럼 반대와 순응의 두 상반 기능을 동시에 가졌던 것 같습니다. 그들 중 우등생들은 국립행정대학원ENA에 진학하여 간부급 공무원의 월급을 받으면서 공부합니다. 그러면서 확실하게 기득권층에 자리 잡습니다. 그래서 비판의식은 갖더라도 혁명의 의지는 없습니다. '개혁'의 방법을 배우고 실천하려는 실용주의자들입니다. 곧 '좌'의 개념 축이 다릅니다.

개혁은 관리들이 하는 일입니다. 혁명은 유효기간이 지난 모든 타성적이고 무의미한 것들을 파괴합니다. '혁명'은 헌집을 부수고 그 자리에 새집을 짓는 일입니다. '개혁'은 집을 하나하나 수리해 나가는 가옥관리입니다.

그래서 개혁을 산문prose이라고 한다면, 혁명은 시poetry입니다. 산문이 평상적이라면 시는 정열입니다. 산문은 누구나 쓸 수 있지만, 아무나 시인이 될 수는 없습니다. 파리고등사범학교와 시앙스포의 차이점입니다. 나는 시앙스포에서 주로 산문 쓰는 연습을 했지만, 시도 읽으려고 노력했습니다.

시앙스포에서 사귄 친구들

나는 시앙스포에서 프랑스 친구들을 여럿 사귀었습니다. 그중 앙드레 루시아노André Lucino는 전형적인 중농 출신으로 장래 노동운동을 꿈꾸던 얼치기 마르크시스트였습니다. 성적이 우수했던 그는 졸업 후 국립행정대학원을 거쳐 내무부 고위관리가 되었습니다.

클로드 세르방 슈라이버Claude Servan-Schreiber는 프랑스 굴지의 중도파 잡지 〈렉스프레스〉의 창업주 장 자크의 친동생이었습니다. 그도 학생 때는 열정적인 사회비판자였지만, 졸업 후에는 온건한 중도파 기자가 되었습니다. 시가 아닌 산문만 쓰고 있습니다.

위베르 코스카스Hubert Koscas는 변호사 지망생이었습니다. 나와는 시앙스포뿐만 아니라 파리법경대학 박사 코스에도 같이 진학했습니다. 그의 아버지도, 할아버지도 대대로 파리의 변호사였습니다. 이를테면 전통적인 부르주아 출신입니다.

그러나 그의 주변에는 공산주의자들이 많았습니다. 자신도 높은 수준의 좌파이론가였습니다. 그러면서도 그는 공산당에 입당하지 않았습니다. 이른바 이상에는 동조하지만, 현실은 회의하는 '쁘띠 부르주아지'였습니다. 시는 읽기만 하고 쓰는 것은 산문이었습니다.

그의 집안은 유대계 부르주아지였습니다. 당시 프랑스에서는 유대인에 대한 감정이 이중적이었습니다. 홀로코스트와 레지스탕스에 기인한 동정과 이해가 존재하는 반면, 여전히 끈질긴 유다야 배타의식도 동거하고 있었습니다.

그는 사르트르식 실존주의의 동조자였습니다. 사르트르는, 외모도 다르지 않고 프랑스인이라는 선조대대의 아이덴티티를 가지면서도 '이물異物'처럼 대하는 반 유대적 사회구조를 고발합니다. 유대인도 다른 프랑스사람들과 똑같이 적극적으로 사회에 '관여'할 수 있어야 한다는 것이 위베르의 소신이었습니다.

위베르는 마르크시스트였지만, 스탈린 노선에 경도된 프랑스 공산당은 외면하였습니다. 그는 후일 그런대로 알려진 변호사가 되어 기득권층에 속하면서도, 젊은 시절의 이념을 저버리지 않으려고 인권단체와 유대인 집단의 고문변호사를 겸행하였습니다. 좌파 시앙스포의 전형입니다.

우리 집에도 자주 와 나의 아내나 아이들과도 친숙했고, 특히 불고기를 좋아했습니다. 내가 '동백림사건'에 연루되어 최종심에서 사형이 확정됐을 때, 그는 프랑스의 쟁쟁한 법률가들이 연서한 탄원서에도 이름을 올렸고, 한국 정부를 규탄하는 집회에도 누차 참여하는 등, 나에게 닥친 불행에 끝까지 관심을 갖고 살폈습니다.

또 한 명의 특이한 동창생이 있었습니다. 레잘라 하리미Rejdlha Halimi라는 알제리인입니다. 내가 프랑스에 와서 대학을 원점에서 다시 시작한 데다가 요양원을 왔다 갔다 하다 보니 나이 먹은 학생이 돼 있었는데, 그는 나보다도 한 살 더 많았습니다.

그는 프랑스의 식민지인 알제리 출신의 노동자였는데, 20세 때 공장에서 작업 중에 오른팔을 잃었다고 합니다. 새파랗게 젊은 나이에 당한 산재로 받은 보상금을 앞에 두고, 그는 굳은 결심을 했다고 합니다. 초등학교 졸업이 최종학력인 그가 차례로 검정시험을 보고 프랑스의 초일류대학에 합격하여 그 결심은 열매를 맺었습니다.

내가 그를 처음 만난 것은 마르크시즘 강의실에서였습니다. 옆에 앉았던 그가 오른팔 없이 왼팔로 필기하는 모습이 신기했습니다. 알고 보니 같은 과, 같은 학년에 나이가 비슷한 늙은 학생이었습니다. 그래도 알제리가 독립하기 전이어서 그의 국적은 프랑스였습니다.

우리는 곧 친해졌습니다. 여기에 위베르 코스카스까지 끼게 되어 기이한 '3인방'이 형성됐습니다. 유대인과 아랍인은 원래 상극인데, 거기에 동양인이 끼어 접착제 역할을 한 것입니다.

당시의 대학생들답게 이데올로기가 우리들의 화두를 차지했습니다. 1930년대 초반의 스탈린 숙청과 1956년 흐루쇼프의 '스탈린 비판'이 우리 토론의 단골 주제였습니다. 레잘라와 나는 신흥국에서의 개발독재라는 '필요악'에 대해서도 많은 논의를 했습니다. 위베르도 적극적으로 토론에 참여하면서 우리 셋은 점점 함께 '의식화'하였습니다.

1962년, 위베르와 나는 시앙스포를 졸업하고 파리법경대학 대학원으로 나란히 진학했고, 레잘라는 1년 유급한 후에 졸업, 1963년 신생 독립국 알제리 정부의 부름을 받고 희망차게 금의환향하였지요.

그리고 10년이란 세월이 흘렀고, 나는 동백림사건으로 3년 반의 복역에서 풀려 서울의 변두리에서 아주 힘들게 살고 있는데, 난데없이 파리에서 미화 300불이 송금되어왔습니다. 레잘라가 보낸 것입니다. 당시 나에게는 매우 큰 돈이었습니다.

'아, 레잘라가 출세해서 신생 독립국 알제리의 외교관이 되었구나' 하고 기뻐했습니다. 송금한 곳이 파리여서 그렇게 추측했던 겁니다. 어쨌든 그가 나를 계속 추적하고 있었다는 사실이 너무도 고마웠습니다.

1979년, 나는 대한항공의 유럽·중동 본부장으로 파리에 부임했습니다. 나는 파리에 도착하자마자 레잘라와 위베르를 수소문해 기적과 같이 해후했습니다. 위베르는 관록이 붙은 장년 변호사로 성장해 있었지만, 레자라는 장래가 촉망받는 유망관리가 아니었습니다. 그는 지중해 연안의 도시 액성 프로방스의 어느 고등학교의 교사였습니다. 그는 다시 프랑스인이 되어 안정된 교육자가 되어있었습니다.

우리가 학교 다니면서 혁명과 개혁, 독재와 자유, 제국주의와 신생독립국가에 대해서 열띤 토론을 할 때, 레잘라는 늘 말하기보다는 듣는 쪽이었고, 발언할 때에는 낮은 목소리로 차근차근 설득조로 말하였습니다.

그때, 우리에게도 밝히지 못했지만, 그는 이미 '알제리민족해방전선FLN'의 비밀조직원이었답니다. 시앙스포에 입학한 것도 독립에 대비한 국가관리지식 습득이란 목적과 함께 신분 위장을 위한 조직 상부의 지시에 의했던 것이랍니다.

모든 것을 바쳐 투쟁한 독립투사를 기다리고 있던 그의 조국은 낙원이 아니었습니다. 많은 신생 독립국이 그랬듯이, 여러 갈래의 파벌이 독립의 공훈을 다투고 있었습니다. 빼어난 학력과 프롤레타리아 출신의 그가 부메디엔 사회주의 정부에서 요직에 앉혀지긴 했습니다.

그러나 프랑스식 비판 정신에 물들었던 그와, 사막에서 전투하면서 자란 '싸움꾼'들의 강경 노선이 맞을 리 없었고, 그가 구상하던 신흥국형 관료체제와 너무도 거리가 멀었다고 합니다. 얼마 전까지 종주국이었던 프랑스와 석유를 둘러싼 양국의 관계 설정에서도 이견을 보여, 종래는 그와 가까웠던 파벌과 함께 도매금으로 넘겨져 매국노로 낙인찍혀 투옥되고 말았답니다.

우여곡절 끝에 탈옥을 감행한 그가 필사적인 사하라 사막 횡단 끝에 모로코에 도착했을 때는 거의 빈사 상태였다고 합니다. 역시 최하급 노동자에서 지식인으로 성장한 그의 의지는 초인적이었습니다.

그가 파리로 향했던 것은 그곳 파리의 은행에 전에 맡겨놨던 옛날 산재보험금이 남아 있었기 때문입니다. 그 무렵, 그가 나의 사면 보도를 듣고는 그 자신 역경에서 헤매는 처지임에도 불구하고 그 귀한 300불을 나에게 보냈던 것입니다.

레잘라는 강직한 독립투사였습니다. 알제리 독립운동의 이론적 지주인 프란츠 파농의 신봉자였습니다. 동시에 알제리 독립전쟁을 정의라고 부르짖던 사르트르의 추종자였습니다. 마르크시즘에 많은 공감을 가지면서 알제리식 모델을 꾸준히 모색하였습니다.

　그러나 그도 종국에는 시앙스포 출신입니다. 무조건 '투사'가 될 수 없는 논리적 '개혁자'였습니다. 자유 의식을 못 버린 좌파였습니다. 소비에트 식 '무오류'의 독단주의와는 거리를 두는 수정주의자였습니다.

　그는 그래서 그가 사랑했던 조국으로부터 버림받았습니다. 다시는 알제리로 돌아가지 못했습니다. 그는 적으로 싸웠던 식민종주국 프랑스의 국적을 다시 취득했고, 남프랑스 끝자락의 지방 도시에서 교사로 안락한 평생을 보냈습니다.

　20세기는 뜻을 가졌던 지식인들에게 낙원이면서 동시에 지옥이었습니다. 혁명가는 그의 이상과 양심 때문에 말할 수 없이 큰 시련과 고통을 겪습니다. 레잘라도 나도, 그리고 수많은 몽상가도 스스로 이상이라는 덫에 걸렸던 것입니다. 시앙스포 출신답게 개혁에만 전념하지 않았던 업보였습니다.

시앙스포에서 배운 교수들

　그러함에도 불구하고 프랑스 유학은 나에게 어두운 밤에서 깨어나 맞이하는 여명과 같은 것이었습니다. 전쟁으로 황폐화했던 지식의 전수장傳受場에서 벗어나, 세계적 지성들로부터 직접 사사할 수 있었다는 것은 헤아릴 수 없는 행운이었습니다. 그중 세 교수만 우선 회상해 보겠습니다.

　모리스 뒤베르제Maurice Duverger 교수는 내가 가장 가깝게 모셨던 스승입니다. 그의 '정당론'은 세계정치학계가 공인하는 최고봉의 학설이었고, 그의 저서는 그 당시 학문의 불모지였던 한국에서도 번역돼 있었습니다.

시앙스포에서 그의 '헌법개론'은 필수과목이었습니다. 어느 날 한 시간도 빼먹지 않고 출석하던 나를 그의 조교가 찾았습니다. 짤막한 일본어 자료를 번역해 달라는 뒤베르제 교수의 청이었습니다. 그 시기 시앙스포에는 일본인 학생이 한 사람도 없었습니다.

이것이 계기가 되어 그 후에도 비슷한 일을 몇 번 하다 보니 뒤베르제 교수의 기억 속에 내가 남았던 모양입니다. 나 또한 그의 명강의에 매혹되어 그가 주재하는 세미나에 등록했고, 급기야는 후일 박사학위 논문의 지도교수로 모시게 되었습니다.

1956년, 흐루쇼프의 공식적인 '스탈린 비판'은 유럽에 큰 지진을 몰고 와, 여러 갈래의 균열을 일으켰습니다. 소련공산당 자체가 모습을 바꾸었고, 이에 따라 위성국가에서도 자유의 바람이 세차게 불었습니다. 스탈린은 죽은 후였는데도 생전의 그 막강했던 특권을 다 빼앗기고 붉은 광장의 묘에서도 쫓겨났습니다. 소련의 새 집권자들은 스탈린의 '영웅적 지도력'을 '개인숭배'로 깎아내리고 있었습니다.

스탈린은 그의 죽음과 함께 스탈린주의뿐 아니라 이데올로기 시대까지 함께 갖고 갔습니다. 계급에서 당으로, 당에서 중앙위원회로, 중앙위원회에서 서기장으로, 혁명의 '신성한 사명'이 스탈린이라는 한 개인 안에서 인격화되고 압축된 나머지 유물론적인 '비인간적 힘'에 의해 역사가 이루어진다는 유물사관에 반대되는 현상이 소련의 권력 구조를 심각하게 왜곡 지배하였다는 것입니다.

이렇게 마르크시스트 역사관에 역행하여 '개인화'됐던 권력 구조를 뒤베르제 교수가 연구하기 시작하였습니다. 그는 그 연구의 주제를 '권력의 인격화(Personnalisation du Powvoir)'라고 명명하고, 나는 그의 세미나의 멤버였습니다.

권력의 인격화는 개인 독재를 의미합니다. 독재 권력의 메커니즘을 분석하는 작업의 일환으로, 뒤베르제 교수는 나에게 이승만 독재의 생태분석을 지시했습니다. 그 논문은 그의 근접지도를 받으면서 작성되었습니다. 그리고 후일 나의 북한행의 여러 이유 중에는 그가 의뢰한 '김일성 숭배'의 분석도 포함되어 있었습니다.

1967년, 한국을 뒤흔든 '동백림사건'이 터졌습니다. 서독과 프랑스에서 많은 한국인을 납치해 온 후 중앙정보부가 간첩단으로 엮어 재판한 사건입니다. 이미 귀국해 경희대 교수로 있던 나도 이에 연루되어 2년 반이란 긴 재판 끝에 최종적으로 사형이 확정되었습니다.

뒤에서 상세히 기술하겠습니다만, 이 사건은 '주권침해'라는 외교 문제와 더불어 독일과 프랑스의 인텔리겐치아, 학생들의 거센 시위로까지 이어져 정부 간의 마찰로 확대되었습니다.

뒤베르제 교수는 이 사건의 부당성과, 내가 공산주의자가 아니라는 근거를 프랑스의 유력지 〈르몽드〉에 논설로 기재했습니다. 그러면서 프랑스 대학교수들, 과학자(그중에는 노벨상 수상자 포함)와 문화예술인들의 연명 탄원서를 박정희 대통령 앞으로 제출했습니다.

내가 3년 반의 옥고를 치른 뒤 대통령 특별사면으로 풀려나오자, 뒤베르제 교수는 나를 한국에서 구출해 낼 목적으로 담당 강좌들을 명시한 파리대학교의 교수위촉장을 보내왔습니다. 중앙정보부의 불허로 파리대학교 교수직 취임은 무산되었지만, 나는 세계적인 대학자의 끈질기고 애정 어린 배려에 크게 감격했습니다.

그로부터 3년여가 지난 1974년 봄, 나는 학계에서는 추방됐지만, 경제계의 일원으로 파리에 가는 기회를 얻었습니다. 파리에 도착하자 당연히 뒤베르제 교수를 찾아뵈었지요. 여전히 활발하게 연구 활동을 계속 중이던 노학자가 "나는 너를 이해해!" 하던 그 낮은 목소리가 지금도 귓가에 남아 있습니다.

내가 크게 영향받은 또 한 분은 '지정학'의 티보르 멘데 교수입니다. 그는 아시아 문제의 권위자였습니다.

그와의 관계는 내 쪽에서 만들었습니다. 그의 '동남아시아'라는 강의는 선택과목이었지만, 그 명강의에 반한 나는 그의 연구실을 방문하여 한반도의 미래에 대한 소견을 경청하였습니다.

그것이 계기가 되어 몇 차례 자택도 방문하게 되었습니다. 나는 그때마다 시앙스포와는 관계가 없었던 서울대 선배 노봉유魯鳳裕와 박협朴夾을 동반하였습니다. 이들과 나는 한반도 문제를 놓고 자주 토론하던 사이였기 때문입니다. 이 두 사람에 관해서는 뒤에서 다시 설명하겠습니다.

멘데 교수의 의견을 결론부터 말하면, 한반도의 운명은 장기적으로 볼 때 매우 밝다는 것이었습니다. 당장에는 동·서 냉전 구도에 갇혀 이데올로기의 열전장熱戰場이 되었지만, 앞으로의 세계정세는 매우 가변적인 데다가, 특히 '이데올로기의 퇴조'가 가시화될 때 한반도의 분단요인도 함께 약화할 것이라는 겁니다. 그다음은 남북 간의 경제 경쟁의 몫이라는 겁니다. 어느 쪽이든 경제적으로 강한 쪽이 주도적으로 통일할 것이라고 단언했습니다. 당시는 남한 경제의 지표들이 매우 초라할 때였습니다.

그러면서 한국, 곧 아시아적 후진사회에서는 '자유기업'을 신성시하는 미국식 자본주의가 비효율성과 부정부패의 온상을 만든다고 경고했습니다. 근대식 자본축적의 오랜 숙성과정이 없었던 아시아에서는 기업들이 단시일 내에 정착할 수 없습니다. 그래서 유럽 산업혁명 과정에서의 자본축적의 역할을 아시아에서는 국가가 강한 권력으로 대신해야 한다는 겁니다.

공업화를 우선시하는 중장기계획을 짜고, 거기서 생기는 국가이익을 당장 분배하기보다는 당분간 다음 계획에 재투자하는 국가주도의 시스템을 말합니다. 현대식 기업들을 육성하여, 기간산업은 국가에 맡기고 민간영역은 새로운 형태의 사기업에 맡기는 혼합경제체제를 구축해야 한다는 것입니다.

다만 이 사기업들은 정부가 키워 돈 벌게 해주고, 그 대신 계획경제에 적극 참여하는 정부 주도형 사기업이라야 한답니다. 후진사회에서 미국형 '자유기업'은 경제발전 단계상 맞지도 않고, 부정부패의 원인이 될 뿐이라고 했습니다. 경제발전의 어느 단계까지는 사기업일지라도 반드시 국가가 '밀착 지도'해야 한다고 했습니다.

그 무렵 한국에서 군사쿠데타가 성공했습니다. 박정희 정권은 멘데 교수가 말하던 노선과 닮은 길을 걸었습니다. 그 결과 남북간 격차가 역행했습니다. 멘데 교수의 한반도 전망은 다음과 같았습니다.

한반도는 지정학적 여건으로 19세기에는 열강의 각축장이 됐지만, 앞으로는 이 약점이 강점으로 된다는 것입니다. 그러기 위해서는 남북 간의 분단선이 없어져야 합니다. 그래서 해양권과 대륙권 사이에 중립적인 통로가 열린다면 한반도의 번영은 보장된다는 겁니다. 만약, 한·미·일 동맹에 묶이면 대륙권 바로 정면에서 해양권의 '최전선'이 될 리스크를 안게 된다고 했습니다.

고대에는 지중해 문명, 근대에 와서는 대서양 문명, 현대는 태평양 문명의 시대라는 것입니다. 한반도는 미국·일본이라는 태평양권 국가들과 중국, 러시아(시베리아), 동남아라는 대륙권 사이에서 적대관계가 아닌 경제와 문화의 교량 역할을 해야 한다는 말에 귀가 번쩍했습니다.

그는 그 당시 이미 지구의 온난화를 예측했습니다. 시베리아 개발은 국제사업이 될 것이고, 코리아는 거기서 제 몫을 해야 한다고도 말했습니다. 당시의 냉전적 사고 속에 갇혀있던 나는 반신반의 하였습니다.

이런 전망이 현실화하기 위해서는 통일이 돼야 합니다. 그리고 이 시기 유럽의 한국 유학생들 사이에서 통일에 관한 토론이 번지고 있었습니다.

당시 남북한 간의 국력 차이가 현저했습니다. 북한의 1인당 GNP가 남한의 두 배였습니다. 멘데 교수의 말이 아니더라도 국력이 우세한 쪽이 흡수 통일한다는 것은 하나의 상식이었습니다. 그렇다면 한반도의 재통일은 북한이 주도할 것인가? 많은 남한 유학생들이 북한의 허실을 알아야 한다는 일종의 강박감에 사로잡혀 있었습니다.

마지막으로 인상 깊었던 교수, 장 브루아Jean Bruhat는 마르크시즘을 강의하는 석좌교수였습니다. 어려운 이념을 알아듣기 쉽게 풀이하기 때문에 청강생이 많았습니다. 나의 산발적이고 애매했던 마르크시즘이 어느 정도 정리되는 계기가 됐습니다.

1956년 2월의 소련공산당 제20차 대회에서 행한 흐루쇼프의 '스탈린 비판'은 프랑스 지식인사회에서 끈질겼던 '이데올로기 종말론'에 다시 불을 붙였습니다. 우리 학생들의 관심도 그리로 쏠렸습니다.

선택받은 계급이라는 프롤레타리아의 신화, 폭력적 혁명에 의한 인류구제의 신화는 앞으로도 계속 현실성을 가질 것인가, 아니면 환상으로 전락할 것인가? 유물사관, 곧 인간은 '비인간적 힘'에 의해 지배된다는 교의의 세계에서 한 '인간'이 프롤레타리아의 화신으로, 인류의 구세주로 군림한 이 모순을 마르크시스트들은 앞으로 어떻게 정리할 것인가?

과다했던 신념이 무너지면 그 뒤에 남는 것은 과다한 회의주의입니다. 서유럽의 공산주의자들이 속속 당을 떠나고 있었습니다. 그러나 브루아 교수는 그의 회의주의에도 불구하고 탈당하지 않고 있었습니다. 위베르 코스카스와 함께 그를 찾아갔습니다. 그의 답을 들어보고 싶어서였습니다. 그는 위베르와 집안끼리 잘 아는 관계였습니다.

그는 스탈리니즘은 마르크시즘이 아니라고 잘라 말했습니다. 스탈린은 프롤레타리아 혁명을 완수하기 위한다는 구실로 프롤레타리아의 '당'을 계속 '왜소화'시켰습니다. 그러나 레닌식 마르크스주의는 프롤레타리아에게 주어진 보편적 사명을 프롤레타리아의 전위조직인 당이 맡아야 한다고 규정했습니다. 그러니까 당을 초월했던 스탈린은 마르크시즘에서 이탈했다는 겁니다. 잘못된 것은 스탈린이지 마르크스주의가 아니라는 겁니다.

혁명의 전위라는 '절대 권력'을 부여받은 당은 집단의 조직 관리 과정에서 권력의 개인화와 비개인화의 경계 선상에서 동요하기 쉽습니다. 스탈린은 당이 향유해야 하는 막중한 '역사적 사명'을 자기 자신의 인격personality에다 투영시키고는 당 위에 군림하였습니다. 설득할 것인가, 강압할 것인가의 기로에서 스탈린은 늘 당을 초월한 자기 개인의 절대권력으로 강압했습니다.

스탈린의 국가관도 마르크시즘의 궤도에서 벗어났습니다. 마르크스는 혁명의 최종단계에서 국가는 소멸한다고 했습니다. 국가는 '과도적 현상'이라는 겁니다. 스탈린은 개인 독재의 장치로서 국가권력을 오히려 무제한 확장 강화하였습니다.

많은 사람이 스탈린의 이런 '반당성'과 '국가최상론'이 그의 개인 독재를 위한 반反 마르크시스트 계략임을 알면서도 공포정치의 막강한 광력光力 앞에서 눈을 뜰 수가 없었습니다. 스탈린주의는 스탈린 개인을 신격화한 '세속종교'였습니다.

스탈린이 공포와 강제자백이라는 수단으로 무실無實한 범죄자들을 무수히 만들었고, 수십만의 공산당원들을 처형한 것은 명백한 역사적 사실입니다. 흐루쇼프 자신도 스탈린의 개인숭배시대에는 숨죽이고 침묵할 수밖에 없었다고 고백했습니다.

흐루쇼프는, "스탈린은 몽테스키유Montesqieu가 『법의 정신』에서 묘사한 중세기적 전제정치를 고스란히 인용 실행했다. 폭군의 측근들은 항상 공포에 사로잡혀 얼어붙어 있었고, 서로가 시기심으로 고립되어 거미줄처럼 얽힌 거짓의 세계에 갇힌 채 뚫고 나올 수 없었다"고 증언했습니다.

1956년 이후, 소련과 그 위성 국가들은 개인숭배를 반 마르크시즘이라고 단정했습니다. 그러나 중국은 그냥 스탈리니즘을 답습하면서 오히려 흐루쇼프를 수정주의자라고 지탄했습니다. 그리고 중·소간 갈등은 깊어만 갔고, 급기야 무력충돌에까지 이르고 말았습니다.

'철의 단결', '순치의 관계'는 옛말이 되고 말았습니다. 북한은 중국과 함께 스탈리니즘을 고수하면서도 두 거인 간에 생긴 깊은 틈새를 이용하여 독자노선을 천명하였고, 그러면서도 스탈린을 본떠 '김일성 우상화'를 진행하기 시작했습니다.

브루아 교수는 이렇게 소련의 발언권이 줄어든 극동 상황에서 코리아 민족주의의 새로운 지평이 열릴 수도 있다고 보았습니다. 그는 나에게 두 가지 포인트를 제시했습니다.

첫째, 북한의 '개인숭배' 실태를 반드시 파악해야 한다는 것이었습니다. 스탈린형型 권력조직 내의 의사결정과정은 서방측에서는 이해하기 힘든 점이 너무도 많은데, 이를 이해할 수 있어야만 통일 과정에서 도움이 될 거라는 겁니다. 전혀 이질적인 상대방의 의사결정 과정의 연구 없이는, 평양식 문명의 이해 없이는, 특히 북한의 '스탈린식 개인숭배'에 대한 충분한 파악 없이는 북한과의 대화 자체가 힘들 거라고 했습니다.

둘째, 극동에서 막강했던 소련의 영향력은 축소되는 반면 중국의 위상은 높아질 것인데, 그렇다고 미국은 중국의 한반도 관련 발언권을 절대로 인정하지 않을 것이라서 이 '살짝 진공상태'를 어떻게 남북한 관계에 이용할 수 있을지를 살펴볼 필요가 있다는 것이었습니다.

브루아 교수의 이러한 견해들이 전기충격처럼 머리에 들어왔습니다. 마침 그 시기 뒤베르제 교수의 세미나 주제가 '권력의 인격화'였기 때문에 더욱 '김일성 우상화'의 실태를 확인하고 싶었습니다. 또한, 뒤베르제 교수도 나에게 '김일성 개인숭배'에 대한 리포트를 작성하라고 지시하였습니다.

이처럼 뒤베르제, 멘데, 브루아 세 교수의 영향이 나의 '동베를린 북한대사관 방문'의 중요한 계기가 되었습니다.

뒤베르제를 지도교수로 하여 '국가박사'가 되다

앞에서 언급한, 뒤베르제 교수에게 제출한 '김일성 개인숭배'에 관한 리포트(1962)는 곧바로 내 석사학위 논문의 골격이 되었습니다. 이어서 뒤베르제 교수는 '이승만 정권하의 한국의 정당 실태'를 나의 박사학위 논문 주제로 하도록 권유했습니다.

당시 한국 정당에 관한 문헌이나 자료가 전무全無하다 보니 몹시 당황스러웠지만, 논문 지도교수의 권유는 지시나 다름없었습니다. 나의 연구결과는 바로 그의 연구자료이기도 했기 때문입니다.

'정당론'이 전공이었던 뒤베르제 교수는 그 무렵 우후죽순처럼 탄생한 신생국에서 벌어진 정치 현상에도 관심이 많았습니다. 종주국에서 물려받은 의회민주주의와 그 지역 특유의 정치관습 간에 나타나는 모순과 괴리현상에 주목하고 있었습니다. 그게 바로 내 논문의 방향설정이기도 했습니다.

해방된 대한민국에도 새로운 정치 심벌인 다원 민주주의가 미 군정청을 통해 도입되었습니다. 아무런 준비단계도, 과도기도 없었습니다. 수많은 허점이 노출되었습니다. 민주주의의 기본 개념과 한국 특유의 재래식 행동 양식 간에 나타난 커다란 편차가 문제였습니다.

민주주의의 원천과 목표는 대중입니다. 그런데 우리 역사에서는 대중이 철저하게 배제되어왔습니다. 정치는 양반들만의 영역이었습니다. 백성들은 찢어지게 가난하고 무지했습니다. 지극히 얇았던 계층인 중인은 양반들의 수하인이었습니다.

다원 민주주의의 근간인 정당제도가 착근하기 힘들었습니다. 노동조합이나 농민조직의 실체가 매우 애매했습니다. 그래서 창당을 해도 훈련된 기초당원들이 없었습니다. 대중으로 다가갈 교량이 없었습니다.

민주주의의 본질은 민의를 구현하는 것입니다. 그런데 한국의 정당에는 여야 할 것 없이 대중이 보이지 않았습니다. 당의 상층부를 기득권층이 독점하고 있었습니다. 과두정치Oligarchy였습니다. 민주주의와는 반대 현상입니다. 의사 결정에 대중의 참여가 전혀 없었습니다.

형식적이나마 한국에서 현대적 의미의 정당이 출현한 것은 1951년의 자유당 이래였습니다. 야당이던 한민당도 민주당으로 개칭하면서 자유당 흉내를 냈습니다. 선진국 정당을 모방하여 조직 기구를 전국 규모로 확장하였고, 강령과 정책을 '민주적'으로 꾸몄습니다. 그러나 실제로는 전국적이지도, 민주적이지도 않았습니다. 당내 민주주의는 없었고, 조직이 허약한 '가분수 정당'들이었습니다.

이런 공통현상에도 불구하고 양당 간에는 차이가 있었습니다. 이승만의 존재 때문이었습니다. 민주당이 지방 토호들의 집합체였다면, 자유당에는 과두적 참모진 위에서 직접 국민과 소통하는 대통령이 있었습니다.

자유당은 창업주 이승만을 위해서, 그리고 그에 의해서만 존재하였습니다. 그가 노쇠하였지만, 자유당은 이승만의 이름으로 통치하였습니다. 카리스마 현상입니다. 그가 몰락하자 자유당도 동시에 사라졌습니다. 저항의 대상을 상실한 민주당은 신·구 두 파벌로 갈라졌습니다.

한국의 정당 간에는 프로그램의 차이가 거의 없었습니다. 그 원인은 분단과 전쟁에 있었습니다. 엄혹했던 냉전, 처참했던 내전은 남한에서 공산당은 물론 모든 좌익세력을 뿌리 뽑았습니다. 여야 모두 공통분모로 '반공'을 내세웠습니다. '자유민주주의'를 기간으로 한 강령과 정책을 채택했습니다. 그러다 보니 여야가 비슷해졌습니다.

양당 간의 정쟁은 '이승만'이라는 인격체를 중심으로 벌어졌습니다. 당내에서는 정치나 정책의 이견으로 다투는 것이 아니라, '인물' 본위의 파벌 간 싸움으로 일관했습니다. 선진사회와 후진사회의 차이점이기도 합니다.

이승만의 '반공'은 유독 치열했습니다. 반공주의는 실상 이념이 아닙니다. 적대관계를 설정하고는, '저쪽은 악이고 이쪽은 선이다. 따라서 악을 박멸해야 한다'는 이분법적 논리이며, 중세 십자군 같은 행동입니다.

‘제주 4·3사태’나 ‘여순반란사건’을 계기로 서북청년단이 대거 자유당에 입당하였습니다. 부실했던 당의 하부조직과 중간간부 기구를 보완했지만, 그만큼 더 폭력화되었습니다. 서북청년단은 북의 공산정권을 반대하고 월남한 사람들이 모인 단체였습니다. ‘이념’도 이념이지만 ‘원한’으로 똘똘 뭉친 집단이었습니다.

　고령의 이승만은 자기가 죽기 전에 ‘북진통일’을 완성하고 싶어했습니다. 그래서 권력의 영구화를 시도한 것이 ‘4사5입 개헌’이었습니다. 그는 자기의 길을 막아서는 상대 대통령 후보를 용서하지 않았습니다. 이런 독재 성향을 비판하던 야당도 무력화시켰습니다.

　그러나 미국이 감시의 눈을 돌리지 않았습니다. 의회민주주의는 복수정당제를 전제로 합니다. 야당을 말살할 수 없었습니다. 강력한 정부 여당과 허약한 야당. 자유당은 민주당에게는 상징적인 의석수만 허용하면서 자기들은 개헌선인 3분의 2 이상의 의석을 확보합니다.

　권력을 더욱 집중시키고, 그 막강한 힘을 비정상적으로, 비규칙적으로 행사합니다. 야당은 더욱 왜소해지고, 정부 여당은 더욱 절대적, 임의적, 폭압적으로 변합니다.

　컨센서스가 사라집니다. 정치라는 경기장에서 심판의 판정(선거결과)에 불복합니다. 불관용, 박해, 폭력, 고문이 난무합니다. 용서, 이해, 온정, 타협, 다원주의가 자취를 감춥니다.

　이런 현상은 아시아·아프리카의 후진국들에서 보편화하고 있었습니다. 뒤베르제 교수는 그의 저서 『정당사회학』에서 이를 ‘1 대 1/2 정당체제’라고 규정했습니다. 1은 정부 여당이고, 1/2는 나머지

UNIVERSITE DE PARIS

FACULTE DE DROIT ET DES SCIENCES ECONOMIQUES

LES PARTIS POLITIQUES SUD-COREENS

SOUS LE REGIME DE SYNGMAN RHEE

T H E S E

pour le Doctorat es-Science Politique

présentée et soutenue le

par

CHUNG Ha Ryong

Membres du Jury

M. Mauride DUVERGER - Président
M.   }
M.   } Suffragants
                      }

필자의 박사학위 논문.
경제적 어려움으로 415페이지 분량의 논문을 아내가 먹지를 넣고 타이프로 쳐 작성했다.

정치세력들입니다. 그는 또 다른 표현으로 '지배당체제'라고도 했습니다.

이런 현상이 가능했던 것은 아시아·아프리카의 미개발 지역에서 근절되지 않은 재래식 관습이나 의식 수준, 가난, 추장제 등이 민주주의에 역행하기 때문입니다. 맞지 않는 옷에 자기 몸을 억지로 맞추다 보니 생기는 어려움입니다.

'지배당 체제'는 후진사회의 재래식 구조를 빠르고 효과적으로 현대화시키는 첩경인지도 모릅니다. 일부 논자들은 박정희 개발독재가 그렇게 성공했다고 보고 있습니다. 그러나 고령의 이승만은 그러지도 못했습니다. 미래사회의 건설에는 관심이 없었습니다. 결국, 계속 심판의 판정을 무시하다가 퇴장당했습니다.

이상의 서술 내용은 나의 국가박사 학위논문의 세 논제 ① 이승만 시대 한국 정당의 역사학적·사회경제학적 접근, ② 그 조직구조의 특성과 문제점, ③ 프로그램의 분석 연구를 요약, 정리한 것입니다.

1950~60년대의 한반도

중·소대립과 김일성

중·소간의 견해차는 심각하였습니다. 예를 들면 1957년 11월 러시아혁명 40주년 기념행사 때 공동성명의 소련 측 문구 중 혁명에의 '평화적 이행'이라는 구절을 '무력에 의한 이행'으로 수정할 것을 모택동이 강력히 요구하여 관철했습니다. 소련공산당이 절대적 '큰형'임을 그만둔 순간입니다.

두 나라 간의 알력은 핵기술 문제로 더욱 악화하였습니다. 모택동은 끈질기게 핵폭탄과 잠수함 함대에 관한 기술 공여를 요구하였는데, 흐루쇼프의 대답은 한결같이 'No'였습니다. 그렇게 하면 미국이 서독이나 일본에 핵기술을 전수할 테고, 따라서 3차 세계대전의 위험도 높아진다는 이유였습니다. 모택동은 소련이 중국을 키우지 않으려는 저의로 해석했고, 우여곡절 끝에 중국이 자체 개발하고 소련이 기술 원조한다는 선에서 타협안이 채택됐습니다.

그러나 애당초 중국의 국력과 기술로는 핵의 자체개발이 무리였습니다. 5개년 계획안 중 농업부문을 핵 개발에 돌린 결과 1958년 약 2천만 명의 아사자가 중국에서 발생했습니다.

하는 수없이 모택동은 소련에게 재차 핵기술 공여를 요구합니다. 여전히 3차 세계대전 콤플렉스에 빠져 있던 소련의 대답은 부정적이었습니다. 모택동은 대로하여 '제국주의적 배타주의' '소련식 식민주의'라고 맹비난했고, 세계 미디어들은 중·소의 완전결렬이라고 보도했습니다.

모택동의 핵에 대한 집념은 특이했습니다. 지구인구(당시) 27억 중 반이 절멸하면 제국주의가 사라지고 사회주의만 남는다고 한 그의 소름 끼치는 말을 나는 지금도 기억합니다. 데탕트를 지향하던 그 시기의 소련과는 심각한 거리 차를 보여줍니다.

또 세계의 냉전 구도 속에서 소련의 관심 지역은 주로 유럽이었습니다. 그 증거로 극동에는 바르샤바 조약 기구 같은 소련 주도의 반자본주의 조직이 없었습니다. 이런 불균등 상황이 중·소 상호 간에 오해와 불신의 불씨로 남아 있었습니다.

중·소대립의 심화는 김일성에게는 기회였습니다. 8·15해방을 맞아 자기를 무명에서 일약 국가지도자로 만들어 준 소련에 김일성은 항상 머리를 들지 못했습니다. 한국전쟁의 개전, 수행, 정전에 이르는 전 과정에서 스탈린은 노골적으로 김일성을 무시했지만, 김일성은 스탈린의 지시에 무조건 따를 수밖에 없었습니다. 중공군

사령관 펑더회彭德懷도 대놓고 김일성을 평가절하하면서 어떻게든 김일성과 대립하던 연안파의 박창옥朴昌玉을 대신 앉힐 궁리를 하고 있었습니다.

소련 없이는 북한이 존재하지 않았을 것이고, 중공군의 한국전쟁 개입이 없었다면 아마도 지도상에서 북한은 사라졌을 겁니다. 북한 내의 소련파와 연안파의 발언권은 강했고, 김일성으로서는 반드시 넘어야 할 준령이었습니다. 김일성의 '빨치산 파'는 당권파이면서도 세력은 가장 왜소했습니다.

공산권에서는 김일성을 '리틀 스탈린'이라고 불렀답니다. 그 별명처럼, 그는 경쟁자들을 스탈린식으로 제거했습니다. 박헌영과 남로당 간부들을 미제간첩으로 몰아 처형했고, 그에게 가장 껄끄러웠던 소련파의 허가이許哥而는 면직당한 후 공식발표로는 권총으로 자살을 했다지만, 암살설이 유력합니다. 1953년의 일입니다.

남은 소련파와 연안파는 사대주의로 몰아세웠습니다. 그들은 실제로 사대주의를 업고 기회를 노리고 있었습니다.

김일성은 중·소 두 대국에 버티려면 '힘'이 있어야 한다고 생각했습니다. 그래서 중공업과 군수산업에 더욱 박차를 가하고 농업을 위시한 소비 분야를 비정상적으로 축소하였습니다.

평양의 소련대사관이 수상하게 여겨 모스크바로 보고서를 올립니다. 보고서에는 김일성이 '개인숭배'를 조성하면서 인민을 핍박한다는 내용이 자세하게 열거돼 있었습니다. 그러지 않아도 한참 개인숭배를 배척하고 있던 소련공산당 중앙위는 이를 심각하게 여겨 즉각 중앙위의 정식의제로 채택하여 김일성에게도 참석을 요구했습니다.

1956년 7월, 김일성은 소련의 신 지도부에게 설명 차 모스크바로 향했습니다. 항공이동을 기피 하는 김일성의 평양 부재 기간이 길어졌고, 그 기간에 소련파와 연안파 합작세력이 평양주재 중·소 대사관과 각기 연계하여 당 중앙위에서 김일성의 개인숭배를 공격했습니다.

그러나 '개인숭배'를 둘러싸고 중·소가 대립하기 시작한 때라 두 대사관의 협력 후원이 원만하지 못했습니다. 급보를 받고 급거 귀국한 김일성의 행동은 정교했습니다. 우선 당 중앙위에서 형식적인 자아비판을 한 후, 두 반란세력 간의 허를 찔러 9월 23일, 빨치산 파의 오진우吳振宇가 반김일성 세력을 일망타진했습니다.

쿠데타에 대한 역쿠데타였습니다. 평양에서 이 사건에 관여했던 한 소련 외교관의 증언에 따르면, 그 후 김일성의 당 장악은 완벽했다고 합니다. 이는 북한 역사에서 '8월 종파 사건'이라고 불립니다.

이 사건에 직접 휘말렸던 소련과 중국은 사태수습을 위해 두 거물 정치인 미코얀과 팽덕회를 각기 평양으로 급파했고, '범인'들의 선처를 요청했지만, 김일성의 응답은 대량숙청이었습니다. 이들에 대한 죄명은 '사대주의·종파주의'였습니다.

그 후에도 소련이나 중국과 관계가 있었던 당원들은 사대주의의 낙인이 찍혀 압박받았습니다. 그때 소련주재 북한 대사 이상호를 위시하여 소련 및 위성국가 내에 거주하던 북한인 중 상당수가 귀국을 거부하고 망명했습니다.

북한은 중·소를 향해 '대국주의적 배외주의'라고 공격했습니다. '8월 종파 사건'을 배후에서 조종했다는 힐난이었습니다. 우리 젊은 유학생들은 서방 저널리즘을 통해 이 사건을 지켜보면서 북한의 결기에 놀라워했습니다.

중·소를 향해 독자노선을 천명한 북한은 이때부터 '주체적 외교'를 공식화했습니다. 아직 이 무렵까지는 '주체'라는 낱말이 외교적 의미만을 가졌지만, 이는 후일 아주 독특한 '주체사상'으로 변형합니다.

어떻든 김일성의 독자노선은 중·소 대립이 첨예화한 틈새에서 가능했습니다. 실제로 자기를 '제조'한 소련도, 망국의 위험에서 '구해 준' 중국도 어찌할 수 없는 존재로 변해 있었습니다. 주한 미국대사가 좌지우지하던 당시의 남한과 비교하면서, 우리 유학생들은 이 사태를 착잡한 심정으로 바라보고 있었습니다.

4월혁명의 의의

북한에서 김일성 독재가 공고화되는 동안, 남한에서는 이승만 독재가 무너지고 있었습니다. 이승만의 정치 인생은 모순투성이였습니다. 독립투사였던 그는 상해임시정부에서 탄핵받았고, 미국에서는 안창호의 흥사단과 갈등을 빚다가 외톨이로 사실상 독립운동의 길에서 벗어났습니다.

해방 후, 대통령이 된 그는 반공 기지를 튼튼히 한 공을 세웠습니다. 다만 그 과정에서 '반일'을 자임하던 그가 친일민족반역자들까지 등용시키면서 민족성의 재창출이라는 해방공간의 시대정신을 크게 훼손했습니다.

국가지도자가 챙겨야 할 정통성 중에서 으뜸은 국민을 잘살게 하는 책무입니다. 이승만은 이 점에서도 무능하였습니다. 미국원조로 국가 예산을 편성해야 했던 정부 관리들은, 그 돈과 물자를 공정하게 사용하지 않았습니다. 그 결과가 부정부패였고, 세계 최빈국이라는 낙인이었습니다.

북한은 자유와 인권을 유린하면서도 경제성장을 서두르고 있었습니다. 이승만 정권은 경제성장도 못 하면서 자유민주주의를 짓밟고 있었습니다. 그는 부정선거를 일삼았습니다. 영국의 〈더 타임즈〉는 이를 보고, '한국의 민주주의는 쓰레기 더미에서 장미꽃이 피기를 기대하는 것만큼 어렵다'고 비꼬았지요.

두 번이나 헌법에 명기된 대통령 관련법을 힘으로, 불법적으로 고쳤습니다. '부산정치파동'과 '사사오입 개헌'입니다. 학생들이 3·15 불법 부정선거에 분노했습니다. 시민들이 가세했습니다. 이것이 '4·19'입니다.

'4·19'와 '5·16'을 혁명이라고 부르는 주장이 있지만, 둘 다 아닙니다. 혁명이란 쉽게 말하자면 민중이 부수고 없앤 그 자리에 새것을 세우는 겁니다. 4·19 때는 새것을 세울 중심세력이 없었고, 5·16 때는 민중의 참여가 없었습니다. 외국 언론에서는 4·19를 학생들의 '항거riot'라고 보도했고, 5·16은 명백하게 군사쿠데타였습니다.

그러함에도 불구하고 사회의식은 서서히 바뀌고 있었습니다. 미국발 경제원조와 의회민주주의의 이식은 젊은이들에게 알게 모르게 자유의 의식을 싹트게 했고, 동시에 교과서에서 배운 선한 민주주의와는 판이한 정치 현실을 악으로 보게 되었습니다.

이런 자각은 행동을 유발했고, 현대적 의미의 '인텔리겐치아'

를 급조하였습니다. 그러나 경제사회의 구조적 변동이 없었습니다. 이들을 뒷받침해 줄 수 있는 사회세력인 시민사회가 미처 형성돼 있지를 않았습니다. 4·19가 '미완의 혁명'일 수밖에 없는 이유입니다.

그래도 그 후 '5·16'이 추진한 경제성장의 길에서 우리나라에도 도시 시민 계급이 형성되면서 인텔리겐치아가 사회화합니다. 길고 고통스러웠던 '민주화'의 시작입니다. 이 점 '4·19'의 공로라면, '인텔리겐치아의 싹'을 키웠다는 것이겠지요.

4·19 후 많은 대학생이 진보세력을 대표하여 통일논의를 주장하고 나섰습니다. 이승만 정권 때는 금기 사항이었습니다. 서울대와 전국 10여 개 대학이 '민족통일연구회'를 발족시켰고, 몇몇 고등학교까지 이에 가담하였습니다. 보수계 인사들이 불안해했습니다. 사회안정을 해치고 반공 이념을 위협하는 이적행위로 본 것입니다. 장차 등장할 5·16의 주역들도 같은 시각을 가졌었습니다.

이런 물결은 유럽의 한국 유학생들에게도 파급되어왔습니다. 우리 사이에서 통일 논란이 활발해졌습니다. 이를 감지하였던지 평화통일을 호소하는 북한의 선전물들이 갑자기 쏟아지기 시작하였습니다.

군사 정변의 빛과 그림자 - 1

그때쯤 유럽의 미디어들이 한국에서 군사쿠데타가 임박했다고 보도하기 시작했습니다. 아예 기정사실화한 언론도 있었습니다. 젊었던 나는 동남아나 남미에서 독버섯처럼 번지던 '미국 CIA 제작의 군사 정권들'을 악으로 인식하고 있었습니다. 나치나 일본 군국주의는 인류살상의 대죄는 지었지만, 국력을 증강시키는 효율성을 증명했습니다. 그러나 당시 후진국에 세워진 군사정권은 하나같이 부패 무능하고, 국민만 괴롭히는 악의 화신이었습니다.

드디어 5·16쿠데타를 세계 언론이 보도하기 시작하였습니다. 〈르몽드〉에 박정희 인터뷰 내용이 며칠을 두고 연재되었습니다. 로베르 길랭Robert Guilain 기자는 기사 말미에서 후진국 최초의 성공한 개발독재의 예로 남을 수 있겠다고 조심스럽게 예측했습니다. 그리고 5·16거사에 미 CIA가 관여했다는 아무런 흔적도 보이지 않는다고 확인했습니다.

후진국에서의 군부의 역할론이 있습니다. 전쟁이 과학화하고 디지털화하는 시대에서 군대는, 신생국에서 수적으로 확보된 거의 유일한 엘리트집단입니다. 한국에서도 해방 직후의 창군 시절부터 군 간부들에게 군사영어학교에서 당시에는 유일했던 미국식 교육을 했습니다. 그 후에도 각 군의 사관학교들이 선진 커리큘럼을 갖고 교육 훈련했습니다. 종전 후부터는 다수의 장교들을 미국의 군사학교로 유학시켰습니다.

이러는 동안 민간대학들은 해방 직후의 혼란, 전란과 종전 후 한동안의 혼미상태가 연속되는 동안 질량 양면에서 국가 수요를 채우지 못했습니다. 이 기간에 징집해당자였던 많은 학생이 군에 입대했습니다. 그래서 군은 더욱 지성화知性化하였습니다.

그중 의식화한 고급장교들의 일단이 김종필 중령을 중심으로 불우했던 구 남로당 경력의 박정희 소장을 받들고 거사한 것이 5·16쿠데타였습니다. 5·16은 다른 나라의 모든 군사쿠데타와 다름없는 수순을 밟았습니다. 권력획득의 경위는 부당하고 비합법적이었습니다. 정상적인 정치 활동을 중단시키고, 모든 권력을 쿠데타 주체세력에 집중시켰습니다.

'혁명공약'은 두 가지 점으로 요약됩니다. ① 하루바삐 경제발전을 이루어 도탄에 빠진 국민을 구하고, ② 이 임무가 끝나는 대로 병영으로 돌아간다는 점입니다. 쿠데타의 정당성 성명입니다.

첫 번째 약속은 지켰습니다. 그러나 그 과정은 독재였습니다. 현대화로 급행하기 위해서는 '한동안' 자유·인권의 억압이 불가피하다는 주장이었습니다. 결과가 과정을 정당화한다는 개발독재의 마키아벨리식 정통성 논리였습니다.

두 번째 약속은 안 지켰습니다. 하긴 역사상의 모든 독재자가 '일시적'이라고 약속하지만, 권력은 아편 같아서 중독되면 못 떠났습니다. 나 아니면 안 된다는 환상에 사로잡힙니다. 집단의 연대의식도 작동합니다. 로마 때의 시저도, 20세기의 스탈린, 히틀러, 모택동도 다 마찬가지였습니다.

박정희의 경제 성공 비결은 시장원리와 계획경제의 혼합이었습니다. 케인스 이후 위기에 빠졌던 서구자본주의를 혼합경제체제가 살려냈다고 하지만, 카오스였던 한국경제를 중진국 반열에 올려놓은 것도 한국식 혼합경제 시스템이었습니다.

사실은 한국전쟁 직후 UNKRA(유엔한국재건단)가 이 점에 착안하여 7개년 경제개발계획(안)을 한국 정부에 제시한 바 있었습니다. 그러나 이승만은 계획경제가 공산주의의 전용물이라고 거부하였습니다.

장면 정권이 들어서자 이 안을 다시 받아들여 5년으로 단축 수정해서 실행에 들어갔으나 5·16쿠데타 때문에 무위로 돌아갔습니다. 그리고 박정희 정권이 다시 이 계획안을 끄집어내어 중화학 공업과 사회간접자본에 역점를 둔 '정부 주도형' 계획으로 재수정하였습니다.

이 계획의 수립과 집행에는 미국 유학을 마치고 돌아온 경제와 행정 및 이공계 전문가들이 참여했습니다. 이를 두고 유럽 언론은 총칼과 펜의 합작이라고 했습니다. 한국전쟁 직후 미국 유학 러시rush가 있었습니다. 그때의 유학생들이 공부를 마치고 돌아오기 시작한 시기였습니다. 이데올로기보다 효율성이 존중되는 미국에서 양성된 그들은 기능적 지식인이었습니다.

완숙한 지식을 갖춘 이 실용주의자들에게는 이념보다 그들이 핵심적으로 관여한 정책의 경과와 결과가 더 중요했습니다. 당시의 시대정신으로 떠오르던 통일문제에는 별로 관심이 없었습니다. 말하자면 5·16 주체에게는 최상의 동반자였습니다.

그렇지만 쿠데타 정권이 앞 정권들로부터 물려받은 대차대조표는 참담하였습니다. 경제발전에 시동을 걸려고 해도 연간 국민소득 60달러의 나라에는 저축이 없었고, 따라서 자본시장도, 금융시장도 존재하지 않았습니다. 여기서 전문가들의 지혜가 작동했던 것 같습니다.

박정희 정권은 집권 즉시 국내 굴지의 사업가들을 체포·구금합니다. 그리고 정권에의 복종을 서약받은 다음, 정부의 투자자원을 이들에게 나누어줬습니다. 그들은 쿠데타 세력에게 줄을 대야 했고, 이른바 '정경유착'이 시작됐습니다.

정부는 기업들에게 특혜를 주면서 기간산업, 사회 인프라, 수출산업 등에서 독과점을 허용하였습니다. 그리고 기업들은 그 답례로 정권에 정치자금을 헌납했고, 정부는 다시 기업들의 임금 부담을 덜어주기 위하여 노조를 탄압하였습니다. 전두환 정권까지 합한 군사독재 25년 동안 한국 사회는 완전히 노동운동의 불모지였습니다.

쿠데타 정권은 자본축적이 없었던 한국경제를 시동 걸기 위해 이렇게 인위적으로 재벌들을 키워 자본축적을 이루게 했습니다. 재벌들은 정부의 뒷받침으로 이익 창출의 속도를 최소한으로 단축하면서 한국경제의 '연 성장률 10%'라는 신화를 만들었습니다.

그러나 이런 무조건의 재벌 중심 시스템에서 중소기업들은 말라 죽고 노동자들도 도탄에 빠졌습니다. 사회의 허리와 다리가 병들었습니다. 더구나 고속공업화는 무리하게 노동력을 농촌으로부터 흡인했기 때문에 농촌이 피폐하고, 도농 간 균형이 깨졌습니다. 도시는 도시대로 변두리가 슬럼화했고, 경제사회의 기본균형이 무너졌습니다. 고속성장의 강한 빛은 그만큼 짙고 어두운 그림자를 도처에 드리웠습니다.

나의 스승 뒤베르제 교수는 늘 정치를 '야누스의 얼굴'에 빗댔습니다. 선과 악, 행과 불행, 정의와 불의가 빛과 그늘을 만들고 있다는 것입니다. 5·16은 야누스의 얼굴입니다.

군사 정변의 빛과 그림자 - 2

제1차 5개년계획(1962~67)은 야심차게 출발하였습니다. 단기적으로는 값싼 노동력으로 수출산업을 키우고, 장기적으로 기간산업과 사회간접자본에 중점 투자한다는 것이었습니다. 문제는 투자할 자본이 없었습니다. 해결책은 닫혔던 한·일 관계를 열어 일본의 자본과 기술을 도입하는 것이었습니다. 늘 대중국 봉쇄망인 한·미·일 삼각 동맹의 형성을 원하던 미국의 영향이 컸었지요.

36년간의 압박과 설움을 너무 싼값에 흥정했다는 비난이 쏟아져 나왔습니다. 그러나 군사 정권에게는 그 정도의 종잣돈이라도 있어야만 했습니다. 반일을 외치면서 학생들이 거리로 쏟아져 나왔고, 그 후 30년간 계속된 군부와 학생 간 대결의 막이 올랐습니다.

제2차 경제개발계획은 본격적으로 화학, 철강, 기계 등 중화학공업에 치중합니다. 그런데 초고속성장계획 때문에 자본이 계속 부족합니다. 이 곤경을 풀어준 계기가 베트남전쟁이었습니다.

미국이 개입한 국제전쟁터에는 막대한 달러가 난무합니다. 정부가 미국과 계약한 한국군의 월남파병은 연평균 5만 명이었고, 1965년부터 1974년 철수까지의 이득은 당시의 한국으로서는 어마어마했습니다. 그뿐만 아니라 전쟁특수를 따라 한국기업들도 진출했고, 이에 따른 노동력 수출도 대단했습니다. 1960년대 이후 한국 경제발전의 원동력이었습니다.

경제성장의 실제가 가시화하고 재벌들이 비대해지면서 성장과 분배의 논쟁이 벌어집니다. 유럽 선진자본주의 국가들은 성장과 분배를 그런대로 잘 배합해 나갔지만, 경직된 반공 국가인 우리나라에서는 '노동분쟁 곧 사회주의'라는 그릇된 인식이 짙겼습니다.

지속적인 경제성장을 위해서는 소득을 공정하게 분배함으로써 총소비량을 늘려야 한다는 경제의 선순환이 재벌들에게는 통하지 않았습니다. 수출형 중화학공업에 점점 특화해 가던 재벌들에게 국내시장은 그리 중요한 것이 아니었기 때문입니다.

슬금슬금 눈치 보며 시작했던 노동쟁의에 의식화한 학생들이 뛰어들었고, 이 '노·학 연대'는 아직은 폭발력이 없었지만, 언제 터질지 모르는 시한폭탄 같은 존재였습니다. 이 시기가 3차 5개년계획과 맞물렸습니다.

박정희는 1973년 신년기자회견에서 1980년대 초까지 수출 100억 불, 1인당 GNP 1,000불 목표를 발표했습니다. 그 당시 이 숫자가 아득하게 느껴지던 것이 생각납니다. 3차 경제개발계획 기간 내에 한국경제를 이륙시키겠다는 박정희의 결심이었습니다.

국제경제가 그리 좋아 보이지는 않았습니다. 금본위와 고정환율제가 무너지면서 세계 경제가 불안정해졌습니다. 국제유가의 폭등으로 오일쇼크가 일어났고, 오일달러를 거머쥔 중동에서 미증유의 건설 붐이 터졌습니다. 중동 러시가 일어나면서 한국은 계속 연 10%에 가까운 성장률을 기록했습니다.

베트남과 중동은 한국경제발전의 두 기폭제였습니다. 서유럽이 150년 걸린 산업화를 한국은 15년에 이루었다고, 내가 알고 지내던 프랑스 경제인들이 찬탄했습니다. 박정희의 통치 기간 내내 한국 사람들은 매사에 '빨리빨리'라는 구호 아래 숨 가쁘게 달렸습니다. 군사문화가 국민을 떠밀었습니다. 박정희의 '선진국 따라잡기'의 집념이었습니다.

3차 5개년계획이 끝나면서, 박정희의 약속대로 한국경제는 이륙했고 상승비행에 돌입했습니다. 이제는 개발독재의 종료 타이밍을, 적어도 그 스타일의 변경만이라도 재검토할 때였습니다.

경제발전은 중산계급을 늘리고 노동자들은 계급화합니다.

이런 경제 사회적 토대의 변동은 숙명적으로 자유의 물결을 일으킵니다. 이제부터 독재를 조정하고 '정상적인 민주국가'로 전환했어야 합니다. '혁명공약'에서 약속한 대로 임무가 끝난 박정희는 은퇴했어야 합니다.

그러나 박정희는 그러지 않았습니다. 역사상의 모든 독재자처럼 무대에서 내려오기를 거부했습니다. 그는 오히려 더 극한의 독재인 '유신체제'를 선포했습니다. 빗발치는 반대의 소리를 죽이려고 계엄령을 선포했고, 비상 조치령을 남발했습니다.

그러나 그 엄혹한 유신통치도 1973년 10월 2일, 서울대생들의 첫 유신반대 시위로 균열이 생겼습니다. 그 후 대학가와 종교계, 지식인들의 반유신 투쟁이 끊임없이 이어지자, 박정희는 그때마다 급을 올린 초법적 '긴급조치'들로 대응했습니다.

1979년 10월에는 부산과 마산에서 민중 주축의 '부마항쟁'이 일어났습니다. 이에 유신정권은 수명이 다한 '긴급조치'보다 군대가 무력으로 개입하는 계엄령을 선포할 수밖에 없었지만, 결국 우리 현대사의 흐름은 '박정희의 피살'과 '유신체제의 붕괴'로 매듭지어졌습니다.

유신정권 시절, 박정희를 만난 일이 한 번 있습니다. 내가 전경련 산하 '한불경제협력위원회'에 관계하고 있을 때, 한국을 방문한 프랑스 경제계의 거물급 인사 네 명을 포스코에 안내한 일이 있었습니다.

그런데 박태준 회장과의 회담 도중 사전 통보 없이 박 대통령이 그 자리에 왔습니다. 나는 박 대통령과 프랑스 경제인들과의 즉석 모임에서 통역을 맡았습니다.

프랑스인들은 그들 특유의 유머와 웃음을 섞어가며 한국 대통령의 마음에 들려고 애쓰는데, 문제는 대통령이 웃음에 인색하였습니다. 그래도 입가에 살짝 웃음을 띠었습니다. 그러나 그의 작은 두 눈은 계속 상대방을 뚫어지게 응시하고 있었습니다. 독재자의 섬뜩한 모습이었습니다.

노동쟁의가 가시화하고 있었습니다. 노동자 수가 많아진 것은 박정희 자신이 성공시킨 경제발전의 부수적이고 필연적인 결과입니다. 박 정권은 이 자연법칙을 무시하고 계속 고용주 편만 들었습니다. 중재나 타협이 없었습니다.

YH무역 사건이 그랬습니다. 적자를 핑계로 일방적으로 폐업하려는 회사에 대한 저항이었지만, 근저에는 계속 흑자를 올려도 임금은 여전히 최저수준에 머물렀고, 최악의 노동조건도 전혀 개선되지 않는 데 대한 여공들의 반란이었습니다. 유신 치하에서는 있을 수 없는 일이었습니다. 전국적인 충격이었습니다.

곧이어 창원·마산 공업지대의 노동자들과 부산의 의식화 학생들이 연대한 '부마사태'가 폭발합니다. 이것은 'YH 사건'과는 차원이 다른 폭동입니다. 유신체제를 겨냥한, 대통령 박정희의 퇴진을 요구한 반란이었습니다.

박정희의 비극은 자기 자신이 진두지휘한 경제성장의 강력한 빛에 눈이 멀어, 그 빛이 만든 그늘 속을 보지 못했다는 것입니다. 결국, 간언하던 최량의 막료 김재규의 손에 죽임을 당한 '시저와 브루터스'의 재연이 벌어졌습니다.

남·북한의 체제경쟁

전쟁이 멎었을 때, 남북한은 각기 폐허가 된 나라를 재건하는 일이 시급했습니다. 미국은 한국 부흥에 필요한 물자를 일본에서 조달하는 것이 합리적이라고 생각했습니다. 그것은 동시에 한·미·일의 대중국 봉쇄망을 구축하는 일이기도 했습니다.

그러나 반일의 이승만은 과거의 식민지경제를 부활시킬 소지가 있다고 극력 거부했습니다. 오히려 탈식민지화를 위한 일정 기간의 한·일 국교단절을 주장했습니다. 우여곡절 끝에 미국만의 원조로 부흥사업이 시작했을 때는 이미 북한보다 많이 뒤졌습니다.

반대로 북한의 복구 작업은 빨랐습니다. 소련과 동유럽으로부터 물자는 물론 기술자들의 지원까지 받으면서 한국을 앞질렀습니다. 그 결과 1961년의 제4차 노동당 대회를 '승리자 대회'라고 자축하였습니다. 국내 반대파의 숙청에 이은 김일성 독재의 완수였고, 남한보다 우월한 체제실적을 올렸다는 의미였습니다.

전쟁은 끝났어도 남북한은 포성 없는 체제전쟁에 돌입하고 있었습니다. 그리고 세계는 이를 두고 남북 간 체제의 '쇼윈도우' 경쟁이라고 불렀는데, 한국은 이미 많이 뒤처져 있었습니다.

이런 상황 속에서 1961년 5월 16일 군사쿠데타가 돌발했고, 군사정권은 조속한 산업화를 위해 개발독재를 실행하겠다고 선언하였지만, 워낙 남북 간 격차가 컸던 터라 1960년대 내내 북한의 뒷모습만 바라볼 뿐이었습니다.

군사 면에서도 주한 미군의 덕으로 북한과의 균형은 유지하고 있었지만, 남한 단독으로만 비교하면 북한이 우세하였습니다. '방어적 반공'이라는 인식을 지울 수가 없었습니다.

이승만과 박정희의 외교 안보정책은 많이 차이가 났습니다. 이승만은 다분히 감정적이었고, 박정희는 실리적이었습니다. 박정희 정권의 한·일 국교 정상화와 베트남 파병은 실용주의의 본보기입니다.

뒤떨어져 있던 남북 체제경쟁에서 불가피한 선택들이었습니다. 해방 직후 미국의 끈질긴 설득에도 불구하고 일본의 경제원조를 거부했던 이승만과 분명하게 대조됩니다.

남북 체제경쟁에서의 만회는 국가의 절대적 급선무였습니다. 경제적으로 강한 쪽이 상대방을 흡수한다는 논리가 명백했기 때문이지요. 그렇다고 한국 사회 모두가 박정희의 한일국교 정상화와 베트남 파병이라는 두 선택에 동의했던 것만은 아닙니다. 오히려 반대기류가 강했습니다.

다만 박 정권의 실용주의를 대체할 현실적 대안이 없었던 것입니다. 그래서 박 정권은 그의 두 선택을 국민적 최대공약수의 합의라고 주장하면서 반대세력을 억압하였습니다.

박 정권으로서는 체제경쟁에서의 현저한 낙오를 빨리 만회했어야 합니다. 점진적인 만회로는 안 되었습니다. 그럴 여유가 없었습니다. 그래서 정부 주도형 계획경제는 미국과 일본의 자금과 기술을 바탕으로 드라이브가 걸렸습니다.

이런 추이에 대해서 북한은 강한 경계심을 보였습니다. 한·미·일 삼각 방위체제에 대한 의구심입니다. 때마침 중·소 대립은 갈수록 격화해져 더는 북한의 안보를 그들에게만 맡길 수 없다고 판단한 북한은 경제정책을 자립 안보 쪽으로 수정 변경하였습니다.

자원을 군사 분야에 우선 배분한 '4대 군사 노선'입니다

이 노선변경은 큰 변수를 낳았습니다. 1961년에 시동했던 그들의 경제발전 제7차 계획이 차질을 빚은 것입니다. 1966년, 계획이 진행 중이었지만 최종목표치 달성을 위해서는 3년을 더 연장해야 했습니다. 이 실패의 원인은 중·소 대립으로 인해 공산권으로부터의 경제원조가 줄었기 때문이기도 했지만, 그보다는 한정된 자원을 민생보다 무리하게 군사에 돌렸던 '4대 군사 노선'이었습니다.

북한경제가 하강하기 시작하는 변곡점은 1970년 전후부터 나타나기 시작하였습니다. 그러나 내가 아직 프랑스에 체류하던 1960년대 초·중반까지는 북한이 남한보다 많이 앞서고 있었습니다. 북한과 일체의 교섭을 끊은 채 '대화 없는 대결'만을 고집하던 남한 당국과는 달리 북한은 통일문제에서 보다 적극적이고 자신만만하였습니다.

북한은 유럽의 한국인들, 특히 유학생들에게 집중적인 선전 공세를 펴왔습니다. 조국의 초라한 모습만이 뇌리에 남아 있던 우리에게 북한의 부흥상을 알리는 고질의 칼러 사진 잡지는 신선한 자극이었습니다. 고생 많이 했겠다, 우리 민족도 마음먹고 하면 되는구나… 우리가 젊을 때는 우리 민족이 게을러서 못산다는 자괴감에 빠져 있었는데…

궁금한 것도 많았습니다. 공산주의 경제의 저효율은 구조적으로 낮은 생산성 때문인데, 어째서 북한에서는 선기능을 갖는 걸까? 그 유효기간은? 개발독재에서의 개인숭배의 역할은? 남북한의 경제사회와 그 의식구조가 점점 이질화하고 있는데, 통일은 어떻게 가능한 것일까? 등등 수많은 의문이 뒤따랐습니다.

저항감도 있었습니다. 내 핏속에 흐르는 자유의 의식입니다. 한국전쟁을 겪으면서 착근한 의식입니다. 또 프랑스에서 유학한 사람들은 설사 좌편향 했더라도 자유에 대한 집착이 강한 편입니다. 프랑스대혁명의 영향일 겁니다.

내일의 자유를 위해 오늘의 인권을 포기하고 살라는 주장도 넌센스 같았습니다. 공산주의자들은 '형식적 자유'보다 '실질적 자유'를 추구한다지만, 그 '실질'이 내가 죽고 난, 먼 훗날을 위한 것이라면 그 실질의 의미는 무엇일까?

그들의 통일 공세가 끈질겼던 반면 남한 정부는 '몰교섭'으로 일관했습니다. 남북 간의 경제적 불균형이 대화 자체를 불가능하게 했지요. 흡수통일의 리스크 때문이었습니다.

그래도 우리는 재통일을 위해 남북 쌍방 간의 '공감 지대'를 만들어야 한다고 생각했습니다. 공감의 전제는 상대방에 대한 지식과 이해일 것입니다. 절대적 단절상태를 뚫는 역할이 우리에게 있다고, 재유럽 유학생 다수가 공감하고 있었습니다. 그렇게 동베를린 소재 북한대사관과의 접촉이 시작되었습니다. 유럽에서는 이데올로기의 무게도 가벼웠고, 동·서 베를린 간의 왕래도 편했습니다.

그로부터 60년이 지난 오늘날, 분단상태는 그대로지만 남북 간 체제경쟁의 양상은 완전히 뒤집혔습니다. 우리나라는 세계 10위권 내의 선진국이 됐고, 북한은 최빈국 대열로 후퇴하였습니다. 특정한 역사의 한 시점에서 가졌던 가치판단의 기준이, 60년 후 보다 더 길고 넓은 역사의 범위 속에서 갖게 되는 가치판단의 기준과는 많이 달라졌습니다.

그렇다고 하더라도 몇십 년 전 그 '특정했던 역사의 시점'에서 취했던 우리 행동의 역사성마저 부정할 수는 없을 겁니다. 그때 우리는 북한을 꼭 알아야만 했고, 그들과의 대화도 가능하다고 생각했습니다. 그것이 옳다고 생각했습니다. 그들과의 접촉을 '역사성'이라고 확신했습니다.

개인적인 위험부담까지 각오하고 있었습니다. 바둑판에서 '사석捨石'의 의미는 중요합니다. 2006년의 동백림사건에 대한 진실화해위원회의 진상 규명의 의미이기도 합니다.

8장

철의 장막을 넘다

　　20세기 중반에 접어들자 이 지구상에서 '순수하고 진실한' 자유민주주의 국가를 보기 어려워졌습니다. 서유럽에서도 정권을 평가할 때의 기준이 시민의 자유보다는 정치의 능률이었습니다. 신흥 후진국에서는 고속성장을 서두른 나머지 인권침해나 자유의 억압을 어쩔 수 없는 '필요악'이라고 합리화하였습니다.

　　1930년대, 멸망의 위기에까지 몰렸던 자본주의는 사회주의적 수술을 거치면서 살아남았습니다. 사유재산과 국가재산을 적정하게 분배한다든가, 사회복지제도를 보편화한다든가, 교육을 국유화한다든가 하는 과정에서 겨우 자유민주주의의 골격을 수호할 수 있었습니다.

　　이렇게 유럽 자본주의가 압도적 규모의 자산을 국영화했기 때문에 사유재산에 대한 국가의 간섭도 자연히 강해졌고, 사회민주주의 세력이 유럽 각처에서 집권하게 됐습니다. 순수한 자유민주주의는 사라졌습니다.

동시에 자본주의사회 내의 모순들은 완화되어 혁명의 가능성도 현저하게 약해지고 있었습니다. 따라서 우리나라 유학생들도 공산주의에 대한 혐오감이나 기피증에서 벗어나 있었습니다. 이런 즈음에 북한의 선전간행물들이 살포되기 시작하였습니다.

조국 통일에 대한 자각

시앙스포 졸업이 가까워지면서 나의 일상생활은 강의실과 도서관에 집중되었고, 그래서 나는 파리의 한인사회와도 멀어졌지만 몇 사람 예외가 있었습니다. 그중 한 사람이 노봉유였습니다.

노봉유는 우리 집 가까이에 살았습니다. 자연히 대학식당에서 자주 만났고, 그의 중국인 부인과 함께 일상적으로 교류하는 사이였습니다. 아이가 없었던 그는 넉넉하지 않았던 형편에서도, 나의 첫딸 승은이를 무척 귀여워해서 인형을 비롯하여 많은 장난감과 아동복을 자주 선물했습니다. 두 살짜리 승은이가 늑막염으로 입원했을 때는 아이 곁에서 매일 한두 시간을 지켜보았습니다.

도불渡佛 전부터 알았던 그는 나의 대학 선배로 파리의 명문인 전자통신대학에서 수학한 수재입니다. 그 시기에 이미 IT를 전공한 선각자였습니다. 제물포고등학교 재학 때는 월반도 했고, 서울대 문리대 수학과 재학 중에 그는 '수학 천재'의 명성을 달고 다녔습니다. 이공계 전공이면서도 정치사회학이나 예술 분야에도 깊은

정하룡 회고록 | 나의 20세기 |

관심을 가졌던 사람입니다.

노봉유의 동갑내기 친구 박협은 국제법 박사로, 파리에서 국제 변호사를 겸했던 면도날 같은 두뇌의 소지자였습니다. 나의 경기고와 서울대 선배입니다.

전술한 바 있는 김석년은 초등학교, 중·고등학교, 서울대학교뿐 아니라 낭시대학에서도 같이 공부한 평생 친구이고, 정성배는 서울 문리대 1년 선배이자 같은 '낙산회' 회원이었습니다. 그는 문리대 학생회장이었습니다. 방준은 나의 서울대 2년 후배였지만, 같이 시앙스포에서 국제관계학을 전공했습니다.

이들은 언어와 기초지식의 부족, 그리고 유급 위주의 프랑스 대학 시스템 때문에 한국 유학생들이 고생하던 시기에, 몇 안 되는 '제대로 공부한' 한국인들이었습니다. 셋이면 셋, 다섯이면 다섯, 학생식당에서 우연히 만나면 북한선전물에 관해서, 조국 통일에 대해서 의견을 교환하곤 했습니다.

그러다가 자연스레 주말에 자주 만나기 시작했지만, 모임이 정형화한 것도, 의무적이지도 않았습니다. 동백림사건 때 검찰은 나를 포함하여 위 6명의 모임을 '6인 위원회'라고 적시하면서, 이를 북한 연락부의 직속 '조직'이었다고 기소했습니다.

'6인 위원회'란 중앙정보부가 조작한 허구입니다. 여섯 사람 중 정성배와 김석년은 자유민주주의 신봉자들이었습니다. 우리가 만나던 시기와 동백림사건에서 특정했던 시기와는 전혀 맞지 않습니다. 그저 후진국 인텔리들의 토론 모임일 뿐이었습니다.

그 내용은, 시급한 후진성 탈피와 자유민주주의의 병존 문제였습니다. 남한에서 자유민주주의는 무조건 수호해야 하는 '반공'과

동의어였지만, 군사정권의 개발독재는 자유민주주의를 심하게 제약하고 있었습니다. 곧 자유민주주의를 외치면서 자유민주주의를 짓밟고 있었습니다. 여기서 실질적 자유와 형식적 자유라는 두 개념이 모순 속에서 얽힙니다.

당시 서유럽은 1930년대의 대공황을 극복하면서 그런대로 건투하고 있었습니다. 마르크스가 예언했던 자본주의의 '필연적' 붕괴는 일어나지 않았습니다. 그러면서 '반공'의 이념적 특성이 사라졌습니다. 그러나 한반도에서는 남북을 가르는 기준이 여전히 '자유'였기 때문에 우리의 화제는 '자유'라는 개념을 해석하는 데 집중되었습니다.

우리는 모두 진보 지향적이거나 합리적 보수였습니다. 극단적 보수주의는 과거에 머무르는 역사적 반동으로 봤습니다. 거기에는 미래에 대한 예언이 없습니다. 그런 '보수'는 이 결점을 보완하겠다고 극좌에서 빌려온 '전체국가Etat total'라는 개념을 덧칠해서 '전체주의 국가Etat totalitaire' 속으로 국민을 몰아넣었습니다. 우리는 5·16 정권을 그렇게 봤습니다.

케인즈의 출현으로 세상이 많이 달라졌습니다. 자본주의 선진국들이 계획경제를 택하였습니다. 노동을 생산력의 한 축으로 보기 시작했습니다. 공산주의자들이 추구하던 많은 것들을 '자유민주주의의 힘'으로 이루어냈습니다. 역으로 말하면, 수정주의로도 경제발전이 가능하다는 겁니다. 그래서 '이데올로기의 종언'이 예고된 겁니다.

그러나 위에서 논급된 것은 그 당시 우리가 체류하고 있던 서유럽의 현상입니다. 우리가 살아가야 할 대한민국은 전혀 다른 모습이었습니다. 한국에는 자본주의를 이식할 수 있는 토양이 없었습니다. 우리는 토질개선부터 해야 한다고 의견을 모았습니다. 그 방법이 바로 개발독재였습니다. 경제발전이라는 명제 앞에서 개인의 자유는 당분간 유보해야 한다는 뜻입니다.

여기서 딜레마가 발생합니다. 헌법으로는, 대한민국은 자유민주주의 국가라야 합니다. 그것은 개인의 운명의 자기 결정, 부르주아적 시민성의 실현 및 과학과 인간조직의 성과로 통해져야만 합니다.

그런데 개발독재는 이런 가치들을 억제하는 기능을 필수로 합니다. '5·16 정권'의 개발독재를 수긍하면서도 자유민주주의의 훼손은 인정 못 하겠다는 이율배반이었습니다. 우리는 몇 번이고 만나 토론해도 합의에 이르지 못하고 결론 없이 헤어지기 일쑤였습니다.

우리는 알제리 문제도 토론했습니다. 바로 당시 현재진행형으로 전개되던 신흥국가의 모델이었기 때문입니다. 알제리 정부는 독립선언과 동시에 사회주의 인민공화국임을 선포하였습니다. 부메디엔Houari Boumedienne은 대통령과 유일 정당의 당수를 겸직했습니다. 명백한 독재의 선언입니다.

그 결과 수많은 사람이 해외로 망명했거나 지하로 숨어버렸습니다. 현 대통령과 프랑스 감옥에서 함께 고생했던 옛 동지들이 이제는 해방된 조국의 감옥에서 신음하고 있었습니다. 나의 친우 레잘라도 그중 하나였습니다.

레잘라가 파리에서 지하운동을 할 때(나중에 알았지만), 가끔 지껄이던 삼단논법이 있었습니다.

"교수대가 없는 혁명 없고, 혁명 없는 민족해방 없다. 고로 민족 해방의 길은 반드시 교수대에 이른다."

끊임없이 다가오는 의문이 하나 있었습니다. '민족의 자유'와 '시민의 자유'는 그 뜻이 어떤 때는 상반되는데도 왜 똑같이 '자유'를 달고 있을까? 신생국가에서는 '민족의 자유'가 실현될 때 '개인의 자유'는 오히려 잃어지기 쉬운데.

'민족의 자유'와 '개인의 자유'라는 두 개념을 한반도의 과거, 현재, 미래에 결부시켜 많은 토론을 되풀이했습니다. 80년 가까이 별거하면서 크게 이질화한 두 인간집단을 다시 하나의 '국민국가'로 재결합해야 하는 것이 민족적 과업입니다.

이때 마르크스의 개념과는 좀 다른 뜻의 '실질적 자유'와 '형식적 자유'라는 문제에 봉착하게 됩니다. 통일되어 남북한 사람들이 하나의 법률을 따르고 같은 의무와 권리를 누리게 되더라도, 이들의 실제적 반응은 상이할 수 있습니다. 그들의 과거 습관이나 기준에 따라 국가에 대한 인식이 다를 것이기 때문입니다.

그리고 과연 실질적 자유, 즉 내가 '그렇다고 실감하는' 자유가 얻어질까요? 실질적 자유는 꼭 법률에 의해서만 얻어지는 것이 아닐 것입니다. 보다 더 전통적인 사회관습이나 인간관계에 의하는 바가 클 것입니다.

둘이 헤어졌다가 다시 합치려면 서로 간에 합의가 있어야만 합니다. 그런데 그것이 그렇게 어려워 보이네요. 양쪽에 다리를 놓는 일, 그것은 우리 세대가 해야 할 일이라고 여섯이서 굳게 다졌습니다. 그 방법에 대한 인식은 다르더라도.

분단체제를 깨기 위하여

이 시기 우리는 고국에서 일어난 4월혁명에 촉매 되어 농도 깊게 정치화하고 있었습니다. 때맞추어 북한의 선전 공세가 강도를 높였고, 우리는 더욱 통일문제에 민감해졌습니다. 특히 선전 화보들이 인상 깊었습니다. 중화학공업의 공장들과 수리冰利와 관개시설이 잘된 농촌, 기계로 경작하는 농민들의 사진은 마치 내가 꿈꾸던 신흥국 개발의 표본 같았습니다.

남북 간 경제력의 격차를 실감하였습니다. 그래서 통일에의 도정이 어렵다고 생각했습니다. 왜냐하면, 분단국가의 재통일은 반드시 경제력이 우수한 쪽에서 주도할 것이기 때문입니다. 그래서 새로 집권한 남한의 군사정권은 '선 건설, 후 통일'의 구호 아래 북과의 접촉을 엄금하였습니다.

그렇다고 분단상태가 오래 방치된다면 통일의 전망은 더 어두워질 것이었습니다. 날이 갈수록 이질화하는 두 사회체제 간에 몰이해와 불신의 벽이 점점 더 높아질 것이기 때문입니다.

우리 여섯 명은 이 점에 공감하면서, 미래세대의 주역인 우리의 역할이 무엇일까? 비록 남북 간의 공식통로는 막혔지만, 이곳 유럽에 혹시 서로를 알고 이해할 수 있는 비공식 통로의 가능성이 있지 않겠나? 그런 생각들을 해 보았습니다.

이럴 즈음, 서독의 우리 유학생 중에서 동베를린의 북한대사관에 갔다 온 사람들이 있다는 풍문이 돌기 시작했습니다.

동·서독도 우리처럼 이념대립을 하고 있었지만, 남북한처럼 완전분단 상태는 아니었습니다. 동독에는 탈 스탈린의 여파가 밀려와,

스탈린주의자인 호네커Erich Honecker에 반대하는 세력이 형성돼 있었습니다. 전쟁을 겪지 않았던 동·서독 간의 경계선은 우리보다 느슨해서 잘 사는 서독을 향해 탈출하는 동독사람들이 나날이 늘고 있었습니다.

동·서독 간은 우리처럼 몰교섭이 아니었습니다. 여러 레벨에서 대화가 이어지고 있었습니다. 그리고 그 중심에 사민당社民黨이라는 중간 이데올로기의 수권정당이 있었습니다. 빌리 브란트 같은 탁월한 정치지도자들이 있었습니다.

또 서독 내부정치에는 다원 민주주의를 실천하는 기민당基民黨이 있었습니다. 오로지 일당독재를 지향하던 당시의 한국 정치풍토와는 크게 달랐습니다.

우리는 한국에 돌아가면 '한국형 사민당'을 만들자고 입을 모았습니다. 서유럽에서 지극히 당연한 발상이 남한의 반공 전체주의 아래서는 힘든 일일 것이라는 점을 알면서도 4·19 때 태동한 한국 인텔리겐치아의 집단지성을 믿어 보자는 것이었습니다.

여러 차례 언급하지만, 구미의 학계나 언론계 일각에서는 '이데올로기의 종언'을 예지하고 있었습니다. 그런데 남북한은 이데올로기의 틀에 갇혀 극한투쟁을 합니다. 어느 쪽도 이데올로기가 죽어가고 있다는 이 역사의 진실을 알려고 하지 않았습니다. 오늘날까지도 그렇습니다. '중간'이 필요한데, 중도주의는 양쪽으로부터 기회주의나 배신으로 몰립니다.

그 당시 국제관계에 새로운 징조가 나타났습니다. 얼어붙었던 미·소 냉전 구도가 조금씩 해동하기 시작했습니다. 한편 북한은 중·소대립의 틈을 타 독자노선을 걷기 시작했습니다. 우리도 사대주의에서 벗어나 미국에 'No'할 수 있어야 한다고 생각했습니다.

너무도 수직적인 한미동맹에 묶여 한국은 '외교무대'를 갖지 못했습니다. 미국의 적은 곧 우리의 적이었고, 대부분의 아시아 국가들이 '반둥회의'를 통해 반제국주의와 중립주의를 표방할 때도 우리 편에는 오직 대만과 남베트남만 있었습니다. 북한은 반둥회의에 참여했습니다.

미국인들은 소련의 위협에 맞서 자유 국가들을 지켜주는 수호신이라고 자부하지만, 아시아 지식인들은 미·소의 싸움은 아시아와 전혀 관계가 없기 때문에 중립을 지켜야 한다고 주장합니다.

우리 여섯 사람도 그랬지만, 프랑스에서 공부한 사람들은 대개가 미국을 좋아하지 않았습니다. 프랑스인들의 염미厭美는 유명합니다. 그리고 일반 시민들보다 프랑스의 지식인들이 더 반미적이었습니다. 사르트르는 한국전쟁에 대한 그의 반미 공격에서 모든 혐오, 증오, 번뇌를 미국 탓으로 돌렸고, 많은 젊은이와 함께 나도 이에 공감하고 있었습니다.

나의 반미주의는 다분히 감상적이었습니다. 정의에의 관심이나 심리적 전염 같은 측면도 있었겠지만, 남한의 인텔리로서 미국을 흠잡고자 하는 바램도 있었습니다. 한반도의 운명이 일방적으로 미·소에 의해 결정됐다는 데 대한 굴욕감과 저항심 같은 거 말입니다. 그런데 소련은 멀고 미국은 옆에 있으니, 미국의 흠이 더 잘 보였던 거지요.

한국은 동양문명의 근원지인 중국과도 절연상태에 있었습니다. 바로 10년 전 적국으로 싸웠으니 당연한 것 같지만, 서유럽 대부분의 나라가 앞다투어 중국과 국교 정상화를 서두르던 시기에 미국의 품 안에서 냉전의 고아로 남는다는 것이 심각한 오류로 느껴졌습니다.

1960년대까지 남북한은 상호 접촉 없이 서로 자기만이 배타적 정통성을 갖는다고 주장하고 있었습니다. 한반도 전체에 대한 전통성 말입니다. 그래서 서로를 '괴뢰'라고 불렀습니다.

남북분단 후, 20년이 지나 각기 이질적인 체제가 굳어지는 가운데 점점 더 상대방을 '이물'로 인식하게 되고, 더욱 철저해지는 남한의 몰교섭원칙 때문에 상대방에 대한 정확한 정보입수가 불가능해졌습니다.

이런 상태가 더 계속된다면 그건 통일에 대한 심각한 저해가 됩니다. 그래서 나는 엉뚱한 '상상력'을 발동했습니다. 공식통로가 막혔으면 비공식 통로라도 뚫어야 하겠다는 모험심이었습니다.

사고思考의 진가는 인생과 운명에 도전할 때 비로소 얻어집니다. 그러나 어떠한 경우도 희망에 차 있지 않으면 그 사고는 무의미합니다. 나도 동베를린에 가 봐야겠다는 고민에 사로잡혔습니다. 인간은 자기가 놓인 상황 속에서 무엇을 할 것인가, 스스로 결정할 자유를 갖습니다.

이때 나는 고립된 존재가 아니라 집합적 상황에의 관여, 곧 앙가주망을 하는 것입니다. 노봉유와 의논했습니다. 그제야 그는 유럽에 유학 중이던 그의 고등학교 후배의 매개로 이미 한 번 갔다 왔노라고 털어놓았습니다. 아내와도 의논했습니다. 뜻밖에 그녀도 반대하지 않았습니다. 1962년 1월 13일, 노봉유와 함께 동베를린으로 출발하였습니다.

동백림의 북한 대사관을 방문하다

서베를린에서 전차를 타고 가다가 프리드리히 슈트라세라는 역에서 내렸더니 우리는 이미 동베를린에 들어와 있었습니다. 너무도 어이없는 '철의 장막'이었습니다.

노봉유의 전화를 받고 나온, 까만 세단에서 내린 두 중년 남자가 미소지으며 다가왔습니다. 키가 작고 땅딸한 사람이 이원찬이었습니다. 나중에 알았지만, 그는 서유럽 내에 거주하는 남한사람들에 대한 공작책임자였습니다. 정씨 성을 가진 중키의 또 한 사람은 그의 보조원이었습니다.

우리가 탄 차는 동베를린의 넓은 가로를 주행한 후 한산한 주택가의 북한대사관에 도착했습니다. 가는 도중 주마간산走馬看山 격으로 본 동베를린의 시가 풍경은 서유럽의 도시들과는 전혀 달랐습니다. 상가가 없었고, 따라서 광고물들도 보이지 않고 규격화된 아파트만이 연립하고 있는 가운데를 관통한 대로에는 자동차들이 드문드문 보일 뿐이었습니다.

보도에는 비슷한 복장을 한 보행자들이 이따금 눈에 띌 뿐 파리나 런던, 아니 바로 옆에 붙어 있는 서베를린의 번잡함, 시끄러움, 거리를 메운 자동차의 대열 등과 같은 인간의 삶이 거세된 회색빛 도시였습니다. 그저 여기저기 호네커의 초상화와 사회주의 선전 구호가 적힌 현수막이 걸려 있는, 멋없이 잘 정돈된 공산주의 나라 풍경이었습니다.

그날이 공휴일이었던가 봅니다. 대사관에는 인기척이 없었고, 우리는 빈 응접실에서 차를 마시며 4~5일간의 체류 스케줄에 대해

설명을 들었습니다. 노봉유는 이원찬과 함께, 나는 정 지도원의 안내로 각기 다른 곳으로 격리되었습니다.

내가 안내된 곳은 교외의 넓은 밭을 끼고 있는 아파트촌이었습니다. 30대로 보이는 북한 여인이 서너 살쯤 되는 여아와 함께 나를 맞았습니다. 아마 대사관 직원의 부인으로 동베를린을 방문하는 남한사람들의 신변접대를 위해 훈련된 사람이고, 아파트는 밀봉교육장일 것이라고 짐작했습니다.

언제나 웃는 얼굴로 나를 자유롭게 '방치'하면서도, 자기의 존재를 항상 내가 느끼게 만드는 말수 적은 아주머니였습니다. 그 후에도 수차 내가 동베를린에 갔을 때마다 그 여인이 같은 아파트에서 나를 기다리고 있었지만, 밥상 차려줄 때 몇 마디 하는 것 외에는 별로 대화한 기억이 없습니다.

내가 묵었던 방에는 북조선의 공식 마르크시즘 이론 서적과 『김일성 선집』, 『노동당사』, 〈노동신문〉, 기타 북한을 선전하는 화보들이 비치되어 있었습니다. 체류하는 동안에 자습하라는 뜻이었지요.

그러나 마르크스·레닌주의 관련 서적은 북한의 일반 대중용 교과서인 것 같아 배울 것이 없어 보였고, 『노동당사』는 장백산 유격대의 신화가 흥미로웠지만, 그 신빙성은 문제가 있어 보였습니다. 또 노동당 내부의 투쟁사, 곧 숙청의 역사는 승리자의 논리일 뿐 패배자들의 입이 없었습니다. 연안파와 소련파의 숙청은 자주노선을 걷기 시작한 북한의 '사대주의 배격'의 표출이라고 인식했지만, 박헌영과 남로당의 숙청에서 명분 삼은 '미제간첩'이라는 손가락질에는 강하게 거부감을 느꼈습니다.

그곳에서의 4~5일은 지루하고 답답하였습니다. 하루는 아주머니의 양해를 받아 아파트 근처를 산책하다가 길가에 상점이 있어 들어가 보았습니다. 조그만 동네 가게지만 국영상점이었습니다. 서방 화폐가 통하지 않아 아무것도 못 샀지만, 종업원의 무뚝뚝한 태도는 파리의 점원과는 달라도 너무 달랐습니다. 공산주의의 맹점을 만진듯한 느낌이었습니다.

공무원인 점원들의 표정과 언동에는 서비스에 필수적인 친절과 애교가 전혀 없었습니다. 공산주의의 출발점인 소유의 문제, 곧 사적 소유의 박탈은 개인 이익을 금지하므로 노동에 대한 능동적 참여가 없는 겁니다. 공산주의 경제 전반에서 효율성과 생산성이 현저하게 저하돼 있는 근본적인 원인을 눈으로 보았습니다.

이원찬과 정 지도원은 따로따로, 혹은 함께 하루에 한 번은 꼭 들렀습니다. 둘이 같이 왔을 때는(두 번으로 기억하는데) 저녁 식사를 그 아파트에서 같이 했습니다. 여러 해 동안 한국 땅을 밟지 못했던(파리에서의 삶이 너무나 팍팍하여 공부가 끝날 때까지 한 번도 귀국하지 못했습니다) 나에게는 그 집밥 음식이 바로 '코리아'였습니다. 그들의 거센 함경도 억양 섞인 한국말에서도 '동포'를 느꼈습니다. 북한산 소주나 맥주를 마셨습니다. 그건 피부적 감각이었습니다.

우리의 화제는 자연 문화사회나 정치경제의 영역을 드나들 수밖에 없었습니다. 그들과 나 사이에는 좁혀지기 힘든 거리가 있었습니다. 나의 마르크시즘에 대한 인식은 상대적이었습니다. 옳은 것도 있지만, 그른 것도 있다는 접근법이지요.

그런데 그들은, 마르크시즘은 항상, 절대적으로 정당하다는

'무오류'의 신자들이었습니다. 매사 유물론을 기초로 주장하고, 그 교의에 비추어 팩트를 판단합니다. '정형화'된 사고방식, '무오류'의 논리에는 '뉘앙스'가 없습니다. 자유민주주의는 뉘앙스의 문화지요. 뉘앙스의 프랑스문화에 젖어있던 나에게 그들은 '레비아탄 Leviathan(구약성서 〈욥기〉에 등장하는 바다의 괴물)'이었습니다. 청년 마르크스가 꿈꾸던 것이 아닌, 소비에트 혁명이 낳은 교조주의였습니다.

그 두 사람은 조선노동당의 충실한 당원답게 당의 공식노선 '밖'으로 나오지 않았습니다. 그들에게 있어 나는 서유럽에서 마르크시즘을 배우는 수정주의자였습니다. 공감 지대로의 통로를 찾겠다고 나선 이 모험이 답답하고 당황스러웠습니다.

나는 지금도, 우리나라가 가야 할 길은 중도주의라고 믿고 있습니다. 그 길만이 남북 간의 통로입니다. 그러나 후진사회일수록 진영논리에 대한 광신이 심했습니다. 한쪽은 이성이고 다른 쪽은 억지이고, 나는 선이고 너는 악이라는 이분법에 따르지 않으면 바로 기회주의자로 몰리고, 적의 하수인으로 만들어졌던 것이 우리나라 근현대사였습니다.

통일은 평화와 타협의 길에서만 이루어질 것입니다. 어느 한쪽이 다른 한쪽을 흡수하려는 순간 통일은 어려워질 겁니다. 그래서 '연립국가' '연방제' 같은 중간조절 시기가 필요한 겁니다.

그렇지 않고 이 단절의 기간이 길면 길수록 쌍방의 이질화가 더욱 심화합니다. 그래서 우리 유럽 유학생들이라도 두 진영을 왕래하면서 상호 이해의 통로를 찾아볼까 한 것입니다. 그러나 그 길이 얼마나 멀고 어렵다는 것을 첫 만남에서 절감했습니다.

이중적인 북한의 통일전략

　북쪽 사람들의 통일전략은 이중적이었습니다. '평화통일'을 내걸지만, 궁극적 목표는 '적화 통일'입니다. 앞에서는 평화공세를 취하면서 뒤로는 남한의 혁명을 부채질하여 통일의 주도권을 잡겠다는 것입니다. 남한에서는 4·19 후, 민족의식이 강했던 젊은 집단지성이 5·16 정권에 대립하기 시작하던 때였습니다. 북한은 이를 혁명과 통일의 적기라고 보았던가 봅니다.

　그들과 나는 민족통일이라는 총론에는 동의하면서도 각론에서는 생각이 달랐습니다. 첫째, 극동의 냉전 구도 속에서 세계최강의 미국이 한반도의 적화통일을 절대로 좌시하지 않을 것이고, 둘째, 전쟁 후 남한사람들의 반공의식이 높아졌고, 셋째, 5·16 세력의 '힘'이 만만치 않다는 점이었습니다.

　이원찬은 웃으면서 나에게 "우리는 정 선생에게 혁명해 달라는 게 아니오. 혁명일꾼들은 우리네에 따로 있소. 정 선생에게 바라는 것은 남한의 젊은 지식인들을 계몽해서 꽉 잠긴 통일의 문을 열도록만 해 달라는 거요"라고 했습니다.

　그건 파리에서 우리가 토의하던 테마와 별반 다르지 않았습니다. 귀국하면 통일을 토론하기 시작한 한국의 젊은 지식인들과 함께 서독식 사회민주주의를 한국 정당정치 속에 심어보자는 것이 우리의 소망이었습니다. 남북 간에 대화의 물꼬를 트게 할 수 있는 최소한의 공통분모입니다. 서유럽에서는 너무도 당연한 사민주의가 남한에서는 형극의 길이라는 것도 각오하고 있었습니다.

　파리로 귀환하는 날, 그동안 헤어졌던 노봉유와 합류하였습니다. 이원찬, 정 지도원과 함께 우리는 자동차로 동독을 횡단하여 프라하로 갔습니다. 릴케와 카프카의 도시입니다. 드보르자크나 스메타나의 선율이 맴도는 것 같았습니다.

하루 숙박하면서 북쪽 사람들과 함께 도시 관광을 하였습니다. 몰다우강에 걸린 전율할 만큼 아름다운 다리를 건너 들어간 고성은 세월의 때를 입은 채 사회주의를 거부하는 것처럼 보였습니다. 프라하에서는 북한의 공산당원들과 같이 있으면서 받아야 할 압박감이 없었습니다.

동베를린의 아지트에서 토론할 때는 조선노동당의 엘리트 당원이었던 그들도, 프라하로 가는 자동차 안에서 심심풀이로 배꼽 아래 잡담을 할 때는 우리와 똑같은 인간이었습니다. 머리에 뿔이 달린 붉은 악마가 아니었습니다.

1박 2일 동안 같이 식사하고 산책하면서 느낀 것은 동포의 체온이었습니다. 이데올로기의 분기점에서는 같이 서 있기가 거북했는데, 함께 관광객이 되니 대화가 훨씬 부드러워졌습니다. 통치자 레벨에서는 절대 불관용이어도 그 밑으로 내려가면 코리안끼리였습니다.

바로 그것이 격절隔絶 돼 있던 남북 간의 대화를 이을 수 있는 실마리라고 생각했습니다. 서로가 이질화하고, 그래서 점점 더 몰이해하게 되는 것을 더는 방치하면 안 된다고 생각했습니다. 지금은 젊은 민간인이지만, 언젠가는 사회의 주역이 될 우리 세대인데, 지금부터라도 '이해를 위한 통로'를 찾는다는 것은 너무나도 당연한 시대적 책무라고 재인식했습니다. 그리고 이런 일은 서유럽에서 공부하고 있는 우리의 책무라고 생각했습니다.

파리행 비행기 안에서 노봉유가 나에게 봉투를 하나 건넸습니다. 이건 나를 올가미 씌우려는 거라고 항의하자, 그는 또 하나의 봉투를 보여주며, 자기도 받았고 동베를린에 드나드는 한국인들은 다 그랬노라고 설명했습니다. 명분은 학비 보조금과 동백림행 왕복 여비라는 겁니다.

그 봉투 속에는 미화 600불이 들어있었습니다. 당시로는 적은 액수가 아니었습니다. 매우 강한 거북함이 가슴 속으로 비집고 들어오는 것을 막을 길이 없었습니다.

당시의 한국 사회는 격변기였습니다. 1961년에 출범한 제1차 경제개발 5개년 계획과 함께 일어선 신흥공업이 농촌에서 노동력을 긁어가는 바람에 농촌이 피폐해져, 전통적 지주계급이 몰락하기 시작한 것입니다. 유학생 중에는 지주계급 출신이 많았고, 그들에게 보내오던 한국으로부터의 학비가 점점 불규칙해졌고, 완전히 끊긴 경우도 적지 않았습니다. 이원찬의 '공작'은 이런 사정을 보고 착안한 것 같습니다.

이기양과 임석진

나는 동베를린에 총 네 번(두 번은 평양으로 가기 위한 통과), 평양에 두 차례 다녀왔습니다. 대한민국의 실정법을 어긴다는 불안감이 있었지만, 여기는 유럽이니까, 하는 자위적 안도감이 있었습니다. 유럽에서는 공산당이 합법이었고, 학교에서는 마르크시즘을 배웠습니다. "나는 공산주의자가 아니다, 내가 해야 할 일을 하는 것뿐이다"라는 '셀프 면책'으로 불안감을 다스렸습니다.

서구 문화 속에서 학문을 배우면서 많은 아시아 지식인들이 좌경했습니다. 급속한 현대화를 위해 기간산업을 국유화하고 계획경제를 실행하는 개발독재를 신봉했습니다. 실질적 자유의 구현을 위해 형식적 자유의 억압은 어쩔 수 없다는 논리에 기울어져 있었습니다.

마르크시즘은 본질적으로 유럽의 '신앙'(세속적)이지만 수많은 아시아 지식인들을 매료 개종시켰습니다. 공산주의가 매력적으로 비친 것은 그 합리주의와 낙관론 때문입니다. 변증법적 유물사관의 합리성은 궁극적으로 이 사회의 모든 모순이 극복되고 계급이 없어지며, 따라서 압제가 사라진 유토피아가 도래한다는 낙관주의입니다. 그래서 미래에 강한 희망을 추구해야 했던 후진국 지식인들을 사로잡았습니다.

자본가의 아들들, 대지주의 상속자 중에서도 상당수가 공산주의에 합류했습니다. 6·25전쟁 전의 한국 사회에서도 이 현상은 두드러졌습니다. 중국의 장개석의 아들 장경국도, 중국 최대의 군벌 장작림의 아들 장학량도 젊었을 때 공산당원이었습니다.

나는 1963년에 시앙스포를 졸업했습니다. 나보다 3, 4년 먼저 문리대 선배이자 불문과 출신인 홍사건이 시앙스포를 졸업했지만, 그는 안타깝게도 재학 시절 어려운 형편에서 너무 학업에 몰두하다가 건강을 해쳐 졸업 6개월 만에 파리에서 병사했습니다. 내가 시앙스포를 택하고 공부하는 데 많은 조언을 주었던 사람이라 지금도 기억에 생생합니다.

시앙스포 졸업 기념으로 우리 부부는 서유럽 한 달 여행을 기획

했습니다. 아이들은 반년 전에 내가 졸업시험에 올인 할 수 있게 서울 부모님께 맡겼던 터라 홀가분한 마음으로 떠날 수 있었습니다. 학업에 얽매이고 경제적 사정도 그렇고 해서, 우리 부부는 그때까지 한 번도 프랑스 국경을 넘어 여행한 적이 없었습니다.

노봉유가 자기 차를 빌려주어 경비도 절약되었습니다. 여행을 떠날 때쯤 대학 동창인 원윤수(서울대 명예교수)가 유학을 마치고 귀국할 참이었는데, 그도 프랑스 밖을 모르는 채 떠난다고 해서 권유하여 우리 부부와 셋이서 같이 여행했습니다.

이 여행을 기술하는 까닭은, 여행 중에 당시 서독에 유학 중이던 이기양, 임석진을 만났기 때문입니다. 우리는 대학 동기동창이면서 매우 가까운 사이였습니다. 그리고 이 둘은 몇 년 후에 벌어진 '동백림사건'의 단초가 되었기 때문입니다.

이기양은 조선일보 특파원으로 프랑크푸르트에 주재하면서 튀빙겐 대학에서 철학을 전공하고 있었습니다. 임석진은 프랑크푸르트 대학에서 역시 철학 공부를 하고 있었습니다. 둘 다 서울대 정치학과를 졸업했습니다.

두 사람은 서울대 재학 시절에는 서로 가까운 벗이었습니다. 그런데 프랑크푸르트에서 내가 만난 그들은 사이가 매우 나빠 보였습니다. 우리의 방문 때문에 하는 수 없이 둘이 동석한다는 표정이 너무도 역력했습니다. 내가 따로따로 까닭을 물어도 우물우물 얼버무리고 맙니다.

원래 두 사람의 성격은 판이했습니다. 임석진이 과묵하고 은인자중隱忍自重형이라면, 이기양은 자유분방한 천재형입니다. '그래서 서로 사이가 좋았었는데, 이국 생활에서는 그 때문에 둘 사이의 골짜

이기양 (1961년, 프랑크푸르트)

이기양이 필자에게 준 사진 (1965년 쾰른, 왼쪽부터 이기양, 김영철, 최기향, 김연수 등 문리대 출신 유학생들)

기가 벌어졌나 보다'라고 나 나름대로 생각했습니다.

여러 해가 지나 '동백림사건'의 재판과정에서 그 까닭이 드러 났습니다. 1960년대 초, 임석진이 절친이었던 이기양을 데리고 동 베를린 북한대사관에 갔습니다. 신문기자의 취재본능도 있었겠지 만, 그 자신 이데올로기의 자유 공간에서 신흥국가의 엘리트답게 마르크시즘에 젖어가던 참이었습니다. 나에게는 동독의 책값이 서 독보다 훨씬 싸기 때문에 책 사려고 몇 번 다녀왔다고만 하더군요.

이기양은 천성적으로 자유주의자였습니다. 북쪽 사람들의 교 조주의가 견디기 힘들었을 겁니다. 그는 얼마 후 동베를린에의 발 길을 끊었습니다. 그러자 북한사람들은 그의 신문기자 신분에 집 착했던 것 같습니다. 포섭대상자로서도 아쉽고, 동베를린의 비밀 루트 노출도 두려웠고, 그래서 임석진에게 그를 동베를린에 다시 데리고 올 것을 집요하게 종용했지만, 이기양은 끝내 응하지 않았 고, 그 과정에서 둘 사이에 금이 가기 시작했습니다.

그러던 중 1967년 4월, 체코슬로바키아에서 세계여자농구선수 권대회가 열렸습니다. 박신자 선수가 이끄는 한국 팀이 소련과 우 승을 다투는 결승전에 오르자, 이기양 기자는 본사의 취재지시에 따라 프라하에 입국하였지만, 그 후 행방불명되었습니다.

북한 쪽 요구로 체코 경찰이 체포한 겁니다. 중앙정보부와 조 선일보가 국제기구를 통해 이기양의 신병 인도를 요청하고 있다는 보도가 국내언론에 잇따르자, 가장 놀란 사람은 얼마 전 귀국해 있던 임석진이었습니다. 만일 이기양이 서울로 돌아와 그 자초지 종을 해명하는 날엔 임석진의 정체가 드러나기 때문입니다.

임석진은 고민 끝에 재독 시 친구이자 박정희 대통령의 처조

카인 홍세표를 찾아가 모두 털어놓았습니다. 홍세표는 이기양과도 가까운 사이였습니다. 홍세표는 대통령과 임석진의 독대를 주선하였고, 임석진은 독대 자리에서 자기가 아는 모든 것을 박정희에게 실토했습니다.

그는 너무도 많은 것을 알고 있었고, 너무도 많은 사람을 고발하였습니다. 자기가 동베를린에 데려가 놓고는 고발하였습니다. 확증 없이 추측만으로 고발한 건도 많았습니다.

이기양이 실종하기 2년 전인 1965년, 그를 서독에서 다시 만난 일이 있었습니다. 임석진이 당시 서독의 수도 본에서 중국식당을 경영한다고 하여 그리로 갔습니다. 이기양이 여전히 임석진을 만나지 않겠다는 걸 달래어 억지로 끌고 갔습니다. 둘이 대학 다닐 때 워낙 친했었기 때문에 화해시키려고 했던 것입니다.

임석진은 놀랄 정도로 변신하여 있었습니다. 세계적 명성의 대학자이며 프랑크푸르트학파의 거장인 아도르노 교수 밑에서 헤겔철학으로 박사학위까지 취득한 그가, 본Bonn의 라인강가 고급 중국 레스토랑의 경영자가 되어있었습니다.

너무나도 어울리지 않았습니다. 그의 집안 사정을 잘 알고 있었던 나는 즉각적으로 그 자금출처에 의심이 갔습니다. 임석진이 북쪽 사람들로부터 받았던 신임이 얼마나 두터웠는지를 가늠할 수 있었습니다.

식탁에서 이기양은 시종일관 벌레 씹은 표정을 하고 있었습니다. 천성이 유쾌하고 떠들썩한 '친구중독자'의 모습이 아니었습니다. 그 이유를 캐물어도 "그 자식, 음흉하고 나쁜 놈이야!"라고 내뱉을 뿐이었습니다.

퀼른은 본에 접하고 있는 대도시입니다. 그곳엔 이기양과 친한 한국 유학생들이 많았습니다. 그중 5~6명과 며칠 동안 어울렸습니다. 대개가 서울대 선배들이었습니다. 그중 최기항은 내가 대구 피난 시 미8군 사령부에서 일하던 때부터 잘 알던 문리대 선배라 반가웠습니다. 함께 식사하고 술도 마시면서 조국의 현대화와 민족의 평화적 통일에 관해 서로 의견을 나눴습니다.

사상의 자유토론이 일상화됐던 이국땅에서 그들은 신흥국의 수많은 젊은 지식인들처럼 조국 정부를 비판하는 좌경화한 청년들이었습니다. 그런데 한국의 반공법은 이를 허용치 않았습니다.

1967년, 이기양의 퀼른 친구 중에서도 여러 명이 '동백림사건'의 용의자로 서울에 강제구인되었습니다. 그중 김웅과 배준상은 무혐의로 풀려났지만, 공광덕은 3년 징역의 실형을 선고받았습니다. 최기항은 유럽에서 행방불명이 되었습니다.

많은 유럽 유학생들이 이데올로기의 낙원에서 이데올로기의 지옥으로 추락했습니다. '물타기 한' 마르크시즘도 한국에서는 절대 금단의 이데올로기였습니다. 지식인의 아편이었습니다.

9장

현장에서 본 북한,
1962~65

북한에는 두 차례 다녀왔습니다. 1962년 초 동베를린을 처음 방문한 바로 그해 여름 백문百聞이 불여일견不如一見이라는 노봉유의 권유를 받아들였습니다. 그리고 3년 뒤, 나의 귀국에 앞서 또 한 차례 갔습니다.

그 3년 사이 북한의 변화를 크게 느끼지는 못했습니다. 온 나라가 부흥 무드에 들떠 있었고, 그 와중에 '개인숭배'는 좀 더 강화됐다는 느낌을 받았습니다. 그래서 나의 '북한 기행기'는 두 차례의 방문을 하나로 엮어서 서술할까 합니다.

프랑스 대학의 여름방학은 근 3개월간 이어집니다. 나는 뒤베르제 교수에게 북한행을 보고했고, 그로부터 '김일성 개인숭배'에 관한 리포트 작성을 권유받았습니다. '권력의 개인화'라는 주제는 당시 공산권 내 '탈스탈린'의 흐름과 맞물리면서 정치학계의 뜨거운 관심사였습니다.

내가 북한행을 결심한 데에는 몇 가지 이유가 겹쳐 있습니다. 통일의 징검다리가 되기 위해서는 먼저 남북 간 체제경쟁의 실태를 확인해야 한다고 생각했습니다. 그동안 선전 화보로만 보아오던 북한의 모습이 사실인지 확인하고 싶었습니다.

그래서 '평화 통일'의 진짜 속내를 북한의 책임 있는 사람들에게서 직접 듣고 싶었습니다. 나는 늘 그들의 '평화'라는 구호와 '혁명'이라는 개념 사이에서 뭔가 맞지 않는다고 느끼고 있었습니다.

그다음 무엇보다도 국제공산주의를 양분하고 대립시켰던 '개인숭배'에 대한 학술적 호기심이 강했습니다. 마지막으로 어머니의 단 하나의 동생이자 내가 어릴 때 따랐던 외삼촌을 만날 수 있다는 유혹도 컸습니다.

1962년 여름, 노봉유를 따라 두 번째 동베를린을 방문했습니다. 노봉유와는 거기서 헤어지고, 나는 이원찬의 안내로 모스크바 경유 평양에 첫발을 들여놓았습니다.

평양의 아지트 생활

초라한 순안비행장에서 시내로 들어가는 길가 풍경은 전통적인 조선의 평화로운 농촌이었습니다. 그래도 그 시대의 남한과는 달리 초가삼간들이 보이지 않았고, 간간이 트랙터가 움직이고 있었습니다.

정하룡 회고록 | 나의 20세기 |

그러나 평양 시내로 들어서면서 마주친 거대한 천리마 동상, 도처에 걸려 있는 김일성 찬양 초대형 현수막과 초상화, 미 제국주의 타도의 선전물들을 보면서 '아, 진짜 북한에 왔구나'하고 실감했습니다.

한국전쟁 때 평양은 미군 폭격기의 융단폭격으로 허허벌판이 되었습니다. 그래서 전후 복구가 더 쉬웠을지 모릅니다. 규격화한 4~5층짜리 아파트 건물들이 시내를 '우물 井'자로 가르고, 군데군데 기념비적 상징인 거대한 건조물들이 그 가운데서 위용을 뽐내는 전형적 사회주의 도시 풍경이었습니다.

잠시 시내에 들어서는 듯하더니, 다시 벗어나 한적한 시골 논밭 속에 외따로 자리한 아담한 개량식 가옥으로 안내되었습니다. 나의 식사와 신변잡사(청소·세탁 등)를 수발하는 아주머니 두 사람과, 그 후 내가 '김 선생'이라고 불렀던 30대 후반 남자의 마중을 받았습니다.

김 선생은 그 집에서 나와 숙식을 같이 하였고, 가끔 집에 다녀오기도 했습니다. 그는 한쪽 다리를 절었는데 6·25 전쟁 때의 상흔이라고 했습니다. 아주머니들은 그를 '과장 동지'라고 불렀습니다.

3년 후 1965년에는 아내 이순자도 동행했습니다. 같은 집, 같은 아주머니들, 같은 김 선생이 우리를 기다리고 있었습니다. 그리고 마당에 활짝 핀 새빨간 칸나꽃도 한결같았습니다. 이원찬은 두 번 다 여기까지 나를 동반했지만, 거기서 헤어진 후 평양을 떠날 때까지 한 번도 보지 못했습니다.

내가 기거한 방에는 동베를린의 아지트처럼 공산주의 이론 서적과 노동신문, 화보들이 비치되어 있었습니다. 그리고 림춘추 저작의 장백산 빨치산 줄거리를 다룬 소설 한 권도 놓여 있었습니다. 림춘추라는 사람이 여러 차례 아지트를 찾아와, 그와 남북관계에 관해 대화했습니다.

가장 높은 사람으로는 북한 정권 서열 4위의 이효순이 여러 번 찾아왔습니다. 이효순이나 림춘추가 올 때는 점심이나 저녁 식사를 아지트에서 같이 하였습니다. 진수성찬이었습니다. 팔딱팔딱 뛰는 숭어회를 먹었습니다. 아직도 대다수가 가난했던 북한의 일반 시민을 생각하며 위화감이 느껴졌습니다.

평양에서는 외식하는 일이 거의 없었습니다. 평양 시내에서 한 번 옥류관 냉면을 먹은 것이 전부였습니다. 시민들하고의 접촉을 단절하기 위해서였을 것입니다. 지방 순회를 할 때도 가능한 한 식사는 호텔에서 했습니다. 어느 호텔이나 인기척이 없었습니다.

아지트 밖에는 농가가 안 보이는 논밭이 펼쳐져 있었습니다. 어쩌다 바깥 산책을 해도 사람과 만나는 일이 없었습니다. 아지트의 위치 설정이 기가 막히다고 느꼈습니다. 나는 일반 시민들의 아파트 내부를 보고 싶다고 청했지만, 실행에 옮겨지지 않았습니다.

두 차례 북한 방문 내내 '김 선생'은 나와 밀착 생활을 했습니다. 그는 북한의 역사를 노동당의 시각에서 설명하여 주었습니다. 그와 통일을 논한 적은 없었습니다. 그의 역할이 아니었던 것 같습니다. 주로 당의 역사를 설명해 주었습니다.

아지트에는 영사시설이 있었습니다. 여러 가지 기록영화와 극작품들을 관람했습니다. 모두가 체제선전이었습니다. '민족해방전쟁(6·25전쟁)'의 승리, 인민의 영웅적 전쟁 복구사업, 그리고 중화학공업의 위용들이었습니다. 확실하게 남·북 간 체제경쟁에서의 우월성을 과시하고 있었습니다. 그리고 이 모든 것의 중심을 관통하는 것이 김일성의 영도력이었습니다. '개인숭배'였습니다.

동베를린 때와는 달리 평양에서는 외출이 잦았습니다. 현장에서 북한체제의 우월성을 확인시키려는 것이었겠지요. 인민대극장, 소년궁전, 미술관, 전쟁박물관 등 선전 화보로 익숙히 보았던 대형 구조물을 둘러 봤습니다.

인민대극장은 내부가 호화로웠습니다. 대리석으로 벽과 바닥을 덮고, 대형 수정 샹들리에의 빛들이 그 위에서 부드럽게 부서지는 내부 장식은 필시 인민들에게는 '지상낙원'으로 가는 이정표였을 겁니다. 개인의 실질 생활 수준과 공공의 '낙원'들 사이의 괴리는 사회주의 프로파간다의 마력으로 덮어집니다. '우리의 미래는 약속되어 있다'라는 선전입니다.

무대장치도, 조명도 수준급이었습니다. 공연도 깔끔했습니다. 관중은 무대에 빨려들고 있는 듯했습니다. 철저하게 '대중성'이 앞세워진 '사회주의적 리얼리즘'이었습니다. 개인의 가치가 중심이 되는 서구식 휴머니즘이 아닌, 개인은 노동을 통해 사회에 종속된다는 고전적인 공산주의의 계몽적 공연들이었습니다.

미술관도 갔었습니다. 멋진 건물에 비해 전시된 작품들의 예술성은 매우 떨어졌습니다. '개인'이 결락缺落한 전체주의의 선전이었습니다. 전쟁 용사들, 노동자·농민들을 집단으로 영웅화한 극사실 화법의 그림들이었습니다. 개인이 그려진 것은 오직 김일성뿐이었습니다.

평양을 떠나 공장들을 방문했습니다. 평안북도의 어느 산을 뚫어 만든 회천 공작기계공장을 필두로 몇 군데 기계제작소, 그리고 화학 공장들이 인상 깊었습니다. 6·25전쟁 때 잿더미로 변한 폐허 위에 세워진, 북한 인민이 노력한 결실이었고, 그 시대 남북 간 체제경쟁을 실증하는 증거들이었습니다.

흥남비료공장은 쌀 증산을 위한 비료를 만들고, 함흥비날론공장은 싼 원가로 화학섬유를 대량생산하고 있었습니다. 전 인민을 따뜻하게 입히고 먹이기 위한 '수령 동지'의 깊은 뜻이라고 선전하고 있었습니다.

이 시대 김일성의 어록 중 유명했던 '이밥에 고깃국'이란 구호가 전국적으로 전파되고 있었습니다. 나는 공장장이나 담당 기사들에게 열심히 질문하면서 세부적인 것까지 살펴봤습니다.

북한의 재건작업은 역동적이었습니다. 그러나 현장에서 내가 느낀 것은 이 성과의 과실을 지금 인민들이 얼마나 따 먹고 있는 것일까, 하는 의구심이었습니다. 후세들을 위해 오늘 우리가 희생한다는 것은 혁명 논리의 한 부분이기도 하지만, 또 동양인들의 일반적인 사고방식이기도 합니다. 북한사람들은 개인의 자유와 권익은 뒷전으로 밀어놓고 계속 희생의 단계에 머물러 있다는 생각을 지울 수 없었습니다.

나는 힘이 넘쳐나는 경제 건설의 무대 뒤에는 여전히 수 세기 동안 쌓여온 아시아적 가난이 침전되어 있을 것이라고 느꼈습니다. 원래 후진성 타파를 위한 개발독재는 급속한 성장을 위해 일정 기간 국민의 소득을 억제합니다. 농업과 경공업을 뒤로 미루고 중공업을 우선시킵니다.

그래서 소련과 그 위성 국가들이 서유럽 나라보다 궁핍했습니다. 실질적 자유와 형식적 자유의 논쟁이 부상한 이유입니다. 북한의 '쇼윈도'는 장식됐는데, 실제로 인민의 부엌 생활도 같이 상승했을까? 의구심을 지울 수가 없었습니다.

그래서 나는 일반 시민들의 아파트를 방문하고 싶었지만 뜻을 이루지 못했습니다. 따라서 북한을 보긴 했는데, 디테일은 여전히 안개 속이었습니다. 아파트이긴 했지만, 구공탄으로 난방하고, 물도 바깥 공동수도에서 퍼 나른다는 얘기를 어느 프랑스 기자의 르포르타주에서 읽었기 때문에 더욱 의심암귀疑心暗鬼였습니다.

어쨌든 간에 북한은 확실하게 공산주의 건설에 매진하고 있었습니다. 중화학공업 위주의 7개년 계획을 '천리마 운동'으로 채찍질하고 있었습니다. 동시에 세계최강의 미국을 적으로 삼은 전시 공산주의를 병진시키고 있었습니다. 인민의 실질 생활이 넉넉할 수 없었습니다.

그래도 북한사람들은 장래에 대한 희망을 품는 것 같았습니다. 일제 치하보다 낫다는 믿음이 있었습니다. 남한보다 잘 산다는 자부심이 있었습니다.

그 당시의 북한에는 굶는 사람이 없는 것 같았습니다. 북한사람들이 대량 아사하기 시작한 것은 1990년을 지나 핵무기를 개발할 때부터였습니다. 1960년대 전반, 나는 평양이나 북한의 어느 도시에서도 거지를 보지 못했습니다.

남한에서는 매년 '춘궁기' '보릿고개' '초근목피' '입도선매' 등의 표제가 신문 지상에서 떠나지 않았을 때였습니다. 내가 떠나기 전 서울 거리에는 상이군인들과 거지들이 떼 지어 다녔습니다. 내가 본 북한 거리에는 방랑하는 상이군인이 없었습니다.

북한의 농촌에서는 트랙터가 작업하고 있었습니다. 대규모 중화학 공장들의 굴뚝에서는 끊임없이 연기가 뿜어져 나오고 있었습니다. 남한에서는 이제 겨우 부정 부패를 일소하고 국가의 번영을 이루겠다고 박정희를 받든 청년 장교들이 개발독재를 선포하고 나선 때였습니다.

남북 간 국력 격차가 명료하였습니다. 나는 이 갈림길에 서서 통일된 조국의 장래를 고민하고 있었습니다.

내가 마주한 북한의 현실 : 공업이 일어서고 있었다

솔직히 말해서 나는 북한의 빠른 복구사업에 놀랐습니다. 1953년 전쟁이 끝났을 때 완전 폐허가 되었던 평양은 말끔한 모습으로 나를 맞아주었습니다.

아직 어린 가로수들이 호위하는 대로들이 가로세로 도심을 반듯하게 구획하고 있었습니다. 예쁘다고는 할 수 없지만, 그와 나란히 4, 5층짜리 같은 모양의 아파트 건물들이 줄지어 서 있었습니다. 서울에서는 찾아볼 수 없는 풍경이었습니다. 정형화된 사회주의 도시의 모습입니다. 소련이나 그 위성국가의 원조와 기술로 지었기 때문입니다. 그리고 내가 방문했던 함흥, 청진, 원산 등 지방 도시 어디나 똑같았습니다.

이 아파트 마을에서는 낮에 사람 기척을 느끼지 못했습니다. 김 선생의 설명으로는 어른들은 일터에, 학생들은 학교에, 노인들은 1일 양로원에 가 있기 때문이라 했습니다. 그는 그렇게 사회주의 북한의 복지제도와 시설을 자랑하였습니다.

언뜻 보기에 농촌도 잘 정돈되어 있었습니다. 그런데도 집단농장에는 데려다주지 않았습니다. 농업이 사회주의의 약점이기 때문이라고 추측했습니다. 그래도 멀리 보이는 농가들의 대부분이 벽돌과 기와로 지어져 있었습니다. 벽촌에는 가보지 못했지만, 적어도 도시 인근의 농가들은 그랬습니다. 때 묻고 허술한 초가삼간이 북한에는 없었습니다.

그리고 트랙터 등 농기구로 경작하고 있었습니다. 수리 관개시설도 잘 정비되어 있었습니다. 하루는 나의 북한 체재 중 가장 많이 대화를 나누었던 노동당 연락부의 원 부부장과 함께 평양 시내에서 멀지 않은 저수지로 낚시를 갔습니다. 산들이 빙 둘러싼 아름다운 호수였습니다. 그의 말로는 북한 전역에 그런 인공 호수가 꽤 많다고 하였습니다.

논들 사이로 작은 수로가 세밀하게 설치된 것이 인상적이었습니다. 물론 지금의 남한 농촌은 그때의 북한 농촌보다 비교할 수 없을 정도로 잘 정돈되어 있습니다. 내가 지금 고창에 살기 때문에 잘 압니다. 그러나 그 당시 한국 농촌의 수 세기 동안 쌓여 내려온 가난을 알고 있었던 나로서는 그 모든 것이 경탄스러웠습니다.

그렇지만 북한은 지리적 조건 때문에 본질적으로 농업 국가가 될 수 없습니다. 그리고 사회주의 경제는 압도적으로 공업을 우선시합니다. 실제로 1960년대 전반 나를 사로잡은 것은 북한에서 공업이 일어서고 있다는 사실이었습니다. 북한 체류 내내 나를 밀착 안내했던 '김 선생'의 설명입니다.

"미제 공군의 폭격은 정말 치명적이었어요. 그러나 우리는 10년 안에 전쟁 전 보다 훨씬 더 발전했지요. 미국 사람들이 집과 공장을 파괴해도 민족의 의지까지 말살하지는 못합니다."

1953년 휴전협정 후 북한은 '국가 재건을 위한 3개년 계획'을 발표했습니다. 3년 안에 전쟁 전의 경제 규모로 돌아가겠다는 국민에 대한 약속이었습니다. 그다음이 5개년 계획이었습니다. 목적 달성을 2년이나 앞당기며 '7개년 계획'(1961~67)에 돌입했습니다.

북한의 지도 지침은 다른 사회주의 국가들처럼 계속 중공업 위주였습니다. 그 결과가 공업의 도약이었습니다. 연간 강철 생산량이 150만 톤이며, 7개년 계획이 끝나는 1968년에는 250만 톤을 예정하고 있었습니다. 공업이 국민총생산의 75%를 점유하는 수치입니다.(전쟁 전 28%)

흥남비료공장을 위시한 비료 생산량은 15만 톤, 시멘트는 400만 톤, 석탄 2,500만 톤, 화학섬유 8만~10만 톤, 양곡 400만 톤이라는 수치들은 당시 겨우 기지개를 펴기 시작한 남한 경제보다 훨씬 앞서는 것이었습니다.(《르몽드》 1967. 7. 30, 31자 윌프레드 버체트Wilfred Buchett 기자의 글)

이 야심 찼던 '7개년 계획'의 목표치가 1962년 수정됩니다. 한·일 관계 회복으로 북한이 우려하던 한·미·일 군사협력이 가시화되자 농업과 경공업에 투입되던 재원이 군사비로 돌려졌기 때문입니다. 그러나 내가 북한을 방문했던 1962, 65년에는 그 충격이 아직 표면화하지 않았습니다. 나는 그냥 공업 분야의 발전상을 쉽게 감지할 수 있었습니다.

특히 내 시선을 끌었던 것은 북한에서 일상적으로 사용하고 있는 물자의 대부분, 곧 기관차, 농경 기구, 시내버스, 화물자동차(승용차는 수요가 적어서 만들지 않는다는 설명이었습니다), 각종 공작기계가 모두 북한산이었습니다. 그곳 사람들은 그걸 아주 자랑스러워 했습니다.

실제로 나는 위 공산품들의 제조공장을 견학했습니다. 그것은 후진국들이 필히 연구해볼 개발독재의 한 모델이었습니다. 실제로 세계의 후진국 학자와 정책수립자들이 주목하였습니다. 나는 후진국형 소비에트 개발독재에서 어느 시기에 '소비에트'를 떼어낼 수 있는가, 후진국형 모범 개발독재는 어떻게 같고 어떻게 달라야 하는가를 골똘히 비교해 보았습니다.

역사의 아이러니는 한참 잘 나갈 때 마가 낀다는 사실입니다. 북한은 국민총생산의 30%를 군사비에 돌림으로써 경제가 곤두박질을 시작합니다. 그리고 북한이 추락하던 그 시기 나는 서울의 감옥에 갇혀 있었습니다.

내가 만난 북한의 요인들

나의 두 차례 평양 방문을 통틀어 가장 자주 만난 사람은 노동당 연락부의 원 부부장입니다. 그런데 이상하게도 그의 성만 기억나고 이름이 생각나지 않습니다.

지적인 사람이었습니다. 나보다 열 살쯤 연상으로밖에 보이지 않았는데, 이미 높은 자리에 있었습니다. 늘 부드럽게 미소짓고 있었지만, 그 눈 속에는 날카로움이 번득였습니다. 미남형이었습니다.

중앙당의 연락부 부부장은 대단한 자리였던가 봅니다. 사람들이 그를 대하는 태도가 예사롭지 않았습니다. 거리에 자동차가 별로 없던 평양에서 그의 승용차는 벤츠였습니다.

나의 '견학' 스케줄도 꿰뚫고 있어 일일이 나의 감상을 묻고는 보충설명을 하고, 다시 나의 의견을 되묻는 쌍방통행의 대화를 진행했습니다. 공산당원에게서 흔히 볼 수 있는 확증편향은 보이지 않았습니다.

그와는 많은 얘기를 나누었습니다. 냉전 문제, 흐루쇼프의 스탈린 비판, 중·소 대립, 북한의 자주외교, 4·19와 5·16 등 다각적인 대화였습니다. 나에게 말을 많이 하게 했던 것은 테스트의 목적도 있었겠지만, 그의 자신감 때문이라고 느꼈습니다. 가장 많이 다룬 주제는 당연히 '평화통일'이었습니다.

체제경쟁에서 뒤떨어진 당시의 남한은 대화의 문을 꽁꽁 닫아버렸고, 우월한 국력으로 흡수통일 하고 싶은 북한은 남한의 문을 열게 하려고 '평화 통일'을 앞세우던 때였습니다.

그러나 남한 정부는 그것이 위장 전술임을 알았고, 북한을 향한 모든 문이 그래서 더욱 굳게 닫혀버렸습니다. 조국 통일은 따라서 풀기 어려운 문제로 남았지만, 그러나 경제적 우위에 있던 북한으로서는 빨리 풀고 싶은 숙제였습니다.

그래서 북한의 대남정책 책임자들이 착안한 것이 유럽의 한국 지식인이라는 통로였고, 또 많은 유학생은 그들대로 자발적으로 이 터널 속으로 들어갔습니다.

원 부부장의 구상은 공산당 특유의 전략 전술이었습니다. 어느 사회에나 약한 고리가 있는 법입니다. 5·16 정권의 약한 고리는 군인과 학생들 사이에 새롭게 부상한 대결 구도라는 겁니다. 여기서부터 파고 들어가 통일문제를 더 깊게, 더 넓게 쟁점화해야 한다는 것입니다.

명시적으로 말한 것은 아니지만, 우리 유학생들이 귀국해서 할 일이 '멘셰비키'의 역할이라는 것입니다. 각종 심각한 모순에 빠져 있는 남한의 정치·경제·사회는 유물론적 변증법에 따라 언젠가는 그 발판이 흔들릴 것이며, 그때 경제력이 우월한 북한이, 곧 볼셰비키가 흡수통일 한다는 낙관주의입니다. 곧 '볼셰비키'의 세상이 될 때까지 '멘셰비키'의 역할을 우리 보고 하라는 겁니다.

소련 혁명사에서 1905년 제정러시아를 무너뜨린 주동 세력은 케렌스키가 중심이었던 '멘셰비키'였습니다. 그리고는 축출되었습니다. 1917년 소비에트 혁명은 완전히 레닌 주동의 '볼셰비키'의 독무대였습니다.

나는 한반도의 그림을 달리 보고 있었습니다. 앞에서도 여러 번 강조했습니다만, 나는 많은 세계의 석학들이 주장하던 '공산주의의 소멸'을 믿고 있었습니다. 그래서 통일된 한반도는 결국 사회민주주의 같은 중도주의 사회로 귀착할 것을 기대하고 있었습니다.

나의 구상 속에서는 멘셰비키가 최종주자였습니다. 볼셰비키의 자리는 없었습니다. 나와 원 부부장의 꿈은 그렇게 동상이몽이었습니다.

나의 두 번째 평양 방문은 서울에서 있었던 1964년 '6·3사태'의 이듬해였습니다. 원 부부장은 '6·3사태'를 남한 정치사회의 모순이 터진 약한 고리의 하나라고 평가했습니다. 학생들의 '반일민족주의'를 '통일민족주의'로 승화 연결해야 한다고 역설하였습니다. 그것은 바로 멘셰비키의 역할이라는 겁니다.

그때 김중태와 현승일의 이름을 처음 들었습니다. 당시의 남한 신문들과 그들을 민족적 영웅으로 보도한 전년의 노동신문 기사도 보여주면서 제2, 제3의 김중태와 현승일을 만들어야 한다고 강조했습니다.

이 두 사람과 그의 동지들을 처음 만난 것은 그보다 2년 후인 서울 서대문구치소 안에서였습니다. 중앙정보부가 동백림사건에 억지로 연루시켜 전혀 무고한 그들을 구속했던 것입니다. 원 부부장과 김형욱 중앙정보부장의 발상의 출발점만은 같았던 것 같습니다. 전자는 혁명의 계기로 해석했고, 후자는 반역집단으로 기획 날조했습니다.

이 사건이 '민비연 사건'이었고, 그 배후 인물로 조작되었던 황성모 교수는 나와 가까웠던 서울 문리대 사회학과 선배였습니다.

평양 고별을 며칠 앞둔 어느 날, 원 부부장은 나에게 노동당 입당원서를 내밀었습니다. 나는 투쟁경력도 없고, 출신 성분도 쁘띠 부르주아지인 자격미달자라고 사양했으나, 그는 중국의 송경령宋慶齡 부주석의 예를 들면서, 위에서 결정한 것이니 영광으로 받아들이라는 것이었습니다. 내가 놓였던 공간은 더 이상 고집부릴 수 있는 곳이 아니었습니다.

파리에 돌아가 만나보니 노봉유도 똑같은 상황을 겪었습니다. 노봉유는 공산당에 동조했지만, 공산주의자는 아니었습니다. 그나나나 남한의 현대화를 이루고 이를 기점으로 통일을 달성해야 한다고 믿었던 몽상가들이었습니다. 사르트르식 '앙가주망'을 실천하려던 이상주의자였습니다. 그래도 이 일은 내 마음속 깊은 곳에 오래도록 뾰족한 가시로 남아 있었습니다.

평양에서 두 번 '9·9절' 식전에 참석했습니다. 두 번의 체류가 다 9월 9일과 겹쳤기 때문이었습니다. 대회장의 광경은 선전 화보와 기록영화에서 보던 그대로였습니다. 1962년 첫 번째 때에는 '김 선생'과 둘이서 대회장 구석에 앉아 아무도 눈치채지 못했었습니다.

두 번째 때에는 원 부부장이 개회 전에 나를 무대 뒤 대기실로 직접 데리고 갔습니다. 조선인민공화국의 최고위층들이 김일성의 도착을 기다리며 담소하고 있었습니다. 원 부부장이 그중 몇 사람에게 나를 소개했습니다.

워낙 옛날 일이라 모두 기억하지는 못하지만, 최용건은 최고원로답게 근엄했고, 서열 3위 박금철은 동네 아저씨처럼 화사하게 웃으면서 내 손을 잡아주었습니다. 서열 4위 이효순과 7~8위 림춘추는 이미 1962년과 65년 수차례 아지트에서 식사를 같이하면서 익숙해져 있었습니다.

그 외에 인상 깊었던 사람은 나에게 친절하게 질문을 던지던 인민군 정치위원 총책 허봉학이었습니다. 그는 직책과 어울리지 않게 봄빛 같은 미소를 시종 얼굴에 담고 있었습니다. 김일성의 친동생인 김영주는 나의 어깨를 두드리며 치하하는 몇 마디 말을 하고는, 바로 그의 동료들 옆으로 가 화려하게 떠벌이기 시작하였습니다.

학교 동창회같이 화기애애한 분위기였습니다. 농담들이 왔다갔다 하고 있었습니다. 그러나 수년 후 이들 중 적지 않은 이름이 신사명단에서 사라졌습니다. 크렘린 속처럼, 그들은 동지면서 라이벌이었습니다.

대회의 막이 오르자, 그들은 모두 근엄한 표정으로 연단 위 김일성의 좌우와 후방에 배석하고 있었습니다. 김일성의 한마디 한마디에 만장이 터지라고 함성을 지르던, 헤아릴 수 없이 많은 인민의 대표들 속에 섞여 앉아 있으면서 나는 '개인숭배'라는 장치에 압도당하고 있었습니다. 모든 것이 미리 짜인 각본대로 한 치 오차도 없이 정교하게 진행되고 있다고 느꼈습니다.

이효순은 대남전략의 총책이었습니다. 북한에서 내가 대화를 나눈 사람 중 가장 높은 사람이었습니다. 서열 4위에 맞게 위엄이 넘쳤습니다. 김일성의 빨치산 시절 함경북도 오지의 갑산에서 국내 연락책으로 암약하면서 김일성 유격대가 혜산진 전투에서 승리하도록 이끈 농부 출신 공로자라고 들었습니다. 일제 강점기에 체포되어 8·15해방 때까지 옥살이를 하였다고 합니다.

체계적인 학문을 닦았을 리 없는 그였지만, 언변은 차분하고 논리적이었습니다. 인접 학문에도 조예가 깊었던 원 부부장과 달리 단순하고 간명한, 그러나 정곡을 찌르는 분석안分釋眼을 갖고 있었습니다. 높은 지위와 명석한 두뇌가 닦아 낸 세련미 같은 것이 있었습니다.

내가 혁명을 시나 낭만에 비유했더니 날카롭게 쏘아보면서 "아니야! 냉혹한 현실이야!" 하던 그의 가라앉은 목소리가 지금도 생각납니다. 그는 늘 잘 빗어넘긴 반백의 머리에 하얀 린넨linen(아마포) 상하 양복을 받쳐 입고 백색 에나멜 구두를 신고 있었습니다. 내가 본 북한사람들은 당시 거의 인민복을 입고 있었는데, 유독 삼수갑산 오지 출신인 그만은 자본주의사회에서 나타난 노신사 같았습니다.

그 역시 '평화통일'에 관한 얘기를 많이 했습니다. '연방제'의 필요성을 역설하면서도 유물론적 변증법의 귀착점은 적화통일이라고 강조했습니다. 역사적 결정론에 따라 남한은 결국 존속할 수 없다고 하던 정통파 '마르크시즘=무오류'의 신봉자였습니다. 원 부부장과는 달리 이효순 앞에서 나는 극도로 발언을 자제했습니다.

림춘추는 이효순과는 대조적이었습니다. 이효순은 웃음이 많지 않았지만 림춘추는 활달하고 유머 감각이 뛰어났습니다. 높은 지위에 맞지 않게 늘 평범한 셔츠차림이었습니다. 그는 당시 북한의 유명작가이기도 했지만, 겉으로 보기에는 동네 아저씨 같았습니다.

동유럽 어느 나라에선가 대사를 지냈다고도 했습니다. 늘 이효순과 함께 아지트에 왔지만, 한 번인가 단독으로 왔을 때 빨치산 얘기와 김일성의 정적 숙청 얘기를 해줬습니다. 그것은 김일성 '우상화'의 원천신화였고, 개인 권력 집중화의 과정이었습니다. 작가답게 언변이 좋은 그의 강화는 재미있었습니다.

1970년대 들어서자 이효순과 박금철, 그리고 원 부부장의 이름까지 노동당 간부 명단에서 찾아볼 수 없었습니다. 이른바 '갑산파 숙청'이었습니다.

남북 간 체제경쟁의 우열이 역전하면서 북한의 대남공작은 거의 실패합니다. '동백림사건'은 그중 특례입니다. 북한의 대남공작부가 재유럽 한국 유학생 수백 명을 대상으로 그처럼 공들였던 사업이 햇빛도 못 보고 사산됐던 겁니다.

누구보다도 원 부부장의 얼굴이 떠올랐습니다. 이효순과 림춘추의 모습도 또렷하게 뇌리에 남아 있습니다. 그들은 대남공작 실패의 전 책임을 졌을지도 모릅니다. 그들도 나도 역사의 가시밭에서 좌절한 속죄양들이기는 마찬가지입니다.

개인숭배 : 스탈린

1956년 2월, 소련공산당 중앙위가 발표한 성명서입니다.

"초자연적 능력의 초인으로까지 격상해 찬양했던 개인숭배는 마
르크스·레닌주의의 기본사상에 어긋날 뿐 아니라 용서받을 수
없는 오류였다. 이 초인은 모르는 것이 없고, 안 보이는 것이 없
고, 못 하는 것이 없고, 모두를 위해 생각하고 그르침이 없다. 이
런 개인숭배는 우리 모두가 너무도 오랫동안 길러낸 악이었다."
(제20회 소련공산당 전당대회에서의 흐루쇼프 비밀보고서)

그때까지 스탈린은 세계공산주의가 칭송하던 불세출의 영웅이
자 구세주였습니다. 1947년 프랑스 공산당 총서기 모리스 토레즈
Maurice Thorez가 쓴 글 「스탈린 예찬」에서 인용합니다.

"소련 인민들은 오늘날 마르크스가 염원하던 세상에서 살고 있
다. 거기에는 모든 사람에게 골고루 주어진 빵과 장미가 있다."

이와는 반대로 1937년 트로츠키Trotsky는 그의 저서 『배반당
한 혁명』에서 이 개인숭배는 끔찍한 인류의 재앙이었다고 기술하
고 있습니다.

개인숭배에 대한 평가는 다양합니다. 1956년의 '스탈린 비판' 이
후 국제공산주의는 심각하게 분열합니다. 동양의 스탈린 숭배자들은
스탈린식으로 더욱 노골적으로 권력을 '신격화'하기 시작했습니다.

김일성은 원래 미미한 존재였습니다. 1945년, 일본이 떠난 38선 이북에는 당장 지도자가 없었습니다. 그래서 소련 점령군의 정치장교가 같은 극동군 카레이스키 부대의 서른두 살짜리 김일성 대위를 황망히 데려다 권좌에 앉혔습니다.

스탈린은 그런 그를 늘 평가절하하였습니다. 한국전쟁 중, 그리고 그 후까지 중공군 사령관 팽덕회도 그를 경질하고 싶어 했습니다. 국제공산주의 사회에서 그가 존재감을 조금씩 드러내기 시작한 것은 1953년 스탈린 사망 후부터입니다.

개인숭배 : 김일성

미군 폭격으로 전국이 폐허가 된 상황에서 김일성 정권은 공산권의 경제원조를 3개년 경제계획에 잘 녹여 농촌을 복구하고 중화학공업의 기초를 살렸습니다. 여기서 그의 평가가 올라갔고 집권이 정당화됐습니다. 그의 통치 권력에 대한 첫 번째 '정통성 부여'였습니다.

그렇다고 그의 권력이 반석 위에서 안전했던 것은 아니었습니다. '소련파'와 '연안파' 뒤에는 대국들의 뒷받침이 있었고, 김일성의 '구 빨치산파'는 오히려 소수세력이었습니다. 그래서 그는 정적들의 도전에 시달리고 있었습니다. 그가 사대주의를 격렬하게 비판했던 이유입니다. 그러나 우여곡절 끝에 우선 '남로당파'를 희생양으로 삼은 다음 '소련파'와 '연안파'를 한꺼번에 숙청합니다. 앞에서 기술한 바 있는 '8월 종파 사건'입니다.

그다음에는 순풍에 돛단 듯 전진했습니다. 국가 경제를 발전시키면서 남한을 앞질러 갔습니다. 열전을 치른 지 얼마 안 되는 남북 간 대립상태에서는 그것이 중대한 '정통성' 확보였습니다. 또 3개년 경제계획으로 농촌 집단화에 성공하면서 아직은 농업 국가였던 나라에서 농민들을 지지세력으로 확보했습니다.

당내에서는 정적들을 일소하면서 독무대를 맞았습니다. 1961년 7개년 경제계획을 발족시키면서 '천리마 운동'을 전국적으로 펼쳐 나갑니다. 반대하는 정적이 없습니다. 하루에 천 리를 달리는 말처럼 경제발전을 위해 일사천리로 달리자는 운동입니다.

내가 1962년 평양에 첫발을 디뎠을 때, 여기저기 천리마 동상이 솟아 있었습니다. 신문, 잡지, 라디오 방송, 어디서나 천리마 운동의 선전 일색이었습니다. 사회 전반에 가하는 무제한의 압력 같았습니다.

이념 정의는 명확했습니다. '프롤레타리아 독재'라는 역사적 사명은 프롤레타리아의 유일 조직인 '당'이 수행합니다. '계급투쟁'을 종식 시키고 계급 없는 세상으로 나아가기 위해서는 당이 모든 권력을 독점해야만 합니다. 이 독점된 권력은 프롤레타리아의 단일 정당만이 행사할 수 있습니다.

레닌은, 그러나 혁명 초기 현실정치에서 경우에 따라 예외적으로 당의 영수가 당을 제압할 수도 있다는 논리를 제시했습니다. 아직은 미숙한 다수의 공산주의자가 경험 부족으로 오류를 범할 수 있기 때문이라는 이유였습니다. 1956년 '8월 종파 사건' 때 소수파로 몰렸던 김일성은 자신의 무오류를 주장하면서 '잘못된' 다수종파들을 제거하여 당을 하나로 만든 다음 당 '위'에 올라섰습니다.

당에 관한 레닌의 입장은 '당 우선'과 '지도자 개인'의 역사적 필요성이라는 이중잣대였습니다. 스탈린은 당의 역할을 노골적으로 왜소화하면서 자기 개인의 권력을 우선시켰고, 김일성은 레닌보다도 스탈린의 행적을 따랐습니다.

국제정세도 김일성에게 유리했습니다. 중·소대립의 틈바구니에서 독자적인 외교 노선을 택했고, 이 '주체적 외교'를 근거로 '소련파'와 '연안파'를 사대주의로 몰아세웠던 것입니다. 또 소련파와 연안파는 소련 및 중국대사관이 있는 중앙무대에서 활동한 데 비해, 김일성은 집단농장을 통해 농촌의 지지를 독점했습니다. 그래서 그는 집단농장의 조직을 '탑다운' 식으로 개편했고, 많은 농촌 출신들이 한국전쟁에서 공동화된 당의 중간 간부 자리에 유입돼 들어갔습니다.

또, 집권 초기 경제성장의 성공은 그에게 날개를 달아주었습니다. 내친김에 정적숙청의 마무리를 합니다. 1958년 박헌영을 미제간첩으로 처형합니다. 이제 그의 권위 앞에 맞설 수 있는 세력은 전무했습니다.

그는 레닌과 스탈린처럼 '전시공산주의'를 선택합니다. 냉전 구도가 존속하는 한반도 남쪽에 미군이 주둔하는 한, 미 제국주의와의 전쟁은 계속한다는 논리입니다. 전투적이고 혁명적인 공산주의입니다. 북한 방방곡곡이 '미제격파'의 선전물로 덮여 있었습니다.

김일성의 혁명 사업의 중심에는 스탈린 때처럼 늘 '국가'가 있습니다. 마르크스·레닌주의는 원래 국가의 소멸론입니다. 혁명이 완수되어 '계급 없는 사회'가 실현되면, 국가는 그 존재 이유를 잃고 자연 소멸한다는 것입니다.

그런데도 스탈린은 1단계 혁명이 끝났을 뿐 계급투쟁이 다 끝난 것이 아니라 오히려 증폭되었다고 우겼습니다. 따라서 폭력과 탄압의 장치는 계속 필요하고, 그것이 바로 '국가'라는 것입니다. 그리고 김일성은 스탈린의 수제자답게 이 논리를 신봉하였습니다. 탈스탈린 하던 유럽 공산권에서는 그래서 김일성을 '리틀 스탈린'이라고 불렀습니다.

그는 독점적인 권한을 갖고 ① 사회 전반에 대한 무제한의 압박, 그리고 ② '민족국가'의 강화를 이루어 나갑니다.

1956년 '8월 종파 사건' 후에도 적은 도처에 숨어 있어 어떤 기관이나 그룹도 그 색출대상에서 벗어날 수 없었습니다. 군이나 경찰도 예외가 아니었습니다. 김일성은 스탈린을 흉내 내어 탄압조직과 재무기관을 개인화한 다음, 이들을 당의 간섭이 미치지 못하게 자기 직속으로 옮겨 놓았습니다. 폭력과 돈을 움켜쥔 그는 당을 초월하는 독재자로 군림하기 시작하였습니다. 패배한 정적들을 강제수용소나 농촌노동으로 추방하였습니다.

레닌은 프롤레타리아 독재에 '당'의 독재를 대입시키면서 프롤레타리아와 당은 하나라고 일체화했습니다. 스탈린은 자기 자신과 당을 일체화시켰습니다. 김일성은 공산주의적 '민족국가'의 수호신으로 자임하면서 아예 당 위에 올라앉았습니다.

권력은 당에서 국가로, 또 당에서 개인에게로 이중이동했습니다. 그런 다음에는 국가가 김일성이고, 민족사회가 김일성이었습니다.

개인숭배의 논리

혁명 후, 자본주의 국가들로부터 포위당하고 있던 소련은 사회주의 국가를 보존하기 위해서 계속 '국가'를 강화할 수밖에 없었습니다. 세계최강의 미군이 같은 한반도 내에 주둔하고 있던 상황에서 김일성도 '민족국가'를 일극 체제로 복원하여 인민을 하나로 묶었습니다.

정상(김일성)과 저변(인민) 사이의 중간기구들의 힘을 빼고 상·하 간 직접 통로들을 열어 놓습니다. 그리고는 '수령님'이 저변의 인민들과 직접 대화한다는 사이비 현실을 연출합니다. 북한이 스탈린으로부터 차용한 방법 두 가지를 인용하겠습니다.

첫째, 자식이 부모를 고발하는 사례입니다. 1930년대 소련에서 행해졌던 실례들입니다. 모라조프라는 13세 소년이 친아버지를 고발한 사건입니다. 한참 스탈린이 집단농장정책을 관철하기 위해 반대자들을 투옥, 처형하던 때, 이 소년은 자기 아버지가 부농들과 공모하여 반역을 꾸미고 있다고 고발합니다. 관헌의 사주에 의한 것이었습니다.

소련의 보도기관이나 매체들이 이 사건을 대대적으로 다룹니다. 그는 그릇된 친아버지를 잃었지만, 더 큰 '아버지'를 얻었고, 보다 더 본질적 소속집단인 소비에트 사회의 귀한 아들이 되었다며 '영웅' 칭호를 받았습니다.

북한의 건국 초기, 사회정화를 한다며 반동분자들을 색출할 때, 많은 '모라조프'들이 출현했습니다. '위대한 수령님'에게 충성하기 위해 친부모를 사지에 보낸 자식들이 영웅이 되었습니다.

김일성 권력의 핵심은 농촌이었습니다. 농민들 대부분은 국가주석에 대한 충성도 중요했지만, 친부모에 대한 전통적 효도 사상에도 투철했습니다. 사회정화가 어느 정도 이루어지자, 개인 안에 혼란을 가중시키던 이 '불효 독려'는 더 이상 김일성 권력구축에 도움이 안 된다고 판단되어 중단하였습니다. 다만 김일성 사상의 핵심 중 하나인 '어버이 수령님'의 호칭은 중단없이 계승되었습니다.

김일성 개인에게 권력을 집중시킨 또 하나의 방법은 '스타카노비즘'이었습니다. 맡겨진 과업량(노르마)을 특출한 아이디어와 노력으로 초과 달성할 경우, '노동 영웅' 또는 '노동적위대'의 호칭을 받으면서 일반 대중과는 별도의 특별대우를 받습니다.

스타카노프라는 젊은 노동자는 이렇게 만들어진 '노동 영웅' 제1호입니다. 그는 인터뷰에서 "어젯밤, 스탈린 동지의 라디오 담화를 들었더니 아이디어가 저절로 나왔다"고 대답했습니다.

북한 당국도 이 캠페인을 적극적으로 도입 추진했습니다. 그래서 많은 '북한표 스타카노프들'이 등장했습니다. '어버이 수령님'의 어록을 읽었더니 생산능력이 나도 모르게 치솟았다는 증언들이 보도 매체들을 타고 전국에 퍼져나갑니다. '수령님'과 저변 인민들과의 직접 접촉입니다.

이 '영웅'들을 자극한 것은 공산주의 신념이나 조국을 향한 애국심보다도 오로지 어버이 수령님의 '말씀'이었습니다. 신격화한 수령에 대한 '광신'입니다. 수령의 말씀 한마디가 평범한 인간을 비범한 천재로 둔갑시킵니다. 정상의 수령과 저변 인민의 직접 접촉을 통해 이루어진 초능력의 찬양입니다. 우리 민족사회의 특성이었던 샤머니즘과 가부장적 인습에 연결되면 그 숭배의 열기가 절대적인 것이 됩니다.

어느 날, 김 선생을 따라 평양 시내에 갔습니다. 양손에 꽃이나 인공기를 든 군중이 도로 양변을 꽉 메우고 있었습니다. 갑자기

천지를 흔드는 고함이 전염돼왔습니다. 그 많은 사람이 '수상 동지 만세!'를 외치면서 껑충껑충 뜁니다. 여인네들은 울기 시작합니다. 동시에 경호차들이 에워싼 검은 세단이 김일성을 태우고 미끄러지듯 흘러갔습니다.

이 집단 히스테리를 보면서 나는 신들린 무당들을 연상했습니다. 모든 정책과 이념은 김일성의 가르침에서 나왔고, 김일성의 어록은 김일성 종교의 성전입니다. 정치 행위의 잘잘못은 물론 문화예술의 가치판단까지도 김일성의 '생각'으로 결정합니다. 김일성 신앙의 종교입니다.

김일성의 국가는 '권력+민족사회'입니다. 그의 사명은 북한의 경제발전과 남한의 흡수통일이라는 이중성을 지닙니다. 이 역사적 사명을 다하기 위해서는 국론을 하나로 묶는 전체주의적 절대권력을 가져야 한다는 것입니다. 그것이 역사의 동력이 명시하는 타당성이며 불가피성이라는 겁니다.

김일성식 '권력+민족사회'라는 국가관은 비상성을 내포합니다. 초고속 경제성장을 이루어야 하고, 세계최강의 '미제'와 싸워야 하는 비상사태입니다. 보편적이고 상식적인 '제도화된' 국가가 아닌, 제도를 뛰어넘는, 막스 베버식 표현의 '카리스마', 곧 신격화된 지도력이 필수적이라는 겁니다. 동북아 지역은 전래적으로 샤머니즘이 강했습니다. '김일성 숭배'도 결국 이와 일맥상통합니다.

파리 귀환 후 나는 위와 같은 내용의 리포트를 작성해 뒤베르제 교수에게 제출했습니다.

10장

내가 보는 오늘의 북한, 2023

주체사상

북한의 공식문서에 의하면, 김일성이 주체사상을 창시한 것이 1930년대라고 합니다. 당시 중국에서 열렸던 어느 공산주의 청년동맹 회의에서 그가 한 연설 중 '조선 혁명의 주체적 혁명노선' 운운했다는 것입니다. 그러나 사실이 아닐 겁니다.

내가 1960년대 초반 북한사람들과 접촉하는 동안 그들이 발언한 '주체'는 순전히 자립외교를 말하는 것이었고, '주체사상'은 존재하지 않았습니다. 만 18세의 김일성을 천재로 만들기 위한 신화중 하나였겠지요. 1960년대 내내 강력하게 추진되던 김일성의 '개인숭배' 작업을 1970년대에 보다 정밀하게 완성·체계화한 것이 주체사상이라고 봐야 할 것입니다.

김일성이 최초로 '주체'를 언급한 것은 1955년 당의 선전선동 활동가 모임 석상에서였습니다. "우리는 교조주의와 형식주의라는 사대주의에 빠져 있다"면서 정적 박창옥(팽덕회가 김일성을 대신하여 북한 수뇌부에 앉히려고 했던 사람)을 비판할 때였습니다.

김일성은 인민학교에 걸려 있는 마르크스와 레닌의 사진들을 지적했습니다. 사진들은 외국 사람들뿐이고, 우리나라 사람은 한 사람도 없다고 말했습니다. 정적들의 숙청이 끝난 후 북한의 학교에는 일제히 김일성 사진만이 걸렸습니다.

'주체'란 단어는 1948년의 북한 건국헌법에는 없습니다. 1972년 개정헌법에 처음으로 등장합니다. "마르크스·레닌주의를 창조적으로 적용한 조선노동당의 주체사상을 주도적 지침으로 한다"는 것입니다.

20년 후인 1992년 개정헌법에서는 아예 마르크스·레닌주의가 사라집니다. 대신 "인민 대중의 자주성을 실현하기 위한 혁명사상인 주체사상, 선군사상을 지도적 지침으로 한다"라고 되어있습니다. 북한이 더는 마르크스·레닌주의 국가가 아니라는 겁니다.

주체사상의 기본은 '사회적·정치적 생명체'라는 개념입니다. 부모로부터 받은 생명은 유한하지만, 어버이 수령으로부터 받은 사회적·정치적 생명은 영원하다는 것입니다. 혁명을 위해 육체적 생명을 잃어도 혁명적 생명은 영원하다는 것입니다. 어딘가 일제 강점기 귀가 따갑도록 듣던 일본 군국주의의 '황국신민론'의 냄새가 강하게 풍깁니다.

주체사상의 근원에는 샤머니즘과 종교의 신앙 논리가 혼합돼 있다고 봅니다. 나 개인의 생각입니다. 그리스도교, 유교, 그리고 특히 일본의 국체론까지 '주체사상' 속에 섞여 있습니다.

프랑스의 사회학자 레이몽 아롱Raymond Aron은 마르크스·레닌주의를 '신이 빠진 세속종교'라고 정의합니다. 마르크스의 예언이 유다야 그리스도교와 흡사하다는 겁니다. 현재를 부정하고 앞으로의 유토피아를 제시합니다. 무가치한 현재와 빛나는 미래 사의의 장벽을 허무는 사람은 '영생'을 얻습니다.

이를 위한 교회가 공산국가에서는 당이고, 신자들은 당원들입니다. 다만 공산주의에는 하느님이 존재하지 않을 뿐입니다. 아롱은 마르크스의 말 '종교는 인민의 아편'을 뒤집어 '공산주의는 지식인의 아편'이라고 했습니다.

무신론인 마르크스·레닌주의에서 분지 돼 나왔다는 주체사상에서 특히 사회적·정치적 생명체 이론은 바울의 사상의 판박이입니다. "부모로부터 받은 육체적 생명은 유한하지만, 영靈에 의해 주어진 생명은 영원하다." 바로 바울의 말입니다.

일제의 국체론자들이 천황을 '살아있는 신(現人神)'이라고 규정하고, 그 초상사진 앞에서 신에 대한 예식을 국민에게 강요했습니다. 오늘날 북한에서는 김일성에 대해 종교적 신앙심을 가질 것을 인민 대중에게 강요하고 있습니다.

일본 황실의 정통성을 '만세일계萬世一係'라는 허구의 족보에서 찾으려 했다면, 김씨 왕조는 '백두혈통白頭血統'이라는 정통성의 근거를 만들었습니다. 천황을 위해 목숨 바치는 것은 국민으로서 참 생명, 역사적 생명을 환생하는 것이라고 끊임없이 반복교육했던 것처럼, 북한의 청소년들도 그렇게 주체사상의 교육 훈련을 받습니다.

그럼, 주체사상이란 도대체 어떤 것일까? 북한의 공식적 정의는 "혁명과 건설의 주인은 인민 대중이며, 혁명과 건설을 추진하는 힘도 인민 대중에 있다"라고 하였습니다.

여기서 눈여겨볼 점은 마르크스·레닌주의에서 가장 핵심개념인 '프롤레타리아'와 그 전위조직인 '당'이 빠지고, 그 대신 역사의 추진세력으로는 불특정 개념인 '인민 대중'을 제시하고 있다는 것입니다. 마르크스의 '당 소멸론'을 앞당기면서 '카리스마의 도래'를 노래하는 것입니다.

이 말은 북한에서는 이제 계급투쟁이 완료되었고, 그래서 프롤레타리아의 전위인 당도, 기타 정부의 중간기구들도 수령(정점)과 인민 대중(저변) 사이에 존재할 필요 없이 수령과 인민이 직접 소통한다는 선언입니다. 김일성식 '개인숭배'의 종점입니다. 동시에 마르크스·레닌주의로부터의 이탈입니다.

다음에 "자기 운명의 주인은 자기 자신이며, 자기의 운명을 개척해 나가는 힘도 자기 자신에게 있다"라고 하였습니다. "인간이 모든 것의 주인이며 모든 것을 결정한다"고 덧붙였습니다. 바로 유럽의 백과사전에서 '휴머니즘'을 그렇게 정의하였습니다.

18세기 후반부터 근대유럽의 정치·사회사상의 기초는 휴머니즘이었습니다. 휴머니즘이란 인간 '본연의 상태'를 상정하고, 그 상태를 실현하기 위해 서로 연대하고자 하는 사상입니다. '인간이라는 것' 자체에 보편적 가치가 있다는 것이 대전제입니다. 그 줄기가 뻗어 부르주아혁명(프랑스대혁명)이 됐고, 프롤레타리아혁명(러시아 혁명)을 탄생시켰습니다. 한 나무에 서로 다른 열매가 맺은 것입니다.

유물사관에서의 일탈

　주체사상은 그 원류를 휴머니즘에서 찾으면서 유물사관으로부터 일탈하고 있습니다. 근대 유럽에서는 모든 가치의 원천이 하느님이라는 그리스도 세계관을 상대화하면서 인식과 행위의 주체인 인간을 세계의 중심에 두었습니다. 북한에서는 휴머니즘을 빌려와 주체사상에 편입했습니다.

　"인간은 모든 것의 주인이며, 모든 것을 결정한다."

　북한 당국이 편찬한 「주체사상 문답」 첫 페이지에 나오는 문구입니다. 그리고 자주성, 창조성, 의식성을 갖는 '인간'은 세계를 개조하고 변혁하는 유일한 창조자라고 김일성은 강조합니다.(김일성, 「반제투쟁과 국제연대」) 역사는 '비인간적 힘'에 의하여 만들어진다는 유물시관의 핵심논리와 정면으로 충돌합니다. "자주성 때문에 인간은 자연과 사회의 모든 속박·종속에 반대하면서 자유롭게 살기를 바라고, 또한 그 실현을 위해 싸우는 것이다"라고 「주체사상 문답」에 적시하고 있습니다. 여기까지는 프랑스대혁명 때의 '인권선언'과 똑같습니다. 바로 자유주의 사상입니다.

　북한처럼 '자유가 없는 사회'에서 위와 같이 '인간의 자주성'을 강조하는 모순에 당혹감을 느끼지 않을 수 없습니다. 그다음 이렇게 설명하고 있습니다. "인간에게 자주성은 생명이지만, 그 생명은 사회적·정치적 생명이며, 그건 수령 동지가 구현한다"는 것입니다. 곧 '인간'은 사회 속으로 흡수되고, 사회는 수령이 다스린다는 것인데, 그렇게 되면 '인간의 자주성'은 자연히 없어지는 것이 아닐까요?

육체적 생명은 생물유기체로서의 생명이지만, 사회적 존재인 인간에게는 사회적·정치적 생명이 훨씬 더 귀중하다는 것입니다. 왜냐하면, 공화국의 '사회적 생명의 발원지'가 수령이기 때문입니다. 개인숭배의 타당화입니다. 자주성 때문에 창조성이 발현되고, 창조성을 지니기 때문에 자주성을 실현할 수 있는데, 사회적·정치적 생명인 혁명 주체가 혁명을 수행하는 그 동력은 훨씬 높은 '참 창조성'이라고 규정했습니다. 그리고 그 참 창조성의 주체가 바로 수령 동지라는 겁니다.

그리고 '의식성'은 육체적 생명 유기체가 갖는 의식이 아니라, 사회적·정치적 혁명 주체의 의식을 말합니다. 그래서 자주성, 창조성, 의식성이 사회적·정치적 생명체 안에서 연동될 때 주체사상이 완성된다고 했습니다.

논리의 회로가 너무도 복잡합니다. 고전적 인본주의와 인민 대중론으로 '개인숭배'를 합리화하니까 논리가 난삽하고 모순되고 애매해집니다. 나도 이해하기 어려운 이 논리 구성을 북한 인민 중 얼마나 많은 사람이 제대로 이해했을지 의심스럽습니다. 줄여 말하자면 '인민 대중'이 혁명 주체이며, 이 인민 대중이 역사의 주역이 되는 결정적 요인은 '탁월한 수령'의 지도 때문이라는 것입니다.

다시 말하면, 인민 대중이 혁명적으로 의식화하고 조직되려면 자주적이고 창조적인 수령의 지도를 받아야만 하고, 그런 인민 대중이야말로 자주적·창조적으로 역사를 변혁할 수 있다는 겁니다.

이를 다시 거꾸로 설명하자면, 잘못된 수령의 지도가 수정할 길 없이 인민 대중에 전달되어 동력화하면 그 결과가 돌이킬 수 없는 재앙이 될 수도 있다는 겁니다. 실제로 스탈린이, 히틀러가 그랬습니다. 북한이 그 길을 뚫고 있습니다.

북한은 1970년대 주체사상을 개발한 후 잘못된 길로 매진하였습니다. 핵 개발을 서두르고, 세계에 유례없는 공산주의 왕조를 실현했습니다. 하늘이 내리신 수령님의 뜻은 무오류이며, 따라서 불가항력이라는 논리 때문에 비정상이 정상화하면 고쳐질 길이 없습니다.

정점과 저변이 맞닿은 권력 구조에서는 위의 뜻이 여과 없이 인민 대중에 도달합니다. 20세기 독재체제의 특징이기도 합니다. 대중mass을 한 사람의 인격personnality에 구현하기 때문입니다.

히틀러도, 스탈린도, 모택동도 다 그랬습니다. 그들은 신격화된 유일 존재로 군림하면서 대중을 조작했습니다. 프로파간다의 현대적 기술, 각종 대규모 세리모니ceremony와 행진, 청소년단의 운동, 그리고 무엇보다도 정교하게 조직한 테러와 공포 등으로 민중의 존경과 굴종을 강요했습니다.

김일성은 한반도에서 뿌리 깊었던 가부장제의 인습과 샤머니즘에 밀착하면서 마르크스의 중추 명제인 '프롤레타리아 독재'가 아닌 '수령독재'를 추진했습니다. 미래가 약속된 민족의 길을 열어가는, 하늘이 내린 영도자라는 그림입니다. 레이몽 아롱이 걱정하던 '세속종교'가 바로 주체사상의 본질입니다.

초인을 자처하는 독재자들은 '권력의 영속성'을 희망했습니다. 권력자의 물리적 생명 이상으로 권력을 연장하기 위해 인민 대중을 당에 연계 조직화하고는, 당을 영구화합니다. 이것이 사회적·정치적 생명체입니다. 권력자는 죽어도 공산당은 남는다는 겁니다.

원래 '프롤레타리아 독재'라는 개념은 자본주의를 무너뜨리고

난 다음 사회주의의 토대를 완성하기까지의 중간단계를 말합니다. 사회주의가 완성되면 국가도 당도 사라진다는 것이 마르크시즘의 공식 논리입니다. 즉 공산당의 독재는 '임시'라는 겁니다.

그러나 임시성, 중간단계론은 사라지고 점점 '영원한' 정치적·사회적 생명체의 위력이 모든 행정의 구석구석, 인민의 삶의 전체를 통제하면서 점진적으로, 그리고 확실하게 '영구화'하기 시작했습니다.

계속 존재하고 싶은 기대, 죽음을 이기고 싶은 바람은 인간 본연의 욕망입니다. 모든 종교가 이에 관련합니다. 이미 세속종교화한 수령국가에서 수령의 뜻과 권력을 영속화할 궁리를 하기 시작했던 것입니다. 진시황은 불로초를 찾았지만, 북한에서는 주체사상을 찾아냈습니다.

혈통의 정통성을 그래서 만들어냈습니다. '백두혈통'입니다. '사회적·정치적 생명체론'입니다. 김일성의 육신은 사멸되어도 그의 사회적·정치적 생명은 영원하다는 것입니다. 옛날 일제의 국체론에서의 '만세일계萬世一系'론과 같은 맥락입니다.

사회적·정치적 생명체에서 수령은 '뇌수'입니다. 당은 수령의 의사를 인민 대중에게 전달하는 신경일 뿐입니다. 그러니까 수령의 존재는 절대적입니다. 그런데 수령인 김일성의 육체적 생명은 유한합니다. 그렇다고 절대적인 그를 대신할 존재가 따로 있을 수 없습니다. 그러기 때문에 김일성을 영원한 '국가주석'으로 모실 수밖에 없습니다.

그러나 사회적·정치적 생명체를 영원히 존속시키기 위해서는 김일성을 대신할 '뇌수'가 필요한데, 이는 꼭 백두혈통에서 나와야 한다는 것입니다. 우수한 뇌수는 우수한 뇌수로부터 유전된다는 세습 논리입니다.

1970년 조선노동당 제5회 전당대회에서 김정일이 두각을 나타내고, 10년 후 제6회 전당대회에서 후계체제를 확정했습니다. 수령의 영원성을 혈통으로 정당화한 세습왕조의 출현입니다. 20세기의 기현상입니다.

그 후 북한의 세습후계자들이 '뇌수'의 역할을 그르치면서 인민 대중은 도탄에 빠져 있습니다. 옛날 내가 봤던 북한은 다른 모습이었습니다. 그때는 북한이 남한보다 잘 살았습니다. 그때는 남한이 통일을 거부하고 북한이 통일에 더 적극적이었습니다.

오늘날 세계 최빈국으로 추락한 북한은 핵 이빨을 드러내지만, 정작 주체사상의 핵심인 '인민 대중'은 굶주리고 있습니다. 1960년대 내가 봤던 북한은 한낱 '역사의 환영幻影'이었을까요?

북한의 문화예술 : 사회주의 리얼리즘

이 주제를 다룸에 앞서 적지 않게 망설였습니다. 청소년 시절 예술에 끌리면서 성장하긴 했어도, 이 문제는 결국 나의 전공 밖이었기 때문입니다. 그러다가 이 책의 저술이 내가 보고 듣고 느꼈던 것을 진솔하게 증언하는 자리라는 데에 다시 생각이 미치면서 만용을 부려보기로 했습니다.

두 차례의 북한 방문에서 압도적으로 인상 깊었던 것은 '수령찬양'과 '반미'의 선전홍수였습니다. 그건 문화예술이 선전도구가 된 예술성의 소외현장이었습니다.

인민대극장에 몇 번 발걸음을 옮겼습니다. 무대장치, 조명, 배우들의 연기력 등 나무랄 데 없이 깔끔했습니다. 그러나 희곡의 줄거리는 완전한 체제선전이었습니다. 과업량을 달성 못 해 내분에 휩싸인 공장이나 집단농장에서 우여곡절 끝에 수령님의 교시를 실천했더니, 성과도 올라가고 갈등도 해소되고, 남녀주인공의 사랑도 맺어졌다는 식의 초등학교 학예회 연극을 어른들이 연기하는 듯한 대중물이었습니다.

마을 어른들과 젊은이들 간의 마찰장면도 있습니다. 봉건 잔재와 젊은 사회주의 일꾼들 간의 마찰을 상징합니다. 기회주의자나 회의주의자들도 등장합니다. 힘들게 설득해서 혁명대열에 합류시킵니다.

그 당시 세계를 풍미하던 유젠 이오네스코Eugène Ionesco나 사무엘 베케트Samuel Beckett의 모더니즘 연극에 순화돼 있던 나의 의식세계에 쉽게 와닿지 않았습니다. 앉아있는 시간이 몹시 지루했습니다. 북한 당국은 나에게 예술을 보여줬지만, 내가 본 것은 예술이 아니었습니다. 선전이었습니다.

그러나 관중들은 무대에 심취되어 있었습니다. 박수갈채를 보내고 있었습니다. '사회주의적 사실주의'의 현장이었습니다. 그래서 그걸 속물성이라고만 탓할 수는 없었습니다. 평양에서 봤던 몇 편의 영화도 예외 없이 인민 대중을 위한 선전물이었습니다. 〈춘향전〉도 '계급투쟁'으로 각색되어 있었습니다. 순수예술과 대중의 속물성 간에 놓인 골짜기를 메우는 일이 어려워 보였습니다.

규모가 큰 미술관에는 그림, 조각, 서예, 공예, 자수 등의 작품들로 메워져 있었습니다. 그림들은 하나같이 규모가 컸습니다. 고전적인 극사실화법으로 그린 작품들이었습니다. 포비즘fauvism(또는 野獸派)이나 엥포르멜Informel(전후 유럽의 서정적 추상미술)은 물론 인상주의도 거부된, 모더니즘이 완전히 배제된 세계였습니다.

그림 내용은 연극 같았습니다. 장백산 유격대나 6·25전쟁의 영웅들, 건설현장 또는 공장이나 협동농장의 노동자·농민들이 등장합니다. 그리고 언제나 어디서도 김일성 장군이 중심을 잡고 있었습니다. 수령과 인민 대중이 하나가 되어있다는 정치선전입니다.

그리고 이 그림들의 작가는 복수입니다. 여러 작가가 공동제작한 작품들이 많았습니다. 20세기 예술의 진수는 재래사회의 분해에 따른 '개個'의 재발견입니다. 비非 획일성의 추구입니다. 그런데 평양에서는 작가마다 똑같은 극사실의 미술기법, 강요된 주제, 그리고 여러 작가의 공동작업… 거기에는 예술적 창작성이 보이지 않았습니다.

1960년대의 북한은 한참 사회주의 건설에 눈코 뜰 사이가 없을 때였습니다. 마르크스가 말하는 '프롤레타리아 독재'의 시작입니다. 레닌은 이 기간에 "예술은 사회주의 건설의 선전도구여야 하며, 따라서 예술은 인민 대중이 이해하기 쉬워야 한다. 예술(선전)의 내용도 표현도 난해해서는 안 된다"고 규정했습니다.

북한의 예술은 이 때문에 개성적 창의와 새로움을 찾는 모더니즘, 그 표현 방법이 난삽해지는 전위예술과 완전히 차단됩니다. 북한의 모든 예술 장르가 범속하고 획일적이었던 이유입니다.

마르크시즘에서 '전위avantgarde'라는 의미는 매우 중요합니다. 프롤레타리아는 혁명의 전위입니다. 그런데 같은 사회주의에서 예술의 '아방가르드(전위)'는 배척받습니다. 민중에게 난삽하다는 이유 때문입니다.

　일제 강점기와 해방 공간에서 미학적 아방가르드는 대단히 멋져 보였습니다. 평균적인 보통사람들을 속물이라고 비하하던 예술가를, 부르주아를 비난하는 마르크시스트와 동일 선상에 놓았던 시절입니다. 그래서 그들의 표적이 혼동되던 때입니다.

　'아방가르드'는 앞선다는 뜻입니다. 그 당시 이 두 종류 아방가르드들의 공동의 적은 봉건성과 낡은 사회시스템이었습니다. 그래서 개화기 한반도에서는 많은 전위 예술가들이 공산주의자였습니다. 전위예술과 전위정치가 인류의 해방을 공동사명으로 인식하던 착각의 시대였습니다.

　내가 프랑스에서 살면서 보니까 '아방가르드'라는 프랑스어로 통칭 되던 이 두 조류가 19세기 유럽에서는 동거가 아닌 별거를 하고 있었습니다. 좌파정치대열에는 문학운동이 거의 없었습니다.

　빅토르 유고도 그의 노년작 「레미제라블」에서는 민주주의의 사도를 자처했지만, 젊을 때의 작품에서는 결코 혁명가를 예찬하지 않았습니다. 시대를 앞서가던 발자크나 플로베르도 반동 보수주의자들이었습니다. 문자 그대로 아방가르드의 최첨단이었던 악마파 시인 샤를 보들레르는 혁명과는 거리가 먼 탐미주의자였습니다. 그 당시의 좌파작가로는 에밀 졸라가 거의 유일하다 싶지만, 그도 공산주의자는 아니었습니다.

　미술에서도 인상파 화가들이 기존 화풍이나 미학적 사고에는 대립했으나, 기존 사회질서에 항거할 생각은 꿈에도 하지 않았습니다.

　다른 한편, 사회주의자들은 문학이나 미학상의 전위예술을 지지하지도, 이해하지도 않았습니다. 과학적 사회주의자로 공인받던

'인민전선'의 레옹 블룸Léon Blum은 예술에 관한 한 전위는커녕 언제나 복고풍의 고전 예술에만 빠져 있었습니다.

예술적 아방가르드와 정치적 아방가르드가 일시적으로 같은 전선에 섰던 때가 있었습니다. 1차대전 후 프랑스에서 초현실주의 예술이 대두됐던 때였습니다. 루이 아라공, 앙드레 브르통, 폴 엘뤼아르, 살바도르 달리 등 초현실주의자들을 필두로 저명 영화감독, 연극연출가, 배우 등과 화가 피카소에 이르기까지 공산당에 입당하던 때가 있었습니다.

그러나 그들의 혁명 조국인 소련에서 이변이 일어났습니다. 레닌이 '사회주의적 사실주의'만을 인정, 추진함으로써 모든 형태의 모더니즘이 추방되기 시작한 것입니다.

소련에서 전위 예술가들이 서유럽으로 도망쳐 나오기 시작했습니다. 샤갈, 샤름 스우틴, 칸딘스키, 니콜라스 스타엘 등 기라성 같은 20세기 예술의 거성들이 정치적 전위의 조국 소련을 버렸습니다. 작곡가 스트라빈스키나 라흐마니노프는 미국에 안주의 땅을 구했습니다. 소련의 화단은 공동화했고, 음악계도 크게 출혈을 보았습니다. 소련 예술은 사회주의적 사실주의에 떠밀려 아카데믹한 고전으로 유턴하기 시작했습니다.

잔류했던 예술가들은 사회주의적 사실주의에 유폐되었습니다. 조금이라도 딴짓을 하다가는 큰일 납니다. 모더니즘의 냄새를 풍기려다가 스탈린으로부터 직접 제재당한 쇼스타코비치의 일화는 유명합니다.

초기 소련은 세계 좌익예술인들의 조국이었습니다. 소련의 영화감독, 시인, 연극연출가, 무용가… 등의 천재성과 용기는 사회주의 예술의 자랑이었습니다. 그러나 혁명 후 10년이 지났을 무렵부터는 사회주의 사실주의의 강제를 맞아 오히려 부르주아 취미의 반동예술이라고 낙인찍히고 말았습니다.

일제 강점기에 우리 지식인들은 일본의 신문학을 익히고 일본어 번역을 통해서 서양예술과 만났습니다. 일천한 역사에도 불구하고 조선 지식인들은 동시대 서양의 여러 예술사조를 깨쳐나갔습니다. 그중에는 프롤레타리아 예술에 심취한 선각자들도 적지 않았습니다.

1925년 '카프KAPF(조선프롤레타리아예술동맹)'가 결성됩니다. 이기영이 리더였고, 조명희, 김사량, 이태준, 임화… 등등 쟁쟁한 신예작가들이 그 산하에 모여 있었습니다. 1935년 일제 경찰의 대량 검거를 맞아 '카프'는 와해합니다. '해방 공간'에서 소생했던 그들은 다시 이승만정권의 탄압을 맞아, 전쟁 전후에 걸쳐 월북합니다. 문인들뿐 아니라 많은 화가, 음악가들이 뒤따랐습니다.

대부분 전위 예술인이었던 이들이 상상했을 전위정치의 북한은 모더니즘의 천국이었어야 합니다. '모던'이란 과거와 절연한, 미래를 준비하는 오늘을 말합니다. 그런데 가보니까 모더니즘도, 전위예술도 금기 사항이었습니다.

북한의 복고풍 예술형식

사회주의 인민공화국에서는 복고풍의 예술형식만 허용되고 있었습니다. 예술을 위한 예술은 부르주아적 발상이며, 인민 대중이 쉽게 이해할 수 있는 리얼리즘만이 인민을 위한 예술이라는 겁니다.

인민공화국에 입성하기 전, 그들의 창작은 자본주의 내부의 모순을, 룸펜 프롤레타리아의 비참한 빈곤을 고발하였습니다. 그런데 '계급투쟁이 없는' 인민공화국에서 그들은 고발할 대상을 잃었습니다. 그들이 할 일은 오로지 세워진 새로운 프레스티지prestige를 찬양하는 일뿐이었습니다.

그리고 문학뿐 아니라 모든 예술의 장르는 사회주의 체제와 전쟁을 선전하는 도구가 되어야만 했습니다. 현대예술의 가치관과 절연해야만 했습니다. 예술지상주의는 버려야만 했습니다. 그리고는 체제의 선전일꾼이 되어야만 했습니다.

그러한 기준을 따르지 않는 예술인들은 인민의 적이라고 규탄을 받았습니다. 창작 활동을 저지당하거나, 하방 되어 육체노동을 해야 했습니다. 6·25 때 많은 좌파 예술가들이 정치혁명에 환호성을 올리면서 이념의 조국에 입성했지만, 거기서 그들은 창작의 현장을 잃었던 것입니다.

내가 청소년 때 읽었던 작가 중 홍명희는 정치지도층에 상징적 자리를 차지하고 있었지만, 창작은 끊고 있었고, 이기영만이 북한의 문예활동을 총괄하고 있었습니다. 임화는 남로당 숙청 때 처형됐고, 이태준, 정지용 등은 소식이 묘연했습니다. '김 선생'에게 물어봐도 이름조차 잘 모르고 있었으며, '원 부부장'은 알아도 모르는 척하는 듯했습니다.

우리 문학사에 뚜렷한 족적을 남긴 '카프' 문인들은 남북 양쪽에서 지워져 버렸습니다. 남에서 월북작가는 '존재하지 않는' 사람이었고, 북에서는 반동이나 기회주의자였습니다. 그들의 출신 성분도 문제였지요. 대부분 넉넉한 집안 출신이었으니까요.

북한에서는 이렇게 예술적 아방가르드와 정치적 아방가르드가 동거하지 못했습니다. 더 정확하게 말하자면, 정치적 전위들이 사회주의 사회의 기득권층이 된 다음에는 그 새로운 질서를 지켜내야만 합니다. 그것은 바로 '보수'입니다. 그리고 전위였던 예술인들이 이 보수를 위하여 '전위'이기를 포기해야 했습니다. 대중 지향적인 속물 작가로 변신해야만 살 수 있었습니다.

북한 같은 이데오크라시Ideocracy(이념통치·정치) 사회에서는 항상 절대 불패의 신화가 필요합니다. 권력의 신격화를 위해서는 김일성이 대중 속에 끊임없이 살아 있어야 합니다. 그러기 위해서 문학, 미술, 음악이 총동원됩니다.

하다못해 과학까지 그 대열에 합류합니다. '계급의 진리'가 생물학의 영역에까지 침범합니다. 사회주의 교육으로 인간이 개조되고, 이렇게 후천적으로 형성된 능력이나 성격이 유전될 수 있다는 진기한 설이 나옵니다. 세습왕조의 기초이론입니다.

사회주의적 리얼리즘 외의 모든 경향을 죄악시합니다. 다른 이데올로기와는 결코 공존 못 한다는 불관용 때문입니다. 그것은 '무오류'를 부정하기 때문에 자멸의 길이라는 것입니다.

지도자와 당의 독재를 분식하고 미화하지 않으면 무엇을 근거로 국가권력의 폭력과 그 희생을 정당화할 수 있을까요? 체제안정을 위해서는 이데올로기의 영역이 점점 더 절실해지는 법이지요. 이런 가운데 작가나 예술가들은 관리의 눈치를 보면서 시키는 대로 작품을 생산해내야 합니다. 그렇게 예술 영웅이 되기도 하고, 강제노역에 내몰리기도 합니다.

고전적 사실주의 작품들만 전시돼 있던 평양미술관에서 반가운 이름과 마주쳤습니다. 나의 중·고등학교 때 미술선생이었던 박승구의 조각작품이었습니다. 여러 명의 병사가 한 덩어리가 되어 돌격하는 극사실의 조각품이었습니다.

과연 그의 명성에 어울리는 정교한 작품이었습니다. 그런데 6·25전쟁 전의 그의 작품들은 다소 전위적이었습니다. 나는 무뚝뚝하던 박승구 선생에게 이런 순발력과 적응력이 있었나 하고 놀랐습니다.

내가 미술에 열중하던 중·고등학교 시절, 우리 학교에는 박 선생 외에 두 분의 미술선생이 더 있었습니다. 내가 개인적으로 사사하던 이회성 선생과 항상 혼자서 사색하던 이순종 선생입니다. 세 사람 모두 일제하 미술의 최고 명문인 우에노 미술학교(현 도쿄미술대학) 출신이었습니다. 이들 말고 일제 강점기 이 학교 출신의 조선인 화가는 별로 없었던 것 같습니다. 그리고 정도의 차이는 있었지만, 세 사람 모두 전위 미술 쪽에 기울어져 있었습니다. 한국전쟁 중에 이 세 사람은 모두 월북했습니다.

박승구는 영웅 칭호에 빛나는 대작가가 되었지만, 다른 두 분의 이름은 찾을 길이 없었습니다. 미술관 안내원에게도 물어봤지만 처음 듣는 이름이라는 대답이었습니다.

작가 고유의 특유한 창의에만 빠져 사회주의 획일성에 따르지 않는 예술가는 부르주아 반동입니다. 신생 사회주의 국가의 지배계급은 예술가들에게 신생 사회주의 국가의 '안전과 새로운 의신prestige'의 수호 선전을 요구합니다.

혁명의 종가 소련에서는 그 결과 '붉은 귀족'이 탄생했습니다. 이 신 부르주아지와 영국 빅토리아 여왕 시대의 부르주아지 사이에는 서로 닮은 악취미가 있습니다. 묵직하고 값진 고가구나 귀한 골동품의 선호 같은 거지요. 외견을 갖추려는 속물적 의식입니다.

내가 평양을 방문하고 불과 수년 후, '평양의 붉은 귀족' 이야기가 서방의 보도 매체를 탔습니다. 여기에다 김일성의 개인적 성품이나 교양 수준이 북한의 극단적인 반계몽주의를 더하게 한 것이 아닌가 생각됩니다.

이런 에피소드가 있습니다. 어느 날 스탈린이 피아니스트 마리아 유디나가 연주하는 모차르트의 피아노 협주곡 23번을 라디오 실황방송으로 들었습니다. 매우 감동한 독재자는 당장 그 음반을 가져오라 명령합니다. 스탈린은 유독 복고주의 예술을 애호했습니다. 모더니즘은 싫어했습니다.

독재자의 지시는 지상명령입니다. 그러나 그날 유디나가 연주한 실황 녹음판이 없었습니다. 그녀와 협연한 오케스트라와 지휘자, 그리고 유디나는 밤을 새워가며 새로 녹음하여 스탈린에게 음반을 갖다 바쳤습니다. 유디나는 18세기 음악에만 집착하는 스탈린을 평생 경멸했다고 합니다.

북한에서는 혁명의 신화와 예술적 전위의 연결이 첫 단추부터 잘못 끼워졌던 것 같습니다. '카프'의 보헤미안들은 부르주아적 착취와 위선을 미워한 나머지 정치적 극좌파에게 연대감을 가졌지만, 공산주의자들은 정작 이들 전위적 낭만주의자들에 대하여 깊은 불신을 품고 있었습니다. 짝사랑이었습니다. '혁명 순혈주의'의 관점에서 볼 때 부르주아 물을 먹은 국외자였습니다.

모더니즘을 배척하는 북한의 사회주의적 사실주의에서 나의 관심을 끌었던 또 하나의 초점은 '가정'이었습니다. 나는 어렸을 때, 진보정치인이나 전위 예술가들은 가정을 경시하는 줄로 알았습니다. 그들은 봉건적 가부장제의 가정을 구악의 잔재로 알았을 테니까요.

실제로 19세기 말에서 20세기 초에 걸쳐 자유주의적 도덕관 – 자유연애, 합법적 낙태, 이혼 – 이 파리나 런던의 진보적 지식인들 사이에 번졌습니다. 결혼하고서도 그 법적 신고를 하지 않았으며, 서로를 남편이나 아내가 아닌 '파트너' 또는 '동반자'라고 불렀습니다.

이 영향을 받은 도쿄나 서울의 전위적 지식인들 가운데도 결혼 신고 없이 그냥 '동서同棲'하는 경우가 적지 않았습니다. 내가 유학하던 시절에도 장 폴 사르트르와 시몬느 보부아르의 관계는 '동거'였습니다.

그러나 오히려 혁명을 이룬 소련에서는 상황이 다르게 돌아가고 있었습니다. 결혼과 가정은 최상의 미덕으로 격상됐고, 이혼이나 낙태는 극히 예외적인 경우를 빼고는 실제로 일어나지 않았습니다. 정치선전도, 문학의 내용도 '가정 찬양물'이 많았습니다. 사회주의 사회에서의 즐거움이나 열정은 가정을 출발점으로 하는 사회 전체의 공동선을 따를 때 생기는 법이라고 계몽 선전하기 시작했습니다.

인민공화국의 건국 이래, 북한의 위정자들은 이에 더하여 유교적 가부장제를 선호하였습니다. 동서고금을 통해 볼 때 가부장적 가정제도와 정치적 독재 사이에는 불가분의 관계가 있습니다.

역사가들은 혁명가의 청교도적 경향을 지적합니다. 영국의 청교도나 프랑스의 자코뱅처럼 볼셰비키도 도덕적 이완을 스스로 경계했습니다. 북한의 위정자들도 소련을 본뜨면서 사회 전체의 도덕성을 중시했고, 그 출발점을 가정으로 설정했습니다.

가정의 지위가 회복됐다는 것은 혁명의 흥분이 가라앉고 사회생활이 정상으로 돌아왔다는 뜻입니다. 이제부터는 사회기초단위인 '가정'을 공고히 하면서 '수령의 큰 가정'에까지 확대하여 상의하달을 더욱 원활히 하겠다는 의미입니다. 그렇게 체제의 '안정과 새로운 프레스티지'를 지켜나가겠다는 사회주의적 보수주의입니다. 김일성체제의 원형입니다.

북한의 소설이나 연극, 영화에는 '바람직한' 가정과 관련된 작품이 많았습니다. 이렇게 모더니즘을 거부하고, 전위예술을 포기하고, 복고주의를 재평가한다는 것은 봉건적 가치들을 통해 통치하겠다는 또 하나의 북한의 이율배반이겠습니다.

11장

동백림사건

10년 만의 귀국

1966년, 10년 만에 돌아온 고국의 모습은 여전히 가난의 때가 두껍게 덮여 있었고, 서민들은 깊은 한숨 속에서 힘겹게 살고 있었습니다.

그러나 그전에 없었던 것, 군사정권의 거대한 힘이 도처에 깔려 있다는 것을 어렵지 않게 감지했습니다. 아, 이것이 현대화를 서두르는 개발독재의 모습이구나, 하고 이해했습니다.

그들은 공공연히 전통적 민주주의에 대한 불신을 표명했습니다. '민족적 민주주의'는 군사 개발독재의 별칭이며 정석입니다. 도탄에 빠진 경제를 바로 세울 때까지 국가권력을 독점하다가 경제성장을 이루면 바로 병영으로 돌아가겠다고 약속했던 '임시독재' 입니다.

그러나 그들은 경제성장이 이루어진 후에도 떠나지 않았습니다. 오히려 나 아니면 안 된다는 이유로 대통령의 재임 기간을 늘리는 개헌을 했습니다. 여야충돌이 일어나고 4·19 때 집단지성화했던 지식인층이 다시 저항을 시작했습니다.

1960년대 한국의 지식인층은 두 부류로 집약됩니다. 정권참여형과 비판형입니다. 특히 통일문제나 개발독재의 정당성을 놓고 의견이 갈렸습니다. 평화통일론과 북한접촉불가론으로 분열했습니다.

남한 군사정권은 평화통일론이나 민족 공존 같은 주장은 북한의 논리라며 국가보안법이나 반공법으로 엄하게 다스리고 있었습니다. 이처럼, 비판적인 지식인들에게 탄압적이던 바로 그 엄혹했던 시기에 나는 정부가 원하지 않는 꿈을 안고 귀국했습니다.

나의 학위논문 심사일이 예정보다 늦추어져, 귀국하고 보니 신학기가 이미 시작돼 있었고, 원래 부임하기로 했던 대학에서는 커리큘럼 변경이 당장 어려워 다음 학기까지 집에서 쉴 참이었습니다.

그러자 조영식 경희대학교 총장으로부터 연락이 왔습니다. 설립자이기도 한 그는 학교운영을 자의적으로 하는 '학원 독재자'로 유명했습니다. 그의 '독재적' 결정으로 커리큘럼을 조정하여 경희대 조교수가 됐습니다. 그는 후일 동백림사건의 그 삼엄한 공포 분위기 속에서도, 형이 확정될 때까지 나의 봉급을 꼬박꼬박 집으로 보내줬습니다. 확신적 반공주의자이었는데도 말입니다.

나는 귀국 즉시 언론의 관심을 받았습니다. 조선일보와 중앙일보에 특집논설을 썼습니다. 미국이 아닌 프랑스에서 공부했다는 희귀성을 인정받았던 겁니다. 특히 중앙일보에 기고한 〈한국 정당을 해부한다〉가 눈길을 끌었습니다. 여기저기서 집필의뢰가 왔습니다.

잊어버릴 수 없는 것은 장준하 선생을 만난 일이었습니다. 나는 그의 경력으로 보아 다부진 체격에 능변가일 것이라는 이미지를 갖고 있었는데, 만나보니 다소 선병질적腺病的(결핵성 질병의 경향이 있는 허약한 체질의) 외양에 말수도 그리 많지 않은 신사였습니다. 그분은 나를 〈사상계〉의 고정 집필진에 올려줬습니다. 그러나 곧 동백림사건으로 체포되는 바람에 실제로 글을 쓴 것은 단 한 번이었습니다.

학계에서도 주목해 줬습니다. 그 당시 한국정치학회의 주요 멤버는 거의 미국 유학파였습니다. 세계정치학계를 풍미하던 프랑스 정치학자 뒤베르제 교수의 직계제자라는 후광을 업고, 학회세미나에서 단독으로 주제발표도 하였습니다. 당시 프랑스 정치학계의 관심사였던 '권력의 인격화'를 뒤베르제식 접근법으로 설명하였습니다. 미국 정치학과는 색다른 주제와 내용이었습니다.

그러던 중, 중앙일보의 홍진기 사장으로부터 호출을 받았습니다. 이병철 회장과의 단독면담이 잡혔으니 "절대 시간 어기지 말고 오라"는 전갈이었습니다. 그는 나의 장인의 가까운 후배였습니다.

실은 그 무렵 내가 너무 매스컴을 타는 건 아닌지, 스스로 반성하면서 연구하는 생활로 돌아가야겠다고 생각하던 중이었습니다. 그리고 당시의 나에게는 이병철이라는 이름이 그리 무겁게 와닿지 않았습니다. 물론 그가 한국경제계를 대표하는 거목인 걸 알고는 있었지만, 내가 유학을 떠나던 1955년에는 전혀 몰랐던 이름입니다.

나는 약속 시간에 15분 늦게 도착하였습니다. 서울의 낙후한 대중교통 때문이라고 변명했지만, 홍진기 사장은 대로하였고, 이병철 회장과의 면담은 취소되었습니다. 사실, 그 당시 자가용은 최상류층이나 타고 다녔고, 고물 시내버스는 운행시간이 제 멋대로였습니다.

그러함에도 불구하고 중앙일보는 나의 영입시도를 계속했습니다. 그 신문사의 주필인 홍성유와 그 명성이 절정에 이르고 있었던 논객인 신상초 논설위원이 나를 밀었습니다. 그들을 뒤에서 지휘한 사람은 홍진기 사장이었습니다.

그런데 문제는 홍성유 주필의 최종제안이었습니다. 그는 나에게 교수는 그만두고(시간강사까지는 괜찮지만) 중앙 매스컴의 보도를 전담하라는 것이었습니다. 나는 많이 주저했습니다. 유학 후의 직업을 교수 말고는 생각해 본 적이 없는 나였습니다.

아버지와 장인을 비롯해 많은 사람과 상의했습니다. 삼성그룹이 제시한 조건은 파격적이었습니다. 그 시대만 해도 오늘날과는 달리 인재들이 흔하지 않았기 때문이었습니다. 대학연구실도 좋지만, 그동안 배웠던 지식을 저널리즘이라는 현실 세계에서 활용하고 싶다는 욕망도 생겼습니다.

그러면서 통일의 꿈을 현장에서 펼칠 수 있을 것 같았습니다. 세계공산주의가 중병을 앓고 있으며, 현재 자본주의도 치료를 받고 있다는 사실을 매스컴을 통해 알리고 싶었습니다. 중도의 길을 제시하고 싶었습니다. 결국, 그 제안을 받아들였습니다.

그런데 며칠 뒤, 공식발령이 나기 직전 중앙정보부에 전격 연행되었습니다. 그 후 모진 심문을 겪고 재판을 거듭하면서도 나는 중앙일보에 대해서는 침묵했습니다. 중정에서는 아무도 그 사실을 아는 사람이 없었기 때문입니다. 만일 중앙일보 발령이 체포 전에 발표됐었다면 나의 죄목에 "우리나라 굴지의 매스컴에 간첩행위를 목적으로 침투하여…"라는 구절이 하나 더 붙고 말았을 겁니다. 사건 초기에 중정은 나를 어떻게든 간첩으로 옭아매려고 했었으니까요. 홍진기 사장, 홍성유 주필, 신상초 논설위원에게도 큰 피해를 줄 뻔했습니다.

체포와 심문

1967년 6월 17일, 아침에 출근차 집을 나서던 나는 영장 제시도 없이 두 남자에게 체포되어 남산 중턱에 자리한 중앙정보부의 조사실로 실려 갔습니다. 며칠 후 나의 아내도 구인돼 왔습니다.

처음에는 사건의 발단을 몰라 어안이 벙벙했지만, 취조받는 과정에서 임석진의 고발이 있었다는 것을 알게 되었습니다. 중정 수사관들이 입을 모아 '임석진의 기억력은 천재적'이라고 찬탄했을 정도로 그의 진술은 광범하고 세밀하고 정확했습니다.

동·서 베를린 간 통로, 평양까지의 왕래 경로, 베를린과 평양에서 만났던 인물들, 방문했던 장소, 북쪽 사람들과의 대화 내용 등을 수사관이 먼저 '너 이랬지? 너 저랬지?' 하고 다그치면 달리 할 말이 없었습니다. 몇 번 부인하다가도 결국은 시인하게 됩니다. 안 한 행동도 했다고 시인하게 됩니다. 특히 아내까지 구금되어 있어 서로의 말이 어긋날까 보아 사실과 다르게 진술할 수도 없었습니다.

나는 수도 없이 진술서 쓰기를 되풀이하였습니다. 그들의 상투

수단입니다. 혹시 앞뒤 진술서에서 차이점이 나타나면 거기서부터 다시 추궁해 들어옵니다. 진술서 내에서의 표현도 자기들이 부르는 대로 받아 써야 했습니다.

나는 진술서에서, 내가 나를 고발하는, '지령을 받고' '침투하여' '간첩 활동을 하였으며' 등 수사관이 부르는 문구를 그대로 받아 적었습니다. 항의하면 구타, 모욕, 협박, 회유를 섞어가며 진술서를 다시 쓰게 합니다. 최종진술서는 아예 그가 불러주는 대로 받아쓴 다음 무인拇印을 눌렀습니다.

간첩으로 몰려는 함정임을 알았지만, 나는 대항할 법리나 법기술을 몰랐고, 20일 동안 밤낮없이 되풀이되는 똑같은 질의응답에 지쳐 손도장을 찍고 만 것입니다. 그때는 내가 사형까지 선고받을 줄은 꿈에도 생각 못 했습니다. 그저 검찰에 가서 진술을 뒤집으리라고 마음먹고 있었습니다.

이 사건을 '간첩단'으로 만들려는 당국의 의지는 처음부터 명약관화했습니다. 수사 총책임자 이용택 앞에 수차 불려갔습니다. 그때마다 '시키는 대로만 자백하면' 장인과 부친을 봐서도 선처될 수 있다는 회유를 섞어가며 협박했습니다.

나는 험악하기로 유명했던 김형욱 중앙정보부장 앞에 두 번이나 끌려갔습니다. 중앙정보부 이문동 본청이었습니다. 그때마다 자정이 넘은 오밤중이었습니다. 그는 나를 보자마자 고함을 질렀습니다.

"야, 이 새끼야! 네 마누라는 국회에, 김옥희(조영수의 부인)는 청와대에 침투시키고 얻어 낸 정보가 뭐야? 말해 봐!"

당시 나의 처 이순자는 국회도서관의 과장급 임시직이었고, 김옥희는 청와대 경호실의 평범한 사무직 직원이었습니다. 나는 당연히 부인했습니다. 그는 내 설명을 들으려고도 하지 않고 버럭버럭 소리를 질렀습니다.

"이 새끼, 당장 뒷산에 끌고 가 총살해버려! 이 밤중, 이 산골에서 이런 새끼 하나 없어져도 아무도 몰라!"

항간의 소문대로 무지막지한 사람이었습니다. 그게 나를 윽박지르기 위한 '연기'라는 걸 알면서도 강한 공포심에 휩싸였습니다.

고문과 자백

예로부터 고문은 두 가지 형태로 나누입니다. 피의자에 따라, 사건의 성격에 따라, 혹은 시대 상황에 따라 육체적 고통을 줄 것인가, 또는 심리적 압박을 가할 것인가를 선택합니다. 대개는 두 가지 고문을 병행하지만, 그때그때의 상황에 따라 어느 한쪽에 더 무게가 실립니다.

육체적 고문은 피의자가 완강히 자백을 거부할 때 주로 쓰입니다. 피의자가 조금이라도 자백을 하면 협박과 회유가 시작됩니다. 동백림사건의 특징 중 하나는 후자의 경우였습니다.

앞에서 기술한 바 있지만, 임석진이 박정희 대통령과의 독대 면담에서 다 털어놨고, 그 후 또 그는 20여 일간 정보부에서 세부 사항을 하나하나 다 진술했기 때문에 임석진의 진술로 체포된 사람들은 정보부가 만들어놓은 '함정'을 벗어나갈 수가 없었습니다. 결국, 우리에게 사용된 고문은 주로 심리적 압박이었습니다.

"아무개는 이렇게 했다는데, 너는 왜 딴소리를 해!"

"순순히 진술서에 이렇게 쓰면 돼! 그러면 관용이 있을 거야."

우리는 하루 내내 진술서를 썼습니다. 그들이 짜 놓은 시나리오에 조금이라도 어긋나면 "너, 왜 거짓말해! 사실은 이렇지 않아?" 하면서 피의사실을 수사관이 일러줍니다. 나를 옭아맬 구절들을 내 손으로 씁니다. 범하지도 않은 죄까지 내 손으로 기재하고 무인拇印을 찍습니다.

지난번 진술과 이번 진술이 조금이라도 틀리면 거기서부터 집요하게 다시 파고들어 옵니다. 수사관의 표정과 언사는 그때 악마로 돌변합니다. 폭력이 가해집니다.

장시일에 걸쳐 앵무새처럼 그런 진술서를 한도 끝도 없이 쓴다는 것 자체가 엄청난 고통이었고 고문이었습니다. 언어폭력은 심했어도 육체적 가해는 적었습니다. 다만 심리적으로, 심문하는 측이 짜놓은 틀이 진실이라고 착각할 때가 있었습니다.

그러함에도 불구하고 육체적 고문을 심하게 받은 네 사람이 있었습니다. 윤이상, 정성배, 천상병, 그리고 나입니다.

윤이상의 경우는 정보부에서 짜놓은 시나리오를 완강히 부인하자, 육체적 폭력과 견디기 어려웠던 심리작전이 가해졌습니다. 매일매일 가중되는 이 양면의 고문에 못 이긴 그가 책상 모서리에 머리를 찍으면서 자살을 시도했습니다. 그의 국제적 명성을 이용하려고 다른 사람들보다 더 심하게 허위자백을 강요했다고 합니다. 법정에서 내가 그를 봤을 때도 그는 머리에 붕대를 두껍게 감고 있었습니다.

그다음, 정성배는 나와 인연이 깊은 친구였습니다. 그는 나의 서울대 문리대 한 해 선배로 '낙산회'라는 서클에 같이 있었고, 파리에서도 자주 모였던 여섯 멤버의 한 사람이었습니다. 정보부는 이 모임을 북한 연락부의 지령에 따라 움직이는 '6인 위원회'라고 날조, 정성배를 옭아맸습니다. 그가 문리대 재학 시절 학생회장이었던 사실에 주목했던 것 같습니다.

그런데 정성배는 사회주의자도 아니었고, 동베를린 근처에도 가본 일이 없습니다. 전혀 자백할 것이 없었던 그는 그래서 더 심하게 육체적 고문을 받았습니다. 그는 1심에서 기소유예로 풀려났습니다. 프랑스로 돌아간 그는 반한파反韓派의 맨 앞줄에 섰습니다.

천상병은 방랑 시인이었습니다. 동백림사건으로 구속된 서울 상대 강빈구 교수와는 대학 동기동창이었습니다. 그는 늘 막걸리를 마셨고, 집안이 부유했던 강빈구가 그 술값을 대주었습니다. 이것을 정보부가 공작금으로 둔갑시킨 것입니다.

화가 이응노, 작곡가 윤이상, 시인 천상병을 함께 엮으면 '북괴의 문화계 침투'라는 그림이 그럴듯해집니다. 고지식하기만 했던 천상병은 전혀 없었던 일을 있었다고 하지 못했습니다. 그때 받은 고문의 흔적은 법정에서도 나타났습니다. 검찰 심문이나 변호사 질문에 동문서답을 하여 방청석에서 폭소가 터질 정도로, 그의 정신세계는 지리멸렬이었습니다.

1심에서 석방된 후 얼마 안 되어 그는 가출, 오랫동안 그 흔적을 찾을 길이 없었습니다. 결국 '행불자' 명단에 이름이 올랐습니다. 그래서 지인들에 의해 그의 장례식까지 치러졌습니다. 그 한참 후 서울의 어느 무연고자 수용소에서 걸레 조각처럼 망가진 그가 '발견'되었습니다. 그는 고문의 후유증으로 비몽사몽처럼 살다가 '귀천'했습니다.

생전에 그는 〈귀천〉이라는 명시를 남겼고, 그래서 그는 '귀천 시인'이라고도 불리었습니다. 그의 사후 미망인이 인사동에 '귀천'이라는 찻집을 열었고, 그를 기리는 사람들이 거기에 많이 찾아들었습니다. 자유의 몸이 된 후 나도 그 속에 끼어 있었습니다.

나의 경우는 대부분의 동백림사건 피의자들처럼, 육체적 고문보다는 정신적 고문 위주였습니다. 20일 가까이 매일 자술서를 썼습니다. 그들이 미리 짜놓은 시나리오대로 써야만 합니다. 조금이라도 달리 쓰면 "야, 아무개는 이렇다던데, 왜 너 거짓말 해?"라고 다그칩니다. 그들이 불러주는 단어나 문장은, 그때는 몰랐지만, 나중에 알고 보니 모두 나를 법망에 얽어 넣는 것들이었습니다.

어떤 때는 하지도 않은 사실을 기재하라고 합니다. 거부하면 야비하기 짝이 없는 언사로 모욕하면서 때로는 구타를 합니다. 지식인들이 가장 참기 어려운 것이 인격 모독입니다. 검찰에서 번복할 작정으로 시키는 대로 썼습니다.

검찰에 송치되었습니다. '아. 이제 문명 세계에 왔구나' 하는 안도감으로 검사 앞에 앉았습니다. 내 담당 이종남 검사(후에 법무부 장관)는 부드럽게 심문하기 시작했습니다. 지옥에서 부처님 만난 기분이었습니다. 나는 진술서 중 상당 부분이 강압에 의한 허위자백이라고 말했습니다.

그는 물끄러미 나를 바라보더니 말없이 어디엔가 전화를 걸었습니다. 얼마 안 있어 나를 호송해 왔던 정보부 요원이 다시 나타나 나를 끌고 간 곳은 그 지긋지긋한 이문동 취조실이었습니다. 거기서 처음 보는 수사관으로부터 모진 전기고문을 당했습니다.

순전히 보복성, 다시는 진술한 것을 번복하지 말라는 경고성

고문이었습니다. 다시 검찰에 끌려갔을 때 나는 진술서의 모든 내용이 사실이라고 시인하지 않을 수 없었습니다. 처절한 절망감에 사로잡혔습니다.

동백림사건에 연루되었던 사람들은 대개가 양갓집 자식들이고 공부도 많이 했습니다. 이들은 폭력 앞에서 한없이 약했습니다. 그들 모두는 재판에서 진실을 찾자고 마음을 먹고 시키는 대로 자술서를 썼습니다.

이것이 발목을 잡았습니다. 재판은 완전히 정보부의 연출대로 진행되었고, 우리는 시키는 대로 연기하는 배우에 지나지 않았습니다. 독·불 양국과의 심각한 외교 갈등으로 종국에는 석방될 텐데, 그러려면 검찰에 반대하면 안 된다는 것이 변호인들의 일관된 의견이었습니다. 우리의 운명을 놓고 씨름한 당사자들은 한국과 서독 두 나라의 정부였습니다.

정치재판

인류 역사상 대형 정치재판들이 수없이 많았습니다. 중세유럽에서 있었던 가톨릭의 종교재판을 위시하여 19세기 말 프랑스의 드레퓌스사건, 그리고 무엇보다도 1936~37년의 스탈린 대숙청재판들은 그중에서도 유명합니다.

북한의 박헌영 숙청, 남한에서의 조봉암 사건, 인혁당, 통혁당 사건들도 한반도에서 일어났던 터무니없는 정치재판들이었습니다.

이 모든 정치재판의 공통점은 '이단' 규정입니다. 정통파 또는 집권층 외의 모든 이단은 편향이고, 규율 이반이고, 따라서 악입니다. 그리고 이단이라고 규정되는 직접적 근거인 자백이 어떻게 이루어졌는지에 대한 많은 증언이 남아 있습니다.

20세기에 와서는 이런 재판들이 주로 공산국가나 개발도상국에서 행해졌습니다. 인권존중이 확립된 구미에서는 거의 근절됐습니다. 범하지도 않은 죄, 날조된 죄, 행동은 있었으나 그 행위의 내용이 범죄라고 할 수 없는 '무내용'의 죄들의 자백을 강요하는 여러 수법이 그런 나라에서는 여전히 속행하고 있었습니다.

지노비에프, 가메네프, 부하린 등 러시아 혁명의 영웅이자 유공자들이 스스로 당에 대한 적대 음모를 꾸몄다고, 파괴와 테러행위를 자행했다고, 나치 비밀경찰과 비밀리에 협조했다고 자백했습니다. 박헌영과 남로당 간부들도 미국의 간첩이었다고 자백했습니다.

자백을 위한 방법들은 어디서나 비슷합니다. 피고의 개성에 따라 모진 육체적, 또는 집요하고 정교한 심리적 수단이 취해집니다. 협박과 약속의 공수표도 상투수단입니다.

스페인의 종교재판관들은 자백을 끌어내는 일이 진리를 바로 세우는 길이라고 믿었습니다. 그리고 이때의 논고가 사실에 부합하지 않아도 피고들은 일종의 사이비 진실이라는 '초현실' 속에서 그 허위고발을 인정합니다. 지노비에프나 박헌영도 끝없는 추궁과 고문이 계속되다 보면 자기 스스로 유죄라는 심리 현상, 곧 '착란' 속에 빠졌던 것입니다.

1967년 11월 9일, 동백림사건 관련자 33명의 재판이 시작되었습니다. 가족들 외에도 국내외 기자들, 서독과 프랑스 대사 및 대사관 직원들의 참관으로 입추의 여지가 없었습니다. 피고인마다 교도관이 한 사람씩 옆에 붙어 앉는 엄중한 분위기였습니다.

재판에서의 핵심적인 논점은 '간첩'의 법리적 해석이었습니다. 북한사람들을 만났고, 밀봉 교육을 받았고, 돈까지 수수했으며, 일부는 노동당에 가입까지 하였으니, 이런 행동은 반국가적 간첩행위라는 것입니다.

피고인들은 대체로 그 행위의 표면적 팩트는 인정하면서도, 밀봉 교육을 받은 것이 아니라 남북한 문제를 전반적으로 토론한 것이며, 그들을 만난 것은 동서 베를린의 특수공간(외국인은 자유 왕래) 때문에 가능하였던 것이지, 적성지역으로 '탈출'한 것이 아니었다고 항변했습니다.

돈을 받은 것도 공작금이 아니라 동베를린까지의 왕복 여비와 학비 보조금으로 알고 받았으며, 실제로 공작금이라기에는 그 액수가 터무니없이 적었습니다. 고국의 경제가 어려웠던 시절, 아르바이트가 불가능했던 유럽에서 우리 유학생들은 대개가 궁핍하게 공부하고 있었습니다.

공작금이란 지령을 받고 이를 실행하기 위한 자금을 말하는데, 나도 다른 피고인들도 '지령'을 받은 적이 없었습니다. 그리고 그 액수도 공작금과는 거리가 멀었습니다.

북한사람들이 바라던 것은, 우리가 귀국하여 교편을 잡던가, 어떤 영향력 있는 위치에 있게 되면, 학생운동을 보다 통일론 쪽으로 이끌어 달라는 것이었습니다. 그것이 다였습니다. '평화통일'을 위한 합의였습니다.

공산당 교육도 안 받은, 특히 간첩훈련도 안 거친 부르주아 출신 유학생들의 어디를 믿고 그들이 간첩 활동의 지령을 내렸겠습니까? 프로 중 프로인 그들이 이응노나 윤이상 같은 연로한 예술가, 그것도 고국을 떠나 오래된 이들의 무얼 믿고 간첩을 시키겠습니까? 북한사람들은 그저 적극적인 동조자, 오피니언 리더가 필요했던 것입니다.

실제로 먼저 고국에 돌아와 있다가 체포된 피고인 중 누구도 간첩 활동은커녕 학생운동과 연계된 사람이 없었습니다. 통일전선에서 중도주의적 우군이 돼 달라는 것이 그들이 우리에게 바랐던 전부입니다. 피고인들과 변호인들은 강하게 간첩 활동만은 부인하였습니다.

재판은 중앙정보부 취조실의 연장이었습니다. 검찰 측 증인으로 출정한 중앙정보부 수사과장 이용택은 강압적인 어조로 이 사건은 간첩단 사건 그 이상도 이하도 아니라고 주장했습니다. 판사들과 여론을 향한 메시지였습니다.

우리 집에서 압수한 확대경과 소형 트랜지스터라디오를 검찰은 나의 간첩 활동의 증거물로 제시하였습니다. 확대경은 책 많이 읽는 사람들이 항용 가지고 있는 것이며, 그 라디오 수신기는 검찰의 주장과는 달리 A3 수신이 안 되는 저성능의 것이었습니다.

변호인단은 간첩죄 적용은 전혀 무리라고 변론했지만, 나는 그런 논쟁이 부질없게만 느껴졌습니다. 당시 비무장지대에서 확대일로에 있던 남북 간의 무력충돌 상황으로 보아 반공 이슈가 필요했고, 당장의 급한 불인 '6·8 부정선거' 항의 여론을 가라앉히기 위해서도 대형간첩단의 존재가 꼭 필요했습니다. 나는 우리가 그 속죄양인 걸 너무도 잘 알고 있었습니다.

변호인단도 이 사건의 해결은, 재판이 아닌 외교 마찰의 출구라고 우리에게 일러주었습니다. 한국 정부가 재판에서는 최대한으로 사건을 부풀리고 중형을 때려 '6·8 부정선거'에 대한 반대시위를 가라앉힌 다음, 얼마간 시간이 지나면 방면할 것이라는 겁니다. 곧 사상 최대의 '간첩 사건'으로 만들어 국내여론을 잠재운 다음, 독·불 정부의 항의에 대한 외교적 조치로 전원 석방한다는 것입니다.

피고인들도 이 시나리오를 믿고 싶었지만, 그래도 미래사인지라 반신반의할 수밖에 없었습니다. 변호인단은 줄곧 '간첩죄' 적용은 무리라고 변론했습니다.

"정하룡·조영수의 간첩 활동 그 자체가 없었다. 증거가 하나도 없다."(문인구, 박승서 변호사)
"윤이상은 한국 실정을 모르고, 고분의 벽화를 보려고 평양에 갔다."(황성수 변호사)
"이응노는 6·25 때 헤어진 아들을 만나려고 평양에 갔다."(한승헌 변호사)

한승헌은 후일 그의 저서에서 피고인들에게 씌운 적용법조가 너무도 억지스럽다고 했습니다.(『재판으로 본 현대사』) 공소사실 끝머리 문구마다 "북괴의 지령 사항을 각 수행함으로써 간첩행위를 하고"라고 되어 있지만 '지령'이나 '제공한 정보'의 실체가 하나도 없다는 것입니다.

검찰은 그들의 시나리오대로 피고인들에게 엄청난 중형을 구형했습니다. 사형 6명(정하룡, 조영수, 천병희, 윤이상, 최정길, 정규명), 무기징역 4명(이준, 강빈구, 임석훈, 이응노), 징역 15년 1명, 징역 10년

4명 등이었습니다.

그날 밤 이종남 부장검사가 서울구치소로 찾아와 사형이 구형된 여섯 사람을 소장실로 불러내어 다과를 대접하면서, "이 사건은 국내 사정과 외교 관계가 얽힌 재판이기 때문에 종국에는 선처될 것이니 너무 불안해하지 말라, 그러니까 안심하고, 정부를 믿고 공소사실을 시인하는 것이 사건을 빨리 종료시킬 수 있다"는 말을 남기고 갔습니다.

예측했던 대로 1967년 12월 13일, 재판부는 검찰의 주장을 받아들여 중형을 선고하였습니다. 정규명과 조영수는 사형, 정하룡, 윤이상, 강빈구, 어준은 무기징역, 천병희, 최정길, 김중환에게는 징역 15년 등이 선고되었습니다.

6·8 부정선거 탈출을 위한 단막극

박정희 정권의 개발독재가 그 성과를 얻기까지는 시간이 더 필요했습니다. 그래서 역사상의 모든 독재자처럼 그도 영구집권을 꾀합니다. 그러려면 개헌을 해야 하고, 국회 3분의 2 의석수가 필요했습니다. 그게 '6·8 부정선거'의 진상입니다.

대규모 학생데모가 전국을 휩쓸었습니다. 이때 마침 임석진의 자수가 있었고, '건국 이래 최대간첩단'으로 동백림사건이 과장 각색됩니다. 그리고 서울대학교 문리대의 '민족주의비교연구회民比研 사건'도 같이 날조됩니다. 민비연을 동백림사건에 연계함으로써 '6·3사태'와 '6·8 부정선거'의 규탄 데모가 모두 북한의 지령에 의한 것이었다는 각본이 만들어집니다. 이슈를 이슈로 덮는 전통적 수법입니다.

민비연의 지도교수 황성모는 서독 유학을 했지만, 동베를린 근처에는 얼씬도 하지 않았던 사람이었습니다. 그런 그가 동베를린 북한대사관의 지령을 받고 6·3사태와 6·8 부정선거 규탄을 뒤에서 조종했다는 겁니다.

이렇게 민비연은 동백림사건에 억지로 연계되어 재판에 회부되었습니다. 거짓 자백을 강요당한 황성모는 모진 고문을 당했다고 법정에서 털어놓았습니다. 구속기소 됐던 민비연의 주요 회원들인 김중태, 현승일, 이종률, 박범진, 박지동, 김도현 등도 마찬가지였습니다.

6·8 부정선거 규탄시위가 북한의 지령에 의한 것이었다는 중정과 검찰의 주장이 허구였음이 재판과정에서 낱낱이 드러났습니다. 그런데도 1심에서 황성모는 징역 3년, 김중태는 2년을 선고받았습니다. 나머지 다섯 명은 무죄판결을 받았지만, 이들 모두가 받았을 상처의 깊이는 헤아리기 어렵습니다.

황성모는 나의 사회학과 8년 선배였고, 내가 서울대에 재학하고 있을 때 전임강사였으며, 나와는 평생 가깝게 지냈습니다. 실재하지 않은 날조된 '사실' 때문에 인권과 인생이 망가진 사람이었습니다. 그가 평생 감내해야 했던 고문의 트라우마는 심신 양면에서 그를 잠식했습니다. 한참 학문의 깊이를 더했을 신예 학자는 서울대에서 추방되고, 나중에 전두환의 호를 딴 '일해문화재단'에 갇혀 살았습니다. 학문을 멀리해야만 했던 학자의 모습처럼 슬픈 것은 없습니다.

동백림사건 2심의 결과는 1심 때와 대동소이했습니다. 여전히 피고인 전원이 유죄였고, 중형이었습니다. 일부 형량만 늘고 줄고 했을 뿐입니다. 내가 무기징역에서 거꾸로 올라가 사형을 선고받았고, 임석진의 동생 임석훈도 15년에서 사형으로 치솟았습니다. 정규명에게는 그대로 사형이 유지됐지만, 조영수는 사형에서 무기로, 윤이상은 무기에서 15년으로 감형되었습니다.

대법원의 파기환송

그런데 상고심에서 생각지도 않았던 이변이 생겼습니다. 1968년 7월 30일, 대법원은 서울고등법원의 판결 중 피고인 정하룡, 정규명, 조영수, 윤이상 등 12명에 대한 유죄판결 부분을 파기하고 원심(서울고법)으로 환송하였습니다. 이제까지 일사불란하게 움직였던 중앙정보부, 검찰, 사법부 간에 균열이 생긴 것입니다. 대법원 판사들이 정부의 말을 '거역'한 것입니다.

대법원의 파기환송 이유는 ① 무리한 간첩죄 적용과 ② 부당한 형량이었습니다. 검찰은 크게 반발하였습니다. 특히 중앙정보부는 전혀 예기치 못했던 결과라서 그 반응이 몹시 과격했습니다.

서울 시내에 '애국시민회' 이름의 전단들이 뿌려졌는데, '김일성의 판사를 잡아내라', '북괴와 야합하며 기회를 노리는 붉은 도당을 처단하라' 등의 내용이었습니다. 대법관들을 지칭하는 문구입니다. 동시에 대법원을 둘러싼 배재고등학교, 법무부, 반도호텔(현 롯데호텔 일대)들의 담이나 건물 벽에도 '애국시민회'의 이름으로 벽보가 나붙었습니다.

나중에는 태평로 일대에까지 범위가 넓혀졌습니다. '물적 증거가 없다고 무죄라니, 그것은 공산당을 감싸는 짓이다', '김일성의 앞잡이 김치걸과 주운하(대법관들)를 처벌하라', '북괴 앞잡이 사법부를 갈아내라', '합법의 미명美名 아래 북괴의 장단에 춤추는 빨갱이를 잡아내라' 등 그 내용이 과격하고 살벌하였습니다. 1952년 이승만이 일으켰던 '부산정치파동'과 수법이 똑같았습니다.

조진만 대법원장에게는 '용공 판사들을 두둔할 것이냐?'는 괴편지가 날아들었고, 사건을 심의한 네 대법원 판사의 집에는 길에 뿌려졌던 것과 똑같은 전단들이 우편으로 배달되었습니다. 주운하 판사의 부인에게는 '그렇게 내조해도 되느냐?'는 협박편지까지 우송되었습니다. 이러한 사태는 대법원 판결 후 일주일 동안 조직적으로 계속되었습니다.

이렇게 되자 조진만 대법원장이 "판결에 대한 법리적 다툼은 있을 수 있지만, 협박은 안 되는 일"이라는 성명을 발표합니다. 대한변호사협회는 "사법부의 독립을 해치고 민주적 기본질서를 파괴하는 행위"라고 개탄했습니다. 국회에서도 국무총리와 관계 장관에 대한 질의응답에서 "권력을 배경으로 한 범죄 조직의 행위"라고 추궁했습니다. 유진오 신민당 총재는 아예 정부 권력기관의 소행이라고 단정하고 나섰습니다.

그러나 이런 일이 항상 그렇듯이, 이 비라 사건에 대한 당국의 수사는 지지부진했고, 벽보 사건도 흐지부지 끝나고 말았습니다. 이 모든 것이 다음에 이어질 재판의 판사들에 대한 사전 협박이었습니다.

이를 보고 외국 매스컴의 잉크가 홍건히 흘렀습니다. 이 사건에 관심을 가졌던 여러 집단이나 개인들이 세계 각국에서 즉각 반응했습니다. 민주국가를 자칭하는 나라에서 법관들에게 이처럼 몰상식한 압력을 가하는 데 대한 우려와 비난이 쏟아져 나왔습니다.(〈르몽드〉 1968년 8월 28일자)

나의 변호인으로부터 나중에 들은 이야기지만, 정부는 상고심의 확정으로 이 사건을 국가의 근본을 흔들 정도의 대규모 간첩단 사건으로 만들어 정부 반대세력을 누르고 난 다음, 서독 정부와의 협의를 통해 전원 석방하려던 참이었는데, 대법원의 파기환송으로 오히려 그 계획이 어긋나 재항고심과 재상고심까지 이루어지는 바람에 재판이 10개월이나 더 늘어졌다고 합니다.

1968년 11월, 대법원의 파기환송에 따라 12명에 대한 재항소심(4심)이 열렸습니다. 검찰은 공소장 변경을 요구하였고, 재항소심 재판부는 부당하게도 이를 받아들였습니다.

검찰은 변경된 공소장에서 국가보안법과 반공법의 적용사항을 바꾸어, ① 제공한 정보가 군사기밀이 아니었더라도 현재 한반도는 전시상황이므로 군사기밀과 동일하게 간주해야 하며, ② 새로 적용한 국가보안법 2조와 3조 1항(불법 지역 왕래)에 의하면 평양에 왕래한 자들을 사형에 처할 수 있다고 주장하였습니다. 곧 피고들이 '국가기밀'을 북한에 제공한 '간첩'이라면서, 이들에게 사형 이하의 법정 최고형을 주장한 것입니다.

이에 대해 변호인 측은 ① 대법원 판결의 기속력羈束力에 대한 불복, ② 피고인에 불리한 공소장 변경, ③ 추가된 범죄행위가 전혀 새로운 것이어서 '공소사실의 동일성 원칙' 위배, ④ 3심제도를 무시하는 행위는 헌법규정을 무시하는 것이라고 반대 의견을 피력했습니다.

재항소심에서의 검찰 측 수석은 한옥신이었습니다. 그는 변경된 공소장으로 편 소위 '간첩죄' 논거에 더하여, 그 논거를 책자로 엮어 독일 정부에 보냈습니다. 그 결과 독일 정부와의 갈등이 더 심화했고, 독일의 학생 및 시민 사회의 분노는 더 커졌습니다.

한국과 서독의 외교 마찰

동백림사건의 본질은 국내정치와 국제문제의 혼재였습니다. 이 사건의 무대는 유럽이었고, 관련자들은 한국 국적이었고, 재판은 한국에서 한국의 법에 따라 진행되었습니다. 그래서 관련자들은 남한의 실정법에 의해 재판받았지만, 이 사건의 수사 및 재판단계에서 쉴 새 없이 외교 갈등이 일어났습니다.

이 사건을 둘러싼 당시의 복잡한 경위를 성균관대학교 이정민 연구원이 그의 박사 논문 「동백림사건과 한독관계」(2018)에서 정확하고 소상하게 다루었습니다. 나도 이 논문을 통해 당시 박정희 정부와 서독·프랑스 정부 간의 외교적 갈등상황을 자세히 알 수 있었습니다. 그리고 최근에 입수한 동백림사건 수사 및 재판 기간 내내 관련 내용을 보도했던 〈르몽드〉의 기사들에서 이를 확인할 수 있었습니다.

이미 동백림사건 1심 때부터 한국과 독·불 정부 간의 입장 차는 컸습니다. 자기 나라의 주권을 침해하고 '납치'해 온(서독과 프랑스 측의 표현) 관련자들을 '원상회복'하라는 두 나라의 주장에 대해 한국 정부는 일단 재판을 지켜보자는 태도였습니다. 그리고는 1심에서 관련자 대부분에게 유죄를 인정, 줄줄이 중형을 선고하였습니다.

그러자 서독과 프랑스 여론이 심하게 악화하였고, 특히 서독 정부가 시민 사회의 압박을 받으면서 더욱 강경해졌습니다. 더구나 독일인들의 기대와는 달리 항소심인 2심에서도 똑같은 수준의 중형이 선고되자, 이미 1심판결 후 떠돌았던 대한對韓 경제원조 중단의 소리가 한층 더 커졌습니다.

그뿐만 아니라, 양국 정부의 마지막 서명만 남았던 주한 독일문화원Goethe Institut 설립협정의 진행이 중단됐습니다. 이 사태의 책임을 지고 사임한 최덕신 주독 대사의 후임인 김영주 대사에 대한 아그레망도 이례적으로 미뤄지고 있었습니다.

서독과 프랑스 정부는 동백림사건 관련자들을 간첩이 아니라고 인식하면서 '전원 석방'을 요구했는데, 남한 정부는 계속 이를 거부하고 있었습니다. 그러면서도 한국은 서독의 경제원조 중단만은 피하려고 했습니다. 서독의 차관으로 건설되던 '영남화력발전소'가 무산된다면 전력공급의 차질로 '경제개발 5개년 계획'의 실패가 너무도 뻔했고, 그건 바로 박정희 정권의 대국민 명분인 경제발전의 실패로 이어지기 때문이었습니다.

서독 정부도 고민은 있었습니다. '차관 중단'이라는 카드를 내밀긴 했지만 그렇게 되면 이때 한·독 경제협력에 관여한 서독 유수의 대기업들도 낭패를 보게 됩니다. 그리고 그보다 더 곤란한 것은 냉전 구도 속에서 미국을 중심으로 한 두 분단국가 간의 '반공연대'가 깨진다는 겁니다.

양국은 이런 복잡한 사정 속에서 협상을 계속했습니다. 한국은 기존의 원조사업을 서독이 계속하는 쪽으로, 서독은 경제원조의 카드를 갖고 동백림사건의 재판을 유리하게 이끄는 방향으로 회담에 임했습니다. 결국, 서독의 경제원조는 재개됐지만, 한국은 서독이 바라는 '이면 약속'을 해야 했습니다.

대법원의 파기환송을 보고, 서독과 프랑스는 한국 정부가 그 약속을 지킬 것으로 판단했습니다. 그러나 재항소심(네 번째 재판)에서는 여전히 피고인들의 형량을 결정짓는 '간첩죄' 공방이 치열했습니다.

변호인단은, 지난번 대법원의 판단은 반공법상의 회합죄와 탈출잠입죄, 국가보안법과 형법상의 간첩죄를 적용하여 유죄로 인정한 것은 잘못된 것이었다고 주장했습니다. 피고인들이 군사정보를 제공할 입장에 있지 않았던 점(유럽 거주)도 적시하였습니다.

이에 대해 검찰은, 현재의 군사적 대결 상태인 한반도의 특수 상황에서는 '일반적인 정보제공도 이적행위'가 되며 간첩죄가 성립된다는 주장이었습니다. 바로 이 점이 서독 정부와 시민 사회로부터 논리의 비약이며 인권유린이라고 지탄받았습니다.

재항소심 재판부는 그러나 검찰의 손을 들어줬습니다. 정규명과 나는 그대로 사형, 그 외에도 무기, 15년이 뒤따랐습니다. 대법원의 원판결이 무시된 것입니다. 서독 측의 실망은 컸습니다. 그러나 한국의 시민 사회와 언론에서는 비판의 소리가 전무하였습니다.

서독 쪽에서 가만히 있지 않았습니다. 주말임에도 불구하고 주서독 한국대사를 외교부에 초치하여 유감을 표시하면서 해명을 요구하였고, 서울에서는 윤하정 구주국장과 주한 서독대사 페링이 연쇄적으로 회담하였습니다. 서독 측은 한국 정부가 '납치한' 피고인들을 단계적으로 원위치에 돌려놓겠다고 한 약속을 어겨가면서 재판을 직접 뒤에서 조종하고 있다고 강하게 항의하였습니다.

삼권분립에 따른 사법부의 독자적 판결이라는 한국 측의 답변은 너무도 초라했습니다. 결국은 사형 집행은 없을 것이고, 소송절차가 끝나면 대통령의 특별고려가 있을 것이라는 한국 측의 언급이 있었습니다.

이미 그전에 동백림사건의 재항소심 판결 결과가 발표되자 서독 대학생들은 매우 바쁘게 움직였습니다. 500여 명의 대학생과 수 명의 국회의원이 그날 밤 본Bonn 대학에 집결했습니다. 이들은 서독 각지에서 모여든 각 대학의 '68혁명'대표들이었습니다. 이들이 한국대사관을 둘러쌌고, 그중 일부가 대사관 안으로 난입해 들어갔습니다.

서독 언론들은 이러한 동태를 상세히 실시간으로 보도했습니다. 대학생 소요는 68네트워크를 타고 수도 본에서 서독 각지로 번졌습니다. 프라이부르크 대학에서는 교수와 학생들의 합동 성토대회가 열렸고, 시민들이 이에 가세했습니다. 그 밖에도 각 대학교 총학생회, 대학 총장 회의에서는 남한과의 모든 학술교류를 단절할 것을 서독 정부에 요구했습니다. 이들은 서독 정부의 대對한국 자세가 오히려 미지근하고 기회주의적이라고 규탄하였습니다.

이런 68 여론의 흐름에 밀려 서독 정부는, 재판이 거듭되어도 피고들의 감형 없이 계속 중형이 선고되는 것은 한국 정부가 '단계적 해결'의 약속을 지킬 의사가 없기 때문이라고 공식적으로 항의하기 시작했습니다.

서독 외무부는 페링 주한대사의 본국 소환을 단행했습니다. 본국으로 떠나기 전 페링 대사는 정일권 총리와 만난 자리에서

"사형은 집행되지 않는다. 전원 석방은 대통령의 권한이므로 내가 말할 수는 없다"는 언질을 듣고 출발했습니다.

빌리 브란트 외무장관은 한국과의 '마지막 담판'을 결심했습니다. '전원 석방'을 위해 외무부 정치국장 파울 프랑크가 특사로 결정됐습니다. 그는 서독 정부로부터 한국 대통령과 직접 협의할 수 있는 '전권'을 위임받고 한국으로 출발했습니다.

프랑크 특사의 방한

동백림사건의 마지막 고비에서 서독 정부는 강경책을 택합니다. '최종담판'을 위한 특사파견은 서독 정부가 동백림사건 초기 단계부터 검토됐던 것인데, 한국 정부의 부정적 반응 때문에 미루고 있었던 것입니다. 그러나 우리의 재판이 길어지고, 그 재판을 '당국'이 좌지우지하는 것으로 확신한 서독 정부가 최후담판용으로 특사파견을 결정했습니다.

서독 정부는 이미 1심판결을 보고는 "2심에서는 이들을 감형시키고 대통령 특별사면으로 전원 석방한다"는 단계별 계획안을 한국 정부에 문서로 요구한 바 있었습니다. 한국 정부는 명확한 답변 대신 재판이 완결된 다음 '필요한 조치'가 있을 것이라고만 답했습니다.

대법원의 원심파기로 야기된 풍파로 관련 대법관들이 은퇴 또는 '건강상의 이유'로 퇴직했기 때문에 '정당한' 판결을 내릴 판사가 없어졌다고 판단한 서독 정부는, 한·독 양 정부 간에 최종적으로 못을 박아야 한다고 결정했습니다. 그러지 않으면 관련자들에게 계속 중형이 내려질 거라고 우려했던 것입니다. 재판이 모두 끝난 다음 대통령 특별사면이 있을 것이란 한국 정부의 구두 언질을 더는 믿지 못하겠다는 것이었습니다.

양국 정부는 공히 이 특사회담을 '최종적 교섭'으로 인식하고 있었습니다. 회담의 성과가 없으면 서독 정부는 외교단절로 나올 것이 뻔했습니다. 사실상 그래서 한국 정부는 '전원 석방'을 이미 내부적으로 결정한 상태였다고 합니다.

이 시점에서 미국의 개입이 시작했습니다. 두 친미 분단국가끼리 너무 오래 갈등하는 것을 미국으로서는 더 이상 수수방관하고 있을 수 없었던 거지요. 그래서 프랑크 특사의 방한을 계기로 한·독 양측이 공히 수용할 수 있는 타협안을 한·독·미 삼각 외교를 통해 찾아보려고 했습니다.

서독의 수도 본에서는 주서독 미국대사관과 서독 외무부 사이에 동백림사건 관계 통로가 열렸고, 서울에서는 미국대사와 서독 대사 간 회합, 미국대사와 한국 정부 요인들의 만남에서 동백림사건의 해결책이 모색되었습니다.

쉽지 않은 조정이었을 겁니다. 서독 정부는 거센 자국 여론의 압박을 받으며 '주권침해'를 앞세워 '전원 석방, 원위치 복귀'를 고수하고, 한국 정부는 국민에게 어마어마하게 과장 선전했던 사건이라 하루아침에 전원 석방하기가 어려웠습니다. 그러니 협상의 초점은 전원 석방의 시기와 방법의 타협이었습니다.

결국, 미국의 중재안이 성공합니다. 한국 정부는 1969년 1월 9일, '전원 석방'을 내부적으로 확정했습니다. 사건 관련자들의 중형판결은 그대로 유지하되, 서독이 주장하는 1969년 안에 점진적으로 감형을 하면서 석방한다는 것, 그러나 사형을 선고받은 정규명과

정하룡은 그보다 1년 뒤인 1970년 말에 석방한다는 내용입니다. 석방 시기에서 서독과 한국의 안을 절충한 것입니다.

그다음 프랑크 특사의 한국에서의 행보는 일사천리였습니다. 그는 입국하자 바로 최규하 외무장관을 만났고, 곧바로 한국 외무부의 실무책임자들과 수차례 마무리 회의를 열었습니다. 방한 최종일에는 청와대 방문 후 공동성명을 발표했습니다.

2년 반 동안 재판을 계속했고, 그동안 내내 외교 갈등을 되풀이하게 만들었던 사건이 프랑크 특사의 한국체재 5일 만에 "성공적이며 양측이 만족한다"는 아주 짤막한 성명문으로 막이 내렸습니다.

한국 정부가 너무 많은 양보를 했다고 주장하는 국내의 목소리도 있었습니다. 과연 그랬을까요? 아닙니다.

첫째, 위험수위를 넘어가던 '6·8 부정선거' 규탄의 큰 파도를 막을 수 있었습니다.

최초 200여 명이 관련된 대규모 간첩단 사건으로 포장·선전했던 동백림사건이 그 방파제였습니다. 이 사건의 발표와 더불어 전국적 규모였던 반정부 항의 시위가 싹 가라앉았습니다.

둘째, 4·19 이후 집단 각성화 하던 언론과 반정부 인텔리들의 입에 재갈을 물렸습니다.

셋째, 박정희의 장기 집권을 위한 삼선개헌의 토대를 구축했습니다.

스타일은 구겨졌지만, 이상의 목적들이 달성됐다고 판단되는데, 굳이 국제적 비난을 받으면서, 특히 서독의 경제원조까지 마다하면서 우리를 계속 감옥에 잡아 둘 필요가 없었던 것입니다.

그러나 우리가 천우신조로 살아남은 것도 사실입니다. 만약에 서독 및 프랑스와 한국 간에 외교 마찰이 없었더라면, 만약에 서독 정부의 경제·문화·외교의 전면 단절의 위협이 없었더라면 우리의 운명은 어떻게 되었을까요?

불과 몇 년 뒤에 있었던 '런던·유럽 간첩단' 사건에서도 두 사람이 처형되었습니다. 굳이 인혁당 사건이나 통혁당 사건은 언급할 필요도 없습니다. 박 정권의 마음 먹기에 따라서는 동백림사건에서도 희생자가 나왔을 수 있었다는 얘기입니다. 그랬다면 그 희생자는 정규명과 나였을 것입니다. 그걸 막은 것이 '68혁명'을 구축으로 한 서독과 프랑스의 여론이었습니다.

죽음을 넘어 세상으로

정규명과 나를 뺀 모든 관련자가 광복절 특사, 연말 특사 등으로 1969년이 가기 전에 풀려났습니다. 나와 정규명도 1970년 연말 대통령 특별사면으로 최종 석방됨으로써 3년여 대한민국 천지를 '광풍'으로 몰아넣었던 동백림사건도 태산명동 서일필泰山鳴動鼠一匹의 소극笑劇으로 막을 내렸습니다.

1969년 동백림사건 주력이 특사로 풀려났고, 인질처럼 마지막까지 잡혀 있던 우리 두 사람도 사형에서 무기징역으로, 무기징역에서 15년 징역으로 감형되면서 곧 석방될 것이라는 예측이 있었습니다. 석방 며칠 전, 변호사로부터 근일 내로 우리도 풀려날 것이라는 전갈을 받았습니다.

크리스마스 이브를 하루 앞둔 12월 23일, 출소시간에 맞추어

대전교도소 정문 앞에는 우리를 취재하려고 온 내외신 기자들이 몰려와 있었습니다. 중앙정보부 관계자는 우리 둘과 가자 사이를 차단하기로 했습니다.

우리 둘은 중앙정보부 요원 두 사람과 함께 기자들이 제풀에 해산하기를 기다리면서 교도소 안에 스스로 갇히어 있었습니다. 그러나 밤이 새도록 자리를 뜨지 않는 기자들이 있었습니다.

하는 수 없이 중정은 그들을 따돌리기로 하였습니다. 새벽 4시에 중정 사람들의 인도에 따라 검은 지프에 몸을 숨겨 교도소 후문으로 빠져나왔습니다. 그리고는 어둠에 잠겨 텅 빈 경부고속도로를 질주하여 '남산'에 도착했습니다. 기별을 받고 꼭두새벽부터 거기서 기다리던 가족들의 모습이 몹시 초조해 보였습니다.

정규명과 나는 마지막 시달림을 받았습니다. 약간 지위가 높아 보이는 사람의 훈시였습니다. 사회에 나가서 지켜야 할 일, 하면 안 되는 일들을 들은 후 한 뭉치 서류에 손도장을 찍었습니다. 그동안 정보부에서 겪었던 일을 일절 발설하지 말라는 엄중한 경고도 빠뜨리지 않았습니다. '너는 풀려나지만, 이건 우리 뜻이 아니다. 국제관계 속에서 어쩔 수 없었다. 우리는 너를 끝까지 감시할 것'이라는 협박도 있었습니다.

가족과 함께 '남산'의 정문을 빠져나오면서 나는 해방감과 기쁨보다는 극심한 암울함으로 축 가라앉고 있었습니다. '너는 이 사회에서 이물異物인 거야! 그래서 보지도, 듣지도, 말도 하지 않는 원숭이가 돼야 한다'라는 경고를 받았기 때문입니다. 쇠창살의 감옥 밖으로 나왔지만, 잿빛 하늘 아래 '창살 없는 감옥'이 다시 나를 기다리고 있다는 생각이 들었습니다.

12장

박정희를 굴복시킨
유럽의 지성

서독과 프랑스 언론의 대응

50여 년 전의 동백림사건을 돌아보며 한 가지 꼭 짚고 넘어가야 할 것이 있습니다. 동백림사건에 깊이 관여한 서독과 프랑스의 지식인, 학생, 언론의 반응이 한국 지식인사회의 침묵과는 너무도 대조적이었다는 점입니다.

한국에서 우리 사건을 처음으로 보도할 때, 모든 한국의 언론 매체는 검찰의 공소장을 한 자도 빼지 않고 그대로 전재하였습니다. 그건 보도가 아니라 정부가 짠 각본을 정부를 대신하여 언론이 전 국민에게 홍보한 것입니다.

그러나 서독과 프랑스의 언론은 정반대였습니다. 자기 나라 국토 안에서 한국의 정보부 요원들이 한국인 거주자들을 강제 '납치'한 것은 분명한 '주권침해'이며, 따라서 납치된 사람 전원을 '원상 복귀'시키라는 것이었습니다. 서독과 프랑스 정부도 이런 여론에 밀려 강경한 외교적 조치를 취하면서 정식으로 항의하고 요구했습니다.

서독과 프랑스의 주요 일간지들은 사건 발생 후 재판이 끝날 때까지 3년 반 동안 일제히, 특히 첫 1년은 거의 매일같이 동백림사건 관련자들의 체포 경위와 재판 내용을 상세하게 보도했습니다. 자기네 국토 안에서 납치가 이루어진 사건이긴 하지만, 당시 한국의 미약했던 국제적 위상에도 불구하고 지속적으로 대량 보도한 것은 대단히 이례적이었습니다.

이는 유럽의 '68혁명'에서 촉발된 비민주적 권력에 대한 항의였기 때문입니다. 동백림사건을 규탄하는 프랑스 지성인들의 성명에는 장 폴 사르트르와 그의 반려자 시몬느 보부아르의 이름이 서명자들의 맨 앞에 있었습니다. 내가 평생 심취했던 그들이 나의 운명에 직접 간여했다는 것이 기막힌 인연으로 느껴졌습니다.

두 나라 언론은, 자국 경찰의 자체수사결과를 인용하면서 사건의 관련자들은 순전히 개인적 차원에서 북한대사관 사람들과 접촉한 것이지 조직화 된 집단은 전혀 실재하지 않았으며, 이념이 다른 동일민족 사람들과 접촉했다고 처벌한다는 것은, 자유민주주의를 파괴하는 것이라고 결론지었습니다.

이에 반하여 남한 언론은 일제히 우리를 간첩이라고 보도하였습니다. 심지어 우리는 재판정에서 간첩임을 부인했는데도, 이튿날 여러 신문은 간첩임을 '시인'했다고 왜곡 보도했습니다. 당국의 지시였을 겁니다. 그러나 서독과 프랑스의 언론은 나와 조영수가 간

첩행위를 부인했다고 상세히 보도했습니다.(《르몽드》 1968년 3월 21일자)

동·서독 간의 대립은 용공을 전제한 상호존재의 인정이었지만, 한반도에서는 극한적인 동족상잔을 거치면서 응고한 증오의 충돌이었습니다. 이동이 자유로운 동·서베를린이라는 특수공간을 이해하지 않으려는 남한 당국의 태도를 서유럽의 매스컴은 현실감각의 결핍이며, 논리의 상실이라고 평했습니다. 그러나 한국 언론은 이를 보고 한국 현실을 전혀 도외시한 탁상공론이라고 비난했습니다.

프랑스와 서독의 시민 사회는 지령이 없었고, 따라서 행동이 없었던 회합이 어째서 간첩죄가 되느냐고 물었고, 한국 언론은 북한 요원들과 만났다는 그 자체가 이적행위이고, '국가안보를 위태롭게 한 간첩'이라고 맞섰습니다. 남한의 언론사에 정보부 요원이 상주하던 시절이었습니다.

프랑스의 유력 언론 <르몽드>의 연속, 심층 보도

아래의 내용은 내가 석방된 후에 확인한 사실들입니다. 동백림 사건이 일어나자, 프랑스 정부와 지성계에 영향력이 큰 〈르몽드〉는 그 즉시부터 사건 자체에 대한 취재, 남북한의 당시 상황에 대한 심층 분석, 프랑스 지성계의 항의·탄원운동, 법률가들의 재판 조력 움직임 등을 1970년 말 사건이 종결되기까지 줄기차게 보도했습니다.

이는 〈르몽드〉와 쌍벽을 이루는 〈피가로〉도 마찬가지였을 것이지만, 〈피가로〉의 관련 기사를 내가 검색·확인하지 못하였기 때문에 아래의 내용들은 모두 〈르몽드〉 기사를 중심으로 기술하였습니다.

〈르몽드〉는 동백림사건의 발발과 재판, 종결에 이르기까지 3년 반 동안 90여 건의 기사를 올렸습니다. 그러나 그 기사 중에는 단순 사실 보도도 있어, 특별한 의미가 있다고 판단되는 기사들만을 중심으로 그 내용을 요약, 소개하고자 합니다.

〈르몽드〉 1967. 7. 22자 기사

지난 6월에 실종된 여덟 명의 프랑스 유학 한국 학생들은 전적으로 자의에 의해 귀국했었다고 한국대사관이 단언했다. 그렇지만 서울로부터의 정보에 의하면 북한 공작단에 속한 66명 중 8명은 프랑스 국토 내에서 체포됐던 것으로 밝혀졌다. 이에 대해 파리의 한국대사관은 그들이 파리 거주자들이지만 체포된 것은 한국에서였으며, 그 인원수도 아주 적다고 말했다.

서독의 한국대사관도 동일하게 한국 정보부의 소행임을 부인 또는 축소하고 있지만, 이에 대해 서독 정부는 노골적으로 '불만'을 표시하고 있다. 세 명의 대사관 직원이 이 납치사건에 직접 연루됐다는 이유로 서독에서 떠나야 했다.

서독에서 체포돼 갔던 17명 중 한 사람이 지난 목요일에 돌아왔다. 그는 비행기에서 내리면서 여러 사람이 간첩단에 연루됐으며, 북한에서 간첩훈련을 받은 것으로 의심받고 있다고 언명했다. 한편 서울의 발표에 따르면, 프랑스 거주 한국인 중 두 사람 박협과 방준은 파리에서 체포 작전 직전에 도주, 현재는 평양에 있을 것이라고 했다.

〈르몽드〉는 UNEF^{Union Nationale des Etudiant de France}(프랑스학생전국연맹)으로부터 다음과 같은 코뮤니케를 접수한바, 내용은 아래와 같다.

UNEF는 프랑스와 서독에서 발생하고 있는 한국 학생들의 실종 사건을 접하면서 여러 이해되지 않는 점들에 여론을 집중시키고자 한다. 언필칭 '자의에 의한 귀국'설은 받아들일 수 없는 허위이다. 지난 수년 동안 파리와 지방에서 제3세계의 유학생들이 그들의 출신국 경찰에 의해, 그리고 프랑스 경찰의 묵인 아래 납치됐던 사건들은 우리 UNEF의 중대한 관심사였다. 그러나 이 사건들은 대부분 해결되지 않았고, 침묵의 벽에 부딪혔다. 지금도 많은 한국 학생들이 위험에 빠져 있다. 이 사실을 여론에 환기시켜 경찰 활동이 밝히지 못한 진실들을 규명해야 한다.

참고로 UNEF는, 학생들이 프랑스 대학에 등록하면 거의 자동으로 가입되는 단체입니다. 학생 복지에 광범위하게 관여하고 있으며, 정부도 공식적으로 인정하는 프랑스의 최대 학생조직입니다.

〈르몽드〉 1967. 7. 23, 24자 기사(요지)

프랑스 외무부는 주프랑스 한국대사 이수영을 초치하여 '강경하게' 항의했다. 프랑스 경찰은 한국 유학생 납치에 대한 자율적인 조사를 시작했으며, 프랑스 정부는 그 최종 결론을 기다리는 중이다. 그러나 이미 7~8명의 남한 인텔리들이 정신적 압박에 못 이겨, 타의에 의해 프랑스 영토를 떠날 수밖에 없었다는 경위가 밝혀졌다.

법무부 장관과 외무부 장관은 이런 내용의 조사 결과를 이미 1차로 보고 받았다. 그래서 지난 토요일, 공식 채널을 통해 곧 한국 정부가 프랑스와 서독정부에 최근 벌어졌던 일련의 체포에 관한 사과각서를 송달할 것이라는 전언이 있었다. 한국 측은 상호 간 '범인인도협정'이 없어서 합법적 연행이 불가했기 때문에 일어난 행위라고 변명하였다.

항의문

아래에 서명한 프랑스 대학교 교직원들은 지난 6월 24일에서 26일 사이에 일어난 한국 학생들의 실종에 대하여 분노를 금할 길 없어 이에 항의문을 제출한다. 실종자들은 모두 프랑스 대학에 유학 중이었으며, 그중 일부는 국립 대학기숙사에 거주 중이었다. 일치하는 여러 정보를 종합하면, 남한의 비밀조직이 이를 주도했다. 이는 프랑스의 전통적 자랑인 '관용 정신'을 크게 훼손한 행위다. 이에 우리는 한국 유학생들이 프랑스에 품었던 믿음이 상처 입지 않게 해 주기를 프랑스 정부에 호소한다.

피에르 꼬트 국회의원
장 셰스노, 자끄 드부지, 뤼시앙 골드만, 피에르 알브바흐,
장 드레쉬, 마드렌느 르베리우

위 서명인 중 피에르 꼬트는 내가 박사학위 논문을 준비하던 시기에 뒤베르제 교수의 조수로 일했으며, 나에게 학문적 조언도 많이 한 가까운 사이였습니다. 그는 얼마 후 프랑스 정부의 장관이 되어 이름을 날리기도 했습니다.

국제민주법률가협회 코뮤니케

작금, 남한 학생들의 납치와 그들에 대한 공판이 연일 보도되고 있다. 서독과 프랑스 정부는 면밀하게 행한 조사의 결론 끝에 남한정부에 엄중히 항의하였으며, 또한 남한 외교관들을 추방함으로써 그 납치의 책임 소재가 백일하에 드러났다. 따라서 '국제민주법률가협회Association des Juristes Democrates'는 개인의 안전을 위한 법률과 국가의 주권 및 국제법 규범을 해친 이 언어도단의 행위를 엄중하게 고발한다.

한국의 중앙정보부가 '동백림사건'을 발표하자 〈르몽드〉는 '전후 14년의 남북한'이라는 주제로 아래와 같이 남·북한을 분석하는 특집을 기획하였습니다. 프랑스 독자들에게 동백림사건의 배경을 이해시키기 위해 작성된 이 기획기사는 오늘의 시점에서 보아도 객관성에 기초한 심층 분석이 놀라웠습니다.

전후 14년의 남북한 : 평양의 통치자들

평양의 통치자들은 미국이 전쟁의 야욕을 포기하지 않고 있다고 확신한다. 북한 방문자는 14년 동안, 땅과 사람을 뺀 모든 것이 싹 달라졌음을 실감하게 된다. 평양에서는 폭격이 폭격을 중첩했다. 폐허가 된 곳에 또 폭격을 당했다. 내가 떠났던 전쟁 직후의 평양 시가는 부서진 석재와 철재가 구멍을 뚫은 새까만 평원이었다.

오늘날의 평양은 인구 백만의 빛나는 도시로 되살아났다. 거기엔 전쟁의 상흔이 보이지 않는다. 거리는 넓고 가로수들이 생생하다.

그 속에 거대한 천리마 동상이 날개를 펼치고 서 있었다. 전후의 빠른 경제회복을 상징하고 있었다.

통계 숫자를 살필 것도 없이 전쟁 전의 이 나라를 알던 방문자에게는 그 부흥이 정말로 경이적이다. 도시도 촌락도 완전하게 잘 복구되었다.

도시 건축에 사용된 자재들은 신소재들이었다. 대로와 공원이 최대 공간을 차지하고 있다. 농촌에서는 흙과 짚으로 만들어졌던 초가삼간을 더는 볼 수 없었다. 가옥들은 돌과 벽돌로 지어졌고, 지붕은 옛날 이 나라에서 부를 상징했던 구부러진 곡선을 그리고 있다.

수로들이 농지 옆을 흐르고, 집중 농경이 이루어지는 논밭에는 트랙터들이 움직이고 있었다. 놀라운 것은 이 트랙터의 설계와 제작이 모두 그들 손으로 이루어졌다는 점이다.

공업의 발달

당년 55세의 김일성 수상은 이 빠른 재건사업을 이렇게 설명한다.

"나는 나의 베트남 동무들에게 말하지요. '아무리 미국 폭격이 무섭다 해도 당신들에게 인민과 정부와 당, 그리고 국토가 있는 한 파괴된 것을 복구할 수 있다.' 미국인들은 조선 사람들이 앞으로 백 년 동안 못 일어날 것이라고 말했지요. 그건 오산이었어요. 3년 안에 우리는 전쟁 전 수준을 되찾았고, 그다음 10년 동안에 현대적인 공업과 농업을 일으켜 세웠습니다. 베트남을 미군이 심하게 공격하지만 나는 베트남 인민이 잘 극복해 내리라 믿습니다. 그들은 부강한 나라를 재건할 것입니다. 미군 폭격이 공장과 가옥들은 파괴하겠지만, 인민의 의지는 꺾지 못합니다."

판문점의 휴전 협정 10일 후, 김일성은 3년 안에 정전 전의 경제 수준을 복구하겠다는 경제부흥 계획을 제출했다. 이 계획안에는 30일 안에 철도 복구를 마치겠다는 계획도 포함되어 있었다.

그다음이 5개년 계획이었다. 성공적인 진행으로 2년을 앞당겨 3년 만에 목표치를 달성했다. 문제는 그다음에 채택된 7개년 계획이었다. 이번에는 계획치 미달성으로 2년이 추가 연장됐다. 원인은 갑자기 증가한 군사비였다. 이 때문에 승승장구 하던 북한 경제의 성장이 스톱 되지만, 그 내막은 뒤에서 설명하겠다.

다른 사회주의 국가의 계획경제가 다 그렇듯이, 원래 북한 경제에서의 우선권은 중공업이었고, 거기에 경공업과 농업이 보조를 맞추는 식의 패턴이었다. 공업 발전을 위한 자원은 북한에 충분하였다. 1968년의 강철 생산 목표 250만 톤을 달성하기 위한 새 공장들이 건설 중이었다. 한국전쟁(1950) 전 국민총생산의 28%를 공업이 점유했었다면, 1967년엔 75%로 증폭하고 있었다.

7개년 계획의 목표치 달성을 위해 새 공장들이 세워졌고, 광산 규모를 늘렸다. 7개년 계획의 주요 목표치는 시멘트 450만 톤, 화학비료 2,300만~2,500만 톤, 화학섬유(또는 합성섬유) 8만~10만 톤, 플라스틱 생산을 위한 합성수지 7만 톤, 직물생산은 3억 5천~4억 미터, 그리고 양곡 생산은 700만 톤(1967년 현재 500만 톤) 등이다. 기타 석탄이나 전기는 현재 수치의 두 배를 전망했다. 참고로 2,900만 인구의 남한(북한 1,000만)에서는 시멘트 160만 톤, 석탄 1,100만 톤, 비료 16만 톤, 강철 17만 톤, 양곡 생산 470만 톤이 공식 기록이다.

북한에서 보이는 것은 거의 모두가 북한산이었다. 전기기관차, 트랙터, 화물트럭, 지프, 시내버스 등이 이에 해당한다. 공업시설의 95%가 국산이었고, 공작기계는 아직은 작은 규모지만 수출까지 하고 있었다. 북한 상점에서는 외제물건을 찾기가 힘들었다.

농촌의 변화도 인상적이다. 1958년에 집단농장이 1,300단위였으며, 집단농장 당 세대는 80가족이었고, 평균 면적은 130헥타르였다. 농작물은 풍부했고, 관개 수리사업과 전기화가 성공하고 있었다. 집단농장은 이런 상황에서 더욱 키워져, 지금은 3,843단위가 됐다. 평균 면적은 500헥타르나 된다. 면 단위로 조직됐기 때문에 면장이 자동으로 협동농장의 위원장이었다. 관개 사업이 사방에 확장됐으며, 1965년 4월 현재 집단농장의 96%, 개인 농가의 81%가 전기의 혜택을 누리고 있다. 농장 평균 5대의 트랙터를 보유하였고, 모두 국산품이었다.

수확량의 27%였던 세금은 1959년을 기점으로 감소하다가 1966년 전면 폐지됐다. 1966년 이후는 농장 내 모든 주요 구조물의 건축을 국가가 부담하며, 개인 주택의 경우 자금의 89%를 국가가 부담하고, 나머지는 집세 형식으로 갚는다.

전쟁의 위협

나는 북한의 5대 도시와 10여 곳의 공장, 여러 협동농장을 둘러보았다. 북한은 모든 분야에서 크게 발전하고 있었다. 그런데 김일성 수상의 발언이 더 충격적이었다.

"당신이 돌아와서 이 발전상을 다시 보고 싶다면 빨리 오시오. 어쩌면 모든 것이 파괴되어 없어졌을지도 모릅니다."

그에 의하면, 현재 비무장지대와 그 주변에서 일어나고 있는 남북 충돌사태가 다 미국이 다시 전쟁을 일으키려는 전조라는 것이다. 미·일 군부가 그 계획을 짰다고 했다. 또 존슨 대통령이 지난 10월 남한을 방문한 후 사태가 더욱 악화한 것이 그 증거라는 것이다.

"최근 비무장지대에서 미군의 도발이 더욱 심해진 것은 존슨 대통령의 명령 때문이다. 그들이 우리 군사들에게 매복 작전을 걸어 많은 사상자가 나고 있다. 사격전도 그치지 않고 있다. 우리 동해 근처에서 미·일 함정들이 작전을 펼친다. 이런 도전에 대해 우리는 만전을 기하고 있다. 그러면서 우리는 계속 평화적 수단에 의한 평화통일 정책을 유지한다. 그렇지만 미국이 계속 우리에게 공작을 가하면 북과 남의 혁명세력이 합세할 것이다. 그렇게 하면 통일은 가속화될 것이다. 바로 우리가 전쟁을 무서워하지 않는 이유이다. 우리는 전쟁을 원치 않지만 두려워하지도 않는다. 그들이 침략해 와서 또다시 많은 것들을 파괴해도, 우리의 저항을 막지 못한다. 상황은 긴장 일로다. 그래서 지난 10월, 우리 당이 경제는 계속 발전시키면서도 군사비를 늘리기로 했다. 이 결정은 혹시 일어날지 모를 전쟁까지 계속될 것이다."

이상이 김일성 발언 요지이다. 판문점에서 만난 정전위원회 북측 수석대표 박 장군도 마찬가지로 강경했다.

"우리는 덜레스가 남조선에 왔다 간 후 전쟁이 일어났던 사실을 기억합니다. 존슨 대통령의 남한 주둔 미군기지 방문도 마찬가지 징조입니다. 실제로 그 후 비무장지대에서의 미군 도발이 부쩍 늘었지요."

박 장군은 이 충돌이 미국 때문이라고 했다.

"휴전 협정 이래 이런 일은 처음입니다. 미국이 전쟁 재발을 원하고 있어요."

그는 '비룡Dragon volant'과 '세 화살Trois Flèches' 등 한·미 및 미·일 합동 해상훈련에 대해 언급하면서 '이 모든 것이 전쟁 준비'라고 목소리를 높였다.

그러나 전쟁 준비는 북한도 하고 있었다. 1967년 국가 예산의 편성이 이를 증명한다. 4억 8천만 불, 곧 세출의 30%가 국방비에 할당됐다. 기록적인 숫자다. 1963년의 국방비는 국가 예산의 3%에 불과했다. 전 인민이 무장했다. 공장에, 농장에, 행정기구마다, 또 학교에도 모두가 민병이다. 이들은 대공포와 대전차포로 무장했다. 적의 상륙이 가능한 모든 해안가에 지뢰를 묻었다. 물론 정규군은 더 정밀하고 철저하게 준비하고 있다.

1956년 10월 5일, 김일성은 조선노동당에서 다음과 같은 연설을 했다.

"상황은 갈수록 엄중해지고 있습니다. 과거에도 전쟁이 모든 것을 파괴했을 때, 우리는 당과 정부, 인민이 하나가 되어 새로운 삶을 재건했습니다. 우리는 완벽한 방어 전선을 구축해야 합니다. 언제든지 기습 공격을 물리칠 수 있는 태세를 갖추어야 합니다. 그러기 위해서 인력과 물자의 대부분을 국방에 충당하면서 부득이 경제 발전을 일정 부분에서 늦추어야 합니다.”

북한사람들은 미국이 베트남전쟁 외에 또 하나의 제2 전선을 열려고 하고 있으며, 그곳이 한반도라고 믿고 있다. 그런 다음 한·미·일 동맹 하에 일본군을 한반도에 상륙시킬 계획이라는 거다. 그러면 한국군을 베트남 전선에 추가로 파병할 수 있기 때문이다.

재론할 여지 없이 비무장지대 전 지역에 걸쳐 사태는 심각하게 긴박해지고 있다. 북쪽이 심어 놓은 장사포 부대들은 보다 ‘폭발성 있는’ 지역으로 전투를 확장 시킬 수 있다. 박 장군에 의하면 “만약에 북한군의 규율이 철저하지 않았더라면 한·미 도발에 걸려들었을 것이고, 그랬더라면 아마도 전쟁이 일어났을 것”이라고 했다. 그는 한국군과 미군이 비무장지대 남쪽에 전차와 포대 등, 중무기들을 설치하여 하나의 전진기지를 구축했다고 비난한다. 휴전 협정에 의하면 원래 개인 무기를 소지한 민간 경찰만이 출입 가능하다는 것이다.

지난 7월 첫 주에 일어난 총격전에서 남·북한 합해서 19명의 희생자가 발생했다. 그리고 사이공에서 맥스웰 테일러의 보좌관이었던 알렉시스 존슨이 주일대사로, 동시에 역시 사이공에서 캐봇 럿지의 오른팔이었던 포터가 주한대사로 각각 임명된 사실을 북한은 예사롭게 보지 않는다.

북한사람들은 한일협약 속에 긴급사태시 일본 자위대를 한국에 상륙시킬 수 있다는 비밀합의가 들어있다고 믿고 있다. 그리고 현재 군사분계선에서 일상저으로 일어나는 작은 규모의 충돌도 계속되다 보면 언제든지 '긴급사태'가 선포될 수 있다고 본다.

<르몽드> 1967. 7. 30, 31자,
월프레드 버체트Wilfred Burchett 기자)

전후 14년의 남북한 : 서울의 통치자들

경제를 강화하면서 통일을 준비하는 남한

"덮어 놓고 통일을 한다고 좋은 것만은 아닙니다. 우선 우리 경제를 모든 분야에서 북한보다 우위에 올려놓아야 합니다. 그러기 위한 우리의 과업은 명백합니다. 현대화이지요. 그것만이 통일의 길입니다. 그래야만 국제적 인정과 지지도 받을 수 있습니다."

이 발언의 주인공은 여당 당수 김종필이다. 40대밖에 안 됐지만, 박정희 대통령의 최측근이며, 앞으로 한국을 이끌어갈 인물이다. 직선적인 인품과 집약된 어휘가 이제 막 정치인의 옷으로 갈아입은 전직 군인다웠다. 남북 관계를 언급하면서 그가 보여 준 것은 호전성도 난폭함도 아니었다. 급하거나 격렬한 어휘가 없었다.

통일을 위한 전제 조건은 절대적으로 경제발전이며, 그래서 통일은 시간이 필요하다고 했다. 그 적기를 그는 80년 전후로 내다봤다. 미소를 지으면서 그가 부언했다.

"결혼하고 싶은 총각을 생각해 봅시다. 우선 그는 성숙해져 있어야 합니다. 부부가 함께 살 능력을 갖추어야 하지요. 교육도 받고, 일도 하고, 재산도 모아야 합니다. 통일은 기분으로만 되는 것이 아닙니다. 우리나라 야당은 그저 대중의 기분만 부추길 뿐, 결과에 대한 심려가 없습니다. 목적을 위해 필요한 과정들에 관해서는 말을 않습니다. 우리는 한 발자국씩 통일을 만들어나갈 것입니다."

남한이 항상 북한을 공격한다는 소문이 파다하다. 그런데 서울에 와보니 전혀 사실과 다르다. 이승만의 북진통일은 과거 속으로 사라져 있었다. 물론 서울 정부는 평양체제의 존재 그 자체를 부인한다. 남한의 반공 투쟁은 국경을 넘어 베트남전쟁에까지 이르고 있다.

그러나 남한사람들은 부분적으로, 안보 콤플렉스에서 벗어나고 있는 것 같다. 북의 위협이 그들에게 덜 무거워 보였다. 박정희 정권이 굳혀지고, 경제가 발전하고, 또 일본과의 우호조약으로 현대화의 재원이 확보되고, 그리고 중국의 영향에서 벗어나려는 북한의 자립외교 등, 이 모든 조건이 배합됨으로써 남한 정권의 태도가 완화되고 있다.

최근 남한 대표들이 국제회의에서 북한 대표들과 나란히 앉기도 하고, 아시아·아프리카 나라들이 '투 코리아'를 동시 승인하는 것을 자주 보게 되었다. 1967년 1월의 국회 연설에서 박 대통령은 통일은 말이 아닌 행동으로 추진되어야 하며, 통일의 전제 조건은 앞으로 10년 동안 현대화를 달성하는 것이라고 했다.

이 연설의 어휘들은 그 전과 비교해 훨씬 온건했다.

그럼, 이런 맥락에도 불구하고 얼마 전부터 가열되고 있는 38선 부근의 무력충돌을 어떻게 설명해야 하나? 또 서독과 프랑스에서 일어난 한국인들의 납치 또는 실종사건은 어떻게 설명되는 걸까?

최근의 사건들

서울의 관변 소식통은 "우리는 공격하지 않는다. 언제나 당하는 쪽은 우리다"라고 주장한다. 북쪽 병사들이 경계선 주변에 죽음의 매복을 깔아 놓기 때문에 남북 간에 충돌이 일어난다고 설명한다.

후방교란과 간첩 임무를 띤 북한 무장세력의 남한 침투는 계속되고 있다. 지난 6월 19일에도 서울 동남방 130킬로 지점에서 네 명의 남한 경찰관들이 교전 중 사망하였다.

최근, 서울의 정보기관이 발표한 바에 의하면, 광범한 북한노동당의 조직이 남한 내와 유럽, 특히 서독과 프랑스에서 전개되고 있으며, 그 일부가 발각, 분쇄되었다고 한다. 현재 많은 물의를 일으키고 있는 남한 지식인들의 납치 및 실종사건이다.

북한의 이 모든 공격성의 동기는 무엇일까? 남한 내에는 국내 정치, 그중에서도 6월 총선과 관련지으면서 설명하는 의견이 있다. 선거 전에 무력충돌을 연속시켜 남한 여론에 심리적 압박을 가한 다음, 선거가 완전히 조작됐다고 고발하는 야당을 반정부세력이 지지하도록 만든다는 것이다.

또 하나의 설명은 베트남전쟁과 연관된다. 북한이 하노이를 위해 한반도 38선에 제2 전선의 불을 붙인다. 그러면 한국군의 추가 파병은 없을 것이라고 본다.

마지막, 남북 간 관계악화의 원인을 바로 한국 정부 및 미국 정부에서 찾으려는 것. 매우 객관적인 분석이다. 곧 북과의 충돌을 그대로 계속하면서, 한국 정부는 공산당의 위협이 그칠 줄 모르는 진행형이라고 국민에게 증명할 수 있고, 또 미국으로서는 한국 정부를 부채질하면서 '반공의 경계심의 줄을 놓지 말라. 베트남에서나 한반도에서나 공산주의의 위협은 똑같다. 그래서 반공 전쟁의 본질은 하나다.' 이렇게 월남파병을 타당화한다. 모스크바의 〈프라우다〉가 이 설명에 가담하고 있다. 그렇더라도 지금 남한이 미국과 합세하여 공격하고 있다는 북한의 엄살까지를 〈프라우다〉가 옹호하는 것은 아니다.

서울에 있다 보면, 남한사람들이 한국전쟁의 재발을 크나큰 재앙으로 받아들이고 있음을 쉽게 알 수 있다. 그건 1961년 이래 박 정권이 꾸준히 쌓아 올린 경제발전의 성과를 날려버리는 일이기 때문이다. 그처럼 기다리던 경제의 발동이 지금 시동 중이기 때문이다.

연간 경제 성장률이 7%를 넘어서고 있다. 공업이 매년 15%씩 자라난다. 농업도 발전하면서 전체적인 산업화의 모습이 뚜렷하다. 생활 수준도 향상되고. 앞으로 5년 안에 1인당 소득이 다섯 배가 될 것으로 예측한다. 국내 기업은 다섯 배 커졌고, 외화보유고가 2억 5천 USD를 넘었다.

아이러니하게도 베트남전쟁이 이 모든 호조의 시발점이었다. 그러나 보다 더 원천적인 요인들도 있었다. 이 나라 지도층의 추진력, 자신감을 되찾은 국민의 근면성, 일본과의 관계개선이 가져

다준 재원, 미국원조의 합리적 운영 등이다.

한국에서 가장 잘못되고 있는 것은 정치다. 이른바 좌파로 불리는 야당은 다른 나라 기준으로 볼 때 오히려 보수에 해당한다. 지난번 '6·8 부정선거' 때를 빼면 대개 우파로부터 대안 없는 부정과 비효율성을 비난받고 있으며, 이런 지적이 잘못됐다고 할 수도 없다. 야당의 주장에는 알맹이가 없다.

어떻든, 이런 야당에 대한 정부의 최선의 응수는 정치를 최소화하면서 경제 발전에 최선을 다해야 한다는 것이 한국 우파의 생각이다. 동시에 공산주의에 대한 최상의 방어라는 거다.

동네가 이름다워지고 현대화하는데, 이제 더는 정전停電도 없는데, 주변의 실용품들이 거의 'Made in Korea'인데, 봉급도 25% 이상이나 올랐는데, 어느 서울시민이 어려워지고만 있는 평양시민의 운명을 부담하겠다고 나서겠는가? 그들이 누리기 시작한 이 모든 발전상을 북한과의 전쟁 모험으로 없애려고 하겠는가?

<《르몽드》 1967. 8. 1, 2자,
로베르 길랭Robert Guillain 극동 특파원)

서독과 프랑스 시민사회의 대응

서독·프랑스 언론이 한국인 납치에 대한 남한 정부의 사과, 이 사건에 가담한 한국대사관 직원들의 본국 소환, 피랍자의 석방을 주장할 때, 그쪽 학생과 지식인들의 집회와 시위도 동시에 연달았습니다. 독·불 양국 정부가 이런 시민 사회의 반응에 압박을 받았습니다. 사건이 벌어진 초기부터 두 나라 정부가 한국 정부를 강하게 밀어붙였던 까닭입니다.

독·불 두 정부 간에 협의도 빈번하였고, 따라서 한국 정부와의 협상 내용과 강도도 비슷했습니다. 그러다가 어느 시점부터 두 정부 간에 미묘한 온도 차가 나타났습니다.

프랑스보다 서독에서 납치해 온 한국인들의 수도 훨씬 많았지만, 그중에 윤이상, 정규명 등 '대어급'이 여럿이었습니다. 이에 비해 '납치 작전'이 서독보다 한 발짝 늦었던 프랑스에서는 '진짜들'인 노봉유, 박협, 방준 등이 모두 도피한 뒤, '동백림'과는 아무 상관도 없는 사람들 여섯 명과 이응노 화백 부부 합해서 여덟 명만 납치해 왔습니다.

그중 사건과 전혀 무관했던 다섯 명은 한국 도착 후 곧 풀려났고, 또 한 명 정성배는 1심에서 선고유예로 석방됐습니다. 나머지 이응노 화백 부부는 박정희 대통령 초청이라는 속임수에 넘어가 유괴됐는데도 한국 측은 줄곧 본인들의 '자의'에 의한 귀국이었다고 우기는데, 이에 반박할 수 있는 증거를 프랑스 측에서 확보하지 못하다 보니 자연히 보호할 대상이 없어졌습니다.

그래도 이응노 부부에 관해서는 프랑스 정부가 '주권침해'를 내세우면서 계속 항의하였지만, 이미 프랑스 유학을 마치고 귀국해 있다가 한국에서 체포된 나와 조영수, 강빈구 부부에 대해서는 항의할 수 있는 법적 근거가 취약했습니다. 자연히 우리를 위한 프랑스 정부의 공식적 목소리가 작아졌고, 소극적으로 되었습니다.

그러한 상황이니, 나와 조영수, 강빈구는 고립무원의 절망 속에서 감옥생활을 할 수밖에 없었습니다. 그럴 즈음 우리가 유학 중에 가까이 지냈던 프랑스인 친구들이 앞에 나서기 시작했습니다.

Bien chère Madame, Vous ne vous souvenez certainement pas de moi, bien
que je vous ai aperçue de rares fois, spécialement au moment de la nais-
sance de Sophie Jo, si je me souviens bien. Je suis en effet une amie
de Jo et Ok-Hee et avec mon mari, nous essayons de faire ce que nous pou-
vons pour aider nos amis et les amis de nos amis depuis le mois d'août
1967, date à laquelle nous avons apprisce qui vous était arrivé à tous.
Je vous écris pour vous demander ce que nous pourrions faire actuelle-
ment pour vous aider puisque actuellement c'est votre mari qui se trouve
dans la situation la plus critique, depuis un bon moment nous n'avons
plus du tout de nouvelles sur ce qui passe mais nous ne voulons pas pour
autant nous arrêter si nous pouvons vous être utiles.
Nous pensons qu'il y a certainement des possibilités encore pour inter-
venir ou faire intervenir mais nous ne savons plus que faire et ne sachant
plus riende la situation actuelle, nous n'osons pas agir, car nous crai-
gnons qu'une maladresse ne vous soit nuisible.
Nous sommes en contact avec Madame GUIGNARD, avec Monsieur Pierre-Henri
SIMON et sa fille, par Madame GUIGNARD avec les personnes qui vous ont
connue à la Bibliothèque Nationale et qui conservent un excellent souve-
nir de vous et qui ne demandent qu'à vous aider.
D'autre part, nous avons longtemps essayé de retrouver d'autres amis qui
vous aient connus tous les deux, mais jusqu'à ces jours-ci nous n'avions r
retrouvé personne en dehors de Monsieur DUVERGER.
La semaine dernière, à la suite d'un article dans "Le Monde" un ami de
votre mari s'est manifesté, en effet il n'avait jamais réalisé qu'il s'a-
gissait de son ami. Et maintenant il est avocat*à Paris et désire faire tou
ce qu'il peut. Ce soir nous nous réunissons à la maison pour lui montrer
le dossier que nous avons constitué et pour voir ce que nous pourrons
faire et avec d'autres amis qui veulent également participer nous vou-
drions joindre toutes nos possibilités, nos relations pour une action
commune d'autant plus forte.
Seulement nous manquons trop d'éléments, aussi si vous pouviez nous répon-
dre, nous conseiller, nous guider, nous en serions vraiment heureux.
Je pense que vous pourrez nous répondre par la même voie que celle que
j'utilise. Si vous avez des articles de presse en langue anglaise sur
les deux derniers procès, cela nous rendrait bien service.
Monsieur DUVERGER peut il faire quelque chose, et quelle autre personnalit
quelles autres, si elles intervenaient seraient elles susceptibles de vous
aider, n'ayez aucune crainte, dites vraiment ce que vous pensez et n'ayez
aucun scrupule à nous demander, nous conseiller à nous diriger, nous écri-
rons à toutes les personnes et nous ferons et nous tenterons l'impossible
pour vous aider.
Comment va votre mari et comment allez vous vous-même, nous souhaitons
que vos santés soient bonnes et si vous avez besoin de médicaments, eu de
toutes sortes de choses que nous soyons en mesure de vous faire parvenir,
ne manquez pas de nous le dire. Et vos enfants, comment vont ils ? quel
âge ont ils ? De quelle façon sûre, pourrions nous vous envoyer des colis,
si vous le désiriez ?
Avez vous pu trouver du travail ? Avez vous l'occasion de voir ma chère
Ok-Hee, que fait elle ?.
Permettez moi de vous souhaiter tout le courage possible, mais nous sa-
vons que vous en avez et tous nous vous admirons, dites le à votre mari
si cela est possible que vous n'êtes pas seuls et qu'en France vous compte

*Il s'agit de monsieur KOSKAS

프랑시느 구리에렉 부인의 편지

그들은 이미 대학을 졸업하고 사회에 진출해 프랑스 각계에서 중추적 인물이 되어 어느 정도 여론을 움직이고 있었습니다.

그들 중에 조영수·김옥희 부부와 절친이어서 우리 부부와도 알고 지냈던 루이 르 구리에렉Louis Le Gourierec과 프랑시느Francine 부부가 있었습니다. 루이는 시앙스포 행정과 출신으로, ENA(국립행정대학원)을 거쳐 프랑스 정부 내무부의 엘리트 공무원으로 재직하고 있었습니다. 나와는 '친구의 친구' 관계로 파리의 조영수의 집에서 수차 만났을 뿐이었는데, 그 부인인 프랑시느가 사건 발발 직후 나의 아내 이순자에게 장문의 편지를 보내왔습니다.

르 구리에렉 부부에 대해, 그리고 편지에 기술된 그들의 우리에 대한 구명 활동을 요약, 정리해 보았습니다.

1967년 여름, 동백림사건이 프랑스 언론에서 크게 보도되기 시작하자 깜짝 놀란 그들은 조영수와 나의 구명운동에 나섰다. 특히 나에게 사형이 선고되자, 나와 나의 처 이순자의 친지 중 (프랑스인) 유명 인사들을 찾아다니며 활동을 전개했다.

편지는 사건 경위, 나와 조영수 부부가 갑자기 처한 최악의 환경을 걱정하여 물질적 도움까지 포함한 모든 구명 방법을 상의하는, 구구절절 애정이 스며 있는 내용이다.

그들 부부가 가장 먼저 찾아간 사람은 '시앙스포' 시절 나의 스승인 뒤베르제 교수였다. 그들은 내가 구명운동의 원점이라고 판단했다. 실제 뒤베르제 교수는 만사를 뒤로하고 프랑스의 정계, 학계, 문화계, 언론계에 작용하였다고 편지는 알리고 있다. 뒤베르제 교수는 〈르몽드〉의 객원 논설위원이기도 하여, 〈르몽드〉가 동백림사건에 대해 적극적으로 보도와 해설을 하게 만든 장본인이었다.

다른 한편, 르 구리에렉 부인은 나의 아내 이순자가 근무했던 프랑스국립도서관을 찾아가 아내의 상사였던 저명 고고학자 기냐르Guignard 여사와 옛 동료들을 만나 그들이 백방으로 항의 운동을 전개하게 했다. 그중에 아내와 절친했던 브리지뜨 시몽이란 여성이 있었다.

그녀의 부친은 〈르몽드〉의 고정 문학평론 집필자인 피에르 앙리 시몽Pierre-Heuri Simon 파리 문과대학 교수였다. 그는 프랑스 최고의 지성으로 여기는 학술원(Académie Française)의 회원이었다. 우리 부부는 프랑스 유학 중 그의 집에 여러 차례 저녁 식사 초청을 받기도 할 정도로, 시몽 교수와도 친하게 지냈다. 그는 나를 무척 좋아했다.

브리지뜨 시몽은 바로 자기 아버지를 출발점으로 프랑스 문화계에 구명조직을 구축한 것이다.

〈르몽드〉를 통해 그들의 적극적인 구명 활동을 알게 된 나의 옛 친구 하나가 르 구리에렉 부인을 찾아왔다고 한다. 이 책 6장의 '시앙스포에서 사귄 친구들'에 서술된 코스카스Koskas였다. 당시 그는 파리에서 변호사가 돼 있었다.

우리에 대한 관심은 이렇게 출발하여 프랑스 전역에 널리 퍼졌다. 우리의 사건이 종결되고 8년 후, 내가 파리에서 절친 코스카스와 레잘라를 극적으로 재회했던 곳도 르 구리에렉 부부의 집 저녁 식탁에서였다. 그들은 내가 없는 사이에 내 문제로 해서 서로 친해져 있었다. (이 자리에서 내무부 주요 관리였던 집주인의

입을 통해 노봉유가 알제 대학교 교수로 있다가 심장마비로 별세했다는 비보를 들었다)

그들이 노심초사했던 것은 사건이 벌어진 후 나는 감옥에 있었고, 아내는 애들을 이끌고 이사했기 때문에 한동안 연락이 되지 않았기 때문이다. 조영수 부부도 마찬가지였지만, 주한 프랑스 대사관의 노력으로 아내의 거처를 알아냈다. 이 책 6장에서 기술한, 레잘라가 나에게 300불을 송금한 일도 나중에 이 루트를 통한 것으로 판명됐다.

그들의 노력과 우정은 실로 눈물겨웠다. 루이 르 구리에렉은 나중에 아주 친해졌지만, 그 당시는 조영수를 통해 그저 막연하게만 아는 사이였다. 프랑스인들을 그토록 움직이게 한 것은 인권과 정의였다. 한국 정부의 처사들이 야만적으로 비치었기 때문이었다. 그래서 분노가 분출된 것이라고 편지에서 명시하고 있다. '68혁명'의 기류였던 '후진국 지성인들에 대한 무조건의 연대'였다.

르 구리에렉 부부는 프랑스 서부 보르따뉴 지방의 유복한 집안 출신으로, 그들 자신은 매우 '보수적'인 생각을 품고 있었지만, 편지의 끝은 애정이 가득했다. 국경 없는 정의의 연대였다.

"당신들을 걱정하는 프랑스의 친구들이 나날이 늘고 있다. 당신들은 결코 고독하지 않다. 필요한 것 있으면 무엇이든 말해 달라. 결코, 불행한 결말은 오지 않을 것이다. 우리가 같이 있기 때문이다. 제발 건강에 유의해달라. 곧 겨울이 닥치는데 감옥 사정은 어떤가? 형무소 환경이 걱정된다. 필요한 약품이 있으면 알려 달라."

장 폴 사르트르 등 세계적 지성의 탄원

지인들을 중심으로 시작된 동백림사건 구속자들에 대한 항의·
탄원운동은 곧 프랑스 시민 사회를 움직이게 만들어, 사르트르, 모
리악, 시몬느 보부아르, 뒤베르제 등 당대의 세계적 지성들의 참여
를 이끌었습니다. 서독 유학파 중에서도 어준, 천병희, 김중환 등은
귀국 후 한국에서 체포된 탓에 서독 정부의 직접적인 관여를 못
받았지만, 사건 초기부터 달아올랐던 서독 시민 사회의 운동은 모
든 피의자를 대상으로 했습니다.

나아가 서독과 프랑스의 학생과 시민들이 자기네 정부들을 소
극적이고 기회주의적이라고 비난하고 나서는 바람에, 특히 서독 정
부의 요구가 '전원 석방'에까지 이르게 된 것입니다.

프랑스 시민 사회도 나와 조영수, 강빈구 부부의 구명운동을
끈질기게 계속했습니다. 이정민 교수의 논문 「동백림사건에 대한
프랑스 정부와 시민 사회의 반응」에 의하면, 프랑스인들도 서독인
들과 마찬가지로 '인권 보호'와 '구명'을 위한 탄원서를 꾸준히 프
랑스 정부와 한국 정부에 보냈습니다. 〈르몽드〉는 이러한 사실들
을 아래와 같이 보도했습니다.

서울에서 재판받는 남한 지식인에 대한 탄원서

그르노블대학교 교수 37명, 디종 대학교 교수 29명, 그리고 이
두 대학의 총장들은 서울에서 열리고 있는 이른바 공산당 음모
사건 재판에 연루 중인 남한 지식인들에 대한 탄원서를 공개 제
출했다. 그 내용은 다음과 같다.

"아래 서명자들은 '공산당 음모'라는 구실로 프랑스, 서독 등지에서 체포되어 한국에서 재판에 회부된 한국 지식인들, 그 중 특히 그르노블대학교 수여 정치학박사인 조영수와 그의 부인 김옥희의 운명에 대해 크게 우려하는 바입니다. 한국의 형무소 시설과 제도, 그리고 이에 따른 수형자들의 육체적·정신적 고통이 심히 걱정됩니다. 우리는 인간적인 처우와 정상적인 변론의 보장을 부탁드립니다. 수감자들의 아이들, 특히 두 살 반의 어린 여아 소피 조(조영수의 딸)에 심심한 우려를 표합니다." 〈르몽드〉 1967. 11. 11자)

프랑스에서는 동백림사건 피고들을 '남한 지식인들'이라고 호칭했습니다. 사건 초기, 소피 조는 엄마 김옥희와 함께 서대문구치소에 수감 되었다가 조영수의 프랑스 친구인 르 구르에렉 부부가 입양 절차를 밟아 프랑스에 데리고 갔습니다. 그 후 소피는 프랑스에서 '르 구르에렉'이라는 성으로 성장했습니다.

[서울발 속보]

'북한 간첩' 재판, 서울에서 개정

지난 여름 프랑스와 서독연방에서 납치된 33명의 한국 지식인들 재판이 11월 9일 개정했다. 이들의 죄목은 북한의 간첩 조직에 속해 있다는 것, 이들 중 수명은 평양 왕래, 간첩행위 등 반공 관련법 위반으로 사형 선고까지 가능하다. 이에 알랭 북 특파원이 이 사건의 제 정황을 취재했다.

프랑스와 서독 두 정부 및 이 두 나라의 여론은 한국 정보기관원들과 이에 가담한 몇몇 대사관원들이 사건 관련자들을 폭력적으로 연행, 귀국시킨 사태에 대하여 심한 불쾌감을 공표한 바 있다. 이 피랍자 중에는 파리에서 오래 거주하여 프랑스에 잘 알려진 인사들도 포함되어 있다.

프랑스에서의 실종

관련자들이 '자의로' 귀국했다는 한국 당국의 발표는 외국에서 터무니없는 것으로 받아들여졌다. 지식인들의 납치는 서독, 프랑스, 영국, 오스트리아, 미국, 호주 등지에서 차례로 인지됐다. 파리에서도 프랑스 정부의 장학생 한 명을 포함한 다섯 명의 유학생들이 연말 고사를 앞둔 중요한 시점에 실종됐다. 다양한 발신처의 서한들 및 서독 신문, 방송이 발표한 바에 의하면, 한국대사관이 한국의 비밀 첩보기관의 납치행위가 '용이하도록' 도왔던 것은 확실하다.

뒤이어 박정희 대통령의 2차 임기 취임식에 '초청된' 이응노 화백 부부가 아주 즐거운 마음으로 '자의적'으로 서울에 귀국했다는 남한 당국의 발표가 있었다. 서독에 정착해 있던 작곡가 윤이상에 대한 작전도 비슷했다. 그는 한국 정부가 특별히 관장하는 음악 관련 행사의 책임을 맡아달라고 초청되었다. 현실은, 그들 모두가 한국 영토에 발을 디디는 순간 체포되었다는 것이다. 그 외의 사람들은 입국 전 본국으로 이송되는 기간에 이미 구금 상태였다.

그 직후 파리에 거주하던 네 명의 한국인, 곧 국제변호사 박협, 그의 친구 방준, 과학도 노봉유, 건축가 조상권의 실종이 보도되었다. 체포 작전 직전에 알아차리고 피신한 것이었다. 동시에 한국 국내에 착근했던 '조직'의 일부가 체포됐다는 보도가 잇달았다. 사건 관련자 총수가 194명이고, 그중 70명이 구금됐다. 그외 죄상이 불분명했던 사람들은 석방되어 공개석상에서 반공 투쟁을 서약했다. 끝내 40명은 철창신세를 면치 못했다.

이런 중, 파리에서 붙잡혀 연행됐던 여덟 명 중 5명은 석방됐고, 그중 3명이 7월 중순 프랑스로 귀환했다. 그러나 62세의 이응노(화가)와 42세의 그의 아내, 34세의 정성배(정치학자)는 투옥된 채 서울에 남았다. 한국 내에서 체포된 인사들 가운데에서 특별히 주목해야 할 사람은 경희대학교 교수 정하룡(34세, 1966년 파리대학교 정치학박사), 조영수(34세, 동국대학교 강사. 그르노블대학교 정치학박사)와 그의 아내 김옥희 및 엄마 따라 감옥살이를 하는 두 살 반의 딸이다.

조금이라도 한국의 수감시설을 아는 사람은 그곳이 얼마나 무섭고 힘든지를 알고 있다.

자랑과 유감

한국 비밀정보기관은 그들의 높은 능률을 자랑한다. 독일 〈슈피겔〉지와의 인터뷰에서 중앙정보부장 김형욱은 "당신들이 첫 기사를 쓰기 시작할 때 우리 요원들은 이미 임무를 완성하고 서울에 돌아와 있었다"고 말했다.

하기는 프랑스에서 실종사건이 일어난 것은 1967년 6월 24~26일인데, 하이델베르크에서 학생들이 항의 시위를 시작한 것은 7월 4일이었다. 프랑스에서는 그제야 비로소 실종 학생들의 가족과 친우들이 사건 발생을 알아차렸다. 납치되던 중 재서독 유학생

CORÉE DU SUD

MANŒUVRES D'INTIMIDATION CONTRE LA COUR SUPRÊME DANS L'AFFAIRE DES INTELLECTUELS ACCUSÉS D'ESPIONNAGE

De notre correspondant particulier ALAIN BOUC

Tokyo, 27 août. — *La décision de la Cour suprême de Corée, qui avait annulé il y a trois semaines douze des condamnations les plus lourdes frappant les membres du « réseau d'espionnage nord-coréen », n'a pas seulement fait couler beaucoup d'encre. Les réactions anonymes mais pour le moins déplacées qui l'ont suivie jettent une lumière inquiétante sur les pressions morales auxquelles sont soumis les magistrats dans un pays qui se réclame pourtant de la démocratie.*

Quelques jours après la décision de la Cour, un groupe d'hommes circulait en jeeps noires, profitant du couvre-feu, collaient un peu partout dans le centre de la ville des affiches accusant ni plus ni moins les juges d'être les agents de Kim Il Sung, le secrétaire du parti communiste du Nord. Ensuite, les juges recevaient des lettres de menaces et le premier magistrat, par exemple, se voyait interrogé : « Comment pouvez-vous employer des juges qui sympathisent avec les communistes ? ». Aux députés qui demandaient l'accélération des recherches, parvenaient ces avertissements : « Nous n'hésitons jamais à pratiquer le terrorisme, le meurtre et toute action nécessaire... » ou encore, plus simplement : « Ne vous mêlez pas de nos affaires ».

L'organisation inconnue, qui s'appelle elle-même « Association des citoyens patriotes », voulant bien montrer qu'elle n'avait rien à voir avec le pouvoir, envoyait peu après à quatre grands journaux une lettre dans laquelle elle se déclarait hostile à une modification de la constitution qui permettrait un troisième mandat présidentiel du général Park. L'opposition n'a pas hésité à voir là une habile manœuvre pour brouiller les cartes, et se prétend persuadée que seul un groupe d'individus proches du pouvoir a pu impunément violer le couvre-feu. Elle en voit la confirmation dans la lenteur avec laquelle a été mise en place une commission d'enquête, et dans la minceur des résultats obtenus jusqu'à présent.

Le procureur de la République, en tout cas, s'est montré mécontent du verdict clément de la Cour. Celui-ci aurait interprété la loi d'une façon trop restrictive, sans en respecter l'esprit. En effet, la décision a surpris bon nombre de gens et a, sans doute, dû coûter beaucoup à ses auteurs. Ils ont osé déclarer, en ce qui concerne les condamnés à mort que, s'ils avaient bien reçu des directives du Nord, il était impossible de prouver qu'ils avaient l'intention de les suivre ; quant aux « espions » condamnés à la prison à vie ou pour quinze ans, « ils n'ont fait que procurer à l'ennemi des renseignements sur la vie dans le sud, non des renseignements militaires ; ils lui ont été simplement utiles, par exemple en indiquant le nombre d'étudiants coréens poursuivant leurs études à l'étranger... »

Parmi les trois vies ainsi sauvées se trouvent celle de M. Chung Ha Suyung, ancien étudiant à Paris. M. Cho Yung Su, condamné à la prison perpétuelle, avait été étudiant à Dijon et à Grenoble. Les grosses peines ont été annulées, et on ne peut que s'en réjouir, mais les petites peines ont été confirmées. En particulier, le peintre Lee Ung No, soixante-cinq ans, qui dirigeait l'Académie de peinture orientale de Sèvres, devra purger sa peine de trois ans et demi d'incarcération. Malade et affaibli par le régime de la prison. Il a dû être admis le mois dernier dans un hôpital de la capitale. Il vient d'en sortir pour retourner en cellule. Le peintre, dont la situation matérielle était précaire, fut surtout coupable de s'être laissé acheter quelques toiles par des Coréens de Berlin-Est. La grâce du chef de l'État, longtemps espérée, n'est pas venue.

〈르몽드〉 1968. 8. 28 기사

한 명이 뒤셀도르프 공항의 혼잡을 틈타 도주, 바깥으로 진상을 알렸기 때문이다.

그런데도 독·불 주재 한국대사관들은 15일 동안이나 계속, 이 한국 시민들이 자발적으로 한국 사법기관에 자수하여 모든 것을 밝히기 위해 귀국했다고 주장했다. 그와 반대되는 증거와 증언이 쌓이자 한국 수사 당국은 양국 간 범죄자 인도협정이 없어서 어쩔 수 없이 강제 연행을 했다고 변명했다.

결국에는 불·독 정부의 요구에 따라 한국대사관들이 공식 사과문을 전달했고, 강제 연행에 가담한 대사관 직원 3명을 본국 소환했다. 본국 정부도 다시는 이런 일이 되풀이되지 않을 것이며, 강제 구인된 한국인들을 조만간 납치됐던 원위치에 되돌려 놓겠다고 약속했다.

이 약속에도 불구하고 '공산당 간첩'들은 계속 서울의 형무소에 갇혀있다. 그리고 이들 대부분이, 특히 프랑스에서 연행됐던 지식인들은 공산주의와 아무런 관련이 없었다. 그들은 다만 서울의 정권을 열성적으로 지지하지 않았고, 한국 집권자들에 대한 미국의 영향이 지나치다고 생각했고, 민족통일이 이루어지기를 진심으로 바랐을 뿐이다. 어쩌면 사회주의에 다소 물들었을지는 몰라도, 그들은 진정한 자유주의자들이었다.

저명한 화가 이응노는 그 부인(역시 화가)과 함께 세브르 Sévre(파리 교외의 고급주택가)에서 미술학교를 운영하고 있었다. 이 학교 경영을 지원하던 인사들 가운데에는 당대 최고의 명성을 날리던 화가들이 많았다. 수우라주, 후지타, 자오 부 기, 스가이, 하루퉁, 에리세프 등이 중심이 되어 한국 사법부에 탄원서를 제출했다.

1955년부터 오랫동안 프랑스에 거주하는 정성배는 2년 전에 정치학박사 학위를 받았고, 그 유명한 '국립과학연구원'의 문헌 관리 서비스에서 일하고 있다. 그의 저서 『1945년 이후의 대한민국』은 중도적이며 정확하고 객관적이라고, 곧 공산주의의 흔적이 없는 것으로 평가되고 있다.

그르노블대학에서 수학한 조영수 박사의 경우, 그에게 가해 졌던 고발의 허구성이 그의 프랑스인 친구들에 의해 밝혀졌다. 그와 그의 아내는 함께 1966년 8월에 15일간 평양에서 간첩 교육을 받은 것으로 되어 있다. 그런데 두 사람은 7월 말 휴가차 독일을 여행했고, 8월 13일에는 제네바에 있었고, 8월 15일부터 말까지 파리에서 그의 프랑스인 친구들과 회동하면서 지냈다.

또 다음 해 2월, 그는 조선노동당의 부위원장을 만나기 위해 평양에 갔고, 간첩 교육을 받은 후 5월에 서울로 돌아온 것으로 되어 있다. 그런데 조영수는 도쿄, 홍콩, 이스탄불, 아테네를 거쳐 프랑스에 왔고, 그리고는 영국과 벨기에를 거쳐 귀국했다. 그의 이 모든 경로는 조회가 가능했다. 평양 여행은 물리적으로 불가 능했다.

이 사건에서는 지식인의 점유율이 놀랄 만큼 높았다. 남한에서는 학생세력이 한동안 유일한 저항그룹이었다. 그들에게는 1960년 이승만 독재를 무너뜨린 성과가 있다. 그리고 최근에도 크고 작은 정치 혼란의 중심에 서 있다. 금년에 학생들은 '6·8 부정선거'를 규탄하면서 시위에 돌입했다. 그들은 정부로부터 부정선거의 시인을 얻어냈고, 내무장관을 경질시켰으며, 그러는 동안 야당은 국회 등원을 거부했다.

한편 38선 부근의 긴장은 높아지고, 중부 지역에서 무장간첩의 움직임도 심각하다. 농촌 지역이 그들을 전면적으로 거부했더라면 이런 사태는 없었을 것이다. 이 모든 것이 남한 정부의 골칫덩어리였고, 이런 와중에 해외거주민들의 대정부 태도가 차츰 부정적으로 변하고 있었다.

한국인들은 서유럽에 도착하면서 의회민주주의를 접하고 경탄한다. 사회당과 공산당이 합법화되어 있다. 선거는 공정하게 조용히 진행된다. 서유럽에서 한국에는 없었던 북한의 선전 공세에 직면하게 된다. 그들 중 일부는 북한 출신이기도 하다. 선전에는 북한의 속도 빠른 공업화의 찬양, 그리고 한국군의 월남파병 반대가 눈에 띈다. 이들이 북한의 동조자가 되는 건 시간문제라고 한국의 제3공화국은 판단한다. 그래서 구체화하기 전에 분쇄해야 한다고 마음먹었다면… 그건 너무나 당연한 이치가 아니겠는가.

<르몽드> 1967. 11. 10, 알랭 북Alain Bouc 특파원)

프랑스 시민사회의 이런 움직임은 사건 초기(1967년 7월)부터 1심 재판이 완료(1967년 12월)될 때까지 계속됐으며, 관련자 대부분이 석방되고 마지막으로 정규명과 내가 대통령특사로 석방되는 1970년 말까지 실로 3년 반 동안 끈질기게 이어졌습니다. <르몽드> 등 언론 매체도 좌우할 것 없이 전 재판과정을 상세하게 보도, 해설하였습니다.

〈르몽드〉 1967. 12. 20자 기사

인권연맹(La Ligue des Droits de L'homme)은 서울 재판에서의 최고형에 대하여 관용을 베풀어 줄 것을 프랑스 여론의 이름으로 박정희 대통령 앞으로 전했다. 그리고 같은 내용의 탄원서를 노벨평화상 수상자 도미니끄 삐르Dominique Pire 신부가 한국 대통령에게 전달했다.

탄원서와 호소문의 발송 주체들은 프랑스의 대학교 총학생회, 교수들, 프랑스학생전국연맹 등, 이른바 대학가(Quartier Latin)가 반을 차지했고, 그 나머지는 문학가 동맹, 과학자들이나 예술인 단체와 인권단체들이었습니다. 여기에는 세계적 명성을 가진 분들도 다수 포함되어 있었습니다. 동백림사건 피고 대부분이 학생, 교수, 예술인이었기 때문입니다.

국제법률가협회, 한국 지식인들의 납치와 그 재판 결과에 대해 항의

제네바 1968년 1월 12일. 제네바에 본부를 둔 '국제법률가협회'는 작금 연달아 일어나고 있는 정치인들의 납치, 특히 공항에서 일어나고 있는 납치에 대해 항의하고 나섰다. 국제법 규범에 역행하는 이런 행위가 바로 현재 진행되고 있는 서울 재판의 중심에 있다.

당 '협회'는 한국 정부가 국제적 제 규칙 및 스스로 약속했던 것들을 위반하고 있다고 지적했다. 피고인 중 두 사람이 사형을 선고받았고, 그들 대부분은 납치의 희생자들이다.

지난해 7월 24일 자 보도에 의하면, 17명의 서독 거주 한국인들과 여덟 명의 프랑스 거주 한국 지식인들이 실종된 바 있다. 서독 정부는 외교단절도 불사하겠다고 한국 정부에 즉각 항의했다. 납치사건에 한국대사관이 무관하지 않았기 때문이다. 그러자 7월 5일 한국 정부는 공식적으로 사과하였고, 관련 한국인 중 원하는 사람들을 모두 원위치에 돌려놓겠다고 약속했다.

그러나 이 약속은 지켜지지 않았다. 서울에서 그냥 피랍자들에 대한 재판이 열리자 항의 운동이 서독에서 일파만파로 퍼졌다. 뮌헨 소재 '인권위원회'는 서독 외무장관 빌리 브란트에게 이 사건을 헤이그의 국제사법재판소에 제소할 것을 공개적으로 요구했다.

프랑스에서 납치되었던 한국 학생들의 경우는 사건이 다르게 흘렀다. 주프랑스 한국대사관이 실종됐던 학생들이 자기 뜻에 따라 서울에 간 것이라고 발표했다. 여덟 명 중 셋은 프랑스로 돌아왔고, 서울로 갈 때 물리적 강제도 정신적 압박도 없었으며, 서울에서는 심문받는 동안 구속돼 있었다고 발표했다.

이에 프랑스 외무부는 한국대사관에 다시 공식 항의했고, 한국대사관은 잘못과 유감을 표명하면서 나머지 다섯 명의 피랍 국민의 귀환을 약속했다. 그러함에도 불구하고 이들은 서울 재판에서 무거운 형량을 선고받았다. 이에 대해 '국제법률가협회'는 기본적 인권의 명백한 유린인 정치적 납치의 희생자들을 처벌하여서도 안 되지만, 불법적으로 잡혀 온 사람들을 재판에 회부 하는 것 자체가 법률 위반이라고 비난했다.

<〈르몽드〉 1968. 1. 13자, 이자벨 비쉬니아끄Isabelle Vichniac 특파원)

A GENÈVE

La Commission internationale de juristes proteste contre les enlèvements et les condamnations d'intellectuels coréens

(De notre correspondante particulière
ISABELLE VICHNIAC)

Genève, 12 janvier. — La Commission internationale de juristes, dont le siège est à Genève, vient de manifester son inquiétude devant la vague d'enlèvements de personnalités politiques, qui sévit de plus en plus dans le monde, enlèvements perpétrés le plus souvent à l'occasion d'escales dans les aéroports. Ces pratiques, contraires à toutes les normes du droit international, sont au centre de l'affaire des procès de Séoul, qui se sont déroulés, estime la Commission, « au mépris des règles internationales et des engagements pris par le gouvernement de la Corée du Sud ». Deux des inculpés ont été condamnés à la peine de mort, et la plupart des accusés avaient été victimes d'enlèvements.

Rappelons que l'on appelait le

4 juillet 1967, que dix-sept ressortissants de la Corée du Sud demeurant en Allemagne fédérale avaient disparu, de même que huit étudiants et intellectuels sud-coréens résidant en France. Bonn ne tarda pas à élever des protestations, allant jusqu'à envisager l'éventualité d'une rupture diplomatique, dès lors qu'il fut avéré que l'ambassade sud-coréenne n'était pas étrangère aux enlèvements. Cependant, le 25 juillet, le gouvernement sud-coréen présenta des excuses officielles à Bonn et s'engagea à « faciliter le retour des Coréens qui avaient été emmenés contre leur gré en Corée, pour autant que ceux-ci désiraient revenir ».

Cette promesse n'a pas été tenue, et, dès l'ouverture des procès de Séoul les mouvements de protestation en Allemagne ne cessèrent de s'amplifier. La Ligue des droits de l'homme, à Munich, a publié une lettre ouverte à M. Willy Brandt, ministre des affaires étrangères, demandant que l'affaire fût portée devant la Cour internationale de justice de La Haye.

En ce qui concerne les étudiants enlevés en France, les choses se sont passées différemment. L'ambassade de Corée du Sud à Paris a affirmé que les étudiants disparus étaient partis pour Séoul de leur plein gré. Trois d'entre eux sont d'ailleurs revenus à Paris, et ont déclaré que, s'il n'y avait pas eu de contrainte physique à leur endroit, ils n'en avaient pas moins été victimes de pressions morales et qu'une fois à Séoul ils furent emprisonnés et interrogés.

Le Quai d'Orsay éleva alors une protestation auprès de l'ambassade de Corée du Sud, laquelle présenta ses regrets et ses excuses et promit le retour des cinq autres ressortissants coréens. Or ces derniers viennent d'être très lourdement condamnés par un tribunal qui, selon la Commission internationale de juristes, n'aurait dû ni sanctionner la violation flagrante des droits de l'homme que constitue tout enlèvement politique ni se saisir d'une affaire où des accusés ont été traduits devant lui illégalement.

ONS CHINOISES

res de Mao Tse-toung liée cette année

M. la ité m- me de que eu- ng eu- u- lle lon -la me hi- ant ieh in- ait m- IS7.

éditoriaux parus sans signature dans la presse officielle chinoise, mais dont certains passages imprimés en caractères gras ont été considérés ensuite comme des citations du président Mao.

D'après les rumeurs, il existerait aussi un inédit important de M. Mao Tse-toung sur la jeunesse.

● *La Documentation française publie le troisième numéro de la revue « Problèmes chinois ». Comme les précédents, ce numéro contient une abondante documentation et de nombreux textes traduits du chinois — se référant principalement aux affaires chinoises pendant le troisième trimestre de 1967. — des articles étrangers traduits en français, en-*

〈르몽드〉 1968. 1. 13자 기사

〈르몽드〉 1968. 12. 5자 기사

한국 지식인 사건(동백림사건)이 한국 대법원에서 파기 환송되어 다시 서울고등법원에서 심리하게 되자, 브뤼셀에 본부를 둔 '국제법률가협회'(본부 브뤼셀, 벨기에)는 서울의 고등법원장 앞으로 피의자 전원에 대한 무죄 판결을 요구했다.

'인권선언'의 원칙과 절차를 상기시키면서 이를 위배하는 사례들을 열거하면서 당 협회는 납치가 자행됐던 각국(프랑스와 서독)의 지회에 피의자들의 석방과 원위치 귀환을 한국 정부에 요구하도록 시달했다.

프랑스인들은 특히 중형을 선고받은 나와 조영수를 주목했습니다. 프랑스에서 유학했지만 검거된 곳이 한국이라 프랑스 정부가 적극적으로 개입할 수 없게 되자 프랑스 시민사회는 별도로 '변호위원회'를 설치하였고, 법학 교수, 변호사 등 150여 명이 여기에 참여했습니다. 거기에 노벨문학상 수상자 프랑소아 모리악의 이름이 명예회장으로 올라가 있었습니다.

실제 효과도 있었습니다. 예를 들면 조영수의 간첩죄 중에는 1967년 서울에서 출발, 세 번째로 평양에 다녀왔다고 적시되어 있었습니다. 이 '변호위원회'가 서울의 한국인 변호사(조영수 담당)들과 연락을 취하면서 밝혀낸 것은, KCIA가 평양에 있었다고 주장한 그 시기에 조영수는 도쿄, 홍콩, 이스탄불에 있었다는 사실입니다.(〈르몽드〉 1967. 11. 10, 알랭 북Alain Bouc 특파원)

서울의 피고인들을 위한 변호위원회 발족

현재 서울에서 진행되고 있는 '남한 지식인들'에 대한 재판에서 범죄사실에 대한 선고가 있었다. 그들 중 다수는 프랑스와 서독에서 강압적으로 납치됐었다. 재심 재판은 3월 중순으로 예정됐다. '위원회'는 목하 그들에 대한 관용을 위하여 노력 중이다.

위원회는 이들 피고와 그 가족들이 처해 있는 불안한 경제 상태에서 그들을 도울 수 있도록 기부금을 모금 중이다. 한국의 형무소 환경은 열악하고 혹독하여 이미 이 사건 관련자 중 건강이 악화한 사람들이 속출하고 있다.

위원회는 프랑스에서 거주하였던 정하룡, 조영수, 강빈구, 이응노에게 유리한 증언을 제공할 수 있는 사람들에게, 특히 한국인 친구들에게 호소한다. 그들의 신분은 철저하게 비밀에 부쳐질 것이다.

위원회 가입 창구 : C.-F. 줄리앙Jullien

주소 : 65, rue du Faubourg-Poissonniére, Paris

기부금 납부 : M. B. V(Vidal), C. C. P. Paris 18490-45

표어 : '한국인을 위하여(Pour les Coréens)'

회원 수 : 프랑소아 모리악(노벨문학상 수상자) 등 150여 명

　　《르몽드》 1968. 3. 2, 이자벨 비쉬니아끄Isabelle Vichniac 특파원)

1968년은 68혁명이 세계를 휩쓴 해였습니다. 아도르노의 프랑크푸르트학파와 사르트르의 실존주의에서 출발한 이 학생들의 혁명 쓰나미는 유럽에서 미국을 거쳐 일본에까지 들이닥쳤습니다. 당연히 프랑스와 서독 대학들은 '68혁명'이라는 네트워크를 공유

EN CORÉE DU SUD

Deux condamnations à mort au procès des intellectuels de Séoul

Séoul, 5 décembre (A.F.P.) — La cour d'appel de Séoul qui, sur ordre de la Cour suprême, jugeait à nouveau les douze intellectuels coréens accusés d'espionnage, a rendu jeudi son verdict. Deux des trois condamnations à mort prononcées en avril ont été maintenues, celles de Chung Kyu Myong, étudiant en physique à l'université de Francfort, et du professeur Chung Ha Ryong, qui avait fait ses études à l'université de Paris. En revanche, Lim Suk Noon, étudiant au collège d'ingénieurs de Berlin-Ouest a vu sa peine commuée en quinze ans de prison.

Pour le professeur Cho Yong Soo, diplômé de l'université de Grenoble, la détention à perpétuité a été maintenue. Le compositeur Yoon Yi Sang, condamné à l'origine à quinze ans de prison, a bénéficié d'une réduction de peine de cinq ans. Les peines de l'ingénieur Oh Joon, formé par la firme allemande Siemens, condamné à quinze ans de prison, et de trois autres accusés, Choi Jung Kil, étudiant à l'université de Giessen, Cho Yong Gil, diplômé de l'université de Kiel, berg, et du professeur Kang Bin Koo, diplômé de l'université de Dijon, condamné à dix ans de prison, ont été maintenues.

Les trois derniers accusés n'ont été condamnés qu'à des peines légères. La Cour suprême ayant estimé qu'ils ne pouvaient être considérés comme des espions. Le gouvernement de Bonn n'a cessé de protester contre ce procès. Il a souligné que la plupart des accusés avaient été arrêtés par des agents sud-coréens alors qu'ils se trouvaient en Allemagne.

[Les condamnés peuvent encore se pourvoir de nouveau devant la Cour suprême. On rappelle que celle-ci, le 31 juillet, avait suspendu les condamnations prononcées en avril, jugeant que les preuves étaient insuffisantes et les condamnations trop sévères, d'où le renvoi du procès devant la cour d'appel, qui vient de statuer en prononçant un jugement presque aussi rigoureux que le précédent.]

〈르몽드〉 1968. 12. 7자 기사

하고 있었습니다. 이에 따라 동백림사건에 관해서도 그들 간의 상호 소통이 있었습니다.

　구명운동에 나선 프랑스 인사 중에는 저명인사가 많았습니다. 총리를 지낸 에드가르 포르Edgar Faure와 레이몽 바르Raymond Barre, 파리대학 유학 시절 나를 자택으로 저녁 식사에 초대하였던 파리대학교 총장 브델 교수도 이름을 올렸습니다.

　또한, 노벨문학상 수상자 프랑소아 모리악François Mauriac과 실존

DⁱA. LERIQUE-KOECHLIN

MÉDECIN ASSISTANT D'ELECTRO-ENCÉPHALOGRAPHIE
DES HOPITAUX DE PARIS

5. Rue Péguy. 5
PARIS (VI⁵).

LIT. 36-65

Paris le 16 Juillet 1968

Mr le Président et Mrs les Juges
Cour Suprème
SEOUL   Corée du Sud

Monsieur le Président, Messieurs les juges de la Cour Suprème,

Ayant appris l'arrestation et les jugements dont ont été victimes
mes amis TCHUN - Ha-Young et sa femme LEE Sun-Ja, je me permets de
vous écrire à leur sujet.

Je les ai rencontrés souvent durant leur séjour à Paris et je puis
vous dire que ce ménage de Coréens du Sud étaient très attachés à leur
beau Pays. Je ne les ai jamais entendu critiquer le régime. Ils étaient
tout à fait éloignés du communisme et il est impensable qu'ils aient eu
une action d'espionnage. Ils ont travaillé durement pour pouvoir étudier
en France et parlaient toujours de leur retour dans leur pays qu'ils
aimaient.

Je vous prie de considérer ce témoignage sincère pour user de toute
l'indulgence possible envers ces personnes qui m'ont toujours semblé
très honnètes et sérieuses.

Croyez, Monsieur le Président, Messieurs le Juges, à l'assurance
de mon respect.

뇌 전문의 르뤼끄 꾀끄랑 박사의 편지

주의의 거성 장 폴 사르트르, 음악가 이고르 스트라빈스키, 저명한
물리학자 이브 꾀끄랑까지 세계적 명성의 지성이 대거 포함되어 있
었습니다.

정하룡 회고록 | 나의 20세기 |

〈르몽드〉 1969. 4. 24자 기사

'자유를 위하고 탄압을 반대하는 위원회'는 서울에서 최고형과 중형을 선고받은 세 명의 한국 지식인(정하룡, 조영수, 강빈구)에 대한 관용을 호소하는 탄원서를 한국 정부에 제출했다. 그 서명인 가운데 특기할 만한 사람은 아래와 같다.

시몬느 드 보부아르Simone de Beauvoir, 장-폴 사르트르Jean-Paul Sartre, 마르그리트 뒤라스Marguerite Duras, 크로드 슈바레이Claude Chevalley, 로제 고드만Roger Godement, 알프레드 카슬러Alfred Kastler, 미셸 렐리Michel Lelris, 자끄 모노Jacques Monod, 에두아르 삐뇽Édouard Pignon, 알랭 레스네Alain Resnais, 로랑 슈바르츠Laurent Schwartz, 삐에르 비달-나께Pierre Vidal-Naquet

1968년 7월 16일, 2심 재판이 끝났을 무렵 우리 부부와 가깝게 지내던 파리병원의 뇌 전문의 르그끄 쬐끄랑 박사가 한국 대통령과 대법원 판사들에게 아래와 같은 요지의 개인 명의의 탄원서를 보내기도 했습니다.

나의 친구인 정하룡과 그의 부인 이순자의 체포와 판결에 즈음하여 감히 이 편지를 올리게 되었음을 양지하시기 바랍니다.

그 두 분이 파리에 살고 있을 때, 나는 그들을 자주 만났고, 그래서 나는 이 한국인 부부가 얼마나 그들의 조국을 사랑하는지 잘 압니다. 그들이 한국 정부를 비판하는 것을 한 번도 들어본 일이 없었습니다. 그들은 공산주의와는 거리가 멀었고, 그들이

1925년 퍼리의 한국 유학생들. 앞줄 오른쪽부터 정석해, 김법린, 김재은, 서영해, 한영, 민장식, 이호 뒷줄 오른쪽부터 홍재하, 이종우, 이용제, 박병서, 이정섭, 이득종

간첩행위를 했다는 것은 생각할 수 없는 일입니다.

그들은 열심히 공부했고 일했습니다. 그리고 그들은 언제나 한국에 돌아갈 것을 생각하고 있었습니다. 이들은 언제나 정직했고 신중했습니다. 이들에 대한 나의 이 증언은 진실입니다. 이들에 대해 관용이 베풀어질 수 있도록 진심으로 기원합니다.

참고로, 꾀끌랑 가家의 선조는 프랑스의 산업혁명을 이끌었던 거물 기업가였으며, 3·1운동 직후 김법린, 정석해, 이종우 등과 프랑스로 유학을 와 언어학을 공부한 이용제李龍濟(위 사진)가 그 집안의 사위였습니다. 1960년대 중반, 분단 조국의 미래를 놓고 고민하던 나를 비롯한 프랑스 유학생 6인은 가끔 이용제를 찾아가 지혜를 구하기도 했습니다.

스트라빈스키 등의 윤이상에 대한 탄원

180명의 세계 음악계 거성들이 한국 작곡가 윤이상의 관용을 호소하는 탄원서를 대한민국 대통령 박정희 장군 앞으로 제출했다.

서명자 중 특히 주목해야 할 이름은 Igor Stravinsky, L. Berio, B. Blacher, J. Bornoff, P. Boulez, E. Brown, J. Cage, E. Carter, L. Dallapiccola, G. von Einem, W. Fortner, L. Foss, H. W. Henze, M. Kagel, J. Keilberth, G. Klebe, O. Klemperer, E. Kraus, E. Krenek, R. Lieberrnann, G. Ligeti, P. Sacher, P. Schat, K.-H. Stockhausen, G. Zacher 등이다

또한, 프랑스 로와양Royan 음악제에 모였던 작곡가, 연주자, 성악가, 음악평론가들도 이 탄원서에 동참하였다. 그 중 특히 다음과 같은 이름을 볼 수 있다.

O. Alaén, G. Amy, G. Auric, A. Boucourechliev, P. Capdevielle, J. Bourgeois, M. Cadieu, X. Darasse, J. Evartts, M. Fano, J. Février, M. Fleuret, A. Golea, B. Jolas, G. Léon, M. Le Roux, J. Lonchampt, J.-E. Marie, P. Mariétan, D. Masson, P. Mefano, M. Mila, L. de Pablo, J. Peixinho, CL. Rostand, CL. Samuel, Mme S. Tézenas.

탄원서(요약)

서명인들은 윤이상의 예술작품들이 코리아 민족을 빛나게 하는 인류의 영광으로 확신한다. 동서양의 인류를 이해케 하는 위업을 달성한 이 위인을 죽게 할 수는 없다.

재심 재판에서 15년 형으로 감형됐지만, 그는 현존하는 아시아

음악인 중 가장 뛰어난 사람의 하나이다. 현재 51세이며, 1956년 이후 베를린 거주의 그는 특히 〈나비의 꿈〉이라는 서정이 가득한 14세기 중국 도교道教의 시를 음악화했고, 그밖에 서정적인 교향곡 〈예악(Reak)〉으로도 크게 주목을 받았다.

　한국 정부는 그에게 음악 부분의 책임을 맡기겠다고 초청했지만, 도착 즉시 체포되어 1967년 12월 13일 공판에서 무기징역을 선고 받았다. 　　　　　　　　　　　　　　　　〈르몽드〉 1968. 4. 15)

　1969년 4월에는 유럽에 유학 중인 한국 유학생들이 호소문을 〈르몽드〉에 보내오기도 했습니다. 나는 그들이 누구였는지 지금도 알지 못합니다만, 당시로는 참으로 용기 있는 행동이었습니다.

〈르몽드〉 1969. 4. 19자 기사

동백림사건 발생 후 약 2년, 호소문 제출 시일이 4월 19일이라는 점이 상징적이다. 일단의 한국 유학생들이, 동백림사건 관련자들의 재판에서 그들에게 선고된 형량을 재고하라는 프랑스 정부와 시민 사회의 여론을 한국 정부에 전달해 주기를 부탁하면서 〈르몽드〉에 호소문을 보내왔다. 아래는 그 호소문이다.

호소문(요약)

(정하룡, 조영수, 강빈구 등이 관련된) 이 재판은 정략적 동기가 분명한 정치재판이며, 폭력에 의해 강요된 자백에 따라 만들어진 것이다. 재판에서 나온 피고들의 증언이 이를 뒷받침한다. 이 사건에 대한 독일 여론의 항의는 성공리에 진행되고 있다. 프랑스

MONDE
5 avril 1968

CORÉE DU SUD

Trois peines de mort prononcées en appel au procès des intellectuels à Séoul

Séoul, 13 avril (A.F.P., A.P.). — Trois des vingt-deux intellectuels sud-coréens accusés d'espionnage en faveur de la Corée du Nord alors qu'ils se trouvaient en France ou en Allemagne ont été condamnés à mort par la cour d'appel de Séoul.

Il s'agit du professeur Chung Ha Yong, docteur ès sciences politiques de l'université de Paris, qui en première instance n'avait été condamné qu'à la prison à vie; de M. Chung Kyu Myong, physicien de l'université de Francfort, dont la condamnation à mort a été confirmée, et de M. Lim Suk Hoon, élève au lycée polytechnique de Berlin - Ouest, qui n'avait été condamné en première instance qu'à dix ans de prison.

D'autre part, le professeur Cho Young Soo, docteur ès sciences politiques de l'université de Grenoble, condamné à mort en première instance, a vu sa peine commuée en prison à vie.

D'autres adoucissements de peines sont à relever. Le compositeur Yun I Sang (ou Isang Yun), qui était installé à Berlin, et l'ingénieur Oh Jo On, ingénieur à la firme allemande Siemens, ont vu leur condamnation à la prison à vie réduite à quinze ans de détention.

La condamnation à la prison à vie du professeur Kang Bin Koo, qui fit sa thèse à l'université de Dijon, a été réduite à dix ans de détention.

Le peintre Lee Ung No, qui travaillait à Paris et résidait à Sèvres, a vu sa peine de prison réduite de cinq à trois ans.

Enfin, sept autres intellectuels ont été condamnés à des peines allant de trois à dix ans de prison, et sept autres ont reçu le bénéfice du sursis.

La Cour suprême de la Corée du Sud doit se prononcer en dernière instance sur ces jugements. D'autre part, les observateurs estiment que le président Park Chung Hee pourrait intervenir dans le sens de la clémence, étant données les réactions défavorables pour la Corée du Sud que cette affaire a suscitées en France et en Allemagne, et pour donner satisfaction aux appels que lui ont adressés les milieux intellectuels sud-coréens.

[Le Comité de défense pour les accusés de Séoul constitué à Paris rappelle que les familles de plusieurs des accusés sont en difficulté et que pour venir à leur secours, ainsi que pour aider leur défense, les dons sont reçus par M. B. Vial, C.C.P. Paris 12-45613.]

UN APPEL DE HAUTES PERSONNALITÉS MUSICALES EN FAVEUR DU COMPOSITEUR ISANG YUN

Un appel à la clémence en faveur du compositeur coréen Isang Yun (ou Yun I Sang) a été adressé au général Park Chung Hee, président de la République de Corée du Sud, par cent quatre-vingts personnalités musicales mondialement connues.

Parmi les signataires figurent Igor Stravinsky, L. Berio, B. Blacher, J. Bornoff, P. Boulez, E. Brown, J. Cage, E. Carter, L. Dallapiccola, G. von Einem, W. Fortner, L. Foss, H.W. Henze, M. Kagel, J. Keilberth, O. Klebe, O. Klemperer, E. Kraus, E. Krenek, R. Liebermann, G. Ligeti, P. Sacher, P. Schat, K.-H. Stockhausen, O. Zacher, etc.

A cet appel se sont associés les compositeurs, interprètes et critiques réunis au Festival de Royan, en particulier G. Alain, O. Amy, G. Auric, L. Boucourechliev, P. Capdevielle, J. Bourgeois, M Cadieu, X. Darasse, J. Evartts, M. Fano, J. Février, M. Fleuret, A. Golea, B. Jolas, G. Léon, M. Le Roux, J. Lonchampt, J.-E. Marie, P. Mariétan, D. Masson, P. Méfano, M. Mila, L. de Pablo, J. Peixinho, Cl. Rostand, Cl. Samuel, Mme S. Tézenas.

[Le texte en question indique que les signataires « considèrent » que l'œuvre artistique de ce compositeur est un honneur pour l'humanité qui rejaillit sur la nation coréenne tout entière et que rien ne pourrait justifier la mise à mort d'un homme appelé à jouer un rôle éminent dans la compréhension des peuples de l'Orient et de l'Occident ».

Rappelons qu'Isang Yun, qui en appel vient d'être condamné à quinze ans de détention, est un des meilleurs musiciens asiatiques contemporains. Âgé de cinquante et un ans, il vivait à Berlin depuis 1956 et s'était fait connaître notamment par une œuvre lyrique d'une grande plénitude, « le Rêve de Liu Tung », d'après un poème taoïste du quaternième siècle, et par un poème symphonique, « Réak », accueilli avec beaucoup de faveur à Donaueschingen. Appelé à Séoul par le gouvernement sud-coréen pour « s'occuper de questions musicales », il était arrêté dès son arrivée, jugé et condamné le 13 décembre 1967 à la détention à perpétuité.]

스트라빈스키 등 유명 음악가들의 탄원 기사 (《르몽드》 1968. 4. 15)

언론도 프랑스가 양성한 이 세 젊은 교수들의 비극적 운명을 구하기 위해 보다 적극적으로 나서 주기를 호소하는 바이다.

나의 스승 모리스 뒤베르제 교수의 분투

나의 스승인 모리스 뒤베르제 교수는 〈르몽드〉에 두 차례나 "나의 제자 정하룡은 절대로 공산주의자가 아니며, 따라서 '정치재판'에서 죄를 뒤집어씌워 '시범적 처형'을 해서는 안 된다"고 주장하는 글을 실어 나의 구명을 호소했습니다. 특히 최종심이 끝나도록 내가 석방되지 못하자, 파리대학교의 총장 이하 저명 교수들과 연명하여 호소문을 발표하기도 했습니다.

긴장의 희생자

길고 길었던 '동백림을 거점으로 한 간첩단 사건'의 재판이 서울에서 막을 내렸다. 정하룡 교수의 사형이 확정 되었다.(피고 중 다수가 프랑스 및 서독에서 강제납치되었다) 그는 지금 특히 위험한 처지에 놓여 있다.

그의 죄는 다른 피고에 비해 더 하지도 덜하지도 않다. 다만 그에 대한 지원이 부족할 뿐이다. 그와, 그리고 프랑스에 유학했던 피고인들에 대한 프랑스 정부와 여론의 간여가 서독에 유학했던 피고들에 대한 서독 정부와 여론의 열기에 훨씬 못 미치고 있다.

한국 정부가 이 사건을 최종적으로 어떻게 처리할 것인가의 판단에 따라, 즉 국내외적으로 그렇게 큰 물의를 일으킨 이 사건에서 최고형이 없으면 안 된다고 결론지으면 그는 시범적으로

Corée du Sud

UN APPEL DE SUD-CORÉENS EN FRANCE
pour les condamnés du procès de Séoul

Nous avons reçu d'un groupe d'étudiants sud-coréens en France, que les circonstances obligent à conserver l'anonymat, une lettre qui constitue un pressant appel pour que l'opinion et le gouvernement français demandent au gouvernement de la Corée du Sud de revenir sur les peines qui ont été prononcées à Séoul contre trois professeurs, anciens étudiants en France, accusés d'intelligences avec la Corée du Nord communiste.

Nos correspondants rappellent la carrière des condamnés dans les termes suivants :

Condamné à mort : M. CHUNG HA RYONG, trente-cinq ans, père de deux enfants nés en France, fils d'un ancien doyen de la faculté des lettres de Séoul. Docteur (d'État) ès sciences politiques, dont la thèse sur « les partis politiques en Corée du Sud depuis 1945 jusqu'à l'effondrement du régime de Syngman Rhee », dirigée par M. Maurice Duverger, a été soutenue avec mention « bien » à Paris en mars 1966. Diplômé d'études supérieures de sciences économiques, diplômé de l'Institut d'études politiques de Paris (1964). Venu en France en 1956 sans aucune connaissance de la langue française, il a su en peu de temps assimiler la pensée, la culture et les méthodes françaises, non sans difficulté toutefois à cause d'une maladie pulmonaire qui l'a retenu en sanatorium pendant deux ans à Grenoble. Depuis son retour en Corée du Sud, M. Chung occupait la chaire de professeur de faculté, comme son père.

Condamné à la prison à vie : M. JO YOUNG SOU, trente-cinq ans, père d'une fille, née en France. Docteur ès sciences politiques, dont la thèse a été soutenue en 1965 à Grenoble. Venu en France en 1959 sans connaissance du français, il s'inscrit à la faculté de droit de Dijon puis à celle de Grenoble où il termine ses études avec succès. Rentré à Séoul, il avait été nommé professeur des sciences politiques à la faculté.

Condamné à dix ans de travaux forcés : M. KANG BING OU, trente-six ans, père de trois enfants nés en France. Docteur en droit. Sa thèse sur les sociétés commerciales a été soutenue avec mention « bien » à la faculté de droit et des sciences économiques de Dijon en 1963. Venu en France en 1957 sans aucune connaissance du français, il poursuivit ses études de doctorat à Dijon. Il était rentré à Séoul pour y enseigner le droit commercial à la faculté.

La lettre des étudiants sud-coréens estime que les condamnations ont été prononcées pour des motifs politiques et sur la base de prétendus aveux arrachés par la violence, comme l'a confirmé un des inculpés devant le tribunal. Le texte rappelle que les protestations de l'opinion allemande au sujet des intellectuels sud-coréens qui avaient fait leurs études en Allemagne ont été couronnées de succès et demande que l'opinion française intervienne pour sauver d'un sort tragique les trois jeunes professeurs formés dans les universités de France.

Singapour

M. LEE KUAN YEW A LONDRES

Londres, 18 avril (A.F.P.). — M. Lee Kuan Yew, premier ministre de Singapour, est arrivé jeudi soir à Londres pour une visite de dix jours au cours de laquelle il rencontrera MM. Harold Wilson, Denis Healey, Michael Stewart et Roy Jenkins. Son séjour en Grande-Bretagne sera plus spécialement consacré, indique-t-on de source informée, aux problèmes de l'évacuation des bases aériennes britanniques de Singapour, et de l'acquisition des missiles Bloodhound et de l'équipement militaire que le départ des forces britanniques pourrait rendre disponibles.

M. Lee Kuan Yew se rendra ensuite en visite officielle en France, du 29 avril au 3 mai. Puis il retournera en Grande-Bretagne, avant de regagner Singapour le 7 mai.

A PROPOS DE L'OPÉRATION W

Nous avons signalé dans le Monde du 10 avril l'action de groupes de jeunes Français qui, dans le cadre de l'opération W (vaincre pour vivre), collaborent à la lutte pour le développement des pays du tiers monde.

Nous avons fait référence à des campagnes récentes à la télévision en faveur des enfants de Biafra, du Cambodge ou de l'Inde, victimes de la famine ou de la guerre. Il ne s'agissait pas bien entendu du Cambodge, un des rares pays d'Asie qui ne souffrent pas de la famine, mais du Laos. Une collecte lancée en faveur des habitants du Laos par l'O.R.T.F. en mars 1968 avait en effet rapporté plus de 12 millions en quelques jours.

유럽의 한국 유학생들의 호소문 (《르몽드》 1969. 4. 19)

사형이 집행될 수 있다. 그러나 한국 정부가 다르게 조치를 한다면 문명국들로부터 존중받을 것이다. 프랑스 정부의 개입이 필요한 까닭이다.

모든 재판기록에 접근할 수 없는 우리 프랑스 교수들이 유무죄의 진실을 정확히 알기는 힘들지만, 이 사건의 경위와 분위기로 미루어 보아 의문과 불안은 제기할 수 있다. 우리는, 유죄 선고를 받았지만, 이들의 지성과 도덕적 가치, 그리고 그들이 프랑스 유학 때 보여주었던 그들의 조국에 대한 사랑에 비추어 그들을 보다 정확하게 설명할 수 있다.

특히 한국 정부 당국이 지금 정하룡을 질책하고 있지만, 그가 파리대학교에서 수여 받은 박사학위는 괄목할 만한 실적이다. 정확하고 치밀한 자료수집, 객관적이고 과학적인 논리 전개를 한국 정부는 주목해야 한다. 정하룡은 이 업적만으로도 그의 조국에 크게 봉사했다. 현대 한국에 관한 연구에서 그의 저술은 없어서는 안 되는 기본적 근거로 남았기 때문이다. 이 점을 대한민국 대통령께서 특별사면을 내리기 위한 최종단계에서 잊지 않기를 간절히 바란다.　　　　　　　　　　　　　　　　　　(모리스 뒤베르제)

호소문 서명 교수

조르주 브델(명예총장), 뒤베르제, J.-P. 꼬뜨, 스페즈, 모꽁뒤이, 리옹-깽, 라보, P. 라비뉴, 레오 아몽, 주파, 보비야르, 나오리, 드니 랑그로아, 조르주 뻬네, J.-J. 드 페리스, 깔퐁 장마리, C. 라봉, 자프레, 자브리앙, 바께, 코스카스, 하리미, 꾸레주, 브류멜, 망빌, 무떼, 쟈꼬비, 곤자레스 드 가스빠르　　　　　　　〈르몽드〉 1969. 4. 28)

서독에서는 정규명이, 프랑스에서는 내가 혹시라도 '시범 케이스'로 사형이 집행될까 봐 시민 사회가 긴장의 끈을 놓지 않았습니다. 서독에서는 학생들과 여론이 정부와 하나가 되어 한국을 압박했다면, 프랑스에서는 시민사회가 독자적으로 재판이 끝난 후까지 우리의 구명운동을 지속했습니다. 이렇게 끈질겼던 운동의 원류를 '68혁명'에서 찾을 수 있습니다. 서독과 프랑스가 그 파도의 근원이었으니까요.

68혁명과 동백림사건

　　'68혁명'은 한마디로 말해서 '사회의 단절'입니다. 도덕, 관습, 권위, 일상생활에 걸쳐 1968년 이전과 이후가 달라졌다는 뜻입니다. 그래서 혁명입니다. 1968년 5월은 '후기 현대'로의 진입이었습니다. 그때까지의 정치의 개념과 현실, 정치에의 기대와 불안을 함께 쓸어간 파도였습니다.

　　"우리는 미래세계의 사회가 어떤 것인지 예지할 수 없다. 하지만 그걸 건설하는 건 어떻든 우리다. 다만 지금과는 다르게 건설해야 한다."

　　이것이 68혁명 젊은이들 간의 상호 약속입니다. 이 세대에게는 목적에 대한 의문이 없었습니다. 그 과정과 속도에 대한 초조가 쌓여 있었습니다. 사회학적으로나 지성적으로나 생각의 가변성의 속도가 크게 빨라졌습니다. 그런데도 전통주의와 보수주의의 아성은 움직이려 하지 않습니다. 이런 때 사회의 공동적 창조의 길이 막힙니다. 학생들은 이대로는 안 되겠다, 바꾸어야 한다고 외치면서 거리에 뛰쳐나왔습니다.

1968년 5월, 국립 파리대학교를 학생들이 접수합니다. 학교 운영을 독점했습니다. 총장과 학장들을 학생들이 선출했습니다. 전대미문의 일이었습니다. 현직 지인들의 증언에 따르면, 혁명 분위기였다고 합니다. 공포스러웠다고 합니다. 프랑스 내의 대학들에서 같은 일이 벌어졌습니다. 심지어 독일의 어느 대학에서는 조교가 총장에 올랐습니다.

이 폭풍이 유럽 일대에 휘몰아쳤고, 고등학생들과 노동자들이 합세했습니다. 이슈는 점점 더 정치화하고 과격해졌습니다. 스페인에서는 프랑코 총통이, 프랑스에서는 드골 대통령이 추락했습니다.

서독의 학생지도자 두체케가 암살당했습니다. 그러자 항의의 먹구름이 유럽 대륙을 덮었습니다. 체코에서는 '프라하의 봄'이 피어났고, 두브체크가 '보다 인간적인 얼굴의 사회주의'를 약속했지만, 1년 후 절망한 한 학생이 광장에서 분신자살을 합니다. 그러자 반란의 거센 파도가 유고슬라비아와 폴란드로 확산했고, 현지 정권은 이를 가차 없이 탄압하였습니다.

미국에서는 베트남전쟁이 도화선이었습니다. 끝도 없이 사상자들이 늘어났고, 그래서 징병된 병사 수가 50만을 넘어서자, 전국에서 거센 항의가 일어납니다. 버클리 대학에서 '자유 스피치 운동'이 시작됐고, 전국대학에서 남녀 학생들이 나체로 뛰었습니다. 이런 항의들이 차츰 흑인문제와 연동하면서 과격해졌고, 종국에는 도시게릴라로 변했습니다. 로버트 케네디, 마틴 루터 킹 등 거물급

지도자들이 연속적으로 암살당했습니다.

이 격류들이 미국에서 남미로, 유럽에서 아프리카로 흘러 들어갔습니다. 일본도 예외가 아니었습니다. '젠가꾸렌全學聯' 주도하에 학생들은 베트남전쟁을 반대하면서 미군기지 철수까지 요구했습니다. 시위가 격렬해지면서 노동자들까지 합세하였습니다. 전국에 확산하면서 도시게릴라로 변했습니다.

비슷한 시기에 옆 나라 한국에서는 학생소요가 크게 일어났습니다. 그러나 세계에서 요동치던 68혁명과는 결이 다른 '6·8 부정선거' 규탄의 시위였습니다. 유신체제를 준비하던 박정희 정권이 개헌선인 국회 의석의 3분의 2를 확보하려고 부정하게 표를 조작한 데 대한 '반란'이었습니다.

그러나 정부에게는 아주 위협이었습니다. 가공할 가연성을 지닌 68혁명의 불길이 한국의 학생운동에 옮겨붙으면, 그 시너지 효과가 어마어마했을 겁니다. 스페인에서도, 프랑스에서도 국가 원수들이 물러났습니다.

한국의 집권자에게는 묘수가 하나 준비되어 있었습니다. '동백림을 거점으로 한 대규모 간첩단'의 발표였습니다. 국민은 경악했고, 학생들은 숨을 죽였습니다. 그다음, 중앙정보부는 과거 '6·3사태'를 주도했던 '민족주의 비교연구회'를 그 하부조직이라고 날조했습니다. 그러면 민비연도 간첩단이 되고, 한국에서 일어나는 학생데모는 북한의 연락부가 지시하는 것으로 맥락이 잡힙니다.

실제로 이 발표가 나자, 전국으로 번졌던 학생 시위가 싹 식었습니다. 이 기획은 나중에 재판과정에서 허위였음이 밝혀졌지만, 이미 학생운동이 종식된 다음이었습니다.

당시의 시국도 한국의 집권자들을 도왔습니다. 남북경계선에서는 매일같이 무력충돌을 계속했고, 후방에까지 무장간첩이 출현하여 사상자들이 늘어나고 있었습니다. 1968년 초에는 북한의 특수요원들이 청와대 바로 옆에까지 침투하여 전투를 벌였습니다. 이럴 즈음, 존슨 대통령이 남한의 미군기지를 방문하여 전쟁위기설이 파다하게 돌았습니다. 그러니까 학생들이 시위를 벌일 그런 정황이 아니었습니다.

학생들에 대한 사찰과 단속이 더욱 강화되었습니다. 그래서 그 후 10년 동안 학생운동이 고사했고, 그렇게 불모지로 변한 토양에 68혁명은 착근할 수 없었습니다. 68혁명은 한국을 비켜, 일본에서 중국으로 들어갔습니다.

그렇지만, 유럽에서의 68혁명의 본류는 달랐습니다. 한국의 '동백림사건'을 붙잡고 늘어졌습니다. 프랑스와 서독이 이 사건의 발생지이자 무대였기 때문입니다. 거기서 '납치'됐던 '범인'들이 그들의 학우였기 때문입니다. 그리고 68혁명의 발상지가 프랑스와 독일이었고, 그들의 약속어約束語가 '연대Solidarity'였습니다.

유럽언론들은 동족 간에 통일을 의논하는 게 무슨 잘못이냐, 민족의 분단은 그 자체가 '역사의 오류'이고, 그걸 바로잡겠다는 것이 어째서 죽을죄가 되느냐고 힐난했습니다. 그건 바로 문화혁명이 타도하기로 한 전제주의의 횡포이고 탄압이라는 겁니다.

한국 측에서 한옥신 검사가 반박 논리를 책으로 정리해서 서독과 프랑스 정부에 보냈습니다. 요약하면, 남북이 극한 대치하고 있는 한반도의 특수상황에서는 적성지역에서 적성 인물과 접촉했다는 그 사실만으로도 '탈출'이 되고 '간첩'이 된다는 논리입니다.

서독과 프랑스 정부의 반발도 컸지만, 학생들과 지식인 사회의 분노가 더 심각했습니다. 논리의 비약이고 저수준의 말장난이라는 겁니다. 특히 서독 학생들은 시위를 통해 자기네 정부가 한국 정부와의 협상에서 너무 '미온적이고 기회주의적'이었다고 강하게 비난했습니다. 한국 측 주장을 반인도주의적이고, 비문화적이며, 법치에도 맞지 않는다고, 따라서 출구는 동백림사건 관련자들의 '전원 석방'뿐이라고 주장했습니다.

그렇게 하지 않으면 경제원조 끊고, 그래도 안 된다면 국교를 단절하라고 정부를 압박하였습니다. 문화혁명의 기운이 최고점에 이르고 있던 당시, 서독 정부는 학생들의 요구를 수용하였고, 한국 정부를 국교 단절의 카드로 압박하였습니다.

오랜 양국 간 줄다리기 끝에 우리는 전원 석방되었습니다. 68 혁명이 한국에 상륙하지는 않았지만, 그래도 우리를 구해낸 것은 68혁명에서 앞장섰던 이국의 학생과 지식인, 시민 사회였습니다.

68 젊은이들은 반전체주의 슬로건을 걸고 범세계적인 반독재 투쟁을 벌인 것입니다. 이 휴머니티라는 생각 밑바닥에는 '개인의 자유'가 깔려 있습니다. '동백림사건'의 본질은 개인의 생각하는 자유, 행동하는 자유, 집회의 자유 등이 철저하게 무시된 것이라고 그들은 판단한 것입니다.

그들은 휴머니티를 행동에 옮길 때, 비로소 '인간'의 아이덴티티가 수립된다고 주장합니다. 이렇게 서독과 프랑스의 68세대들은 한국 지성인들의 수난을 자기네 일이라고 동일시했습니다.

13장

나의 옥중생활

열악했던 감옥생활

협박과 회유, 심신 학대와 인격파괴의 장 '남산'에서 벗어나 '서대문'의 독방에 옮겼을 때의 그 해방감을 어떻게 설명할 수 있을까요. 그때부터 나는 정하룡이 아니고 179번이었습니다.

변호사와 가족과의 면회가 '당분간' 금지되었습니다. 그 당분간이 비정상적으로 길어집니다. 외부와의 완전 단절입니다. 우리 사건에 대한 당국의 태도를 짐작할 수 있었습니다.

영치금 한 푼 없는 나는 절망적 상황에 놓였습니다. 변기통이 감방 안에 있었습니다. 한여름이라서 악취가 진동합니다. 그 옆에서 밥을 먹어야 합니다. '콩밥'이라고 불리었지만, 콩은 셀만큼

이고 쌀은 보이지 않았습니다. 너무나 오래된 꽁보리 덩어리 속에
는 각종 벌레의 사체들이 섞여 있었습니다. 영치금이 없었던 나는
그냥 굶었습니다.

교도소는 동백림사건 관련자들의 동정 일체를 세세히 정보부
에 보고하고 있었던 것 같습니다. 마침 독일과 프랑스 정부가 우리
사건에 직접 관여하기 시작했고, 국제사면위원회(앰네스티)도 서울
을 들락거리자, 낮에는 나를 '이문동'의 빈 취조실에 데려다 놓고,
점심 저녁을 먹인 다음 저녁에 다시 '서대문'으로 귀환시켰습니다.
이 '특혜'는 가족과 변호사 면회가 허가될 때까지 계속되었습니다.

아내의 소식은 면회를 통해 들을 수 있었습니다. 만삭이었던
그녀는 병보석 신청이 받아들여져 가까운 적십자병원으로 옮겨졌
답니다. 그러자 중고시절부터 친했던 김두수(고려대 의대의 전신인
수도의과대학 이사장)가 자기네 병원으로 옮기고는 모든 책임을 졌
습니다. 그는 나와 가깝다는 이유로 사건 초기에 중앙정보부에 연
행되어 조사를 받은 바 있습니다. 나의 막내딸 승희는 그 병원에서
태어났습니다. 아내는 1심에서 집행유예(3년 6개월)를 받고 시부모
와 아이들 곁으로 6개월 만에 돌아갔습니다.

우리의 재판은 중앙정보부와 검찰이 짜 맞춘 시나리오대로 흘
러가고 있었습니다. 선고 때마다 떨어지던 '사형'이라는 두 글자에
도 익숙해지기 시작했습니다.

문인구 변호사는 나에게 이 사건의 실마리는 독·불 양국과
한국 간의 샅바 싸움에서 풀어질 텐데, 이미 한국의 입장이 기울
어진 상태라고 했습니다. 그는 당대에 이름을 떨치던 고위 검찰관
출신의 변호사였습니다. 나의 통일관에 동의는 안 했지만, 이해는

했습니다.

이 사건에 대한 그의 전망은 '국내용'으로 우리의 형량을 한껏 높이 때린 다음, 독·불과의 협약상 순차적으로, 그러나 전원 소리 없이 풀어주리라는 것이었습니다. 우리는 오랜 재판과정에서 정이 들어, 내가 풀려난 후에도 자주 만났습니다. 그는 궁핍해졌던 나에게 형 같은 배려를 아끼지 않았습니다.

독방에서는 독서와 사색밖에 할 일이 없었습니다. 그러나 이념적이거나 시사성이 있는 도서는 일절 금지되었습니다. 아내가 넣어준 프랑스어 성서를 독파했습니다. 매주 한 번 아현동 성당의 구전회(바르톨로메오) 신부가 면회를 와서 창살 너머로 교리문답을 공부했습니다. 그리고 입소 1년 만에 영세를 받았습니다. 세례명은 아우구스티노입니다. 내 처지에 맞춘 본명입니다.

서대문구치소에는 '봉암새'의 전설이 전해 내려오고 있었습니다. 아시다시피 1958년 이승만은 그의 정적 조봉암을 간첩으로 몰아 처형했습니다. 죽기 전 독방에 앉아 만감이 착잡했을 그에게 반가운 손님이 있었습니다. 매일 몇 차례 쇠창살에 앉아 짹짹거리며 조봉암을 부릅니다.

그러면 조봉암이 콩밥에서 콩을 골라내어 손바닥에 얹습니다. 새는 그 손바닥 위에 올라앉아 콩을 찍어 먹습니다. 그러다가 조봉암이 처형되었습니다. 그날 이후 아무도 그 새를 본 사람이 없었습니다. 독재를 미워하고 조봉암의 죽음을 안타까워하던 민심을 타고 내려오던 전설입니다.

고독을 강제당하는 독방 신세지만, 가끔 '사교'의 기회가 찾아오기도 합니다. 아침 세면 때와 짧은 운동시간입니다. 서울대 교수

황성모와 딱 마주쳤습니다. 밖에서는 가깝게 모시던 사회학과 대선배였습니다. 그를 '민비연 사건'의 주범으로 우리 사건에 연루시켰던 것입니다.

황성모와 김두한을 만나다

'6·8 부정선거 규탄' 시위가 일파만파 확산하자 '중정'(중앙정보부)은 이를 봉쇄하기 위해, 이 모든 것이 북한의 공작이라는 각본을 짜기 시작했습니다. 황성모는 독일 유학 시절 동백림에 드나들었고, 이번에 작동한 대규모 학생데모는 북한의 지령을 받은 황성모의 작품이라는 것입니다. '민족주의비교연구회'(이하 민비연)는 그런 목적으로 황성모가 지도했고, 민비연 회원이던 김중태, 현승일 등 7~8명은 북한의 지령에 따라 활동했다는 줄거리였습니다.

황성모는 단언했습니다. 그가 유학했던 1950년대에는 한국인들의 동백림 왕래가 전혀 없었고, 물론 자기는 동백림 근처에도 안 갔다는 것입니다. 그와 나와는 서대문구치소 사동의 한 복도에 있는 '주민'이었고, 그래서 화장실 벽에 뚫린 작은 창살 문을 통해 그런대로 대화할 수 있었습니다.

김중태, 현승일, 김도현 등과도 몇 차례 만나 대화를 가졌습니다. 나는 그들을 잘 익어갈 수 있는 인재라고 보았습니다. 그러나 '중정'은 그들이 여물도록 놔두지 않았습니다. 지금 그들의 이름은 모두 역사의 지평선 너머로 사라졌습니다,

어떻든 재판에서 '민비연 사건'은 완전히 허구였음이 밝혀졌지만, 무죄판결은 나지 않았습니다. 황성모는 서울대 교수직에서 추

방되었고, 김중태, 현승일 등은 '중정'이 강제로 미국 '유학'을 보냈습니다. 구치소 안에서의 만남은 항상 '잠시'였습니다. 얼마 지나면 그들은 출소하고 나는 그대로 남습니다.

한번은 세면장에서 조윤형 의원(신민당)과 딱 마주쳤습니다. 이승만 독재에 항거했던 한국 야당의 거물 조병옥의 아들입니다. 야당 탄압 공작으로 구속됐다고 했습니다. 친하지는 않았어도 서로 아는 사이였던 우리는 이발을 하겠다는 핑계로 두세 번 소내 간이 이발소에서 랑데뷰했습니다. 하루는 김영삼이 구치소에 면회를 왔습니다. 여야 간 타협이 이루어진 모양이었습니다. 조윤형은 나의 손을 잡고 건강을 당부한 후 떠나갔습니다.

빼놓을 수 없는 추억이 있습니다. 김두한을 만난 것입니다. 나의 소년 시절부터 그의 명성은 우뢰와 같았습니다. 일본 야쿠자들을 무찌르는 정의의 애국 협객이었습니다. 해방 후 한때 반공 투사로도 이름을 날렸습니다. 그러다가 종로구에서 국회의원에 당선됩니다.

국회의원으로서 그가 새롭게 만난 한국의 기득권층은 부정부패의 소굴이었습니다. 그의 설명이었습니다. 극보수였던 그의 의정 활동이 조금씩 좌클릭합니다. 대정부 비판의 소리를 높입니다. 그러나 그는 세가 없었습니다. 무학의 독불장군이었습니다. 일부 동료 의원은 그를 '무식한 깡패'로 보았습니다.

오랜 궁리 끝에 그는 희한한 계획을 생각해 냈습니다. 민족정기가 어린다는 파고다 공원에 가서 화장실의 똥물을 퍼왔습니다. 그리고는 국회에서 대정부 질의응답이 있었던 날, 그 오물을 통째로 국무위원석에 퍼부었습니다.

옛날 우리 속어에 '똥물에 튀길 놈'이라는 말이 있었습니다. 장관 석 중앙에 앉아 있던 총리 정일권이 이를 정면으로 뒤집어썼고, 이 장면은 그대로 TV에 생중계되었습니다. 김두한은 국민의 갈채를 받으면서 '서대문'에 들어왔습니다.

계속되는 감옥생활 때문이었던지 이빨 두 개가 흔들리기 시작했습니다. 그래서 소내의 치과로 가는데, 계호 교도관이 키 크고 덩치가 좋은 거한을 데리고 왔습니다. 김두한이었습니다. 그 후 우리는 5~6차 함께 치과에 다녔습니다.

우리는 독방에서 말이 고팠던 터라 당일 치과 치료가 끝난 후에도 치료실에 남아 얘기꽃을 피웠습니다. 교도관이 김두한을 예우하느라고 묵인해줬습니다.

주로 내가 그의 옛날 무용담을 청했는데, 그는 다언多言 달변達辯이었습니다. 커다란 체구에 맞지 않게 그의 목소리는 하이 테너였고, 그의 손은 아담하고 고왔습니다. 놀란 나머지 그런 손으로 어떻게 강호들을 무찔렀느냐고 물었더니, 초로의 그가 나를 일으켜 세워 놓고 "이봐, 주먹으로 치는 것이 아니야. 전신의 힘을 팔에다 집중시킨 다음, 그래 이렇게 속력으로 치는 거야" 하면서 나를 '훈련' 시켰습니다. 그리고는 하는 말.

"야, 소질 있는데, 괜히 박사 따위나 하니까 빨갱이가 돼서 빵간에 들어오지."

내가 대꾸했습니다. "그럼, 선생님은요? 가방끈이 길어서 여기 있나요?" 했더니, "나야 무식하니까 일 저지르는 거고" 하며 호탕하게 웃었습니다. 내가 본 그는 전혀 무식하지 않았습니다. 무식한 척하는 것입니다.

이런 일도 있었습니다. 명절에는 정치범에 한해 집에서 준비한 음식이 허락됩니다. 어떻게 검색을 통과했는지 김두한에게 들어온 음식 사이에 담배가 숨겨져 있었습니다. 맛있게 식사하고 느긋하게 한 대 피우는데 교도관에게 들켰습니다. 그 순간 그는 피우던 담배를 삼켜버렸습니다.

"나 안 피웠어, 증거가 없잖아?"

오히려 자기가 놀란 교도관이 급히 그를 의무실로 모셨습니다. 그의 해학은, 증거 같은 외형적이고 물질적인 것을 중시하는 나머지, 보이지 않는 내적인 진실을 등한히 한다는 뜻이었을 것입니다. 하여간 텅 빈 방에는 담배 냄새가 진하게 남아 있었답니다.

대전교도소 이감과 전향 문제

대법원을 두 번이나 오르내리면서 2년 넘게 질질 끌었던 재판이 다 끝났습니다. 정규명과 나는 계속 사형, 나머지 사람들은 15년 이하의 중형을 확정받고 대전교도소로 옮겨졌습니다. 사형을 받은 우리 둘은 계속 '서대문'에 남아 있었습니다. 서대문구치소에만 사형장이 있었으니까요.

사형이 확정되면 독방에 혼자 두지 않습니다. 그래서 우리는 각각 잡범들이 있는 곳으로 전방을 갔습니다. 1.7평 감방에 열 명 가량의 인간이 우글거리는 엽기적 인구 밀도였습니다.

세계 최빈의 독재국가 감옥은 초만원이었습니다. 그리고 감방의 '주민'들은 저마다 재판에 대한 근심 걱정, 불안한 가정 사정, 현실에 대한 불평불만 등으로 신경이 곤두선 상태였습니다. 옆

대전교도소 시절 (왼쪽부터 정규명, 어준, 천병희, 필자, 이재학, 박성준)

사람과의 사소한 '영토분쟁'도 전쟁으로 폭발할 수 있는 분위기였습니다.

이런 가운데 '지존'의 자리에 앉는 사람이 사형수입니다. 거부할 수 없는 관행입니다. 반년쯤 지나, 나도 이제 어지간히 내 권력을 순기능으로 누릴 줄 알게 됐는데, 그 권좌에서 내려왔습니다. 1969년 8·15 특사에서 무기징역으로 감형된 것입니다. 정규명과 나는 대전교도소로 이감되었습니다. 듣던 대로 그곳에는 사상범, 특히 장기수들이 많아 마치 정치범수용소 같았습니다.

대전교도소에 도착하면 제일 먼저 해야 하는 절차가 있습니다. '전향'입니다. 나는 공산주의자가 아니므로 전향할 수 없다고

정하룡 회고록 | 나의 20세기 |

했더니, 다시 독방 신세가 되었습니다. 그러자 서울에서 어머니와 아내가 황급히 내려왔습니다. '전향'은 거부하면 안 되는 기본 절차였습니다. 또 한·독 양국 정부 간 합의된 '대통령특사'의 전제가 전향이라는 것입니다. 돈키호테가 풍차에 도전한 꼴이었습니다,

그러나 대전교도소에는 전향을 거부한 이단자들의 집단이 있었습니다. 3, 40명가량의 옛 빨치산들이거나 남파된 간첩들이었습니다. 이 교도소에는 전향한 빨치산과 간첩들이 그들보다 훨씬 더 많았습니다.

비非 전향자들은 높은 담 안 좁은 공간에 살고 있었습니다. 사실상 금지구역입니다. 감옥 속의 감옥입니다. 그들은 바깥 세계와 완전히 차단됐고, 그들의 이념은 체포 당시의 생각에서 정지되었습니다. 여전히 공산당의 승리, 적화통일을 믿으면서 자기들만의 인민공화국에 살고 있습니다.

어느 날 딱 한 번 그들을 목격했습니다. 그 담 옆을 지나가는데 쪽문이 살짝 열려 있었습니다. 마침 운동시간이었던가 봅니다. 손바닥만 한 마당에는 말소리가 없었습니다. 삐쩍 마른 그림자들이 거기서 서성거리고 있었습니다. 동작이 느릿느릿했습니다. 순간, 나는 나치 독일의 유대인 수용소가 머리에 떠올랐습니다.

지금은 그 '감옥 안 감옥'이 없어졌습니다. 많은 사람이 고령으로 사망했고, 또는 형기를 채워 출소했다고 합니다. 대한민국 사회로 돌아간 그들의 행적이 궁금합니다.

나는 대전에 있을 때 그들을 보면서 이런 생각을 해 보았습니다. 이미 범죄 '행위'에 대한 처벌을 받고 있는데, 불가시不可視의 생각을 안 바꾼다는 이유만으로 물리적 격리라는 불이익을 주는 것,

그건 이중처벌이 아닌가? 범행에 대한 형 집행을 실제로 받고 있으며 별도의 추가 범죄가 없는데도 생각을 바꾸지 않는다고 벌을 주는 것, 그건 '사상의 자유'라는 헌법 정신에 위배 되는 것이 아닐까? 바꾸지 않은 생각이 현실에서 행동화할 그때 비로소 벌을 내려야 그게 준법이 아니겠는가?

정치학을 공부한 사람으로 비전향에 대한 이런 조치를 전혀 이해 못 하는 것은 아닙니다. 폭력에 대한 폭력은 지극히 일반적인 정치 현상이니까요. 그러나 '대전'의 감옥 안 감옥 사람들은 북한과의 연결 가능성이 제로였고, 더구나 그들의 소내에서의 사상 활동이나 폭력 사용은 생각조차 할 수 없었습니다. 그들은 그저 소리 없이 죽은 듯이 살고 있었습니다.

분단의 비운아 정규명과 정연택

정규명鄭圭明과 나는 동백림사건으로 사형이란 극형에 함께 묶여 살았지만, 한 방에서 같이 지낸 것은 대전교도소가 처음이었습니다. 그와 나는 동백림사건 전에는 전혀 모르는 사이였습니다. 그는 체포되었을 때 39세로, 독일 프랑크푸르트 대학의 이론물리연구소 연구원이었습니다. 서울대 물리학과 출신의 수재였습니다.

그의 사상체험은 일찍이 해방 공간에서 시작되었습니다. 크게 부유했던 집안의 아들이었지만 그는 해방 직후 서울대 내 민청民靑(조선민주청년동맹의 약칭)에 가입했고, 한국전쟁 때는 인민군에 입대하는 등 일찍부터 사회주의에 경도되어 있었습니다.

한국전쟁 때 인천상륙작전으로 인민군이 패주할 당시 그의 소속

부대는 미처 입북을 못 하고 어느 산중에서 게릴라가 되었습니다. 이때 국군에게 생포되었다가 1952년 반공포로 석방으로 풀려났다고 합니다.

정규명은 같은 프랑크푸르트 대학에서 유학하던 임석진의 안내로 동베를린을 찾은 케이스입니다. 그와 나는 2심에서 오직 둘만 사형수가 된 다음, 재판정 출입 시 나란히 선두에 섰고, 재판 중에는 피고석 중앙에 나란히 앉았습니다.

사형이 확정된 후에는 둘만이 서대문구치소에 남았고, 무기징역으로 감형되면서 나란히 대전교도소로 옮겨졌습니다. 그리고는 같은 감방, 같은 노역장에서 살았습니다. 그러다 보니 누구보다도 서로를 잘 아는 사이가 되었습니다.

일찍부터 좌익활동을 시작했던 그였지만, 그의 머릿속에는 마르크시즘의 조그마한 파편도 남아 있지 않았습니다. 이론과 현실의 괴리현상 속에서 미아가 된 것입니다. 사상의 항로 중 나침반을 잃은 것입니다. 감방에서 가끔 벌이는 토론에서도 말없이 듣는 편이었습니다.

1970년 말, 교도소에서 풀려나면서 그와는 영영 이별이 되었습니다. 그가 납치되었던 곳 서독으로 원위치 되었기 때문입니다. 그 후 몇 년 안 되어 그의 별세 소식을 들었습니다.

20대에 좌경했고, 30대에 독일에 살면서 남북통일에 이바지하려 애썼으나 좌절했습니다. 남북 모두에 심한 불신감만 가졌습니다. 그는 20세기 한반도의 고아로 그렇게 사라졌습니다.

그는 전공인 이론물리학 연구도 포기했습니다. 감옥생활 3년 반의 세월이 그의 학문 세계에 큰 공백을 남겼습니다. 그동안 발전한 이론물리학의 흐름을 따라갈 수 없었습니다. 학문을 포기한 그는 연구소를 퇴직하고 프랑크푸르트 자택에서 멍하니 지냈다고 합니다. 20세기 한국인 중에는 이렇게 요절한 인재들이 너무도 많았습니다.

대전교도소에서 정규명과 나는 통일혁명당 사건으로 형을 받은 이재학(무기), 박성준(15년)과 합방하여 공동생활을 했습니다. 정규명은 묵직한 성격을 가졌습니다. 언동도 매우 신중했습니다. 네 사람 중에서 맏형이었지만 가장 말수가 적었습니다.

우리 네 사람에게 맡겨진 일은 교도소가 발간하는 소내용 잡지의 편집과 도서실 정리였습니다. 그때 정연택이라는 '지도'(모범수)가 우리의 일을 총괄했습니다. 우리 다섯은 나이가 서너 살 정도씩 터울 진 서울대 선후배여서 아주 조화가 잘되는 한 조였습니다. 거기다 전공도 각각이어서 잡지를 다양하게 꾸밀 수 있었습니다.

정연택, 그 역시 20세기 한반도가 만든 비운아였습니다. 어지러웠던 해방 공간에 많은 사람이 북에서 남으로 내려왔고, 남에서 북으로 이동했습니다. 그들은 한결같이 "곧 돌아올게"라는 말을 남기고 고향을 떠났지만, 분단은 영구화됐고, 가족들과는 평생 이별을 했습니다.

많은 젊은 지식인들이 그랬던 것처럼, 정연택도 월북했습니다. 결혼 직후였습니다. 곧 돌아올 것으로 알았습니다. 10년이 지났을 무렵, 그때까지 수절하던 부인 앞에 정연택이 불쑥 나타났습니다. 부인으로서는 환희와 불안의 범벅이었습니다.

평양에서 그는 김일성대학 국문학과 교수였습니다. 연암 박지원 연구의 대가였습니다. 그런 학자에게 갑자기 남파지시가 내려졌습니다. 손위처남인 오화섭 연세대 영문과 교수를 포섭하고, 그를 기점으로 덕망 높은 교수들을 끌어안으라는 지령이었습니다. 이런 일에 서툴렀을 그는 곧 경찰에 체포되었고, 별 활동이 없었는데도 '간첩죄'로 15년, 오화섭은 '불고지죄'로 1년을 각각 선고받았습니다.

부산 피난 시절(1950~53) 모든 사람이 가난의 밑바닥을 헤매고 있을 때였습니다. 우리 젊은 연극지망생들은 두 칸 오막살이 오화섭 교수 집에 자주 쳐들어갔습니다. 오화섭 자신은 전쟁의 참화 속에서 부인 박노경(당시 이화여대 교수)을 잃고, 두 어린 남매 혜령과 세철을 돌볼 사람이 필요했습니다. 그래서 같이 살게 된 오 교수의 누이동생이 정연택의 아내였습니다.

그녀는 안살림을 도맡았습니다. 어려웠던 피난 살림에도 우리의 잦은 방문을 못 마땅해하지 않았습니다. 우리는 혼전 색시인 줄로만 알고 있었습니다. 그 시기 전쟁 분위기에서 남편이 북으로 갔다고 하기가 매우 어려웠겠지요.

별로 자기의 신상 얘기를 않던 정연택이 하루는 중대발표를 했습니다. 함께 잡지를 편집하고 난 직후였습니다. 비보였습니다. 급성위암으로 당장 대전의 도립병원에 입원한다는 것이었습니다. 그 시대에 암은 죽음이었습니다. 수인의 몸이라 우리는 그가 떠나는 것도 보지 못했습니다. 그 후 다시는 그를 만날 수 없었습니다.

이어지는 이야기는 오화섭 교수의 영애 혜령 씨의 증언입니다. 고모부 정연택은 치유의 가망이 없자 대전 도립병원에서 퇴원하고 병보석을 받아 아내의 집으로 갔답니다. 낯설기만 한 남편이지만, 고모는 불철주야 심혼을 기울여 간호하였습니다. 그 덕이었던지 정연택은 1년쯤 생을 더 누렸답니다.

죽음을 앞에 두고 정연택의 마음속에는 깊은 번뇌가 파문을 넓히고 있었습니다. 자기 때문에 희생한 부인에 대한 미안함, 연민, 죄책감이었습니다. 그러나 더 크게 다가온 마음의 상처가 있었습니다. 그런 부인을 옆에 두고 다른 한편으로는 평양에 두고 온 또 하나의 가족을 안타깝게 그리워하는 자기의 모습이었습니다.

장래가 유망했던 소장 학자 정연택은 남북관계가 완전히 두절되자 서울에 남기고 온 새색시를 단념할 수밖에 없었습니다. 모든 사회의 기본은 가정입니다. 같은 김일성대학의 교수와 결혼하여 슬하에 남매를 두었습니다. 따뜻한 정연택의 사람 됨됨으로 보아 단란한 가정이었을 것입니다.

정연택은 죽음을 앞두고 평양의 가족이 미치도록 그리웠습니다. 그럴수록 간병에 지친 부인에게 염치없고 기가 막혔습니다. 그는 모든 것을 부인에게 눈물로서 고백하고는 깊이 사죄하고 세상을 떠났답니다.

박성준의 순애보

대전교도소의 동백림사건 연루자들이 다 출소하고 정규명과 나만 남았습니다. 우리 둘은 1970년 8·15 사면 때 똑같이 15년으로 감형받았습니다. 최종 석방을 위한 예비조치였습니다. 같은 방의 이재학과 박성준에게 너무도 미안했습니다. 그들의 '범죄'와 본질적으로 다를 것이 없는데, 우리 사건을 둘러싼 국제관계로 해서 얻은 '특혜'였습니다. 그래도 그들은 마음으로부터 축복해 줬습니다.

나는 우리 방의 막내 박성준에게 늘 마음이 쓰였습니다. 순응형이고 가정도 유복한 이재학과는 달리 천재성을 지닌 돌진형 고아 출신이었기 때문입니다. 두뇌 명석하고 면학가勉學家인 그는 나이에 비해 학식 축적이 대단했습니다. 이 모든 돌출한 장점이 그의 15년 감옥살이를 어렵게 만들까 보아 걱정이었던 것입니다.

그의 부친은 일제 강점기 동경 유학에서 돌아와 낙후됐던 조선농촌의 계몽사업에 뛰어들었고, 보육학교를 졸업한 어머니가 이에 동행하였습니다. 나의 부모의 젊은 시절과 판박이입니다. 다른 것은 나의 아버지는 해방 후에도 평생 교육계에 남았던 반면, 성준의 부친은 여운형을 따라 정계에서 활동했습니다.

그러던 어느 날 부모가 홀연히 사라져서 꼬마인 자기는 친척에 맡겨졌습니다. 지금 성준은 그 당시 한국 정치의 여러 정황으로 보아 부모는 북행을 했을 것으로 짐작하고 있었습니다. 그들 역시 다른 사람들처럼 곧 돌아올 것으로 생각했을 것입니다.

열 살 정도 됐을까요? 전쟁이 나자 친척 따라 피난길에 나섰던 꼬마 성준은 그 와중에 미아가 되어 부산의 어느 고아원에 맡겨졌습니다. 그는 천재였습니다. 고아원에서 다니던 고등학교는 부산에서 이름도 안 알려진 3류 학교였지만, 그는 서울대 경제학과에 대뜸 합격하였습니다. 그의 대학 생활에 대하여는 잘 모릅니다. 여러 대학의 학생 모임이 있었고, 그가 거기서 주도적 역할을 했다는 것만 압니다.

그 서클에 그의 평생 동반자가 된 애인이 있었습니다. 이화여대 불문과 학생이었습니다. 박성준이 대전교도소로 이감되자, 그녀는 대전을 오가며 부지런히 옥바라지를 했습니다. 고아 출신의 성준에게는 그녀 외에 아무도 없었습니다.

한 번은 그에게 영어원서 한 권이 들어왔습니다. 아주 중요한 좌파 서적이었습니다. 어떻게 공작을 했는지는 몰라도, 만약 적발되었다면 무거운 징벌을 받았을 것입니다. 좌파 서적은 사상범思想犯에게 절대 금지였습니다. 참으로 대담하고 슬기로운 아가씨였습니다.

사상범들에게는 추석 때 집에서 만든 음식으로 가족과 같이 모여 앉아 먹고 환담하는 '특권'이 주어졌습니다. 박성준과 그 여대생이 마침 우리 옆자리에 자리했기 때문에 자연히 합석하게 되었습니다. 예의 바르고 절제 있고, 그러면서도 기민한 그녀를 보면서 성준이가 여자 보는 눈은 있구나, 하고 감탄하였습니다. 그러면서 한편 안타까웠습니다. 성준의 형기가 15년인데…

그 여대생은 김대중 정권에서 장관, 노무현 정부에서 총리를 지낸 한명숙입니다. 정말 대단한 한 쌍입니다. 성준은 2년 감형된 13년을 옥살이하고 나왔습니다. 그 둘은 성준이가 아직 복역 중에 옥중결혼을 했습니다.

1970년 말, 사회에 복귀한 나는 학계에 다시 발을 붙일 수가 없었습니다. 그 밖에도 모든 공공성을 지닌 기관이나 단체에는 '출입금지'였습니다. 월 1회 담당 형사의 가정 방문이 계속되고 있었습니다.

우연한 기회에 조중훈 회장과 만나 한진 그룹에서 일하게 되었습니다. 그 후 나는 그 그룹에서 가장 바쁜 사람이 되었습니다. 그러던 중 한 총리가 옥고를 치르고 출소한다는 TV 뉴스를 들었습니다. 그제야 아차, 성준이가 출소했을 텐데 내가 너무 무심했구나, 하는 생각에 미쳤습니다.

오랜 해외 생활도 겹치고 아들 윤서 사망의 충격도 컸고, 그래서 딸들이 사는 미국으로 이민을 갔고, 이럭저럭 하다 보니 겨우 몇 년 전에야 연락이 됐습니다. 기골이 장대했던 장한 성준의 모습은 온데간데없고, 허리와 어깨가 꾸부정한 노인이었습니다. 50년이란 세월이 흘렀던 것입니다. 한숨이 절로 나왔습니다.

아무리 시간이 지나도 나아지지 않는 상처가 있습니다. 때로는 육체 안에, 때로는 고뇌하는 마음속에, 어떤 때는 병든 기억 속에서 아물었다가 다시 도지는 그런 상처입니다. 이런 병에는 시간도 약이 될 수 없습니다. 저주스러웠던 박해의 시대에서 아무리 멀어져도 양심의 메아리는 남기 때문입니다.

박성준과 많은 얘기를 나누었습니다. 그의 목소리는 옛날처럼 우렁차지 않았습니다. 조용하고 차분했습니다. 그러나 예리함은 그대로였습니다. 민주화 시대가 왔다고 합니다. 사실 옛날과는 비교할 수 없으리만큼 자유롭게 말하고 행동할 수 있게 됐습니다. 그러나 그 민주화 과정에서 국가권력의 희생자들이 너무도 많았습니다.

그처럼 심하게 박해받았던 진상이 무엇일까? 그때 언론이, 수백만 국민이 때로는 침묵하고 때로는 돌을 던졌습니다. 분명한 사실은 그들도 우리와 같은 '목격자'였다는 것입니다. 한심하고 모순에 찼던 시대, 찢어진 양심, 거짓 믿음의 시대, 많은 사람이 청춘을 송두리째 잃었던 시대. 한국 역사에는 이런 속죄양들이 수도 없이 많았습니다.

성준은 법원에 재심을 청구했습니다. '무죄'였습니다. 그럼 그가 받았던 박해의 13년은 무엇인가? 그 후에도 계속 폐쇄당했던 잃어버린 시간은 어떻게 하고요?

민주화에도 불구하고, 요즘 우리 정치사에서는 다시 옛날 버릇이 보이기 시작합니다. 대통령이나 정부를 비판하면 '반국가세력'으로 인식하는 나쁜 버릇입니다. 요즘 '반체제'라는 말은 없어졌지만, '반체제'가 지적했던 병소病所들은 아직도 남아 있습니다. '역사의 치료'가 그렇게도 힘듭니다. 그래서 민주화가 아직도 완수되지 못하고 있습니다.

우리 마음속에는 여전히 불관용이 끈질기게 남아 있습니다. 생각이 다른 사람들은 적입니다. 낙인찍기, 프레임 짜기, 내로남불, 비방과 모욕은 오늘 우리 사회에서 날로 심해지고 있습니다. 그래서 나는 이 책의 머리말에서 '시대'가 아직도 끝나지 않았다고 말했던 것입니다.

탄압은 과거지사가 아닙니다. 아직도 오늘의 문제입니다. 탄압자가 바뀌었을 뿐입니다. 이 상황은 심각합니다. 민주주의에 대한 가치판단의 문제이기 때문입니다. 앞으로 우리의 손자, 증손자들이 살 사회의 운명에 대한 책임의 문제이기 때문입니다.

우리 두 옥중 동지는 이구동성으로 결론지었습니다. 우리 후세들이 그들의 장래를 성실한 눈으로 보고, 미래에 적극적으로 도전하기 위해서는 '우리'의 과거에 무엇이 있었는지, 그 많은 양심범이 끔찍한 제재를 받았던 이유가 무엇인지를 알아야만 합니다. 역사진실규명의 절대적인 필요성입니다. 프랑스나 독일에서는 이미 옛날에 끝난 작업입니다. 우리나라에서는 아직 너무도 미진합니다. 성준의 결론입니다.

"과거의 진상이 제대로 규명되지 못하면 우리는 계속 광분하고 불관용일 수밖에 없겠지요."

그의 병세 때문에 자주는 못 만나지만 종종 전화통화는 합니다.

한명숙 전 총리가 봉화마을에서 양조한 특미 막걸리를 여러 궤짝 보내주었습니다. 한번은 부부동반으로 고창에까지 와서 2박하고 갔습니다.

옛 동지들은 거의 세상을 떠났습니다. 남은 사람들은 방관자 처럼 늙고 있습니다. 그래도 역사는 계속 돌아가고 있습니다. 늙었 지만 우리는 가슴으로만이라도 우리나라의 현재와 미래에 관여하 려고 애쓰고 있습니다.

박성준은 현명한 부인의 보살핌을 받으며 바르고 곧게 늙어가 고 있습니다. 그 둘의 인생은 한 편의 아름다운 순애보입니다.

한옥신과 이용택의 '위로'

정규명과 나는 1970년 성탄절 즈음, 대통령특사로 풀려났습니 다. 우리를 살린 것은 끝까지 포기 않았던 서독과 프랑스의 시민 사회였습니다. 그런데 조국이 하나 되는 길을 찾아 헤매다가 반역 자로 낙인찍힌 우리를 향해 정작 우리의 언론은 돌을 던졌습니다. 지식인들도 입을 굳게 다물었습니다.

출소 후 여러 해가 지났을 때 우리를 끝까지 간첩으로 몰아세 웠던 한옥신 검사와 KCIA의 이용택 과장을 따로따로 우연히 만난 일이 있었습니다.

1980년대 전반의 어느 해인가 한옥신이 파리에 왔습니다. 본사 에서 그를 골프와 저녁 식사 대접을 하라는 지시가 왔습니다. 당시 나는 대한항공의 유럽·중동 본부장으로 파리에서 근무하고 있었습 니다.

나를 끝까지 죽음으로 몰아넣으려 했던 장본인을 접대하는 기이한 상황을 겪게 된 것입니다. 낮에 골프를 치고 저녁을 같이할 때까지 그도 나도 동백림사건에 대해서는 한마디도 하지 않았습니다. 저녁 자리에서 술이 한 잔 들어가자 그가 불쑥 반말로 한마디를 했습니다. 유체이탈 화법입니다.

"정 박사가 그때 억울했을 거야. 그땐 그럴 수밖에 없었지. 국가 건설에 총력을 다할 때니까."

1998년 9월, 아버지가 돌아가셨습니다. 아버지는 불교계의 거목이셨습니다. 오일장의 장례 기간에 많은 분이 문상을 와 주셨습니다. 저명한 분들도 많이 보였습니다. 그러던 어느 날 전혀 상상하지도 못한 얼굴이 나타났습니다.

이용택이었습니다. 30년이 가까이 지난 일인데도 가슴이 덜컹했습니다. 늙긴 했지만, 그의 안광만은 여전히 강력했습니다. 1967년 6월 17일, 내가 '남산'에 끌려가 처음 만난 사람이 그였습니다. 직함은 중앙정보부 수사과장이었지만, 혼자 쓰는 그의 사무실은 아주 넓었습니다. 나를 보자마자 내뱉은 첫마디가 욕이었습니다.

"야, 아버지와 장인 얼굴에 똥칠한 간첩 새끼!"

동백림사건은 박정희가 지시하여 제작 김형욱, 연출 이용택, 무대감독 한옥신이 참여한 작품이었습니다. 검찰 측 증인으로 나온 이용택이 피고석과 재판관석을 번갈아 노려보면서 내뱉었던 증언의 마지막 광경이 지금도 잊히지 않습니다.

"이들에게 내릴 형벌은 법정 최고형뿐입니다."

상주로서 나는 정중히 인사를 차렸고, 그도 깍듯이 예의를 갖추면서 위로의 인사를 건넸습니다. 그리고는 나직이 "정 박사, 그땐 고생했어요" 한마디 했습니다. 그 순간 십수 년 전 파리에서 있었던 한옥신과의 대화가 떠올랐습니다.

국가폭력의 맹렬한 하수인이었던 그들의 입에서 나올 말은 아니었습니다. 나에겐 아무런 위로도 되지 않았습니다. 나에게 건네준 이용택의 명함에는 '전국불교신도회 회장'이라고 적혀 있었습니다. 그의 과거의 삶과는 너무나도 어울리지 않는 직함이었습니다.

이런 일도 있었습니다. 내가 대한항공의 회장 비서실장으로 일할 때입니다. 어느 날 최모인가 하는 항공업계 사장이 찾아왔습니다.

나는 중정에서 조사받을 때 협박과 구타에 못 이겨 허위자백을 하고는, 사건이 검찰로 넘어가자 담당 이종남 검사에게 중정의 조사내용은 사실이 아니라고 호소했습니다. 잠시 후 나를 검찰로 호송해 왔던 중정 요원이 다시 들어왔습니다.

그 길로 이문동 중앙정보부 조사실로 끌려간 나는 검사 앞에서건, 재판정에서건 중정에서 작성한 진술을 다시는 번복하지 못하도록 심한 구타와 전기고문을 당했습니다. 바로 그때 나를 짐승처럼 다룬 자가 최모였습니다. 대면하자마자 바로 그자임을 알 수 있었습니다.

당시 최모는 중앙정보부를 퇴직하고 항공화물 운송 대행업체를 차렸다며, 나에게 대한항공의 화물 운송과 관련하여 청탁을 하려고 온 것입니다. 나를 무참하게 짓밟았던 몇 시간을 '인연'이라고 생각한 모양입니다. 그의 뻔뻔함과 비굴함을 지켜보면서 '이게 바로 인생유전이구나' 하는 암울한 생각에 빠져들었습니다.

파리에서 들은 '김형욱의 최후'

내 인생을 뒤죽박죽으로 만든 소위 '동백림 간첩단 사건'은 김형욱 제작, 이용택 연출의 작품입니다. 제작자 김형욱은 당시 나는 새도 떨어뜨릴 수 있다는 중앙정보부장이었습니다.

그 사건의 수괴급으로 꾸며졌던 나는 두 번이나 그의 심문을 직접 받았습니다. 피도 눈물도 없는 냉혈한이라는 세평대로 그의 인상은 사나웠고 언동은 거칠었습니다.

그 성정 때문인지 그는 독재자 박정희에게 대들은 유일한 막료였습니다. 결국, 그는 정보부장에서 해임되고는 미국으로 망명했고, 뉴욕 근처에서 호화롭게 살면서 박정희 공격에 온 힘을 다했습니다.

미국 의회에서 박정희의 악행을 폭로했습니다. 회고록도 썼으나 한국에서의 발간이 불가해지자 일본어로 먼저 냈습니다. 박정희 측에서 이를 저지하려고 회유와 협박을 거듭했지만, 김형욱은 막무가내였습니다.

1979년 1월부터 나는 대한항공의 유럽·중동지역 본부장으로 파리에서 근무하고 있었습니다. 당시 김형욱은 거금을 어느 스위스은행에 예치하고는 1년에 한두 번 직접 돈을 인출하기 위해 스위스에 온다고 했습니다. 그리고 귀로에 꼭 파리에 들렀는데, 이는 도박과 환락을 위해서였다고 합니다.

당시 주불 한국대사관에 중앙정보부에서 파견된 이상열이라는 사람이 공사로 있었습니다. 부산 피난 시절, 그는 연대 상과 학생이었고, 나는 경기고 3학년이었는데, 내 동급생 친구가 그를 '형, 형' 하며 자주 만나 나도 그를 형이라고 부르며 같이 어울리게 되었습니다. 우리보다 너덧 살 위였습니다.

나중에 들은 바로는, 이상열은 방첩대(보안사)에서 군 복무를 마치고는 중앙정보부에 들어가 근무하다가 파리까지 왔다고 합니다. 당시 대사관에는 이상열 밑에 중정 파견 두 명이 참사관, 서기관으로 있었는데, 모두 서울대학교 문리대 불문과 출신이어서 세 사람 모두 나와는 그럭저럭 잘 지냈습니다. 그들이 나를 감시한 흔적이나 낌새는 없었지만, 아마도 '동정 관리'는 했을 거라고 봅니다.

본부의 지시인지 개인적 인연 때문인지 알 수 없지만, 이상열은 김형욱이 파리에 오면 꼭 자신이 직접 접대하였습니다. 김형욱이 묵는 호텔은 항상 파리 개선문 바로 옆의 '웨스트 엔드'였는데, 아마도 단골 카지노가 그 근처에 있기 때문인 것 같습니다.

1979년 10월 초인가, 김형욱이 파리에서 실종되었다는 뉴스가 떴습니다. 다음은 〈르몽드〉가 어느 일본 주간지에 실린 기사를 번역하여 보도한 내용을 요약한 것입니다.

언제나처럼, 이상열 공사가 자기 차 뒷좌석에 김형욱을 모시고 나란히 앉았다. 운전은 역시 중앙정보부에서 파견된 대사관 직원이었다. 카지노에서 즐긴 후의 오밤중이었다. 운행 중에 이상열이 갑자기 미리 최면 약물에 적셨던 손수건으로 김형욱의 코를 막았다. 의식을 잃은 그를 대사관 지하실로 옮겨와, 준비했던 길쭉하게 생긴 나무상자에 넣은 다음 대한항공 편으로 발송했다. 서울에 도착한 김형욱은 상자째로 청와대 지하실로 옮겨져 박정희와 대면했다. 얼마 동안인지 두 사람은 말다툼을 벌였고, 끝내는 박정희가 김형욱을 권총으로 사살했다.

너무나 첩보소설 같아서 믿기가 어려웠습니다. 그러나 〈르몽드〉는 세계적으로 신뢰하는 신문입니다. 믿지 못할 기사는 보도하지 않습니다. 그래서 그 기사에서 지적한 날짜의 화물 대장을 확인해 보았습니다. 대사관에서 발송한 파우치 중에 2m 길이의 상자가 있기는 했습니다. 그렇지만 항간에는 엽기적 살해의 다른 버전도 유포되고 있었습니다.

　　몇 년 후, 나와 내 고등학교 동기동창인 이상훈 국방부 장관, 이상열이 함께하는 자리가 있었습니다. 이상훈이 이상열에게 물었습니다.

　　"이제 여러 해 지났고, 우리끼리인데, 그 김형욱 사건 말이야, 그거 자세히 좀 까보쇼?"

　　그러자 이상열은 손사래를 치면서 "미치겠네! 나하고는 관계없다니까!"라고 푸념을 했습니다. 오랜 훈련과 경험으로 다져진 베테랑 요원의 제스처였지만, 파리에서 여러 광경을 본 나로서는 그의 완강한 부정이 오히려 부자연스럽다는 느낌이 들었습니다.

14장

남은 이야기

우리 가족 잔혹사

군사정권이 들어선 1960년대의 사회 분위기는 초긴장 상태였습니다. 북한과의 일체의 접촉을 금했고, 위반자는 가혹한 제재를 받았습니다. 반공 전체주의의 시대였습니다. 공산주의 북한 사회에서도 계급투쟁의 도그마가 '적'에 대한 무자비한 불관용을 부채질하고 있었습니다. 이에 대한 남한의 대응은 '이에는 이, 눈에는 눈'이었습니다.

한편 경제적으로 앞서가던 북한은 '때는 이때'라고 평화 통일전략을 앞세우면서 동시에 우리의 후방교란을 일삼았습니다. 곳곳에서 무장간첩이 출몰하였고, 그래서 남한 당국은 더욱더 사상범

가족사진. 필자가 부재하고 막내가 서너 살쯤인 것으로 보아 1970년 12월 이전의 사진으로 여겨진다.

단속과 방첩 조치를 강화했습니다. 방방곡곡에 간첩신고에 대한 포상 광고지가 붙었고, '수상한 사람'에 대한 신고를 의무화했습니다. 반공교육을 전 국민, 특히 학생들에게 철저히 시행하였습니다.

이런 반공 전체주의 분위기 속에서 발표된 '동백림을 거점으로 한 대大 간첩단 사건'은 온 국민을 경악시켰습니다. 나의 장녀 승은이가 초등학교 1학년 때였습니다. 소문은 빨라 급우들이 수군 거리기 시작했습니다.

"쟤 아빠가 간첩이래."

그다음은 아동 집단심리의 발동입니다. 없애야 하는 이물異物에 대한 공격입니다. 그리고 이런 상황은 동네 꼬마들 사이에서도 되 풀이되었습니다. 기가 세고 슬기로웠던 아이지만 울면서 귀가하는

정하룡 회고록 | 나의 20세기 |

일이 많았습니다. 부모가 감옥에 갇혀있는 아이의 그런 모습을 봐야 했던 할아버지 할머니는 가슴이 찢어질 지경이었을 겁니다.

다행히 1심 재판에서 아내가 풀려났습니다. 그러나 직장에서는 이미 면직되어 있었습니다. 변호사 비용도 어마어마했고, 앞으로 남편 없이 나의 노부모 모시고, 아이들 기르며 살아갈 길이 막막했습니다. 아내는 귀금속과 살던 집을 팔고 변두리의 허름한 집으로 옮겼습니다.

처가는 부유했지만, '간첩의 아내'가 된 딸을 받아들이기 힘들었습니다. 아내는 친정집에 발길을 끊었습니다. 두세 사람씩 모아 프랑스어를 가르쳤습니다. 번역도 했습니다. 힘들었지만 그럭저럭 생활은 꾸려갔던 것 같습니다. 보다 못한 친정에서 태도를 바꾸었지만, 아내는 자력갱생의 길을 고집하였습니다.

1970년 말, 나는 사면을 받아 석방되었지만, 당장 자생할 능력이 없었습니다. 육체적 구속은 끝났어도 정신적 압박은 그대로였습니다. 전체주의 사회에서는 한번 어긋난 생각을 가졌던 사람은 그 죄를 벗지 못합니다. 공적인 사회의 틀 밖으로 내쫓깁니다. 실질적으로 시민권을 박탈당합니다. 직장추방, 해외여행 금지, 생존수단의 상실이 기다리고 있습니다. 프랑스의 파리대학교에서 보내온 교수위촉장도 휴지 쪼가리가 되었습니다.

감옥 밖 세상에서도 나를 기피하고 혐구하는 사람들이 적지 않았습니다. 그러나 많지는 않지만, 나를 따뜻하게 이해해 주는 사람도 있었습니다. 내가 모든 사람에게 '이물異物'이었던 것은 아니었습니다.

출소 후 서너 달쯤 됐을까, 당시 문공부 장관이던 신범식으로

대한항공 시절 (왼쪽부터 필자, 조남호 한진중공업 회장, 조중훈 회장, 이태의 변호사)

주한 프랑스 대사로부터 레종지옹 드뇌르 훈장 수여

부터 만나자는 연락이 왔습니다. 내가 아는 어느 선배의 친지인 것은 알고 있었지만, 나와는 일면식도 없었습니다. 그의 추천으로 문화공보부 산하 '홍보조사연구소'에 연구원으로 들어갔습니다.

당시, 여러 정부 기관 또는 사설연구소에서 유신체제의 구상이 이루어지고 있었습니다. 내가 들어간 연구소에서 하는 업무는, 어떻게 대통령의 행보를 정당화하고 합리화할 것인가, 어떤 과정을 통해서 이를 홍보할 것인가 등이었습니다. 그러나 10년의 해외 생활, 3년 반의 옥중생활로 한국 현실정치를 잘 알지 못했습니다. 그래서 나는 별 도움이 되지 못했습니다.

박봉이었지만 준공무원 같은 신분이라, 나에게 따가웠던 눈초리들이 다소 약해졌습니다. 동백림사건에 연루됐다가 풀려 나온 사람 중 '출근'하는 사람은 나뿐이었습니다. 그래서 항상 그들에게 미안했습니다.

1971년, 김대중을 누르고 박정희가 대통령에 당선된 후, 개각이 있었습니다. 신범식이 장관에서 물러나 서울신문 사장으로 전보됐습니다. 신범식이 극구 말렸지만 나도 동반 사직했습니다. 1년가량의 봉직이었습니다.

그가 서울신문 사장으로 취임하기까지 몇 달의 공백이 있었습니다. 우리는 자주 만나 바둑도 두고 세상 돌아가는 잡담 꽃을 피우기도 했습니다. 나를 대학에 복귀시키려고 애를 썼지만 성공하지는 못했습니다. 자기가 사장인 서울신문에도 못 데려갔습니다. 역시 나는 '이물'이었습니다.

프랑스에서 같이 유학했던 친구들이 다시 실업자가 된 나의 구제에 나섰습니다. 정치와는 거리가 먼 학자들이었습니다. 임영방·

임명방 형제, 원윤수, 신상주 등 모두 대학교수들이었습니다.

어디선가 번역거리를 가져와 나에게 줍니다. 번역자 이름은 그들이었지만, 번역료는 내가 받았습니다. 그중 신상주는 내가 형무소에 갇혀있었던 3년 반 동안 매달 우리 집에 쌀과 연탄을 댔습니다. 그 엄혹했던 시절, 이들의 그런 모습에 지금도 감동하고 있습니다.

더구나 사건의 수사 초기, 그들도 모두 잡혀가 심하게 고문을 당했습니다. 그들 자신도 의심을 받았거니와 나의 여죄를 캐기 위해서였습니다. 그들의 대답은 약속이나 한 듯 "정하룡은 절대 공산주의자가 아니다"였습니다. 그래서 그들은 더욱 혹독한 고문을 당했습니다. 그들을 담당했던 수사관이 선심이라도 쓰듯, 나에게 한마디 툭 던지더군요.

"당신, 친구들은 잘 두었어."

박정희의 핵무기 개발 비화

그렇게 지내다가 1973년 11월 1일, 한진그룹의 대한항공에 입사하였습니다.

어느 날 시인 조병화가 나를 찾아왔습니다. 대한항공 조중훈 회장을 만나야 한다는 겁니다. 사연인즉, 당시 정부에서 추진 중이던 제3차 5개년 경제개발계획을 수행하기 위해 외국 차관과 신기술 도입이 시급한데, 박정희 대통령이 조 회장에게 프랑스 쪽을 맡으라는 겁니다.

프랑스엔 딱 한 번 파리를 관광했을 뿐, 아는 프랑스인은 물론 측근 부하직원들조차 프랑스 전공자가 전무 했던 조 회장은 한

사코 고사했지만, 박 대통령은 막무가내였답니다. 당시 대한항공이 에어버스사에 주문했던 항공기 여덟 대를 지렛대 삼아 추진하라는 것이었습니다.

조병화 시인은 나보다 10년 연상이었지만, 옛날 나의 '돌체 시절'부터의 지인이었습니다. 그리고 조 회장과 조 시인은 서울의 미동국민학교 동창으로 부인끼리도 가까운 사이였습니다. 고민하던 조 회장의 사연을 우연히 들은 조 시인이 즉각 내 생각이 떠올랐답니다.

"내가 최적임자를 아는데, 그 사람은 간첩으로 사형까지 받았던 사람이야."

조 시인과 나는 조중훈 회장의 자택에 초대되어 만찬을 함께 하였습니다. 나를 위해서라며, 조 회장은 최고급 코냑 병을 땄습니다. 후에 알았지만, 원래 그는 술에 약한 체질이었습니다. 그러나 그날 저녁에는 여러 잔을 마셨습니다. 나를 술을 많이 마시게 한 다음 관찰하기 위해서였습니다. 그 자리에 술꾼으로 유명한 조 시인의 참석은 안성맞춤이었습니다.

조 회장은 곧 청와대를 들어갔고, 청와대에서는 바로 중앙정보부로 나의 대한항공 입사 허용을 지시했다고 합니다. 한국과 프랑스 양국에 '한·불경제협력위원회'가 설치되었고, 조 회장은 한국 측 위원장이 되었습니다.

모든 사무는 '전경련'이 관장했고, 나는 여러 번 조 회장을 대리했습니다. 갑자기 외국 여행이 풀렸고, 조 회장과 함께, 또는 단독으로 프랑스 출장을 다녔습니다. 태완선, 남덕우 부총리가 이끄는 경제사절단에도 내 이름이 올랐습니다.

여러 차례 파리를 방문하면서 '시앙스포' 인맥들의 옛 인연을 살려 코리아 네트워크를 조직했고, 한·불 간에 프로젝트를 성사시키면서 조 회장을 수행하여 엘리제궁(대통령실)과 마띠뇽(총리실)에도 출입했습니다. 다행히 당시 프랑스도 아시아의 네 마리 용으로 부상하던 한국과의 경제 협력을 열망하고 있었습니다.

그러던 어느 날, 조 회장이 경수로 원자발전에 관한 책을 내밀며, 그 책을 오늘 밤 안에 모두 읽고 내일 파리행 비행기를 타라는 것이었습니다. 목적지는 프라마톰Framatom(원전발전소 건설회사)과 알스톰Alstom(발전기계 제작소)였는데, 사전 약속도 없이 무턱대고 그곳을 방문하라는 것입니다.

나중에 알고 보니 청와대의 일방적 지시였습니다. 천만다행으로 프랑스 회사들도 원전 수출을 원하고 있었습니다. 그 후 수년 동안 한국전력과 두 프랑스 회사 간의 협상을 한진이 이끌어나갔습니다. 그 결과가 고리 1, 2, 3, 4호기였습니다. 그러나 이 '원전 협상'에는 꼬리가 달려있었습니다. 곧 원전 발전 이후에 남은 '찌꺼기 처리' 문제였습니다.

아마도 박정희는 원전보다는 '찌꺼기 처리'에 더 목적이 있었던 것 같습니다. 한국 측 전문가들과 프랑스의 전문 처리업체 '코제마' 간에 진행되던 비밀협상이 미국 쪽으로 새나갔습니다. 카터 정부의 엄중 경고를 받고 박정희는 핵무기 보유의 야심을 꺾어야 했습니다.

원전 협상 성공으로 나의 사회적 지위와 경제적 기반은 좀 더 안정되었습니다. 그러나 젊은 시절에 품었던 나의 이상은 점점 퇴색하였습니다. 10년, 20년 나이를 먹어가면서 억지할 수 없는 불안과 초조감에 시달렸습니다. 아무것도 모르고 시작했지만, 나의 '업적'들은 나의 통일론, 나의 중도주의, 나의 사민주의와 어긋나는 것들이었습니다. 이후의 삶은 이 '덫'에서 빠져나와야 한다는 강박관념의 나날이었습니다.

나는 대한항공 30년 재직 중 조중훈 회장에게 세 번 사표를 냈습니다. 그때마다 그는 번번이 사표를 반려하면서 나를 달랜다고 '경제적 위로'를 했습니다. 내 마음을 까 보일 수 없어 더 이상 사표 내는 짓을 그만두었습니다. 그러나 결국, 그는 알아차렸습니다. 인하대 총장 얘기가 나왔습니다. 한진그룹의 관련 대학이었기 때문입니다. 동백림사건 후 십수 년이 지났는데도 역시 대학은 나에게 금지구역이었습니다.

내 나이 일흔이 되면서 은퇴했습니다. 나를 모르는 사람들이 사는 곳으로 이민을 떠났습니다. 미국이었습니다. 그곳에는 딸들이 살고 있습니다. 평화로운 삶이었습니다. 그렇긴 해도 너무 늙어서 간 그곳에서 우리 부부는 스스로 '이물'이라고 자각했습니다. 잔잔한 물 위에 뜬 기름이었습니다.

유신헌법의 기초자 한태연과 갈봉근

갈봉근葛奉根은 나와 동년배의 가까운 친구였지만, 동백림사건 이전에는 모르는 사이였습니다. 내가 그를 처음 본 것은 '남산'의 복도에서였습니다. 나는 조사를 받는 처지였고, 그는 참고인으로 불려와 있었습니다. 서로가 모르는 사이인데도 그는 나에게 미소를 지으면서 "힘내시오!"라고 하며 지나갔습니다.

그와 두 번째로 만난 것은 내가 석방되고 나서 헌법학자 한태
연韓泰淵이 이끌던 '한국헌법학회' 사무실에서였습니다. 갈봉근은 서
독에서 공부한 헌법학자였고, 한태연은 나의 서울대 시절 은사이기
도 했지만, 나의 아버지의 가까운 후배였습니다. 출옥 후 얼마 안
된 극도로 곤궁했던 시절, 한태연은 나에게 프랑스 헌법 관련 번역
일을 주었기 때문에 그 사무실에 가끔 들리곤 했습니다.

한태연과 갈봉근은 유신헌법을 기초한, 유신체제 설계의 원흉
이라고 알려져 있습니다. 그러나 당시는 한태연이 왜 프랑스 헌법
관련 책의 번역을 나에게 의뢰했는지 전혀 알지 못했고, 그냥 내가
곤궁하니까 번역거리를 준 것으로 생각했습니다.

다만 그들이 관심을 가졌던 부분이 '드골 헌법' 중 특히 '대
권 발동' 조항인 제16조에 관한 프랑스 학자들의 논평이라는 점이
예사롭지 않다고는 느꼈습니다. 프랑스 제5공화국 헌법 기초 단계
에서 이 '16조'는 심각한 논쟁을 불러일으켰던 터라, 당시 프랑스
에서 정치학을 공부하던 나는 이 문제를 숙지하고 있었습니다.

그들은 내 앞에서는 티를 내지 않았었지만, 1972년 10월 16일
계엄령하에서 유신헌법을 제정하여 그해 12월 유신체제가 출범할
때 언론 보도를 통해 그들의 역할을 알게 되었습니다.

한태연이 관심을 가졌던 '드골 헌법'은 오히려 독재를 억제하
는 기능도 중시하기 때문에 유신체제 구축에는 직접 도움이 안 됩
니다. 그들은 히틀러와 장개석의 '총통제'를 주로 연구하였고, 그
걸 칼 슈미트Karl Schmit의 '국가론'으로 포장했던 것 같습니다.

유신체제가 출범하면서 두 사람은 '유정회(유신정우회)'의 국회
의원이 되었고, 청와대 출입이 잦았습니다. 박정희와 곤드레만드레

술을 마실 때도 많습니다. 많은 사람이, 특히 정치인이나 고급관리들이 그들의 눈치를 보기 시작했습니다. 최고 권력자와 가까운 거리에 있는 사람의 힘은 대단한 법입니다.

내가 갈봉근과 가까워진 데에는 또 하나 계기가 있었습니다. 갈봉근의 가족이 가톨릭이었고, 그 부부에게 영세를 준 분은 내가 파리에서 많은 은혜를 입었던 이영식 신부였습니다. 우리는 부부끼리 자주 모였고, 여기에 한태연 부부가 끼어 같이 여행도 다녔습니다. 내가 대한항공에 입사할 때 한태연의 신원보증도 큰 힘이 되었습니다.

30대에 만났지만, 갈봉근과 나는 곧 말을 텄습니다. 그는 나와 역사관이나 세계관이 크게 달랐습니다. 그러나 그 때문에 다툰 적은 없습니다. 그는 내 곤궁한 처지를 알고는 "남의 술을 얻어만 먹지 말고, 되돌려 사라"며 자기 단골 술집 주인에게 내 계산을 모두 자기에게 달아달라고 이르기도 했습니다. 같이 술 마시고 헤어질 때 나를 택시에 태우면서 재빨리 자기앞 수표 몇 장을 내 호주머니에 넣기 일쑤였습니다.

나와는 생각도 다르고, 우리의 민주주의를 크게 후퇴시킨 사람이지만, 당시를 생각해 보면 나에게는 '묘하게' 고마운 친구였습니다. 그가 세상을 떠나고, 나도 홀아비가 된 후에 그의 부인과 나는 가끔 만나서 고인이 된 서로의 배필을 추억했습니다.

마지막으로 에피소드 하나. 언제나처럼 갈봉근과 둘이 한 잔을 걸친 후 그의 조그마한 단골 바에 마무리차 들렸습니다. 여주인과 술잔을 앞에 놓고 이야기를 주고받는데, 문이 열리면서 한 남자가 들어왔습니다. 임석진이었습니다. 몇 년 만에 보는 얼굴이었습니다. 그도 나도 당황했습니다. 순간 갈봉근이 외쳤습니다.

"에잇, 개새끼가 한 마리 들어왔네. 야, 나가자!"

실은 임석진과 갈봉근은 프랑크푸르트 대학 유학 시절 잘 아는 사이였습니다. 갈봉근이 나를 위해 한 행동이었습니다. 그는 그런 사람이었습니다.

사상범의 자식들

어느 날, 원윤수가 나를 데리고 '후라이보이' 곽규석의 사무실로 갔습니다. 그는 방송인이면서 당시 아주 잘 나가던 광고회사 '선진'의 오너 대표였습니다. 내가 "나를 써도 괜찮으냐"고 물으니, 곽규석은 "나 같은 코미디언을 누가 빨갱이라고 하겠습니까?"라며 웃어댔습니다.

이렇게 나는 나름대로 내 처지에 익숙해지고 있었습니다. 그러나 대부분의 내 공범들은 사실상 시민권 박탈 상태였습니다. 사회의 언저리에서 방황하고 있었습니다. 오랜 기간 전공했던 지식이나 기술이 전혀 쓸모없게 되었습니다. 외국으로 나가고 싶어도 출국 금지였고, 항시 생활비 걱정에 시달리고 있었습니다.

내가 영어圄圄의 몸이었던 3년 반, 아내는 아이들을 반듯하게 키워냈습니다. 승은, 윤서 남매는 급격하게 달라진 주변 환경의 의미를 알아챈 듯했지만, 입 밖에 내는 일은 없었답니다. 아내는 아빠가 프랑스에 있다고 해 두었지만, 아이들은 믿지 않으면서 믿는 척했답니다.

최근 큰딸 승은이와의 대화 중 "그때 음악을 그만두지 않았더라면 인생이 좀 더 윤택했을 텐데…"하는 말에 가슴이 찡하고 갈라지는 것 같았습니다. 초등학교 저학년 때부터 그 애는 피아노를 잘 쳤습니다. 그러나 가정형편상 음악을 중단할 수밖에 없었습니다.

아이들은 학교 성적도 우수했고, 바르고 씩씩하게 잘 자라주었습니다. 막내 승희는 아직 아기라서 아내가 면회를 올 때마다 같이 데리고 왔기 때문에 자라나는 모습을 지켜볼 수 있었습니다.

이런 일도 있었답니다. 승은이가 학교에서 급우들로부터 집단 따돌림을 받고 있는데, 선생님 한 분이 지나가다가 아이들을 쫓은 후 "너의 아버지는 간첩이 아니야. 아주 훌륭한 분이셔"라고 하더랍니다. 승은이는 이 말을 가슴에 품고 성장했습니다.

승은이는 항상 전 학년 톱이었습니다. 고등학교를 졸업할 때 학교에서는 서울대 진학을 종용했습니다. 나는 서강대를 주장했습니다. 우리가 가톨릭이라는 구실이었습니다. 그러나 실은 그 당시 서울대 학생들이 반독재 시위를 늘 앞장서 주도했기 때문이었습니다. 내 처지가 트라우마로 작용한 것입니다.

그런 승은이는 대학에 들어가 도서관에서 마이크로필름으로 동베를린사건의 전모를 들여다보았답니다. 그러면서 국가권력의 반대편에 섰던 학우들과 가까워졌습니다. 다만 아버지의 처지를 생각해서 전면에 나서지는 않았습니다.

두 살 아래 외아들 윤서는 달랐습니다. 성균관대학에 다닐 때까지는 말썽 하나 없는 모범생이었습니다. 대학원에도 진학했고, 미국 유학도 갔습니다. 그런데 얼마 후 미국의 지인으로부터 급히 연락이 왔습니다.

아내와 같이 미국으로 날아가 보니, 1980년 5월 광주 민주항쟁 시기 화물선 바닥에 숨어 미국으로 망명한 윤한봉이 주도하던 L.A의 '민족학교'를 근거지로 반체제 운동에 앞장서 있었습니다. 학업은 완전히 내팽개친 상태였습니다.

'반체제' 문제는 나에게 '코르네이유Corneille의 번민'이었습니다. 이 문제를 대면할 때 부닥치는 이중성입니다.

첫째, 옛날 나와 나의 온 가족이, 노부모와 형제들까지 겪어야 했던 고통의 기억입니다. 내 아들이 그 길을 걷게 하기가 싫었습니다. 이기적인 생각입니다.

다른 한편, 내 아들이지만 장하다는 생각입니다. 그래서 윤서에 대해 이야기할 때 객관성을 잃습니다.

반체제의 원점은 국가와 정보사찰기관이 국민에게 단일사상, 곧 반공 전체주의를 요구하는 데서 비롯됩니다. 자유민주주의가 확립해 있는 유럽에서도 옛날엔 마녀사냥이나 종교전쟁, 지배자의 독재 같은 역사가 있었습니다. 단일사상의 전통은 오래고 강고합니다. 이에 대한 반동으로 전제국가에서는 크든 작든 반드시 반체제가 일어납니다. 고로 윤서의 행위는 역사적 정당성을 지닌다는 나의 공감입니다.

그렇지만 국가권력의 입장에서 반체제는 '반역'입니다. 그건 탄압의 정당화입니다. 그런데 반체제의 입장에서는 타당한 의견의 제시일 뿐인데 '반국가'로 몰린다는 것입니다.

우리 부자는 많은 토론을 했습니다. 솔직하게 말하면 자기와 가족의 안위까지 무릅쓰며 돌진했던 모든 반체제 인사들을 진정한 애국자라고 생각하면서도 '너만은 안된다'는 나의 이중적인 논리를 아들은 이해하려 하지 않았습니다.

외아들의 운동권 활동과 요절

1년여가 흘렀을까? 윤서가 돌연 미국에서 돌아왔습니다. 활동 무대를 국내로 옮긴 것입니다. 그리고는 안기부의 단골손님이 되었습니다. 아들이 끌려가면 나도 불리어 갔습니다.

어느 날, 아들은 끝내 동료와 함께 부평의 노동쟁의 현장에서 체포되어 검찰에 송치되었습니다. '제3자 개입'이라 했습니다. 나를 호형呼兄하던 이수성 전 총리가 옛 제자인 실력자 검사장의 방에서 윤서와의 특별면회를 주선해 주었습니다. 동행한 변호사가 법정에서는 이래야 하고 저래야 한다고 작전을 일러 주는데, 윤서가 버럭 소리를 질렀습니다.

"이따위 썩은 정부에게 나더러 구걸하라는 겁니까?"

순간 나는 방 주인인 검사장의 얼굴을 살폈습니다. 그는 야릇한 미소를 입가에 담고 있었습니다. 이수성도 난처한 표정이었습니다. 아내는 하얗게 질렸습니다. 윤서는 아버지인 나까지 포함한 기득권층의 도움으로 풀려나기가 싫었던 겁니다. 그런 '연극'을 꾸미는 것 자체가 굴욕이었고, 동지들에 대한 배신이라고 생각했을 겁니다.

나는 윤서의 재판에 가지 않았습니다. 구형하는 날 혼자 재판정에 갔다 온 아내는 완전히 풀이 죽어 있었습니다. 윤서는 최후진술을 할 때 판사와 검사에게 손가락질을 해대며 "왜 내가 여기에 서 있어야 합니까? 이 자리는 당신들의 자리입니다!"라고 외쳤답니다.

윤서는 경기도 의왕의 서울구치소에서 1년을 살고 나왔습니다. 그리고는 반체제 동지들과 뭉쳐 다니는 것 같았습니다. 그러딘

외아들 윤서의 한때

어느 날, 민주당의 이해찬으로부터 전화가 걸려왔습니다.

"선배님, 윤서를 저에게 보내주십시오."

그와는 일면식도 없었습니다. 서울대 사회학과 후배라고만 알고 있었습니다. 그것은 전적으로 본인이 결정할 문제라고만 대답했습니다. 아들은 김근태의 사람이 되었습니다. 그러나 정계 쪽으로는 가지 않고 극작가의 길을 걸었습니다.

아들의 작품이 사계斯界에서 다소 회자되기 시작하던 무렵, 아들은 아주 희귀한 암에 걸렸습니다. 한국어로는 번역도 안 된 '코타디우스 에르 셀 림포마'라는 림프암의 변종이랍니다.

한국에서 전혀 모르는 희귀병이라, 주치의 김 박사와 우리 부부는 함께 뉴욕의 스론 케더링 암센터MSK에 윤서를 데리고 갔습니다. 세계적 권위자들의 세밀한 검진을 받았지만, 결론은 부정적이었습니다. 미국의 '림프선학회' 회장 헤리티지 박사가 있는 미네소타대학에까지 갔지만, 답은 마찬가지였습니다.

돌아와서 서울대병원과 삼성병원에 차례로 입원시켰지만, 속수무책이었습니다. 미국에 갔을 때 림프암 관계 권위자들과 많은 상의를 했고, 계속 그들과 인터넷으로 윤서의 병에 관한 정보를 주고받던 김 박사가 인하대병원에 무균실을 설치, 치료해 보기를 제안하여 그에 따랐습니다.

말하자면 세계적인 희귀병이었던 지라 미국의 관련 의사들과 일일이 인터넷으로 협의하면서 합동연구 및 치료를 시작한 것입니다. 지금은 이 병에 대한 정보가 많이 쌓여서 치료에 다소 진전이 있지만, 그때만 해도 짙은 어둠 속에서 손을 내젓는 단계였습니다.

아들의 병세는 악화일로였습니다. 아내도 지쳐 드러누웠습니다. 1년 반 동안의 투병 생활이었습니다. 나는 마지막 결심을 하고 윤서를 무균실에서 일반실로 옮겼습니다. 손바닥의 체온이라도 느껴보고 싶어서였습니다.

함세웅 신부님이 매일 아들의 곁에 와서 기도를 올렸습니다. 우리 집은 가톨릭 성가정이었습니다. 함 신부는 윤서의 혼배성사를 집전했던 분으로, 정의구현사제단의 창시자입니다. 윤서가 혼수상태에 빠지자 김근태는 병실 앞 복도에서 사나흘 동안 잠도 안 자며 계속 서성거렸습니다.

마지막 언덕을 넘고 있을 때 아들은 내 손을 어루만지면서 개미만 한 목소리로 "아빠, 미안해"라고 했습니다. "야, 무슨 소리야? 난 진짜 네가 자랑스러워. 넌 진짜로 멋있는 놈이야!"라고 소리쳤습니다. 아들은 내 손을 잡은 자기 손에 살짝 힘을 주며 "고마워" 라고 희미한 소리로 마지막 인사를 했습니다. 그게 우리 부자가 나눈 마지막 대화였습니다.

아들의 영결미사에는 그의 동지들이 새카맣게 몰려왔습니다. 야권의 유명 정치인들, 재야인사들의 모습도 많이 보였습니다. 미사에서 압권이었던 것은 수녀님이 지휘하던 성가대가 가톨릭 성가가 아니라 운동가요를 연달아 노래하기 시작한 것입니다. 그러자 참석자 모두가 성가대의 노래를 따라 합창을 하는 것이었습니다.

나의 아들 윤서는 이렇게 36세의 생을 마감하였고, 지금 천안 공원묘원에서 영원한 안식을 누리고 있습니다. 그리고 26년이 흘렀습니다. 매년 기일이면 자식을 앞세운 이 애비도 늙은 몸을 추슬러 꺼이꺼이 거기를 찾아갑니다.

아들의 묘지 비석에는 그의 동지 김형수 시인의 조시 〈낙화〉의 한 단락과 함세웅 신부님이 골라주신 성경 말씀이 새겨져 있습니다.

잊지 못할 너의
슬픈 꽃 소식
사무쳐라, 아아
낙화 낙화
어떻게 울어야
내 눈물이 네 볼에
닿을 것이냐

— 김형수, 〈낙화〉 중에서

하느님의 뜻을 실현하는 사람이면

누구나 다 내 형제요 자매요 어머니입니다.

― 마태오 12 : 50

해마다 기일에 찾아가 보면 시들지 않은 하얀 국화꽃 한 송이가 묘비 앞에 꼭 놓여 있었습니다. 누구일까, 매우 궁금했습니다. 작년에야 그 궁금증이 풀렸습니다. 같은 시간에 주인공들과 마주친 것입니다. 윤서의 운동권 선배 조성우가 예닐곱 명의 옛 동지들과 함께 기일이면 매년 찾아왔었던 것입니다.

그중에 반가운 얼굴도 있었습니다. 옛날에 내가 안기부에 호출받았을 때 윤서와 함께 잡혀 와 있던 서울공대 학생회장 장유식입니다. 그는 민주화 운동의 연장을 생각하였는지, 전공을 버리고 인권변호사가 되어 있었습니다. 다음부터는 그들과 함께 윤서를 만나기로 약속했습니다.

나의 아내 이순자李洵子

우리가 처음 만난 것은 '떼아뜨르 리브르'(자유극장)라는 아마추어 연극단체였습니다. 내가 대학 2학년, 그녀는 막 이화여대 영문과를 졸업했을 때였습니다. 1952년 피난 수도 부산에서였습니다.

1953년 12월, 서울 환도 후 서대문에 있었던 동양극장(지금은 없어졌음)에서 아서 밀러Arthur Miller의 〈세일즈맨의 죽음〉을 합연했습니다. 공연 전의 긴 연습시간들, 무대에서 팽창하는 정열과 서로 간의 호흡, 그러나 공연이 끝나면 작품의 실체는 없어지고 빈 무대만이 남는 연극 특유의 공허감 때문에 연극쟁이들은 끝남과 동시에 다시 모여 다음 작품을 의논합니다.

그러면서 우리 둘은 우리만의 만남을 거듭하게 되었습니다. 나이의 차이가 오히려 우리의 랑데뷰를 자연스럽게 했습니다. 문학을 얘기하고, 클래식 음악을 들었습니다. 그러면서 누나 같았던 그녀가 내 마음속에서 연인으로 변모하였습니다.

나의 프랑스 유학이 결정되자, 그녀와 파리에서 합류하기로 약속하였습니다. 그러나 이 약속이 이루어지기까지는 3년이나 걸렸습니다. 나이의 역차逆差 때문에 양쪽 집안에서 반대가 심했습니다.

우리는 안타까운 사연의 편지만을 주고받으며 2년이란 세월을 흘려보냈습니다. 그러다가 내가 폐결핵에 걸려 요양 생활을 하는 것을 알게 된 그녀가 필사적으로 자기 아버지를 설득하고, 우리 부모를 찾아뵙고, 양쪽 아버지의 공통 친구들을 찾아가 응원을 부탁하는 등의 맹활약 끝에 프랑스행이 결정되었다고 알려 왔습니다.

1959년 초, 우리는 파리에서 결혼식을 올렸습니다. 그 후 마음의 평정을 되찾은 나는 빠르게 건강을 회복하였습니다. 그녀는 내가 놀랄 정도로 프랑스에 쉽게 적응하였습니다. 그동안 서울에서 닦았던 프랑스어이긴 해도, 학교에서, 그리고 내 프랑스 친구들과의 소통이 충분했습니다.

그녀는 파리대학교에서 미술사를 공부하기 시작했습니다. 내가 없는 서울에서 미술사 및 미술평론의 대가 최순우와 이경성 등을 비롯하여 여러 화가와 친교를 맺으면서 공부하였기 때문입니다.

많이 진도가 나간 내 의식화의 사상영역에도 관심을 보여주었습니다. 그전에 한국에서는 그녀와 한 번도 공유해 본 일이 없었던

노년의 아내 이순자

분야입니다. 그 자신 학교에서 프랑스 학생들로부터 흡수하는 '생각들'이 있었고, 나와 내 친구들 사이에 오고 가는 대화에서 귀동냥하면서 쉽게 소화를 하는 것 같았습니다.

나는 타자기에 익숙하지 못합니다. 그래서 나의 리포트들을 그녀에게 타자기로 정리해주도록 부탁했습니다. 그 과정에서 내 논문들을 읽도록 한 것입니다. 이렇게 그녀는 차츰 나의 역사관이나 사회관 속으로 들어왔습니다.

그녀는 파리대학교에서 미술사 공부를 마치고 파리 국립도서관의 동양학부 일본·한국과에서 일하게 되었습니다. 병인양요 때 강화도에서 약탈해간 우리나라의 도서들을 정리하는 것이 주 업무였습니다.

그녀의 직장 동료들은 모두 동양학 전공의 학자들이었습니다. 그중에서 두 여성 동료와 가까이 지냈습니다. 프랑스 굴지의 문학평론가 피에르 앙리- 시몽Pierre Hanri-Simon의 딸 브리지뜨, 그리고 또한 사람은 엘렌 베치Hellen Betch였습니다. 진보적인 여성들이었습니다.

아내도 점차 빈부의 격차라든가, 개발도상국의 문제점들에 관심을 보이게 되었습니다. 동백림사건 재판이 한창일 때 문인구 변호사가 아내에게 물었답니다.

"아니, 거기가 어디라고 여자가 평양엘 갔소? 아무리 남편과 같이 간다고 해도…"

그녀의 답은 한마디 '아방뛰르(모험)'였답니다. 그 뜻은 민족의 가장 큰 염원은 통일이고, 이는 말보다 행동으로 실천해야 하며, 그 행동이 당시의 여건 속에서는 '모험'일 수밖에 없었다는 것입니다. 아내의 뜻을 알아차린 문 변호사는 "덩치만 어른이지, 속은

아내와 함께 한 노르웨이 여행 (작곡가 그리그의 생가에서)

철없는 어린애야" 하며 쓴웃음을 지었답니다.

　내가 처음 동베를린행을 결심했을 때, 그녀는 반대하지 않았습니다. 나와 함께 평양으로 갈 때도 군말 없이 따라주었습니다. 여필종부의 모범이었습니다. 결혼하기 전 그녀는 '현모양처'보다는 '양모현처'가 되겠다고 했습니다.

내가 유학 생활을 마치고 귀국하게 되면서 아내는 파리 국립 도서관의 자기 자리에 친구 박병선 여사를 추천했습니다. 박병선 박사는 후일 규장각 도서 건으로 한·불 간에 작지 않은 파문을 일으켰습니다.

귀국하자 아내는 프랑스에서의 경력을 인정받아 국회도서관의 간부급으로 일하게 되었습니다. 그러나 동백림사건으로 구속되어 국회도서관에서 해직된 다음 다시는 직장을 갖지 못했습니다. 대신 성당에서 평생 봉사활동을 하였습니다. 아내의 평생 친구인 스테인드글라스 예술가 남용우 여사가 늘 옆에 있었습니다.

내 나이 70이 되고, 외아들 윤서를 잃은 뒤 건강이 나빠진 엄마가 걱정되었던 딸들이 미국에서 우리 부부를 보살피겠다고 설득하였습니다. 고민 끝에 애증이 교차하는 조국을 떠날 결심을 하였습니다.

그런데 막상 미국으로 이주하려 하니 여권이 나오지 않았습니다. 김대중 정권 시절이었습니다. 30여 년간 대한항공의 임원으로 세계 여러 나라를 문제없이 돌아다녔는데, 회사를 그만두자마자 다시 '요주의要注意 인물'로 되돌아간 것입니다.

당시 대한항공에서 나와 함께 근무하던 직원 중에 야당 시절 김대중 총재의 비서로 일했던 김수진이라는 사람이 있었습니다. 부랴부랴 김수진이 한화갑 의원에게 연락하여, 그가 이 문제를 풀어주었습니다. 당시 한화갑은 김대중 정권의 실세 중 실세였고, 나에게는 문리대 후배여서 가끔 술자리를 같이하던 사이였습니다.

미국 생활은 잔잔한 평화였습니다. 성서와 성당이 우리의 일상이었습니다. 아내는 손자를 돌보고, 나는 평생 희망이었던 그림

그리기에 열중하였습니다. 개인전도 두 번이나 열었습니다. 그리고 미국 국내 관광도 자주 다녔습니다.

이 잔잔한 행복은 8년 만에 깨졌습니다. 아내가 급성간암 진단을 받은 것입니다. 아내는 굳게 각오를 한 것 같았습니다. 처남의 친구가 간암 전문의로 있는 현대아산병원에서 치료를 받겠다는 겁니다. 수구초심. 죽을지도 모를 상황이 되니 고국 땅이 그리워진 것입니다.

그러나 아산병원 전문의의 진단은 절망적이었습니다. 수술을 단념하고 분당의 보바스병원으로 옮겼습니다. 거기에서 6개월여 있다가 청량리의 성바오로병원 부속 호스피스 병동에 입원했습니다. 하느님 나라로 가는 준비를 하기 위해서였습니다.

2011년 9월 29일, 아내는 영면에 들어갔습니다. 나는 그녀를 꼭 껴안고 "우리 다시 태어나도 부부가 되는 거다"라고 속삭였습니다. 이미 의학적으로 죽음을 선고받은 그녀의 왼쪽 눈에서 눈물이 한줄기 흘러나왔습니다. 생명을 잃은 얼굴이 말할 수 없이 아름다웠습니다. 여든두 살이었습니다.

그녀를 천안공원묘원 안 우리 가족묘역의 내 부모와 아들 윤서의 무덤 사이에 묻었습니다. 그리고 나는 다시 미국에 돌아가지 않았습니다.

반듯하게 커 준 두 딸

1973년, 나는 한진그룹의 조중훈 회장을 만났습니다. 프랑스의 원자력발전소와 고속전철TGV 교섭과 관련하여 5년여 동안 한진

요원으로 파리에 주재하게 되었습니다. 그래서 큰딸 승은은 프랑스에서 대학원을 마쳤고, 막내 승희는 중학교와 고등학교 2학년까지 파리에서 공부했습니다.

승희는 다시 귀국하여 고등학교 3학년에 편입하였기 때문에 한국 정치에 대해서는 무관심한 줄로만 알았습니다. 승희는 연세대 경제학과에 입학하였습니다. 6월항쟁 와중에 희생된 이한열 열사와 동기입니다. 당시는 온 나라가 전두환 정권에 저항하던 때라 대학이 몹시 시끄러웠습니다.

하루는 승희가 농활을 간다고 엄마에게 말하고는 옷가지와 세면도구를 싸서 나갔습니다. 거짓말이었습니다. 승희는 이한열이 직격 최루탄을 머리에 맞아 생사를 넘나들 때, 학교에서 침식을 같이 하고 있었던 거지요. 6월항쟁의 시작이었습니다.

나는 연세대에서 출발하여 시청광장까지 이어지는 길고 긴 이한열의 장례행렬을 보도에서 지켜보고 있었습니다. 그런데 검은 상복을 입은 승희가 그 속에 있었습니다. 아내에게 그 얘기를 했더니 "피는 못 속여!"라면서 쓴웃음을 지었습니다.

승희와 가깝게 지내는 친구들은 거의 같은 생각을 가진 것 같았습니다. 아내의 귀띔에 의하면, 학교에서 돌아온 승희의 옷에서 매캐한 최루탄 냄새가 풍길 때가 많았다고 합니다. 그래도 아빠가 그랬고, 오빠도 그랬기 때문에 제 딴에는 자중자애하는 모습이었습니다.

승희는 연세대 졸업 후 프랑스로 가 파리의 통역대학원에서 공부하고 귀국하여 잠시 동시통역사로 일했습니다. 그리고는 오빠와 가장 친했던 친구와 결혼하여 줄곧 미국 L.A에 살고 있어 이후

정하롱 회고록 ｜ 나의 20세기 ｜

직접 운동에 관여한 일은 없습니다.

그러나 큰딸 승은이도 그렇지만, 승희도 역사의식을 갖고 예리하게 현실을 지켜보고 있는 것 같았습니다. 우리 집안을 파탄시켰던 국가권력의 횡포에는 지금까지 분노하고 있지요.

두 딸 모두 미국에 살면서도 한국 유튜브를 열심히 보고 있습니다. 며칠 전에도 승희와 통화하는데 중간에 불쑥 "아빠, 한국은 왜 그 모양이야?" 하길래, 나중에 큰딸에게 그 얘기를 했더니 "아빠, 그 애는 엄마 배 속에서 감옥에 있었지 않아요?"라고 하더군요.

아, 그렇군요. 내가 동백림사건으로 구속되었을 때 아내 또한 서대문구치소에 잠시 있었고, 아내는 그 시기 승희를 임신하고 있었지요. 승희의 생년이 그 해이고, 3, 4년 후면 승희도 환갑이 되니, 우리 가족의 잔혹사도 어언 60년이 되네요.

아내를 먼저 보내고 지금 나는 고창의 아름답고 한적한 실버타운에서 여생을 보내고 있습니다. 혼자서 옛날을 생각할 때가 많습니다. 내가 석방될 때 중앙정보부 사람으로부터 삼비三秘의 원숭이가 되라는 말을 들었었지요. 지금 나는 저절로 그렇게 되어가고 있습니다. 눈도 어두워지고, 귀도 멀어가고, 말도 어눌합니다.

그러나 아직 정신만은 멀쩡합니다. 꺼지지 않는 희망의 광채가 남아 있습니다. 우리는 역사라는 바둑판에서 하나의 사석捨石이었지만, 아들 세대, 손자세대가 기필코 이 사석을 이용하여 민족대통합이라는 대마를 낚아낼 것이라는 그런 희망 말입니다.

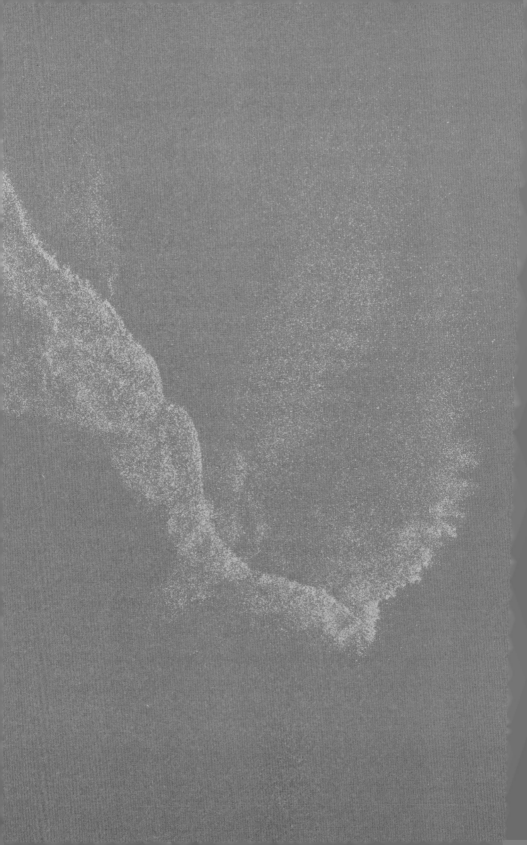

에필로그

동백림사건 이후 50년의 세월이 지났네요. 요새 젊은 사람들은 그때 그런 일이 있었는지조차 모를 겁니다.

예상했던 대로 이데올로기는 종언하였습니다. 소련은 지구상에서 사라졌고, 중국은 시장경제를 혼용하고 있습니다. 그리고 북한에는 세습왕조가 세워졌습니다.

이 지구상에 마르크시즘을 신봉하는 나라는 지금 하나도 없습니다. 마르크시즘은 실용가치를 잃었습니다. 이미 나의 유학 시절 『자본론』을 케인즈의 시각으로 분석하는 경제학자들이 많았습니다. 한국에서도 마르크시즘의 잣대로 현실사회를 연구하는 사람은 찾아보기 힘들어졌습니다. 변증법적 유물론으로 역사를 해석하는 사학자들은 더욱 희소합니다.

마르크시즘의 공적을 부인하지는 않겠습니다. '착취'라는 현상을 자본주의 경제에서의 '인간의 원가'라고 파악했고, 수백만의 인간 생활, 곧 노동자의 일자리, 생산기술, 계급 간의 관계는 오늘날 어느 정부도 등한히 할 수 없게 되었습니다.

이데올로기는 실종했지만, 미·소 냉전 대신 미·중 간에 '신 냉전 시대'가 열렸습니다. 그런데 이 대체과정에서 전통 국제질서가 완전히 해체되지도 않았습니다. 오히려 새로운 쟁점들이 부상하면서 미·중 패권경쟁은 더 복잡해졌습니다.

정치, 경제, 군사, 과학 등 다방면에서 충돌하는 복합적 경쟁입니다. 무역 같은 단일쟁점에서도 공급망, 기술, 투자 등에 지정학적 고려까지 겹칩니다. 인도에서 일본·한국을 잇는 인도·태평양 전략은 그런 입체적 구상에 따른 안보 질서입니다.

이 구상에서 키 포인트는 한·미·일 동맹입니다. 그런데 한·일 간 갈등이 해결될 기미가 안 보였습니다. 그리고 이 전략의 가상적국은 무역으로 먹고사는 우리나라의 넘버원 고객이면서 세계에서 유일하게 북한에 통제력을 가질 수 있는 중국입니다. 그리고 중국은 북핵에 부정적입니다.

북한이 쉽게 중국의 말을 듣지는 않겠지만, 그래도 국제정세의 변화에 따라서는 북핵 문제에의 개입을 중국에 요구할 수 있습니다. 한중관계는 인도·태평양 전략의 난해한 미지수로 남습니다.

19세기 말 극동외교사에서 우리나라를 고래 싸움에 등 터지는 격이라고 비유했습니다. 이젠 경제, 과학, 문화에 걸쳐 우리는 단역이 아닙니다. 그에 걸맞는 발언권을 가져야 합니다.

중·미 사이에서 고민하는 나라가 우리만은 아닙니다. '헤징Hedging'(현물의 시세 하락으로 생기는 손해를 막기 위하여 선물先物로 팔아 버리는 일이라는 경제용어) 전략이 논의되고 있습니다. 미·중 간에서 선택의 딜레마를 완화하려는 전략입니다. 그러나 현실적인 전술의 차원에서 개별 이슈를 풀어나가는 데에는 많은 어려움이 따릅니다.

역사적으로나 전략적으로 보아서 우리는 한·미 동맹을 떠날 수 없습니다. 그리고 경제적 입장에서는 중국과의 끈도 놓을 수 없습니다. 그러나 어느 한쪽에 'No'라고 해야 할 때가 있습니다. 힘든 곡예외교입니다. 그러나 외교도 사람이 하는 일, 모두가 상대적이고 조건부입니다. 타협의 길이 어디엔가에 있는 법입니다. 그래서 중도주의가 필요한 겁니다.

중도주의Neutralism는 그저 중간지점만을 지키는 것이 아닙니다. 상황에 따라 옳고 유리한 쪽을 택하는 '자주'입니다. 좌·우 어느 한쪽에 항시적으로 치우치는 것은 사대주의이며 '예속'입니다. 중도주의와 중심주의Centrism의 지혜로운 배합이 절실합니다.

북한의 핵 문제는 지금 가장 껄끄러운 지구적 문제가 되었습니다. 북·미 정상들이 두 차례 만났지만, 성과가 없었습니다. 비핵화 문제는 오랜 시간이 걸린다는 것만 확인했을 뿐입니다.

CVID(완전하고 검증 가능, 그리고 불가역적 비핵화)와 FFVD(최종적이고 완전히 검증된 비핵화) 사이에서 결론이 나지 않았습니다. 지금은 협상 정지 상태입니다. FFVD가 더 현실성이 있다는 점에서 차라리 2005년의 6자회담 방식으로 되돌아가자는 주장도 있습니다.

이 문제는 북한 핵실험의 '완전정지'부터 시작해야 하는데 이 점에서 미국과 북한은 전혀 서로를 신뢰하지 않습니다. 북한은 현실적으로 우라늄과 플로티늄을 비축하고 있으며, 미국을 직격할 수 있는 ICBM을 개발했는데, 미국은 북한 내 핵병기의 수량,

핵 관련 시설의 실태를 정확히 파악하지 못하는 것 같습니다.

거기다가 북한의 발표는 믿을 수 없고, 또 검증할 수도 없습니다. 아직도 계속되는 기나긴 '준 전시상황'에서 굳어진 상호불신이 심각합니다.

이 딜레마를 풀어야 합니다. 그런데 이 세상 정치가 중에는 호전파好戰派들이 많습니다. 그렇지만 전쟁은 최악의 선택입니다. 현대 무기체계로는 승리해도 엄청난 참화를 입습니다. 특히 인명의 피해는 말할 수 없이 클 겁니다. '선제 타격' 운운은 망상입니다. 북한은 명실공히 핵보유국입니다.

2차대전 후의 세계판도를 재편성한 한스 모겐소Hans Morgenthau의 말입니다.

> "외교의 목적은 상대적이고 조건적이다. 상대방의 사활적 이익은 해치지 않으면서 나의 사활적 이익은 지켜야 한다. 그러려면 상대방의 의사를 덮어놓고 꺾으려 하지 말아야 한다.… 길에 장애물이 있다고 파괴해나가는 것이 능사가 아니다. 때로는 우회도 하고, 물러서기도 하고, 설득하여 교섭을 해야 한다."

북한은 심각한 경제위기를 겪으면서도 핵을 보유합니다. 핵만이 나라를 지켜준다고 생각합니다. 그래서 미국과의 핵 문제 협상에서 벼랑 끝 전술을 썼던 것입니다. 우리 격언에 "가진 사람이 베풀어라"라는 말이 있습니다. 이제 우리에게는 선진국 위상에 맞는 인내심과 실용주의가 필요합니다.

우리의 경제력이 북한의 40배라고 합니다. 재통일의 과정은 아무래도 우리가 리드하게 되겠지요. 짐 로저스는 『앞으로 5년, 한반도의 투자 시나리오』(2019) 라는 저서에서 남·북한 재통일의 가능성을 예언했습니다.

그는 특히 북한 내부에서 기능하기 시작한 '장마당 경제'의 잠재력에 주목했습니다. 언젠가 우리가 평화를 선택할 때 중국이 이루었던 경제성장보다 더 큰 폭발성을 가질 것이라고도 예측했습니다. 북한의 풍부한 자원, 우수한 인력이 남한의 경제력, 과학기술의 수준과 융합할 때 엄청난 시너지효과를 낸다는 것입니다.

21세기 극동의 평화와 안정이 북한의 변화로부터 출발한다? 그런데 전체주의 세습왕조가 그리 쉽게 변할까요? 어린 시절 김정은이 스위스에서 공부했다고 북한의 변화를 점치는 견해도 있었지만, 너무 순진하고 단조롭습니다. 그가 독재자의 왕관을 쓴 세월이 훨씬 더 깁니다.

설사 그가 개혁을 원했다 하더라도 속도의 문제가 있습니다. 자유화는 항상 경제발전을 뒤따릅니다. 지금의 북한 인프라는 자유화의 단계에 훨씬 못 미칩니다. 당장 경제를 '비군사화'할 수도 없습니다. 북한의 핵 문제는 복잡한 국제질서 안에 묶여 있습니다. 그래서 이 문제가 해결되려면 기나긴 인내의 시간이 소요될 것입니다.

그러나 변화의 조짐도 조금씩 나타납니다. '장마당 경제'라는 시장경제의 원형이 지금은 정부의 허가하에 공식적으로 운영되고 있답니다. 거기서는 미국 화폐가 통용된답니다. 중국도 북한에 중국식 경제 시스템을 도입하도록 강하게 권고하고 있습니다.

짐 로저스에 의하면 나선특구의 구상이 매우 흥미롭습니다. 거기는 국가권력이 지배하는 통제구역이 아니라, 경제활동이 자유로운 자유무역항이라고 합니다. 러시아산 광물자원을 중국과 남한 등으로 송출하는 경제특구로 계획됐던 건데, 러시아는 원래 이 시설의 확충을 한국의 자본과 기술에 기대했었다고 합니다.

중국도 동북지방의 공업지대와 바다를 잇는 길목인 나진항을 활용한다면 물류비가 크게 절감됩니다. 여러 사정으로 아직 활성화되지 못하고 있지만, 그 구상은 유효합니다. 요는 나선특구가 동북아시아의 요충지라는 것입니다.

중·러 간 천연가스의 협력 관계는 북한의 정치·경제에 미치는 중요한 변수입니다. 그리고 그 파이프라인의 종착지 중 하나가 남한입니다. 그 길목에 나선특구가 있습니다. 한반도 철도를 러시아 대륙으로 연결할 때 얻어지는 막대한 실익을, 박근혜 정부는 '통일은 대박'이라고 불렀습니다.

북한 정부가 언젠가는 중국처럼 시장경제를 도입하면서 남북교류가 시작한다고 가상해 봅시다. 북한이 국제사회에 문호를 개방하고, 남한의 경제적 관여도 구체화할 것입니다. 이런 과정은 틀림없이 북한지도층 내부에 깊은 딜레마를 일으킬 것입니다.

예컨대 시장경제로 이행하는 어려움, 완강히 저항할 북한 내 구체제세력, 토지나 기업의 소유형태를 재정비할 때의 갈등, 북한경제의 비군사화, 생산의 저하와 밸런스의 실조, 수출과 외화라는 경제기반의 훼손…

그리고 이렇게 많은 리스크가 북한 내 민주주의의 경제적·사회적 기반의 취약성, 신 엘리트의 심각한 정치적·행정적 미숙, 개혁세력 간의 분열로 인해 북한이 악순환에 빠져들 위험이 큽니다.

북한에는 오랫동안, 관리하는 측과 관리받는 측 간에 일상적이고 정상적인 피드백, 곧 이론이나 실천을 수정하는 메커니즘이 없습니다. 여태까지 관의 명령이나 지시는 무오류이고 비밀주의가 충만했습니다. '주체사상'의 해독입니다. 치유 기간이 만만치 않을 것입니다.

순조롭게 흡수통일에 성공했던 독일도 통일 후 약 20년간 적지 않게 시행착오의 어려움을 겪었습니다. 소비에트 정권이 무너진 러시아는 페레스트로이카의 약효도 없이 지금까지 혼미상태에서 못 빠져나오고 있습니다. 언젠가는 다가올 남북교류 혹은 통일이라는 미래에 대비하려면, 이 두 나라의 사례를 면밀하게 연구하여 반면교사로 삼아야 할 것입니다.

전체주의란, 국가에 의한 초 독점체제, 이념의 일원성, 폭력의 제도화만을 말하는 게 아닙니다. 가장 위험한 것들은 사회심리, 개개인의 의식, 생활습관 속에 남아 있습니다. 페레스트로이카는 그 견고했던 소비에트제국을 와해시켰지만 '인간'의 복구에는 성공하지 못했습니다. 현실경제의 복구와 생활조건의 개선에 실패했기 때문입니다.

통일 후 북한 개혁이 성공하려면 한 가지 방법밖에 없습니다. 인민의 생활조건을 하루라도 빨리 개선하는 것입니다. 성공하면 '인간'도 따라서 회복될 것입니다. 남북교류가 활성화하고 그 경제적 성과가 가시화할 때, 자유와 민주주의의 싹이 얼었던 땅을 뚫고 나올 것입니다. 그때 우리는 북한 동포들에게 '인간'의 기준을 선사하는 것입니다.

'인간' 최우선의 테마를 개혁의 원자로 삼을 때, 그 원자에서 사회적 자유, 민주주의, 인간을 위한 진보라는 우주가 보일 겁니다.

그러기 위해 유일사상, 우상숭배, 주체사상이라는 북한 특유의 전체주의 유령들을 청산하는 과정을 겪어야 하겠지요.

그러나 그 청산행위가 파괴적 폭력이나 일시적 열광의 폭풍우가 되어서는 안 됩니다. '문명적인 진화'의 과정이어야 합니다. 우리는 한국전쟁 때 피비린내 나는 '야만적 청산'을 너무도 많이 봤습니다. 폭력은 언제나 또 하나의 전체주의의 온상이 됩니다.

새로운 세기가 시작하던 2000년 6월 남북의 두 정상이 얼싸안고 남북공동선언이 발표되던 때, TV 앞에서 나는 진한 감동의 용솟음을 억제할 길이 없었습니다. 바로 이 광경을 보기 위해 내가 치렀던 그 고난의 성상이 뜨거운 희망의 햇살에 눈처럼 녹아 사라지는 순간이었습니다. 그러나 그 후의 현실은 다르게 돌아갔습니다. 통일의 길은 여전히 험준합니다.

그리고 20여 년 후, 2018년 6월 미국과 북한의 최고지도자가 '비핵화' 문제를 놓고 싱가포르에서 마주 앉았습니다. 해결의 실마리가 풀릴 것만 같았습니다. 그러나 다음 해 하노이에서 다시 만난 그들은 의자를 박차고 등을 돌렸습니다. 핵 문제로 꼬인 난제가 그렇게 쉽게 풀릴 리가 없었습니다. 그 후 통일로 향한 기차는 어둡고 긴 터널 속에서 정지한 채입니다.

그래도 나는 짐 로저스의 낙관론에 집착합니다. 남북의, 북미의 정상들이 여러 차례 만나서 대화의 물꼬를 텄다는 것 자체가 역사적 대사건입니다. 남북 간, 북미 간에 놓여 있는 터부들을 하나씩 제거하려는 노력이기 때문입니다.

아무도 역사의 흐름을 정확하게 맞추지는 못합니다. 그러나 미래는 '모두가 함께' 만들어나가는 것입니다.

북한의 문호개방이 선결문제인데, 그게 그렇게 어렵습니다. 남·북·미 세 당사국의 생각이 다르고, 주변 동북아시아 국가들의 입장도 제각각입니다. 그렇더라도 우리는 갈등과 분쟁의 위기 속에서 대립의 구실보다는 타협의 실마리를 찾아내는 지혜와 끈기를 가져야 하겠습니다.

한반도 평화 프로세스에서는 북·미 간 핵 교섭이 최우선이겠지만, 이에 못지않게 한국 정부의 역할도 중요합니다. 설사 보수성향의 정부일 경우라도 '반공' 레토릭만 되풀이해서는 안 됩니다. 앞 정권의 궤적을 무조건 지우려고만 해서도 안 되겠지요. 외교에는, 특히 통일문제에는 여야가 따로 하면 안 됩니다. 북한은 더 이상 공산국가가 아닙니다. 이미 없어진 공산주의를 적대시하는 것은 부질없습니다.

현실적이고 실용적인 타협안을 모색해야 합니다. 남·북·미 삼각관계에서 남한이 때로는 완충역을, 때로는 주도역을 할 수 있어야 합니다. 말은 쉽지만, 현실은 그렇지 않다고 하시겠지요. 그건 사실입니다. 그러나 대한민국의 현 위상으로는 충분히 모색할 수 있다고 봅니다. 통일은 우리의 일입니다. 앞으로 5년 안에 한반도에서 중대한 일이 일어날 수 있다고 짐 로저스도 예언했습니다. 그말은 '그렇게 만들 수 있다'는 뜻이기도 합니다.

2024년 현재, 통일의 전망이 결코 밝다고 할 수는 없습니다. 그러나 나는 김영삼의 "닭의 모가지를 비틀어도 새벽은 온다"라는 명언을 한반도 통일의 전망에 전이하고 싶습니다.

"동이 트기 전 어둠이 가장 짙다"는 말도 있습니다. 지금은 막혀 있지만 어떻게든 해결의 돌파구를 찾아내야 합니다. 그래서 어느 날 남·북 간 경제교류가 시작한다면 이는 천시(天時)와 지리(地利)를 얻는 것입니다.

남는 것은 인화人和입니다. 남·북의 동포들이 어떻게 화합해 나갈 것인가의 문제입니다. 특히 북의 '전체주의'와 남의 '개인의 자유'라는 두 상극개념을 어떻게 접속시킬까의 숙제가 남습니다.

남한에서도 전체주의가 극복된 지 얼마 안 됩니다. 큰 희생의 대가였습니다. 80년 가까운 세월 속에서 뿌리내려진 북한의 전체주의를 단절하려면 크나큰 희생과 노력이 필요할 것입니다. 그러나 반드시 가야만 할 길입니다.

전체주의를 극복하려면 우선 인간의 생활조건을 개선하는 길밖에 없습니다. 그러기 위해서는 북한의 문호가 세계를 향해 열리도록 도와야 합니다. 국민 생활이 국제화하면 자유·인권에 대한 집단자각이 생깁니다. 각종 교역을 통해 경제생활도 향상됩니다. 그런데, 지금 북한은 계속 자기 껍질 속에 갇힌 채 사사건건 세계의 흐름에 거스르고 있습니다.

가장 바람직한 것은 평화협정을 맺은 다음, 북한이 미·일 양국과 국교를 정상화하는 일입니다. 자유·민주라는 기준에 따라 형성된 국제관계 속으로 끌어들이는 겁니다. 그러면 북한의 경제 수준은 향상될 것이고, 사람들은 '인간'의 가치를 되찾으면서 더는 이상한 나라가 아닌, '정상적인 국가'의 모습을 갖게 될 것입니다. 그때 남북 간의 관계를 세팅합니다.

우리 남한사람들도 변해야 합니다. 우리에게도 전체주의의 과거가 있고, 아직도 확증편향이라는 후유증을 심하게 앓고 있습니다.

남한의 정치는 치졸하고 격렬하고 지리멸렬한 비난과 협박의 연속입니다. 극단주의와 허무주의 사이를 왔다 갔다 하고 있습니다.

남한에서는 아직도 개인의 노동과 그 공헌도, 재능과 노력이 반드시 정당한 보수를 받는다고 단정하기 어렵습니다. 빈부의 격차, 사회의 양극화 현상이 너무도 심각합니다. 저소득층, 장애인, 아동과 노인에 대한 보다 효과적인 보호제도, 일시적 실업에 대한 보험제도, 교육의 균등과 직업선택의 가능성, 특히 인간적인 의료서비스 등 약자 보호는 사회의 건전성을 보여주는 척도입니다.

북한에도 재래식 사회주의 복지제도가 있긴 하겠지만, 의료진의 수준, 병원의 시설·장비와 그 분포, 약품의 질과 양 등에 있어서 우리와는 많은 차이가 있을 겁니다. 통일단계에서 이런 결핍의 보완은 경제가 강한 쪽 몫입니다.

한반도에 단일사회를 다시 탄생시킨다는 것은 '공동의 길'을 연다는 뜻입니다. 문화나 민족의 전통, 사회질서의 복수주의pluralism와 다양성을 살려 나가는 단일 법규범, 인도주의, 평화와 안전을 북한에서도 추구해야 할 그런 길입니다.

그건 사회주의도, 자본주의도, 또 혼합형도 아닌 전혀 새로운 선택이 될 수도 있습니다. 그건, 우리와 우리 후손들의 행동에 따라 실현될 것입니다.

아직도 남한에는 유효기간이 훨씬 지난 자본주의 모형을 주장하는 사람들이 많습니다. 그들은 시장과 민주주의를 동일시합니다. 그러나 시장은 민주주의와는 별개의 개념입니다. 민주주의가 없어도 시장은 존재합니다. 시장은 고대사회에도, 또 오늘날 중국이나 북한에도 있습니다. 시장이 곧 자본주의를 뜻하는 것은 아닙니다.

고전적 자본주의의 개념은 경제의 흐름을 시장의 자율 기능에 맡기는 것입니다. 그러나 오늘날 이 세상에 국가의 간섭이 없는 경제는 없습니다.

시장은 경제의 한 형태일 뿐입니다. 시장의 역할은 아직도 중요하지만, 국가통제의 영역이 계속 더 커지고 있습니다. 시장의 자율 기능은 주기적인 경제 파탄을 몰고 옵니다. 그걸 조절하기 위해 국가의 권한과 기능이 커졌습니다. 정치의 영역도 그만큼 넓어져 국가 소유와 민간 소유의 함유량 조절을 둘러싸고 정쟁이 계속됩니다.

지금의 시장경제의 본질은 자본주의의 옷을 입은 개량 사회민주주의입니다. 기간산업의 국유화, 사회복지, 노동력을 외면하면 토론에서 알맹이가 빠집니다.

오늘날, 경제 글로벌리즘은 여전히 시장이란 틀 안에서 운영되고 있습니다. 여기서 우리는, 이제부터라도 상품의 시장만이 아닌, 노동의 시장도 존중해야만 하겠습니다. '인간'이 더 이상 소외되지 않고, 각 개인의 자유와 권익이 보장되는 '공정하고 문명적인 시장'을 창출해야 하겠습니다. 그리고 국민이 통제할 수 있는 국가권력도 함께 세우는 것입니다.

휴머니즘과 질서, 책임, 그리고 그 엄격함을 어떻게 공존시킬 것인가? 전쟁, 폭력을 반대하고, 모험주의나 과격한 광신으로부터 사회를 지키는 일이 어떻게 하면 가능할까?

이런 의문은 통일된 한반도의 미래와도 직결됩니다. 그래서 이런 문제들은 편파적이고 일방통행식 방법으로는 해결이 안 납니다. 특히 극단적인 재래식 진영논리는 더욱 사상적, 심리적, 실용적인 시도를 그르칠 겁니다.

선택은 오직 하나뿐입니다. 합리주의입니다. '역사의 큰 보자기' 속에서 우리가 단언할 수 있는 것은 하나도 없습니다. 사진 찍듯 앞날을 맞추기란 불가능합니다. 그렇다고 새로운 메시아를 모실 수도 없습니다. 20세기에서, 남고 넘치는 신화들을 인류가 만들어 냈고, 그걸 광신적으로 믿다가 얼마나 혼났습니까?

문제를 하나하나 합리적으로, 실용적으로 풀어나가면 됩니다. 그래야 앞으로의 세상이 비극에 빠지지도 않을 것이고, 우리 스스로 미래를 자연스럽게 받아들일 수 있을 겁니다. 합리주의는 양식良識에 어긋나지 않기 때문입니다.

1991년, 소련이 붕괴했습니다. 거대제국의 멸망입니다. 이와 함께 이데올로기도 소멸했습니다. '인간'의 가치가 재검토되기 시작했습니다. 온 세계를 덮었던 '사회적 실험'에서 오해, 거짓말, 중상모략에 시달리다가 '인간'의 가치가 다시 재고되기 시작한 것입니다.

20세기는 인간 정신의 우수성과 비열함을 여과 없이 남겼습니다. 그래서 인류는 역사의 의미와 그 방향성을 두고 번뇌합니다. 역사가들의 논쟁과 충돌은 계속할 것입니다.

그러나 돌이켜보면 그것도 문명으로 향한 전 지구적인 돌파의 시대였습니다. 쉽지도 단순하지도 명쾌하지도 않았지만, 문명이란 우선 인간 마음가짐의 표출이며, 인간과 사회의 문화적 관련입니다. 그리고 여기서 돌파란 본질적으로 윤리적인 모색이었기 때문에 당연히 아픔과 고뇌가 따랐습니다.

21세기에 와서도 분쟁이 없는 세계, 모순이 없는 세계, 불공정과 부조리가 없는 세계가 출현하기는 힘들 것 같습니다. 우리가 할 수 있는 것은 그저 불공정을 최대한으로 줄이고, 분쟁을 최소한의 희생으로 겪으면서 모순들 속에서 다툼의 구실이 아닌 타협의 계기를 찾아내는 것입니다. 확증편향에 갇혀 자기만을 고집하면서 생각이 다른 상대방을 원색적으로 공격만 하면 사회의 조화가 불가능합니다.

'예지'는 해결책을 하나만 고르지 않습니다. 사회 발전의 길은 여러 갈래입니다. 그 길들을 문명적인 방법으로 비교하면서 선택해야 합니다. 우리에게 필요한 예지는 이렇게 선택된 인간과 사회의 '이상형'을 있는 그대로 받아들이는 것입니다. 막스 베버식 이상형을 말하는 겁니다. 이데올로기가 주장하는 유토피아가 아닙니다.

유토피아의 본래 어의는 '아무 데도 없는 곳'입니다. 탈이데올로기 한 시대에서 가짜 이데올로기를 광신하는 거, 그건 역사를 퇴행시키는 짓입니다. 20세기를 거치면서 인류는 마르크스가 그린 유토피아를 놓고 궤멸적인 전쟁에 몰두했습니다.

이제는 더 이상 유토피아 콤플렉스에 사로잡히지 말고, 이성적이고 도덕적으로 성숙한 최선책, 화해의 방법을 특히 남과 북 사이에서 찾아봅시다.

역사에서, 역사적인 것은 그 결과가 따르게 마련이고, 그런 연후에야 비로소 역사의 판단이 가능합니다. 그래서 헤겔Hegel은 과거가 아닌 현재가 역사의 주요 카테고리라고 했습니다. 그러나 현재는 바로 과거가 될 것이고, 과거의 결과인 오늘날의 사건들은 언젠가는 그 가시적 흔적들을 '역사' 속에 감춥니다.

'역사의 의미'는 미래에서 결정되지만, '역사의 정신'은 과거도 아니고 미래도 아니고, 바로, 절대적으로 '지금'입니다. 내일을 위해 지금 무엇을 할까? 그것이 '지금'이라는 시대의 의미이고 사명이라고 생각합니다.

1933년 아버지 정두석, 어머니 김춘섬의 4형제 중 장남으로 강원도 강릉에서 출생

(11월 5일)

1939년 일본 도쿄 쯔루마끼 소학교 입학 (4월 1일)

1942년 귀국 – 서울 종로구 재동국민학교 3학년 전학

1945년 조국 해방 (8월 15일)

1946년 경기중학교 입학 (9월)

1949년 제1회 '국전 (國展)'에서 최연소 입선 (10월)

각급 학교에 학도호국단 신설 – 38선 견학

1950년 한국전쟁 발발 (6월 25일)

1951년 전 가족 대구로 피난 (1월)

대구 미8군 사령관실 근무 (2~9월)

전 가족 부산으로 피난 – 부산 소재 (임시)경기중학교 복학 (10월)

1952년 경기중학교 졸업 – 서울대학교 문리과대학 사회학과 입학 (3월)

극단 '떼아뜨르 리브르 (자유극장)' 입단 – 아내 이순자 만남

1953년 명동의 '돌체'(음악다방)를 출입하며 여러 예술인과 교류 –

장 폴 사르트르의 실존주의에 심취

서울대학교 문리대 내 서클 '낙산회' 가입

'자유극장' 단원으로 동양극장에서 〈세일즈맨의 죽음〉 공연 (11월)

1954년	신상초, 김재순, 김용성 등을 통해 야당 정치인들과 교유
	죽산 조봉암 방문, 환담 (여름)
1955년	명동 시공관에서 〈키 라르고〉(서울대 연극부) 공연 (여름)
	서울대학교 4학년 중퇴 – 프랑스 유학 (10월 24일)
	파리 도착 – 소르본 프랑스어 강습소 입학 (10월 28일)
1956년	이영식 신부 주선으로 낭시 대신학교에서 생활하며 프랑스어 학습
	낭시 법정대학 입학, 가톨릭 학생기숙사 입주 (9월)
1957년	파리대학교 정치대학(Institut d'Etudes Politiques) 2학년 편입 (9월)
	폐결핵 발병으로 휴학 – 프랑스 서남쪽 랑드 학생요양원에서 조리 (12월)
1958년	그르노블의 라 트롱슈 학생요양원으로 옮김
	– 그르노블 정치대학에서 수강 (9월)
1959년	이순자와 파리의 한국공사관에서 결혼 (1월)
	장녀 승은 출생 (11월 3일)

- -

1960년	노봉유, 박협, 정성배, 김석년, 방준 등 유학생들과 회합 – 통일문제 토론
	4월혁명 발발
1961년	아들 윤서 출생 (3월 27일)
1962년	동베를린 소재 북한대사관 방문 – 이원찬과 만남
	파리대학교 정치대학 (시앙스포) 졸업 (2월)
	1차 평양 방문 (8월) – 이효순, 림춘추, 원모 부부장 등과 만남, 북한의 공장
	들과 평양의 각급 기념관과 대극장 견학, 함흥·청진 등 방문
1965년	2차 평양 방문 – 아내 이순자 동행 (8월)
1966년	파리대학교 정치학박사 취득 (3월)
	귀국 (4월) – 경희대학교 조교수 임용
1967년	중앙정보부에 연행됨 (6월 17일) – 20일간 조사 후 서대문구치소 수감, 사건
	명 '동백림을 거점으로 한 대간첩단사건'
	차녀 승희 출생 (9월 1일)
	1심에서 무기징역 선고 (12월 13일)
1968년	유럽 '68혁명' 발발

항소심에서 사형 선고 (4월 13일)

대법원에서 원심파기 환송 (7월 30일)

재항소심(서울고등법원)에서 사형 확정 (12월 5일)

1969년 8·15 특별사면으로 무기징역 감형 (8월 15일) – 대전교도소 이감

1970년 8·15 특별사면으로 15년 징역 감형 (8월 15일)

대통령 특별사면으로 석방 (12월 23일)

1971년 신범식 장관 추천으로 문공부 산하 '홍보조사연구소' 연구원으로 취업 (4월)

– 8개월 후 신범식 장관 퇴임으로 사직

1972년 광고회사 '선진' 입사 (여름)

1973년 대한항공 선전실장으로 입사 (11월 1일)

1974년 태완선 경제부총리가 이끈 경제사절단의 일원으로 파리 방문 (4월)

– 구명운동에 앞장섰던 은사 뒤베르제 교수와 8년 만에 재회

1975년 대한항공 조중훈 회장 비서실장 근무

1976년 대한항공 교육원장 겸직 근무

1979년 대한항공의 파리 주재 유럽 및 중동본부장 근무 (10월)

– 프랑스 원자력발전소 도입 교섭 공로로 프랑스 정부로부터 국가공훈 훈장 (officier) 수여

1984년 대한항공 본사 총무본부장 근무 (4월)

1988년 대한항공 교육본부장 근무

1991년 한국항공 사장 취임 – TGV 도입 교섭 공로로 프랑스 정부로부터

레지옹 드뇌르 훈장 수여

어머니 김춘섬 별세

1998년 아들 윤서 요졸 (7월 22일)

아버지 정두석 별세 (9월 2일)

2002년 한국항공 사직 – '선화랑'에서 개인전 개최 (2월)

2003년	미국 이주 (3월) – 남가주 오렌지카운티에 정착
	미국 체재 중 개인전 2회

- -

2011년	아내의 간암 발병으로 귀국 (5월) – 아내 이순자 별세 (9월 29일)
2015년	사)현대사기록연구원이 주관하여 생애사 녹취
	– 동백림사건, 대한항공 근무 등 구술
2018년	전라북도 고창의 실버타운 '서울 시니어스 타워'로 이주

- -

2023년	미발표 원고, 구술 녹취록, 기타 자료를 토대로 회고록 집필
2024년	회고록 『나의 20세기』 출간 (2월)

찾아보기

ㄷ

ㄹ

정하룡 회고록
Mon Cher 20ieme Siecle

나의
20세기

1판 1쇄 인쇄 | 2024년 2월 20일
1판 1쇄 발행 | 2024년 2월 28일

지 은 이 | 정하룡
기   획 | 김학민
펴 낸 이 | 양기원
펴 낸 곳 | 학민사

출판등록 | 제10-142호, 1978년 3월 22일
주   소 | 서울시 마포구 토정로 222 한국출판콘텐츠센터 314호(⌖ 04091)
전   화 | 02-3143-3326~7
팩   스 | 02-3143-3328
홈페이지 | www.hakminsa.co.kr
이 메 일 | hakminsa@hakminsa.co.kr

ISBN 978-89-7193-270-4 (03340), Printed in Korea
ⓒ 정하룡, 2024